HTML5 웹 프로그래밍 입문

4판

윤인성 지음

지은이 윤인성 rintiantta@naver.com

출근하는 것이 싫어서 책을 집필하기 시작했습니다. 현재 직업 특성상 집에서 나갈 이유가 별로 없다는 것에 굉장히 만족하고 있습니다. 홍차와 커피를 좋아하며 기타, 가야금, 그림 그리기, 스컬핑 등이 취미입니다. 책의 소개말을 쓰는 시점을 기준으로 해서 이 책은 73번째 도서입니다.

저서로는 『자바스크립트 프로그래밍 입문(2판)』(한빛아카데미, 2022), 『C# 프로그래밍(2판)』(한빛아카데미, 2021)과 『혼자 공부하는 파이썬(개정판)』(한빛미디어, 2022) 등이 있습니다. 역서로는 『내 코드가 그렇게 이상한가요?』(인사이트, 2023), 『이펙티브 코틀린(인사이트, 2022)』 등이 있습니다.

HTML5 웹 프로그래밍 입문 4판

초판발행 2023년 8월 5일
4쇄발행 2026년 1월 22일

지은이 윤인성 / **펴낸이** 전태호
펴낸곳 한빛아카데미(주) / **주소** 서울시 서대문구 연희로2길 62 한빛아카데미(주) 2층
전화 02-336-7112 / **팩스** 02-336-7199
등록 2013년 1월 14일 제2017-000063호 / **ISBN** 979-11-5664-671-6 93000

총괄 박현진 / **기획** 김도윤 / **편집** 안비단 / **교정** 백지선 / **진행** 안비단
디자인 이아란 / **전산편집** 김미경 / **제작** 박성우, 김정우
영업 김성삼, 이정훈, 임현기, 이성훈, 김주성, 심지연

이 책에 대한 의견이나 오탈자 및 잘못된 내용은 출판사 홈페이지나 아래 이메일로 알려주십시오.
파본은 구매처에서 교환하실 수 있습니다. 책값은 뒤표지에 표시되어 있습니다.

홈페이지 www.hanbit.co.kr / 이메일 question@hanbit.co.kr

HTML5 Cheat Sheet

태그	표시 형태	설명	페이지
주석 태그			
⟨!-- 주석 --⟩		부가 설명	053
HTML 구조 태그			
⟨!DOCTYPE html⟩	block	문서 형태	054
⟨html⟩	none	문서 자체	054
⟨head⟩	none	문서 머리	054
⟨title⟩	none	문서 제목	054
⟨meta⟩	none	문서 추가 정보	251
⟨body⟩	block	문서 본문	054
파일 태그			
⟨link⟩	none	외부 스타일시트 추가	059
⟨style⟩	none	스타일시트	058
⟨script⟩	none	스크립트	060
공간 태그			
⟨div⟩	block	블록 형식의 공간	106
⟨span⟩	inline	인라인 형식의 공간	107
시맨틱 구조 태그			
⟨article⟩	block	본문	110
⟨aside⟩	block	수직 목록	110
⟨nav⟩	block	내비게이션 목록	110
⟨section⟩	block	구역	110
⟨header⟩	block	머리	110
⟨footer⟩	block	꼬리	110
시맨틱 요소 태그			
⟨figure⟩	block	그림	
⟨figcaption⟩	block	그림 제목	
⟨details⟩	block	세부 설명	
⟨summary⟩	block	요약	
⟨output⟩	inline	출력 결과	
제목 글자 태그			
⟨h1⟩~⟨h6⟩		제목	70

태그	표시 형태	설명	페이지
본문 태그			
⟨p⟩	block	단락	071
⟨br⟩	block	줄 바꿈	072
⟨hr⟩	block	수평 줄 삽입	072
⟨ruby⟩	inline	루비 문자	
⟨rt⟩	block	루비 문자의 큰 글자	
⟨rp⟩	none	루비 문자 지원 여부 판별	
글자 모양 태그			
⟨b⟩	inline	굵은 글자	076
⟨i⟩	inline	기울어진 글자	076
⟨small⟩	inline	작은 글자	076
⟨sub⟩	inline	아래 첨자	076
⟨sup⟩	inline	위 첨자	077
⟨ins⟩	inline	밑줄 글자	077
⟨del⟩	inline	취소선이 그어진 글자	077
목록 태그			
⟨ul⟩	block	순서가 없는 목록	080
⟨ol⟩	block	순서가 있는 목록	080
⟨li⟩	list-item	목록 요소	080
⟨dt⟩	block	정의 목록	
⟨dd⟩	block	정의 글자	
⟨dl⟩	block	정의 설명	
테이블 태그			
⟨table⟩	table	표	082
⟨caption⟩	table-caption	표 제목	
⟨thead⟩	table-header-group	표 머리	
⟨tbody⟩	table-row-group	표 본문	
⟨tfoot⟩	table-footer-group	표 꼬리	
⟨colgroup⟩	table-column-group	표 열 그룹	

태그	표시 형태	설명	페이지
⟨col⟩	table-column	표 열	
⟨tr⟩	table-row	표 행	082
⟨th⟩	table-cel	표 제목 데이터	082
⟨td⟩	table-cell	표 데이터	082
멀티미디어 태그			
⟨img⟩	inline-block	이미지	086
⟨audio⟩	inline-block	음악	086
⟨video⟩	inline-block	동영상	087
⟨source⟩	none	멀티미디어 파일 지정	087
⟨track⟩	none	동영상 자막 지정	
⟨svg⟩	inline-block	SVG 객체	
⟨canvas⟩	inline-block	Canvas 객체	033
입력 양식 태그			
⟨form⟩	block	입력 양식	095
⟨fieldset⟩	block	입력 양식 그룹	098
⟨legend⟩	block	범례	098
⟨button⟩	inline-block	버튼	097
⟨label⟩	inline-block	입력 양식 설명	099
⟨input⟩	inline-block	입력 양식 요소	098
⟨textarea⟩	inline-block	문자 입력 양식	098
⟨select⟩	inline-block	선택 입력 양식	100
⟨optgroup⟩		옵션 그룹	102
⟨option⟩		옵션	100
기타 태그			
⟨progress⟩	inline-block	진행 상태 표시 바	
⟨meter⟩	inline-block	상태 표시 바	

플러그인	페이지
책에서 다루는 플러그인	
LightBox	438
Masonry	441

* 표시 형태가 표시되지 않은 태그는 웹 브라우저에 대응되는 display 속성이 없는 태그입니다.
* 페이지가 표시되지 않은 태그는 책에서 다루지 않은 태그입니다.

CSS3 Cheat Sheet

스타일 속성	설명	페이지
글자 속성		
font	글자	
font-family	글꼴	184
font-size	글자 크기	184
font-style	글자 스타일	188
font-variant	글자 변형	
font-weight	글자 굵기	185
변환 속성		
transform	변환	
transform-origin	변환 중심	
transform-style	변환 형태	
perspective	투시 수치	
perspective-origin	투시 중심	
backface-visibility	후면 가시성	
변형 속성		
transition	변형	
transition-property	변형 대상	
transition-duration	변형 진행 시간	
transition-timing-function	변형 수치 변환 함수	
transition-delay	변형 지연 시간	
애니메이션 속성		
animation	애니메이션	
animation-name	애니메이션 이름	
animation-duration	애니메이션 진행 시간	
animation-timing-function	애니메이션 수치 변환 함수	
animation-delay	애니메이션 지연 시간	
animation-iteration-count	애니메이션 반복 횟수	
animation-direction	애니메이션 방향	
animation-play-state	애니메이션 진행 상태	
그림자 속성		
text-shadow	글자 그림자	207
box-shadow	박스 그림자	207

스타일 속성	설명	페이지
배경 속성		
background	배경	183
background-attachment	배경 부착 방식	178
background-color	배경 색상	125
background-image	배경 이미지	174
background-position	배경 위치	179
background-repeat	배경 반복 형식	178
background-clip	배경 적용 범위	
background-origin	배경 중심 위치	
background-size	배경 크기	176
테두리 속성		
border	테두리	168
border-color	테두리 색상	168
border-style	테두리 형태	168
border-width	테두리 굵기	168
border-radius	테두리 곡률	169
border-image	테두리 이미지	
border-image-outset	테두리 이미지 확장	
border-image-repeat	테두리 반복 형식	
border-image-slice	테두리 이미지 분할 비율	
border-image-source	테두리 이미지 파일	
border-image-width	테두리 이미지 두께	
outline	테두리 외곽	
outline-color	테두리 외곽 색상	
outline-width	테두리 외곽 두께	
박스 속성		
width	너비	164
height	높이	164
margin	테두리 바깥쪽 여백	164
padding	테두리 안쪽 여백	164
box-sizing	크기 지정 방식	

스타일 속성	설명	페이지
가시 속성		
display	표시 형태	170
visibility	가시성	
opacity	투명도	
overflow	내용물이 넘칠 경우의 처리 방식	200
위치 속성		
position	위치 지정 방식	194
left	왼쪽	195
top	위	195
right	오른쪽	195
bottom	아래	195
z-index	태그의 스택 순서	197
float	부유 방식	203
기타 글자 속성		
color	글자 색상 지정	125
direction	글자 진행 방향	
letter-spacing	글자 간격	
line-height	글자 높이	191
text-align	글자 정렬 방식	189
text-decoration	글자 꾸밈 방식	193
text-indent	글자 들여쓰기 크기	482
text-transform	글자 변환	
vertical-align	글자 수직 정렬 방식	289
white-space	글자 공백 처리 방식	241
text-overflow	글자가 넘칠 경우의 처리 방식	241
word-spacing	단어 간격	
word-wrap	단어가 넘칠 경우의 처리 방식	

단위	설명	페이지
키워드	red | blue | green | cover 등	148
크기	픽셀px | 퍼센트% | 배수em 등	149
색상	| #000000 | rgb() 함수 | rgba() 함수 | hsl() 함수 | hsla() 함수	151
URL	url() 함수	153

HTML5 웹 프로그래밍 입문

4판

윤인성 지음

HTML5

CSS3

자바 스크립트 ES6

한빛아카데미
Hanbit Academy, Inc.

웹 프로그래밍 입문자를 위한 표준 HTML5 기초 실습서

과거 HTML에는 기능이 적어서 웹 페이지를 예쁘게 보여 주는 것 말고는 큰 역할을 하지 못했습니다. 사람들은 HTML과 함께 사용하는 기술(예: CSS, 자바스크립트)에 큰 불신감을 느꼈고, 이에 액티브X와 플래시 등 플러그인을 사용해 웹 페이지에 추가 기능을 탑재했습니다.

하지만 HTML5 시대가 도래하면서 웹은 빠르게 변했습니다. 수많은 기능이 추가되면서 기존에 플러그인으로 가득했던 웹 페이지는 이제 HTML5 자체 기능으로 대부분 대체되었습니다. 과거에 HTML은 '서버 개발자들이 조금만 더 공부하면 할 수 있는 일'로 여겼지만, 현재는 HTML5만으로도 수많은 직업이 형성되며 독립적인 기술로 활약하고 있습니다.

무한한 가능성을 지닌 HTML5

HTML5가 나오면서 함께 발전한 자바스크립트는 Node.js의 발전과 더불어 웹 서버 시장에서도 큰 두각을 나타냈습니다. 또 깃허브GitHub에서 일렉트론Electron 기술을 발표하면서 비주얼 스튜디오 코드Visual Studio Code, 아톰 에디터Atom Editor, 슬랙 데스크톱 클라이언트Slack Desktop Client, 워드프레스 데스크톱 클라이언트WordPress Desktop Client 등 데스크톱 애플리케이션을 HTML5, CSS3, 자바스크립트로 구현할 수 있게 되었습니다. 페이스북에서 개발한 리액트 네이티브React Native 등 모바일 애플리케이션 개발 프레임워크가 등장해 이제는 모바일 네이티브 애플리케이션도 HTML5, CSS3, 자바스크립트로 구현할 수 있습니다.

게임처럼 고속 연산이 필요한 영역이 아니라면, HTML5 기반 기술만으로 대부분의 애플리케이션을 개발할 수 있는 시대가 되었습니다. 따라서 책 내용을 활용하고, 스스로 더 공부해 나간다면 데스크톱 애플리케이션이나 모바일 애플리케이션도 개발할 수 있을 것입니다.

HTML5 학습자 대상의 책

『HTML5 웹 프로그래밍 입문(4판)』은 웹 프로그래밍을 처음 배우는 독자를 위한 입문서로 HTML5, CSS3부터 자바스크립트, jQuery까지 한 권으로 기본기를 다질 수 있습니다. HTML5 개발의 가장 기초적인 내용을 다루며, HTML5 표준과 함께 개발되는 CSS3 표준과 ECMAScript 2015 표준(자바스크립트) 내용을 알아보고 jQuery 라이브러리를 살펴봅니다.

jQuery는 너무 오래된 라이브러리라는 말도 회자되고 있습니다. 그럼에도 여전히 많은 곳에서 사용합니다. 또 기본적인 자바스크립트를 공부한 후 곧바로 프런트엔드 프레임워크를 공부하기에는 난이도 차이가 너무 커서 부담스럽습니다. 따라서 웹 프로그래밍 기초를 공부한 다음 중간 단계로 jQuery 라이브러리를 사용하는 것은 아직도 유효합니다.

4판은 세부적으로 다음 부분이 달라졌습니다.

❶ 자바스크립트 ECMAScript2015(ES6) 표준을 반영하고 라이브러리를 최신 버전으로 교체했습니다.

❷ 챕터 마지막에 요약 페이지를 추가하여 배운 내용을 정리할 수 있도록 했습니다.

❸ 연습문제에 이론문제와 실습형 문제를 다양하게 추가했습니다.

❹ 이 책을 모두 공부한 다음 후속 학습과 진로에 대해 생각해 볼 수 있도록 '웹 개발 로드맵' Section을 추가했습니다.

❺ 새로운 내지 디자인으로 재단장하면서 요소를 학습하기 편하게 정리했습니다.

지금까지 책을 집필하고 개정할 수 있게 도와주신 한빛아카데미㈜의 김성무 님, 안비단 님께 감사 말씀드립니다.

지은이 윤인성

▸개정 반영 내용

『HTML5 웹 프로그래밍 입문(4판)』은 다음과 같은 내용 위주로 개정을 진행했습니다.

- 자바스크립트 최신 표준인 ECMAScript 2015를 반영했습니다.
- 예시로 든 웹 사이트는 최신 화면으로 교체했습니다.
- 연습문제 문항을 추가했습니다.
- 웹 개발자 진로에 대해 소개하고 심화학습 주제를 안내합니다.

▸강의 보조 자료

한빛아카데미 홈페이지에서 '교수회원'으로 가입하신 분은 인증 후 교수용 강의 보조 자료를 제공받을 수 있습니다. 한빛아카데미 홈페이지 상단의 〈교수전용공간〉 메뉴를 클릭하세요.

http://www.hanbit.co.kr/academy

▸학습 보조 자료

실습에 필요한 자료는 다음 두 주소에서 다운로드할 수 있습니다.

- **한빛아카데미 자료실 : http://www.hanbit.co.kr/src/4671**
- **학습 지원 사이트 : http://rintiantta.github.io/academy-html**

▸부록

이 책의 가장 앞장에 있는 HTML5 Cheat Sheet와 CSS3 Cheat Sheet를 잘라서 컴퓨터 옆에 붙여 두고 보거나 시험 전에 활용할 수 있습니다.

▸연습문제 해답 안내

이 책은 대학 강의용 교재로 개발되었으므로 연습문제 해답을 제공하지 않습니다.

▸실습환경

- **에디터 :** 비주얼 스튜디오 코드를 사용합니다. 비주얼 스튜디오 코드는 무료이며 HTML, CSS, 자바스크립트 등 웹 기술만으로 만든 데스크톱 애플리케이션입니다. 현재 웹 개발에서 가장 많이 사용하는 에디터입니다.
- **웹 브라우저 :** 별도 표기가 없는 한 인터넷 익스플로러를 제외한 모든 웹 브라우저에서 동작합니다. 책에서는 구글 크롬을 사용해 예제를 진행하기를 권장합니다.

▸학습 로드맵

웹 프로그래밍 첫걸음 (1~2장)	웹과 HTML5 표준의 역사를 살펴보고 개발 환경을 구축합니다. HTML의 기본 구조와 작성법, 디버깅 방법을 알아봅니다.
HTML5 태그 (3~4장)	HTML5 기본 태그와 공간 분할 태그, 시맨틱 태그와 더불어 멀티미디어 태그, 입력 양식 태그를 다룹니다. 웹 표준을 사용해 웹 페이지를 구성하는 방법을 익힐 수 있습니다. **[종합 예제 1]** 블로그 레이아웃 구성
CSS3 스타일 (5~8장)	CSS3 선택자와 속성을 사용하는 방법을 배웁니다. 웹 페이지 디자인 속성들을 익힌 후 배운 내용을 사용해 레이아웃을 구성하는 여러 방법을 알아봅니다. **[종합 예제 2]** 블로그에 스타일시트 적용
자바스크립트와 jQuery 라이브러리 (9~12장)	기초적인 자바스크립트와 jQuery 라이브러리를 배웁니다. 자바스크립트를 사용해 문서 객체를 조작하는 내용을 중심으로 다룹니다. 그리고 입력 양식 자동 초점, 애니메이션, 무한 스크롤 등 웹 페이지를 제작할 때 바로 사용할 수 있는 기능을 함께 살펴봅니다. **[종합 예제 3]** 블로그에 자바스크립트 적용
프로젝트 (13~14장)	HTML5와 CSS3를 사용해 간단한 모바일 페이지를 만듭니다. 그리고 책에서 배운 모든 내용을 사용해 HTML5 표준에 맞는 핀터레스트 스타일의 웹 페이지를 제작합니다. **[프로젝트 1]** 모바일 페이지 제작 **[프로젝트 2]** 핀터레스트 스타일의 웹 페이지 제작

이 책의 구성 요소

| Preview |

각 장에서 배울 내용을 간략하게 정리하고, 로드맵을 통해 큰 맥락에서 이해할 수 있습니다.

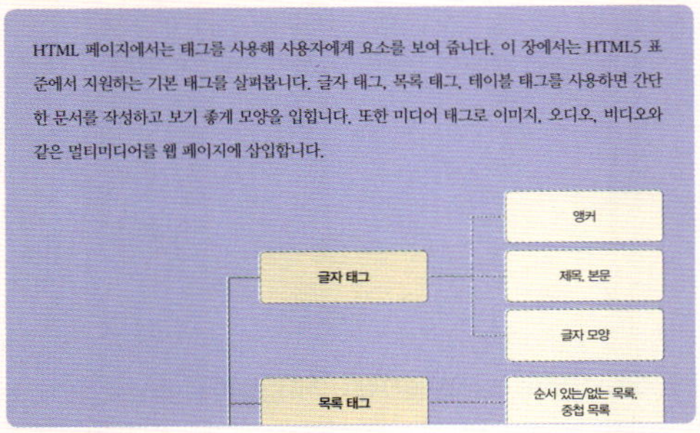
HTML 페이지에서는 태그를 사용해 사용자에게 요소를 보여 줍니다. 이 장에서는 HTML5 표준에서 지원하는 기본 태그를 살펴봅니다. 글자 태그, 목록 태그, 테이블 태그를 사용하면 간단한 문서를 작성하고 보기 좋게 모양을 입힙니다. 또한 미디어 태그로 이미지, 오디오, 비디오와 같은 멀티미디어를 웹 페이지에 삽입합니다.

| NOTE |

저자가 강의하면서 발견한 유용한 팁, 학습자가 막히는 부분, 참고로 알아둘 내용을 설명합니다.

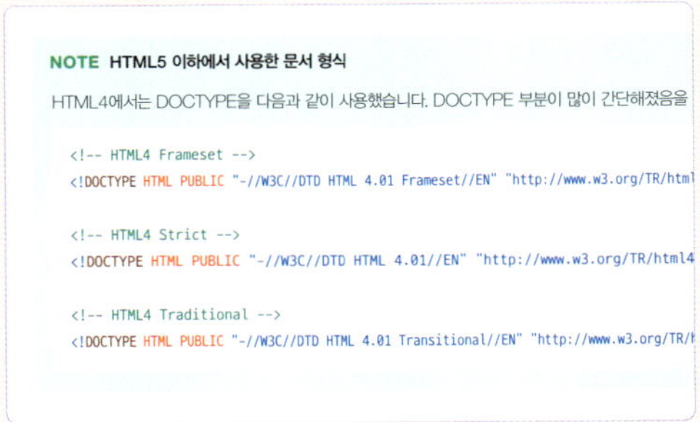
NOTE HTML5 이하에서 사용한 문서 형식

HTML4에서는 DOCTYPE을 다음과 같이 사용했습니다. DOCTYPE 부분이 많이 간단해졌음을

```
<!-- HTML4 Frameset -->
<!DOCTYPE HTML PUBLIC "-//W3C//DTD HTML 4.01 Frameset//EN" "http://www.w3.org/TR/html

<!-- HTML4 Strict -->
<!DOCTYPE HTML PUBLIC "-//W3C//DTD HTML 4.01//EN" "http://www.w3.org/TR/html4

<!-- HTML4 Traditional -->
<!DOCTYPE HTML PUBLIC "-//W3C//DTD HTML 4.01 Transitional//EN" "http://www.w3.org/TR/
```

| 단계별 예제 |

기본 예제로 태그와 속성을 사용하는 방법을 알아보고, 응용 예제로 실제 웹 페이지를 따라 만듭니다. 1~4장, 5~8장, 9~12장 이후의 종합 예제에서는 배운 내용을 누적하여 적용해 블로그를 완성합니다. 프로젝트에서는 실제로 웹 표준에 맞게 웹 페이지를 제작하는 전 과정을 한번에 경험할 수 있습니다.

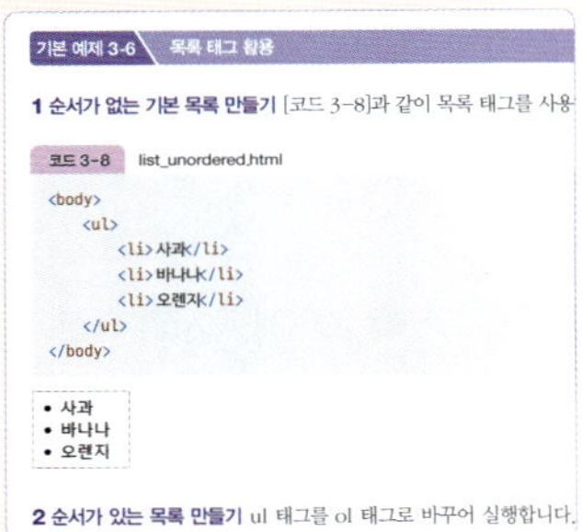
기본 예제 3-6 목록 태그 활용

1 순서가 없는 기본 목록 만들기 [코드 3-8]과 같이 목록 태그를 사용

코드 3-8 list_unordered.html

```
<body>
    <ul>
        <li>사과</li>
        <li>바나나</li>
        <li>오렌지</li>
    </ul>
</body>
```

- 사과
- 바나나
- 오렌지

2 순서가 있는 목록 만들기 ul 태그를 ol 태그로 바꾸어 실행합니다.

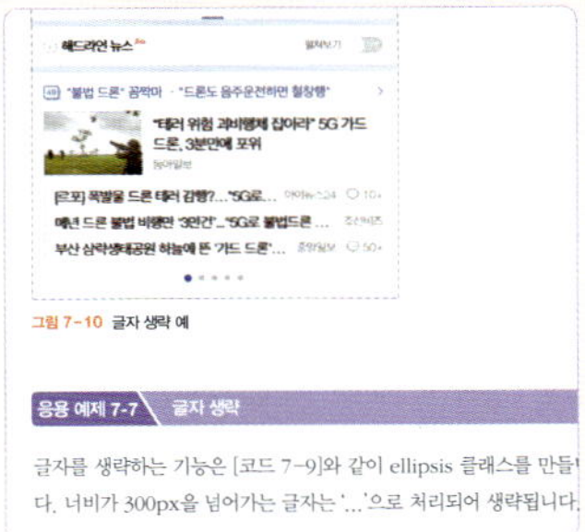
그림 7-10 글자 생략 예

응용 예제 7-7 글자 생략

글자를 생략하는 기능은 [코드 7-9]와 같이 ellipsis 클래스를 만들
다. 너비가 300px을 넘어가는 글자는 '...'으로 처리되어 생략됩니다.

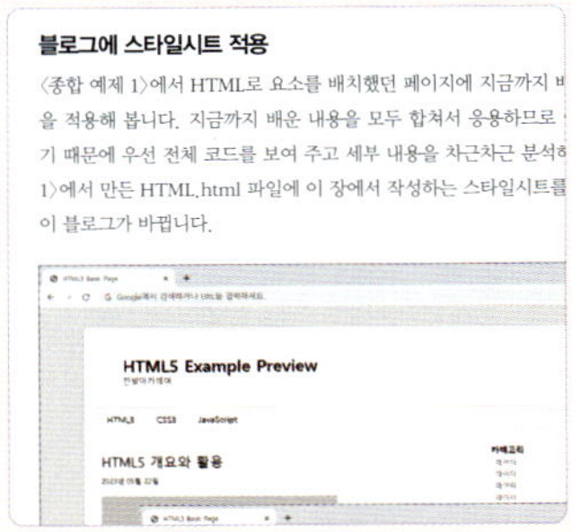
블로그에 스타일시트 적용

〈종합 예제 1〉에서 HTML로 요소를 배치했던 페이지에 지금까지 배
을 적용해 봅니다. 지금까지 배운 내용을 모두 합쳐서 응용하므로
기 때문에 우선 전체 코드를 보여 주고 세부 내용을 차근차근 분석하
1)에서 만든 HTML.html 파일에 이 장에서 작성하는 스타일시트를
이 블로그가 바뀝니다.

| 요약 |

각 장이 끝날 때마다 중요한 내용을 요약했습니다. 빈칸을 채우며 잘 기억하고 있는지 확인합니다.

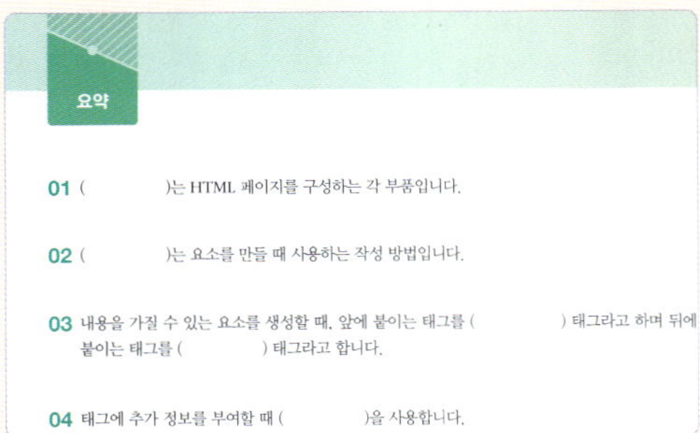
요약

01 (   )는 HTML 페이지를 구성하는 각 부품입니다.

02 (   )는 요소를 만들 때 사용하는 작성 방법입니다.

03 내용을 가질 수 있는 요소를 생성할 때, 앞에 붙이는 태그를 (   ) 태그라고 하며 뒤에 붙이는 태그를 (   ) 태그라고 합니다.

04 태그에 추가 정보를 부여할 때 (   )을 사용합니다.

| 연습문제 |

핵심 개념과 문법을 객관식 문항과 프로그램 작성 문항을 통해 테스트할 수 있습니다. 토의 주제는 인터넷이나 챗GPT를 통해 조사합니다.

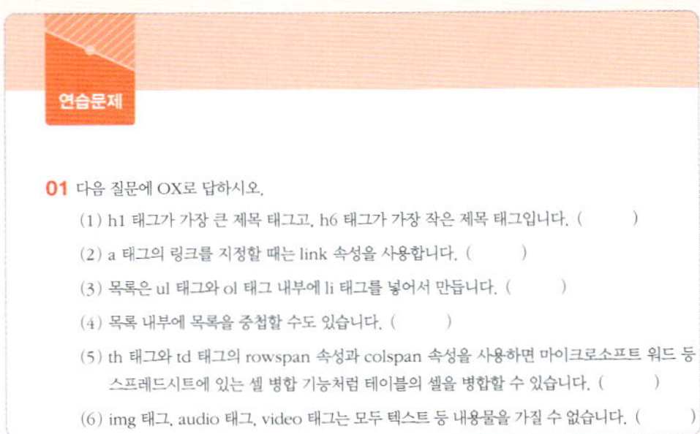
연습문제

01 다음 질문에 OX로 답하시오.

(1) h1 태그가 가장 큰 제목 태그고, h6 태그가 가장 작은 제목 태그입니다. (   )
(2) a 태그의 링크를 지정할 때는 link 속성을 사용합니다. (   )
(3) 목록은 ul 태그와 ol 태그 내부에 li 태그를 넣어서 만듭니다. (   )
(4) 목록 내부에 목록을 중첩할 수도 있습니다. (   )
(5) th 태그와 td 태그의 rowspan 속성과 colspan 속성을 사용하면 마이크로소프트 워드 등 스프레드시트에 있는 셀 병합 기능처럼 테이블의 셀을 병합할 수 있습니다. (   )
(6) img 태그, audio 태그, video 태그는 모두 텍스트 등 내용물을 가질 수 없습니다. (   )

목차

Chapter 03 HTML5 기본 태그

Chapter 04 HTML5 입력 양식 태그와 구조화 태그

Chapter 05 CSS3 기초: 선택자와 단위

Chapter 06 CSS3 속성

Chapter 07 다양한 레이아웃의 구성과 기능

Chapter 08 반응형 웹

Chapter 09 자바스크립트 기본 문법

Chapter 10 문서 객체 모델

Chapter 11 jQuery 라이브러리

Chapter 12 자바스크립트와 jQuery 라이브러리 응용

Chapter 13 프로젝트: 모바일 페이지 제작

Chapter 14 프로젝트: 핀터레스트 스타일의 웹 페이지 제작

CHAPTER 01

웹 개요와 실습 환경 구축

학습목표

- 웹의 개념과 특징을 이해합니다.
- 웹의 동작 원리를 이해합니다.
- 대표적인 웹 표준 기술인 HTML5, CSS3, 자바스크립트의 개념과 특징을 이해합니다.
- 웹 프로그래밍 개발 환경을 구축합니다.

PREVIEW

웹은 1991년부터 정부 기관 및 대학에서 사용하기 시작했습니다. 1995년부터는 일반 대중도 사용할 수 있게 완전히 공개되었습니다. 웹은 30년 정도밖에 지나지 않았지만, 우리 생활 구석 구석에 널리 퍼져 있습니다.

이 장에서는 웹의 정의와 역사를 간략하게 다룹니다. 역사를 살펴본다고 하니 벌써부터 지루한가요? 하지만 우리가 매일 사용하는 것이니 알아 두면 재미있을 것입니다.

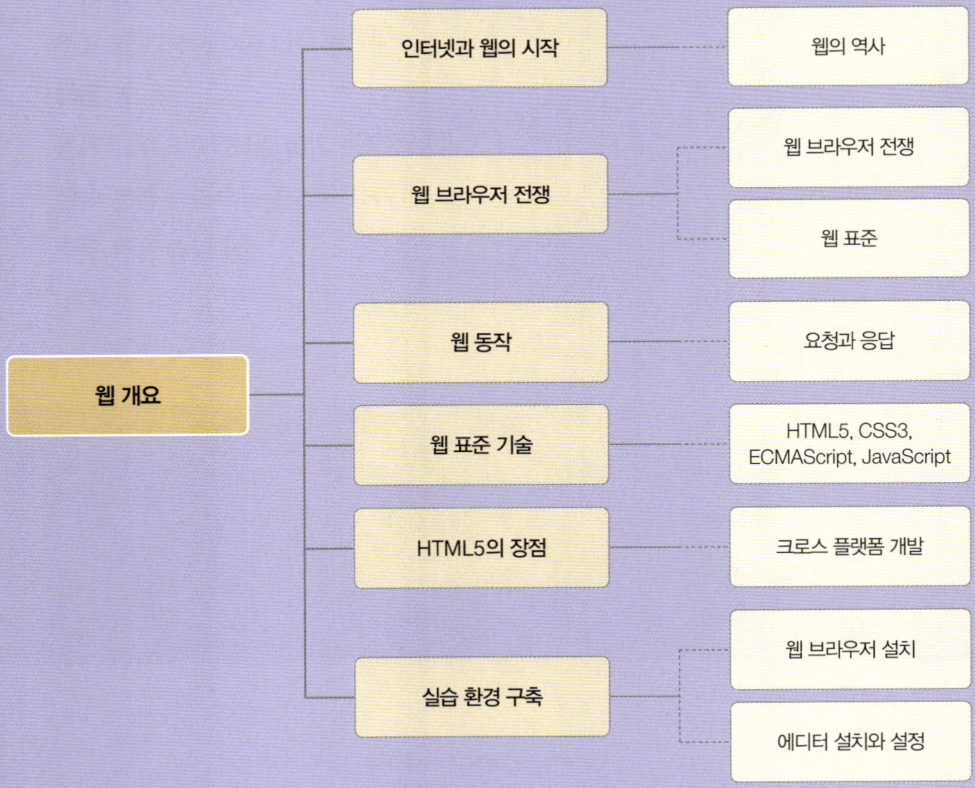

01 인터넷과 웹 시작

근처에 웹에 접속할 수 있는 장치가 있나요? 책 옆에 놓인 스마트폰은 물론 책상 위 데스크톱이나 노트북으로도 웹에 접속할 수 있습니다. 최근에는 스마트 냉장고와 스마트 TV 등이 등장하면서 집 안 모든 가전 제품도 웹에 연결할 수 있습니다.

인터넷Internet은 전 세계를 연결하는 국제 정보 통신망으로, 컴퓨터나 스마트폰 같은 디지털 기기로 연결되어 사람들이 정보를 공유할 수 있는 공간입니다. 그리고 웹은 이 인터넷 공간에서 제공하는 서비스입니다.

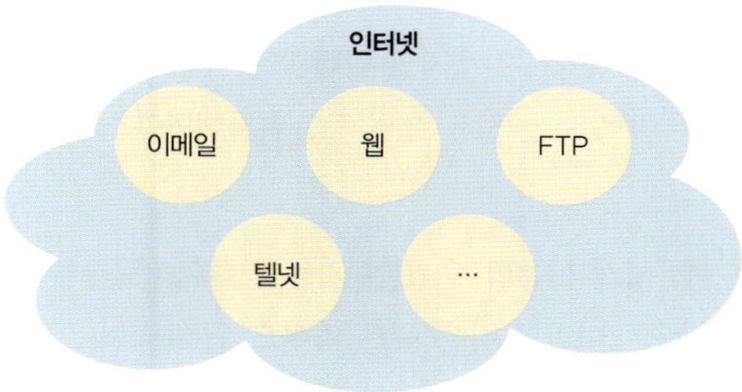

그림 1-1 인터넷 ≠ 웹

인터넷이 미국 국방성에서 시작되었다는 이야기를 한번쯤은 들어 보았을 것입니다. 소련에서 인공위성 발사를 최초로 성공하자 위협을 느낀 미국은 신기술을 연구하는 ARPAAdvanced Research Projects Agency 부서를 창설합니다. 그리고 ARPA에서는 1969년 현재 웹의 모태가 되는 아파넷ARPANET을 개발합니다. 우리나라는 1982년에 구미 한국전자기술연구소(현 ETRI)와 서울대학교 컴퓨터공학과가 인터넷을 처음으로 만들었습니다. 이러한 인터넷이 전 세계에 연결되고 일반인이 사용할 수 있었던 것은 1995년부터입니다.

아파넷은 핵과 같은 공격에 대비해 전체 통신 시스템에서 데이터를 안전하게 보관 및 전송할 수 있는 시스템이었습니다. 초기에는 미국 국방성과 대학을 연결하다가 나중에는 민간 연구용과 군사용 시스템을 분리했습니다. 그중에서 민간 연구용이 현재 전 세계 모든 컴퓨터를 연결하는 인터넷으로 발전했습니다.

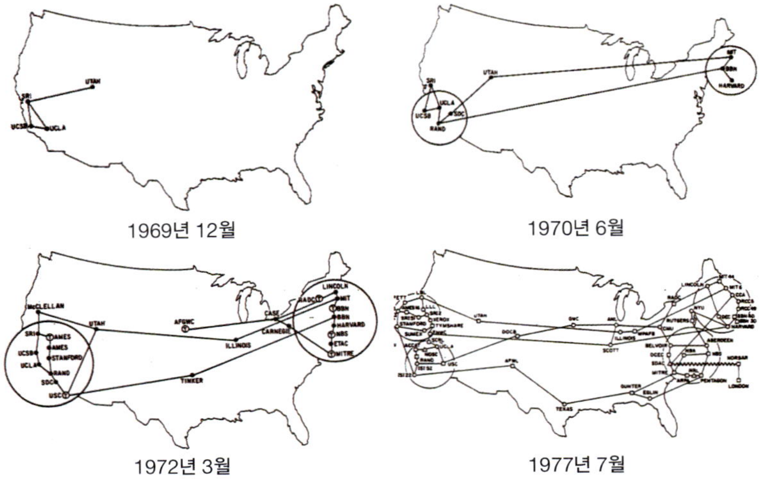

그림 1-2 인터넷 시초인 아파넷의 연결 변화

소련의 인공위성 발사부터 핵 공격까지 뜬금없는 이야기 같겠지만 인터넷은 이렇게 시작했습니다. 그리고 더 뜬금없게도 우리가 웹 브라우저로 보는 웹은 유럽 공동원자핵연구소CERN의 팀 버너스 리Tim Berners-Lee가 개발했습니다.

1989년 버너스 리는 인터넷에서 문서 사이를 쉽게 이동할 수 있는 기능인 하이퍼링크를 제안합니다. 그리고 이 기능을 바탕으로 흔히 웹Web이라고 하는 월드 와이드 웹World Wide Web, www을 1991년 발표합니다. 월드 와이드 웹은 발표와 동시에 사용 인구가 폭발적으로 급증하고, 1993년 버너스 리는 웹의 소스 코드를 무료로 공개합니다.

> **NOTE** 이러한 웹의 소스 코드와 표준을 기반으로 웹에 공개된 정보를 탐색할 수 있게 하는 프로그램이 바로 웹 브라우저Web Browser입니다.

1994년 버너스 리는 W3CWorld Wide Web Consortium를 창설합니다. W3C는 HTML 표준을 비롯한 웹 표준안을 제작하거나 제안하는 일을 하는 국제적인 웹 표준화 단체입니다.

그림 1-3 팀 버너스 리와 월드 와이드 웹 컨소시엄

그런데 W3C는 [표 1-1]과 같이 HTML 표준을 제정했지만 강제하지는 않았습니다. 이 때문에 웹 브라우저 전쟁이 시작됩니다.

표 1-1 HTML 버전 ※ 소수점 아래 버전 생략, HTML3와 HTML4는 W3C 권고안에 오른 날짜 기준으로 표기

버전	발표 연도
HTML1	1991년 10월
HTML2	1995년 11월
HTML3	1997년 1월
HTML4	1997년 12월
HTML5	2014년 10월

02 웹 브라우저 전쟁과 웹 표준

1 웹 브라우저 전쟁의 시작

미국 일리노이공과대학교의 연구 기관인 NCSA는 1993년 '모자이크'라는 GUIGraphical User Interface: 그래픽 사용자 인터페이스 웹 브라우저를 최초로 발표합니다. 모자이크의 핵심 개발자였던 마크 앤드리슨Marc Andreessen은 대학 졸업 후 실리콘밸리에 웹 브라우저 서비스 전문 업체인 모자이크 커뮤니케이션을 세우고, 모자이크를 본뜬 웹 브라우저를 만들어 발표합니다.

NCSA는 마크 앤드리슨의 회사가 모자이크라는 명칭을 사용하는 것에 불만을 표시합니다. 이에 모자이크 커뮤니케이션은 이름을 넷스케이프 커뮤니케이션으로 변경하고, 웹 브라우저 이름도 넷스케이프 내비게이터로 변경하여 발표합니다.

NOTE 넷스케이프 내비게이터의 개발 코드명은 원래 모질라Mozilla이고 이름과 관련해 두 가지 설이 있습니다. 하나는 Mosaic+Killer의 준말이라는 설이고, 다른 하나는 Mosaic+GodZilla의 준말이라는 설입니다. 하지만 둘 다 NCSA의 모자이크 웹 브라우저를 파괴하겠다는 의미를 담고 있습니다.

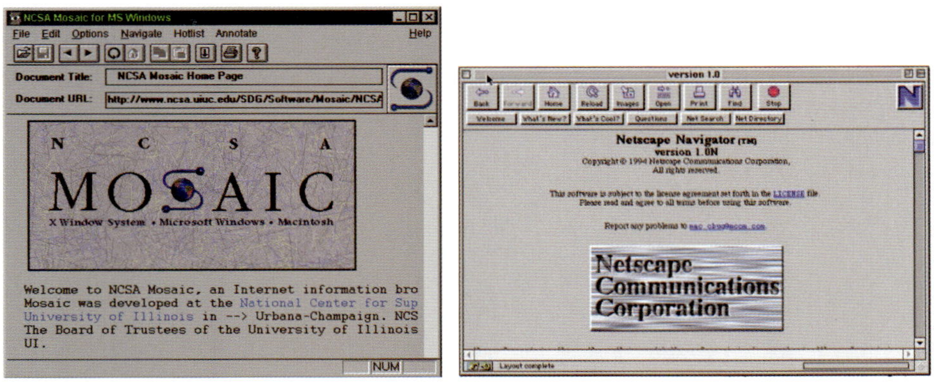

그림 1-4 모자이크와 넷스케이프 웹 브라우저

1994년 넷스케이프는 정식 버전을 발표하는데, 이 시기에 마이크로소프트도 인터넷 익스플로러를 발표합니다. 두 회사는 W3C의 표준을 무시하고 기능을 많이 추가하며 경쟁합니다.

마이크로소프트는 인터넷 익스플로러의 점유율이 넷스케이프를 넘지 못하자 윈도우 운영체제에 인터넷 익스플로러를 강제로 설치합니다. 또 애플과 계약을 맺어 5년간 매킨토시의 기본 웹 브라우저를 인터넷 익스플로러로 설정합니다. 당시 대부분의 PC에 마이크로소프트의 웹 브라우저를 강제로 설치한 것입니다. 이에 넷스케이프는 마이크로소프트에 소송을 거는데 법원에서는 판결을 계속 미룹니다. 넷스케이프는 극단의 조치로 넷스케이프의 소스 코드를 공개하고 모질라 재단을 세워 일반 개발자의 참여를 유도합니다.

그림 1-5 모질라 재단의 캐릭터

넷스케이프 커뮤니케이션은 1998년 아메리카 온라인AOL에 인수됩니다. 이후 넷스케이프 기술 개발은 하락의 길을 걷습니다. 결국 1998년에는 인터넷 익스플로러가 넷스케이프의 점유율을 넘어서고, 넷스케이프는 붕괴하기에 이릅니다.

이 웹 브라우저 전쟁을 치르는 동안 웹은 엄청난 속도로 발전하지만, W3C는 웹 표준에 발 빠르게 대응하지 못합니다. 이에 불만을 느낀 기업들은 플러그인plugin이라는 것을 만들기 시작합니다. 플러그인은 사용자 PC에 프로그램을 추가로 설치해 웹 브라우저의 기능을 확장하는 방법입니다.

어도비 플래시Adobe Flash: 이전 이름은 매크로미디어 플래시나 마이크로소프트 액티브XActiveX 같은 플러그인은 웹을 더 풍부하게 만들었습니다. 웹 브라우저에서 동영상이나 음악을 감상하고 은행 업무도 처리할 수 있게 되었습니다. 플래시는 액션스크립트를 사용하고 액티브X는 C++ 프로그래밍 언어로 개발하는데, 표준 스크립트인 자바스크립트JavaScript보다 더 다양한 응용 프로그램을 편리하게 제작할 수 있기 때문입니다.

NOTE 자바스크립트는 과거에 수준 낮은 언어로 취급받았습니다. 그러다 2008년 크롬의 등장으로 웹 페이지 로딩과 자바스크립트 속도가 빨라지면서 그 수요가 기하급수적으로 증가해 현재는 위상이 많이 올라갔습니다.

2000년 초에는 액티브X를 기반으로 한 다양한 응용 프로그램과 플래시를 기반으로 한 졸라맨, 우비소년, 마시마로 등 애니메이션도 등장합니다. 특히 플래시는 액션스크립트에 객체 지향이라는 개념을 도입해 응용 프로그램을 쉽게 개발할 수 있는 형태로 개선시킵니다. 이에 힘입어 2004년도에는 웹 응용 프로그램을 개발하는 플랫폼인 플렉스Flex로 발전합니다.

그림 1-6 플래시로 제작한 졸라맨

2 웹 2.0 시대

인터넷은 사용자와 사용자가 뭉쳐 새로운 콘텐츠를 개발할 수 있는 공간으로 확장됩니다. 이렇게 서로 다른 사용자가 함께 새로운 콘텐츠를 창조할 수 있는 시대를 웹 2.0Web 2.0이라고 합니다. 웹 2.0이라는 용어는 2004년 웹 2.0 콘퍼런스를 계기로 널리 알려졌습니다.

예를 들어 유튜브는 동영상을 올릴 수 있는 단순한 공간이지만 사용자끼리 뭉쳐 거대한 동영상 생태계를 형성했고, 위키피디아는 자신이 아는 정보를 올릴 수 있는 공간이지만 사용자끼리 뭉쳐 거대한 사전을 창조했습니다. 깃허브GitHub도 개발자가 코드를 올리고 관리할 수 있는 단순한 공간이지만, 사용자끼리 뭉쳐 수많은 소프트웨어를 개발하는 공간이 되었습니다.

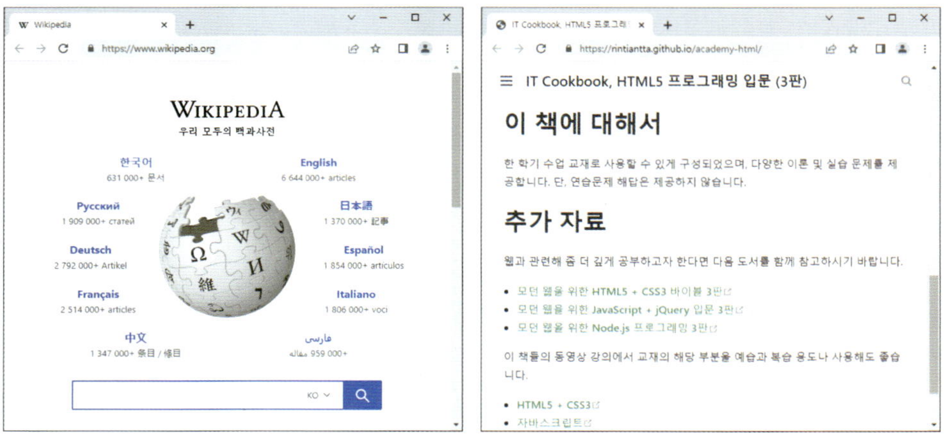

그림 1-7 위키피디아와 깃허브

❸ 웹 브라우저와 웹 표준

인터넷 익스플로러가 전 세계적으로 점유율을 높이면서 액티브X 같은 플러그인을 삽입해 웹 사이트가 점점 무거워집니다. 이에 2004년 W3C 회의에서 모질라 재단과 오페라 소프트웨어가 새로운 HTML 표준을 제안하지만 웹이 지향하는 혁명과 위배된다며 거절을 당합니다.

이에 인터넷 익스플로러를 제외한 애플, 모질라, 오페라 소프트웨어 같은 웹 브라우저를 제공하는 기업이 모여 새로운 웹 표준 기관을 조직하기로 합니다. 이어서 2004년 6월에 WHATWG Web Hypertext Application Technology Working Group를 설립하고, 웹 표준을 제정할 준비를 시작합니다.

그림 1-8 WHATWG

WHATWG는 새로운 웹 표준으로 Web Application 1.0 표준을 작성하고, 비슷한 시기에 W3C는 마이크로소프트와 함께 XHTML 2.0 표준을 작성합니다. 그런데 XHTML 2.0 표준은 기존 표준과 너무 동떨어져 개발자들은 사용할 필요성을 전혀 느끼지 못했고 결국 2009년에 폐기됩니다.

새로운 기능을 추가하려면 새로운 표준 정의가 필요한데, XHTML 2.0이 폐기되면서 공백기가 생깁니다. 결국 W3C는 이 공백기를 메우려고 WHATWG의 Web Application 1.0 표준을 새로운 웹 표준으로 채택한 후 HTML5 표준이라는 이름으로 변경합니다. 그리고 WHATWG와 함께 HTML W/G를 결성해 HTML5 표준을 작성합니다. HTML5 표준은 2012년에 초안을 발표하고, 2014년에는 정식 권고안을 발표합니다.

마이크로소프트와 W3C가 함께한 XHTML 2.0이 폐기되면서 다른 웹 브라우저는 모두 최신 표준을 지원하는데, 인터넷 익스플로러만 지원하지 못하는 현상이 발생합니다. 다른 웹 브라우저 업체 입장에서는 점유율을 뒤집을 기회이기 때문에 웹 브라우저의 업데이트 주기를 앞당깁니다. 모질라 파이어폭스Firefox는 2011년까지 3년마다 하던 버전 업데이트를 약 2개월 단위로 단축합니다.

또 이 시기에 웹 브라우저 업체는 개발자들이 크롬 웹 스토어나 모질라 마켓플레이스를 통해 자사 웹 브라우저에서만 동작하는 응용 프로그램을 배포하도록 권장합니다. 구글은 유명 캐릭터가 등장하는 광고를 제작해서 유튜브에 올립니다.

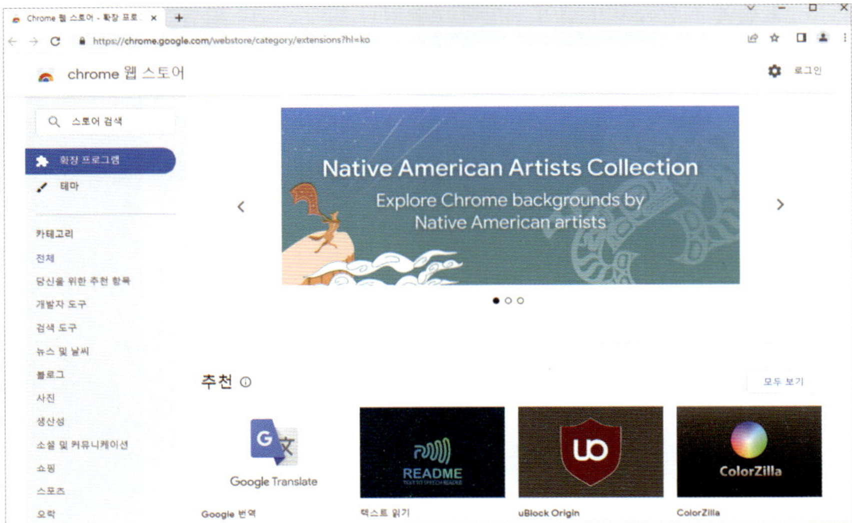

(a) 크롬 웹 스토어

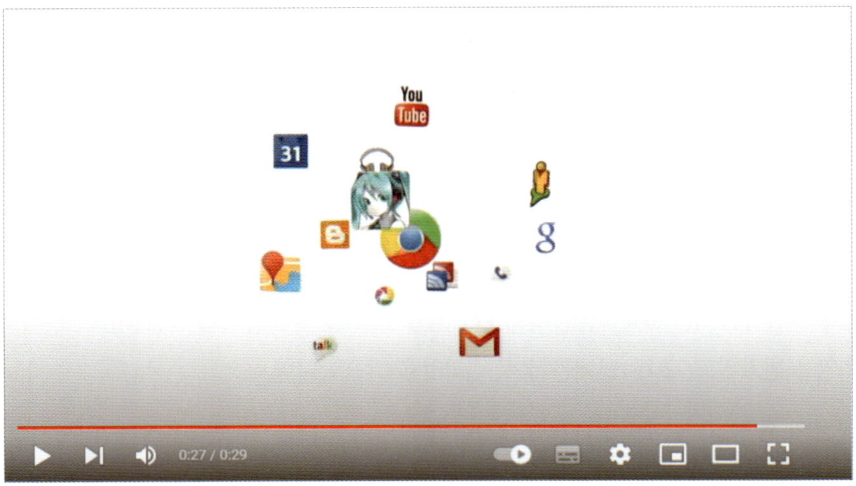

(b) 일본 크롬 광고

그림 1-9 다양한 웹 브라우저 마케팅

약 10년간 치른 웹 브라우저 전쟁은 2023년을 기준으로 국내를 포함해 전 세계적으로 구글 크롬의 승리로 막을 내리고 있습니다.

NOTE 웹은 1991년에 처음 등장해 오래되지 않은 기술이지만 빠르게 발전해서 관련 이야기가 많습니다. 여기서는 웹을 간략히 설명해 생략한 부분이 많으니 재미있다면 각자 더 찾아보기 바랍니다.

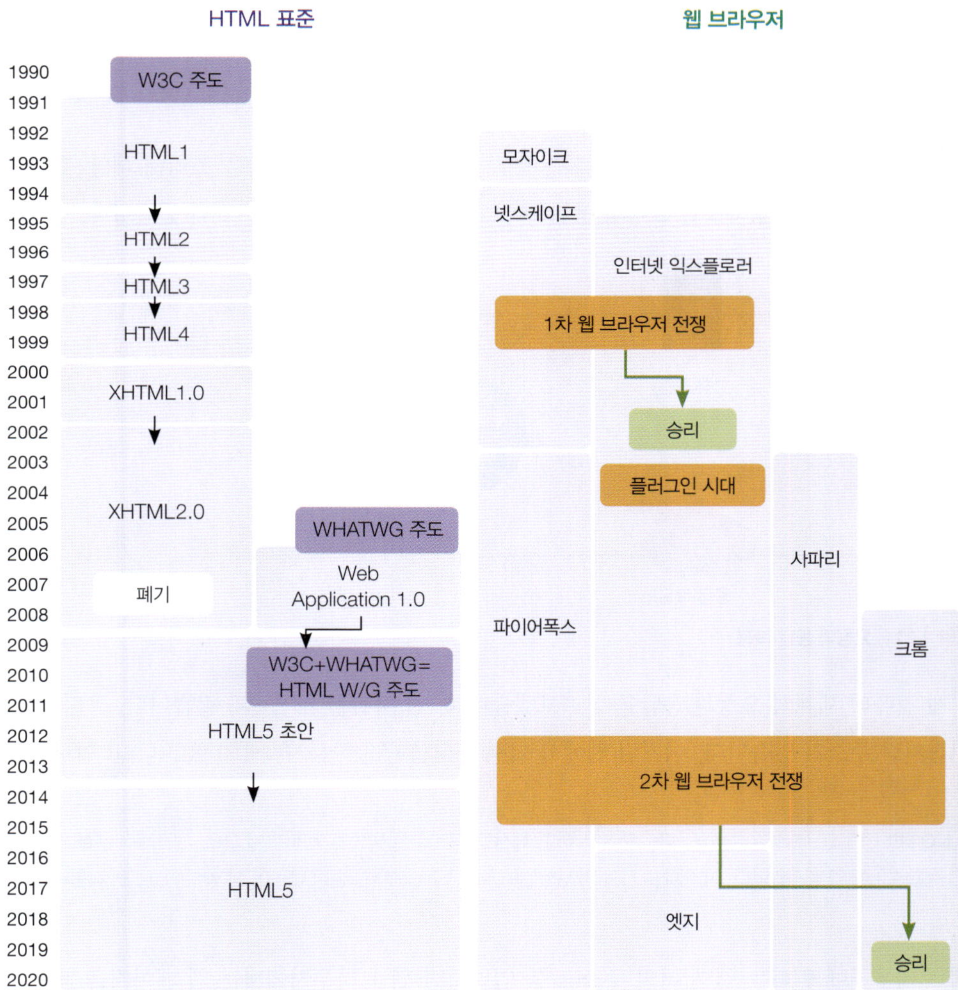

그림 1-10 웹 표준과 웹 브라우저 타임라인 ※ HTML3와 HTML4는 W3C 권고안에 오른 날짜를 기준으로 표기

03 웹 동작

웹은 요청과 응답이라는 간단한 형태로 동작합니다. 치킨을 주문하는 과정으로 요청과 응답을 살펴보겠습니다. 우선 치킨집의 전화번호를 찾아 전화를 걸어 집 주소와 메뉴를 말합니다.

"여기는 서울특별시 강서구 마곡동 ……이고요. 양념 치킨 두 마리 배달해 주세요."

양념 치킨 두 마리를 주문(요청)받은 치킨집 사장님은 주문에 맞게 닭을 조리해 해당 주소로 배달(응답)합니다. 이 과정을 요청과 응답 그림으로 나타내면 [그림 1-11]과 같습니다.

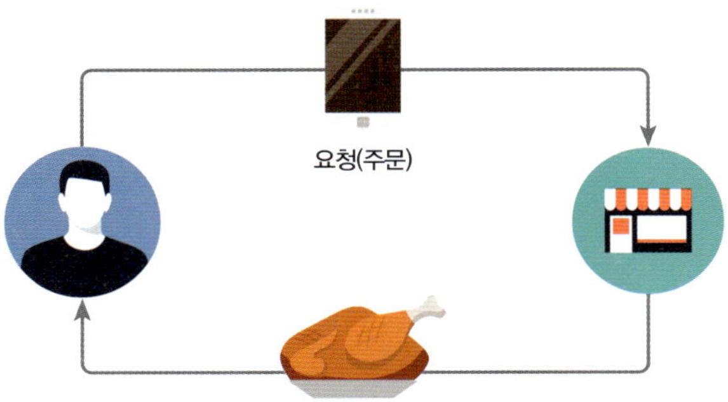

그림 1-11 요청과 응답 과정

이제 컴퓨터 세계의 요청과 응답을 살펴보겠습니다. 웹 서버는 치킨집과 같습니다. 그리고 치킨집처럼 주소가 있습니다. 이처럼 웹에서 어떤 대상을 구분하는 주소를 URL이라고 합니다.

NOTE URI Uniform Resource Identifier는 웹에서 어떤 대상을 구분하는 방법을 총칭한 것으로, URL Uniform Resource Locator도 URI의 일종입니다. 이 외에도 URN, Data URI, URC도 URI의 일종이지만 이 책에서는 URL만 다룹니다.

웹 브라우저에 원하는 웹 서버의 주소URL를 입력하면 웹 브라우저에서는 웹 페이지를 제공합니다. 웹 브라우저에 'http://www.naver.com'을 입력해서 네이버에 웹 페이지를 주문해 봅시다.

그림 1-12 서버의 응답

웹 서버는 네이버라는 요청을 받아들이고 [그림 1-12]와 같이 웹 페이지를 제작해 배달합니다. 네이버 웹 페이지를 응답받은 웹 브라우저는 화면에 해당 웹 페이지를 띄웁니다.

요청과 응답을 이해했다면 그 과정을 좀 더 자세히 살펴봅시다. 컴퓨터 세계에서는 요청하는 쪽을 클라이언트(사용자)라고 하며, 응답하는 쪽을 서버(제공자)라고 합니다. 웹은 클라이언트가 서버에 HTML 페이지나 파일을 요청하면, 서버가 해당 요청에 응답해 요청한 HTML 페이지나 파일을 클라이언트에 제공하는 통로라고 할 수 있습니다.

보통 클라이언트와 서버는 [그림 1-13]과 같이 표현합니다. 네이버나 다음처럼 웹 서비스를 제공하는 기업을 서버, 해당 서버에서 웹 페이지를 제공받는 일반 사용자를 클라이언트라고 보면 됩니다.

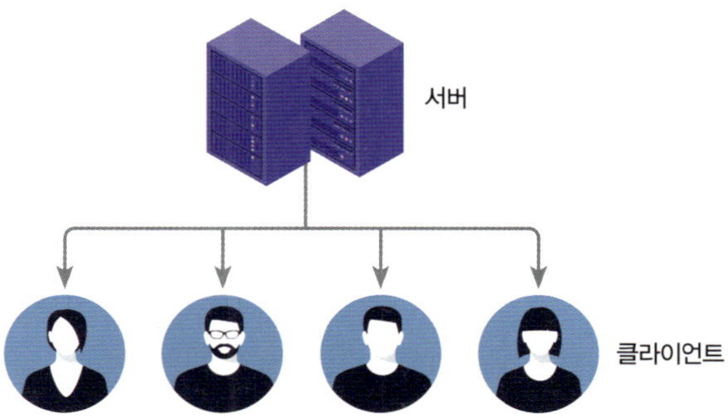

그림 1-13 서버와 클라이언트

이때 서버에서 실행되는 프로그램을 서버 프로그램이라고 하며, 클라이언트에서 실행되는 프로그램을 클라이언트 프로그램이라고 합니다. 추가적으로 서버 프로그램은 사용자와 먼 곳에 있기 때문에 백엔드 프로그램이라고 하며, 클라이언트 프로그램은 사용자와 가까운 곳에 있기 때문에 프런트엔드 프로그램이라고 합니다.

서버 프로그램은 클라이언트 요청에 따라 적절한 파일과 데이터를 제공합니다. 일반적으로 서버 프로그램은 자바, C#, 루비, 파이썬, 자바스크립트 같은 프로그래밍 언어로 개발합니다. 웹 서버를 쉽게 개발할 수 있도록 이 프로그래밍 언어를 기반으로 만든 기본 웹 프레임워크(ASP.NET, JSP, PHP 등), MVC 프레임워크(ASP.NET MVC, Spring MVC, Ruby on Rails 등), 비동기 프레임워크(Node.js Express, Jetty)를 활용합니다. 프레임워크는 IoCInversion of Control 속성을 가진 모듈을 의미합니다. 하지만 현재 단계에서는 간단하게 '특정 목적의 개발을 쉽게 할 수 있게 여러 기능을 모아 둔 것'으로 생각하세요.

클라이언트 프로그램은 웹 브라우저에서 작동하는 프로그램을 의미합니다. 간단하게 서버에서 전달된 HTML 파일을 생각하면 됩니다. 서버 프로그램과 달리 클라이언트 프로그램은 반드시 HTML, CSS, 자바스크립트로 개발해야 합니다.

클라이언트 프로그램은 HTML로 요소를 생성하고 CSS로 디자인해서 자바스크립트로 프로그래밍 요소를 부여합니다. [그림 1-14]는 구글 문서 도구로, 대표적인 클라이언트 프로그램 예입니다.

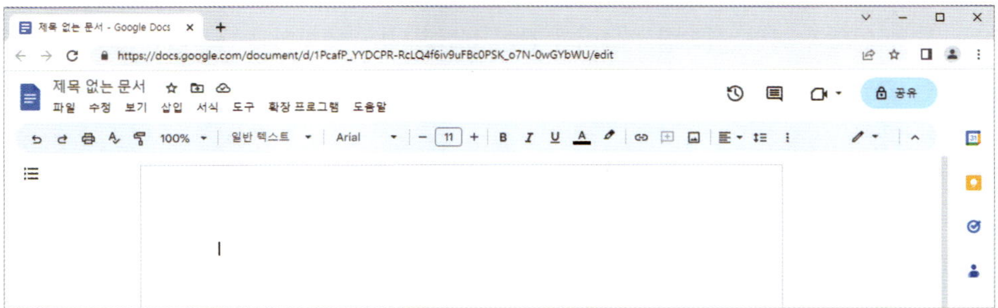

그림 1-14 구글 문서 도구

이렇게 복잡한 클라이언트 프로그램이 아니더라도 웹 브라우저에서 실행되는 웹 페이지라면 모두 클라이언트 프로그램이라고 할 수 있습니다.

04 웹 표준 기술과 HTML5 주요 기능

1 웹 표준 기술

현대 웹 페이지에 사용되는 표준 기술은 세 가지로 정리할 수 있습니다. 바로 [그림 1-15]의 HTML5 표준, CSS3 표준, ECMAScript 표준입니다. ECMAScript 표준은 자바스크립트 표준의 공식 명칭입니다.

그림 1-15 웹 표준 기술

HTML5는 큰 의미로 CSS3와 자바스크립트를 모두 포함하는 웹 표준 기술을 총칭합니다. HTML5는 작은 의미로 웹 페이지를 구성하는 HTML 마크업 언어 그 자체를 뜻하기도 합니다. 마크업markup은 웹 페이지의 서식이나 구조를 표현하는 정보로, 흔히 태그 또는 마크업 지시자라고도 합니다. '마크업한다'는 것은 HTML로 웹 페이지의 구조나 요소를 프로그래밍한다고 이해하면 됩니다.

CSSCascading Style Sheets는 HTML 페이지에 스타일을 지정하는 스타일시트를 작성할 때 사용하는 언어입니다. CSS 표준은 1996년부터 웹 표준으로 채택했습니다. 하지만 초기에는 굉장히 기본적인 스타일밖에 지정할 수 없었습니다. 이러한 불만에 대응하고자 그레이디언트, 회전, 애니메이션 등 기능을 추가한 CSS3를 2013년에 발표했습니다.

스타일시트는 현대 웹 페이지에서 매우 중요한 역할을 수행합니다. [그림 1-16]은 네이버 메인 페이지에 스타일시트를 적용하기 전과 후의 모습입니다. 단순한 웹 문서에 스타일시트를 적용해야 익숙한 네이버 메인 페이지가 됩니다. 스타일시트는 5~6장에 걸쳐 차근차근 설명합니다.

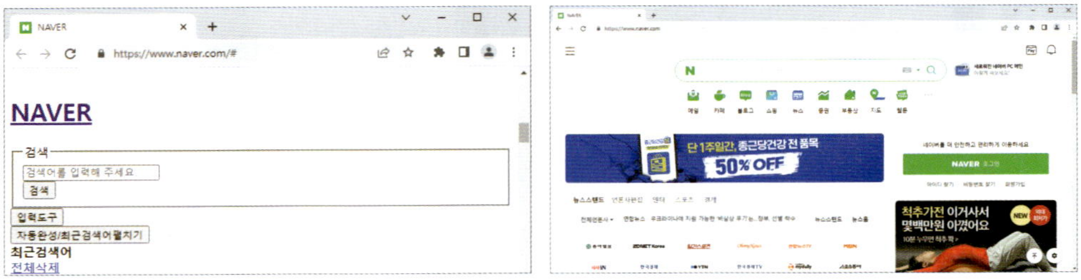

(a) 스타일시트 적용 전　　　　(b) 스타일시트 적용 후

그림 1-16 네이버 메인 페이지의 스타일시트 적용 전후 모습

자바스크립트는 HTML 페이지에서 사용자 반응 등을 처리하는 스크립트를 작성하는 언어입니다. 1994년 넷스케이프의 브랜든 아이크Brendan Eich가 개발하여 초기에는 모카라는 이름으로 불렀지만, 자바스크립트라는 이름으로 정식 출시됩니다.

이후 유럽 컴퓨터제조협회European Computer Manufacturer's Association, ECMA에서 'ECMAScript 표준'이라는 이름으로 표준을 만듭니다. 이것으로 자바스크립트의 표준 명칭은 ECMAScript가 되었습니다. 다만 많은 사람이 계속해서 자바스크립트라는 이름을 사용하므로, 이 책에서도 자바스크립트 명칭을 사용합니다.

NOTE 자바 프로그래밍 언어와 자바스크립트 프로그래밍 언어

자바와 자바스크립트를 혼동하는 사람이 굉장히 많습니다. 두 프로그래밍 언어는 마케팅 때문에 자바라는 동일한 이름을 사용해 출시했을 뿐입니다. 서로 관계가 없습니다. 이름은 비슷하지만 전혀 관계가 없는 코끼리와 바다코끼리를 생각하면 쉽게 이해할 수 있습니다.

자바스크립트는 움직이는 웹 페이지를 만들 수 있고, 사용자 반응도 처리할 수 있습니다. 자바스크립트는 클라이언트 웹 개발을 하기 위해 만들었지만, 현대에는 서버는 물론 로봇 개발에도 사용됩니다.

표 1-2 HTML, CSS, 자바스크립트의 역할

웹 표준 기술	역할	코드
HTML	웹 페이지 구성	`<input type="button">`
CSS	스타일 적용	`color: black`
자바스크립트	사용자 반응 처리 등	`const onClick = … ;`

→ 버튼입니다

❷ HTML5 주요 기능

컴퓨터에서 어떤 프로그램을 가장 많이 사용하나요? 웹 브라우저를 가장 많이 사용하고, 그 다음으로 음악이나 동영상 재생 프로그램, 워드프로세서와 게임을 사용할 것입니다. 웹 브라우저에서 음악과 동영상 재생은 물론 온라인 게임까지 할 수 있다면 어떤 일이 벌어질까요? 아마 다른 프로그램은 필요 없게 될 것입니다. HTML5는 이러한 기능을 모두 추가했습니다. HTML5에 추가된 기능을 간단하게 살펴봅시다.

멀티미디어

기존 웹 페이지는 스스로 동영상이나 음악을 재생할 수 없었습니다.

"저는 2010년 이전에도 유튜브에서 동영상을 시청했는데요?"

이때는 플래시라는 플러그인을 사용해서 동영상을 재생했습니다. 하지만 HTML5가 등장하면서 플러그인 도움 없이도 스스로 음악과 동영상을 재생할 수 있게 된 것입니다.

그래픽

HTML5는 하드웨어의 가속을 받아 2차원 그래픽과 3차원 그래픽을 모두 구현할 수 있습니다. HTML5는 다음 두 가지 방법으로 2차원 그래픽을 구현합니다.

❶ HTML 태그를 사용해 2차원 벡터 그래픽 구현

❷ 자바스크립트 캔버스를 사용해 2차원 래스터 그래픽 구현

또 다음 두 가지 방법으로 3차원 그래픽도 구현할 수 있습니다.

❶ CSS3를 사용해 3차원 그래픽 구현

❷ 자바스크립트 WebGL을 사용해 3차원 그래픽 구현

NOTE 캔버스

캔버스는 HTML5에 추가된 요소(<canvas></canvas>)로 자바스크립트를 사용해 2D 그래픽과 3D 그래픽을 구현합니다. WebGL도 캔버스를 사용한 예입니다.

CSS3를 사용해 3차원 그래픽을 구현한 예를 살펴보겠습니다. [그림 1-17]의 (a)는 CSS3를 사용해 만든 구름 모형이고, (b)는 WebGL을 사용해 개발한 유비소프트UbiSoft의 게임입니다. 두 기술 모두 클라이언트 웹 개발의 최상급 수준에 해당하므로 이 책에서는 자세히 다루지 않습니다. 단지 두 예로 'HTML5로 이러한 것도 만들 수 있구나!' 하고 느껴 보세요.

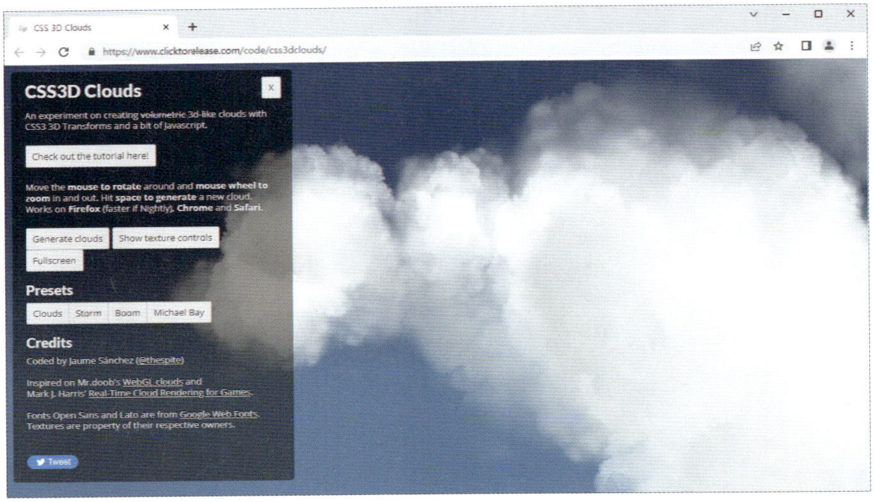

(a) CSS3를 사용한 구현 예: CSS3D Clouds(http://www.clicktorelease.com/code/css3dclouds)

(b) WebGL을 사용한 구현 예: 프롬 더스트(From Dust)

그림 1-17 HTML5로 3차원 그래픽을 구현한 예

통신

HTML5는 서버와 소켓 통신을 할 수 있습니다. 지금까지 HTML 페이지는 서버에 데이터를 요청해서 받아만 오는 단방향 방식으로 구현되었습니다. 하지만 HTML5에서는 서버와 실시간으로 쌍방향 통신을 수행할 수 있어 웹에서 실시간 채팅이나 온라인 게임을 즐길 수 있습니다.

> **NOTE** HTML5 이하에서도 서버와 쌍방향 통신을 하는 것처럼 보이게 하는 기술이 있었습니다. 이를 폴링과 롱폴링이라고 하는데 서버에 과부하가 걸린다는 단점이 있습니다.

이것으로 웹 브라우저에서 곧바로 고객 센터에 문의하고 답변을 받을 수 있게 되었으며, 웹에서 여러 사람과 함께 게임을 즐기는 것도 가능해졌습니다. 세포 키우기 게임(agar.io), 지렁이 키우기 게임(slither.io) 등이 2015년부터 다양하게 등장한 것도 바로 HTML5의 보급 덕분입니다.

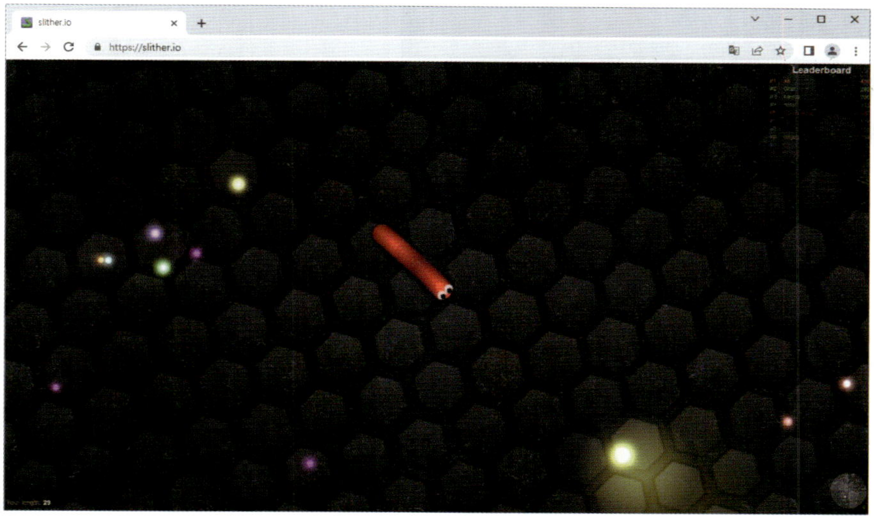

그림 1-18 지렁이 키우기 게임(slither.io)

장치 접근

HTML5는 장치에 접근해 장치 정보(배터리 잔량, 현재 위치 등)를 가져오거나 장치 기능(알람 등)을 사용할 수 있습니다. 스마트폰의 웹 브라우저로 실행한 구글 지도, 네이버 지도 웹페이지가 GPS를 사용해 현재 위치를 확인할 수 있는 것이 대표적인 예입니다.

오프라인 및 저장소

HTML5는 인터넷이 연결되지 않은 상태에서도 응용 프로그램을 동작시킬 수 있습니다. 인터넷이 연결되지 않아도 웹 페이지를 활용할 수 있다는 것은 HTML5를 응용 프로그램의 중심으로 사용하는 운영체제 등장을 의미합니다. [그림 1-19]는 구글에서 리눅스와 크롬을 기반으로 만든 크롬 OS입니다. 이 운영체제는 HTML5를 기반으로 만든 프로그램을 중심으로 사용합니다.

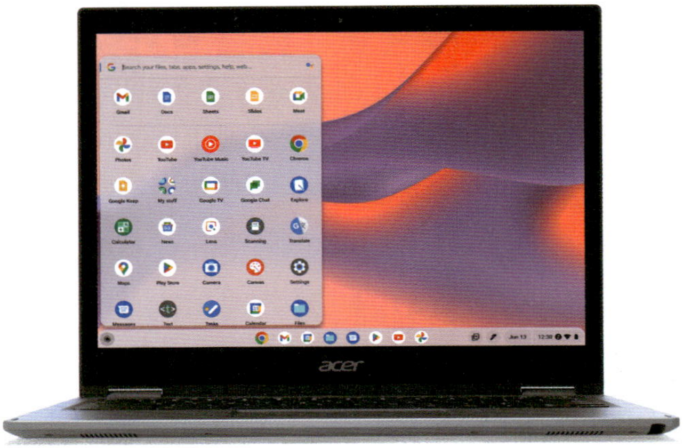

그림 1-19 구글 크롬 OS

시맨틱

HTML5 표준에서는 시맨틱 웹을 구현하는 데 필요한 시맨틱 태그를 새로 추가했습니다. 시맨틱 웹Semantic web은 검색 엔진 같은 프로그램이 정보를 분석하고, 자료를 검색 및 처리해서 제공하는 지능형 웹을 의미합니다. 이 내용은 HTML 태그를 모르면 다룰 수 없으므로 2장에서 자세히 설명합니다.

CSS3 스타일시트

HTML5는 CSS3 스타일시트를 완벽하게 지원합니다. CSS3 스타일시트를 사용하면 3차원 변환은 물론 애니메이션 효과를 적용할 수 있습니다. 이 책에서 전반적으로 다룰 내용이므로 여기서는 추가 설명을 생략합니다.

NOTE 사실 CSS는 Cascading Style Sheets의 약어이므로 CSS3 스타일시트라고 하는 것은 스타일시트를 두 번 말하는 이중 표현입니다. 하지만 일반적으로 사용하는 용어라서 이 책에서도 CSS3 스타일시트로 표현하겠습니다.

웹의 성능 극대화 및 통합

HTML5의 추가 기능으로 기존에 이용하던 웹 성능을 극대화할 수 있습니다. 예를 들어 웹 워커를 이용하면 사용자 화면을 멈추지 않으면서 연산도 처리할 수 있습니다.

HTML5는 이렇게 다양한 기능을 추가하면서 일반 데스크톱 응용 프로그램을 만들 수 있을 정도로 발전했습니다. 현재는 HTML5 표준을 적용한 웹 브라우저를 통해 간단한 워드 작업을 하거나 게임을 즐길 수 있습니다.

05 HTML5를 공부하면 좋은 이유

스마트폰 시대로 들어서면서 스마트폰을 위한 다양한 운영체제가 등장했습니다. 이러한 현상은 일반 데스크톱, 태블릿PC와 TV로 이어집니다. IT 기업가인 한스 베스트버그Hans Vestberg는 2020년 안에 약 500억 개의 장치가 웹과 연결될 것이라고 예측하기도 했습니다.

약 500억 개의 장치마다 운영체제가 모두 다르다면 각 운영체제에 맞는 프로그램을 개발해야 합니다. 하지만 운영체제에 종속된 프로그램이 아니라 웹에서 작동하는 프로그램이라면 이야기가 달라집니다. 웹은 주인도 국적도 없고 모두에게 공개된 기술이므로 모든 장치에서 사용할 수 있습니다.

"웹 페이지 따위가 응용 프로그램을 만든다고요?"

애플리케이션 수준의 웹 페이지를 만들 수 있다

[그림 1-20]은 다음 금융과 네이버 뉴스의 모바일 웹 페이지입니다. 웹 페이지인데도 충분히 일반 애플리케이션처럼 동작합니다.

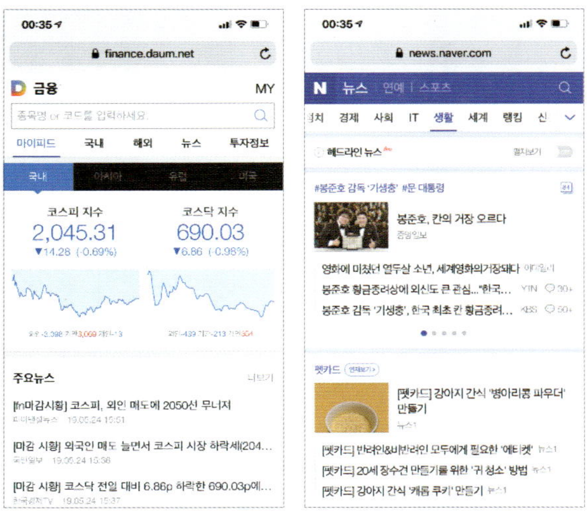

그림 1-20 HTML5로 만든 애플리케이션 수준의 웹 페이지: 다음 금융과 네이버 뉴스

물론 2023년을 기준으로 보면 그렇게 놀랍지는 않을 것입니다. 많은 사람이 스마트폰을 2~3년 주기로 교체하기 때문에 스마트폰 웹 사이트는 이전부터 HTML5를 다양하게 활용했습니다. 그래서 이제는 '당연하다'고 생각할 수도 있을 것입니다.

데스크톱 애플리케이션을 만들 수 있다

HTML5를 활용하면 웹을 넘어 데스크톱 애플리케이션도 만들 수 있습니다.

일렉트론은 HTML5 기반의 데스크톱 애플리케이션 개발 엔진입니다. 2013년에 깃허브에서 아톰 셸Atom Shell이라는 이름으로 아톰Atom 에디터를 개발했는데, 이후 아톰 셸이 일렉트론Electron이라는 이름으로 변경됩니다.

일렉트론은 이후 마이크로소프트에서 스카이프Skype, 비주얼 스튜디오 코드Visual Studio Code 등을 개발하면서 널리 알려졌습니다. 깃허브, 디스코드Discord, 슬랙Slack, 고스트Ghost, 워드프레스WordPress에서도 데스크톱 애플리케이션을 만들 때 이를 활용했습니다.

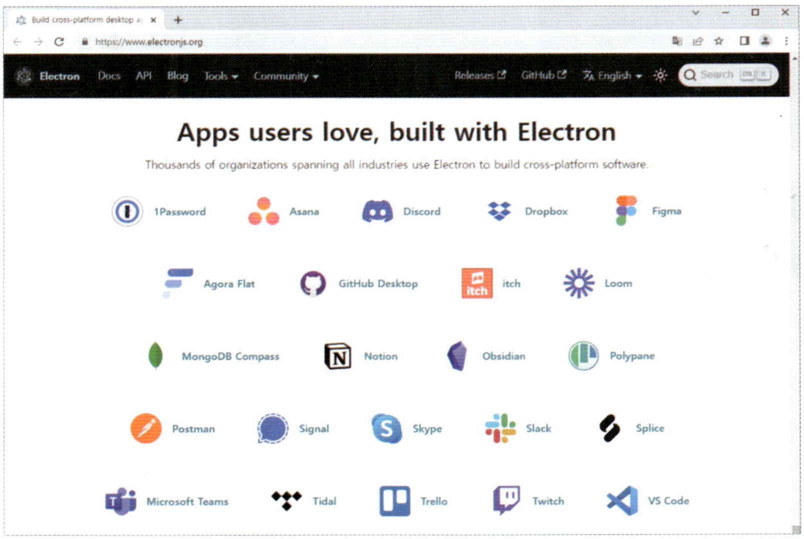

그림 1-21 일렉트론으로 개발된 애플리케이션

리액트 네이티브를 사용해 모바일 애플리케이션을 만들 수 있다

2012년 전후로 어도비Adobe의 폰갭PhoneGap을 사용해 HTML로 모바일 애플리케이션을 만드는 다양한 시도가 있었습니다. 하지만 폰갭은 몇 가지 성능 문제가 있었습니다.

특히 페이스북은 폰갭에 만족하지 못했고, 모바일 애플리케이션을 만들 수 있는 리액트 네이티브React Native 엔진을 개발했습니다. 리액트 네이티브를 사용하면 HTML5로 개발했을 때 내부적으로 안드로이드와 아이폰에 맞는 네이티브 코드(해당 스마트폰이 가장 만족하는 프로그래밍 언어로 작성된 코드)로 변환됩니다. 이것으로 성능 문제를 해결했습니다.

굉장히 유명한 애플리케이션들이 리액트 네이티브로 개발되었습니다. 페이스북Facebook, 인스타그램Instagram, 핀터레스트Pinterest, 스카이프, 우버Uber, 텐센트 QQ 등이 리액트 네이티브로 개발된 대표적인 애플리케이션입니다.

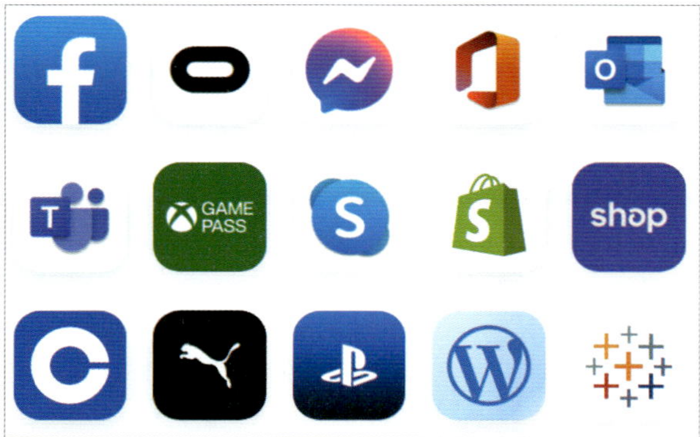

그림 1-22 리액트 네이티브로 개발된 모바일 애플리케이션

즉, HTML5를 알면 안드로이드 애플리케이션을 개발하려고 자바Java 또는 코틀린Kotlin을 따로 배우지 않아도 됩니다. 그리고 아이폰 애플리케이션을 개발하려고 따로 오브젝티브-CObjective-C나 스위프트Swift를 배우지 않아도 됩니다.

또 기존에는 안드로이드와 아이폰에 모두 대응하려고 각 언어로 같은 프로그램을 두 번 만들어야 했습니다. 하지만 리액트 네이티브 등을 사용하면 HTML5로 한 번만 개발해 여러 장치에 대응할 수 있습니다. 이처럼 한 번 개발해서 여러 장치(플랫폼)에 대응하는 것을 크로스 플랫폼 개발이라고 합니다. 따라서 개발 비용을 크게 감소시킬 수 있습니다.

06 실습 환경 구축

지금까지 HTML5가 무엇인지 살펴보았습니다. 이 절에서는 HTML5 예제를 실습할 수 있는 환경을 구축하겠습니다. HTML 페이지를 작성할 에디터와 작성한 페이지를 실행해 결과를 확인할 웹 브라우저가 필요합니다. 이 책에서는 다음을 기준으로 설명합니다.

- **에디터 :** 비주얼 스튜디오 코드Visual Studio Code를 에디터로 사용합니다. 비주얼 스튜디오 코드는 무료이며 HTML, CSS, 자바스크립트 등 웹 기술만으로 만든 데스크톱 애플리케이션입니다. 현재 웹 개발에서 가장 많이 사용하는 에디터입니다.
- **웹 브라우저 :** 별도 표기가 없는 한 모든 웹 브라우저에서 동작합니다. 다만 모든 예제를 진행하려면 최신 웹 브라우저를 사용해야 합니다. 이 책에서는 구글 크롬을 사용해 진행하기를 권장합니다.

1 웹 브라우저 설치

구글 크롬 사이트(http://www.google.com/chrome)에서 〈Chrome 다운로드〉 버튼을 누르면 크롬 설치가 진행됩니다. 화면에서 안내하는 대로 따라 하면 쉽게 설치할 수 있습니다.

그림 1-23 구글 크롬 공식 사이트

2 에디터 설치와 설정

비주얼 스튜디오 코드도 공식 사이트(http://code.visualstudio.com)에서 다운로드하여 설치할 수 있습니다.

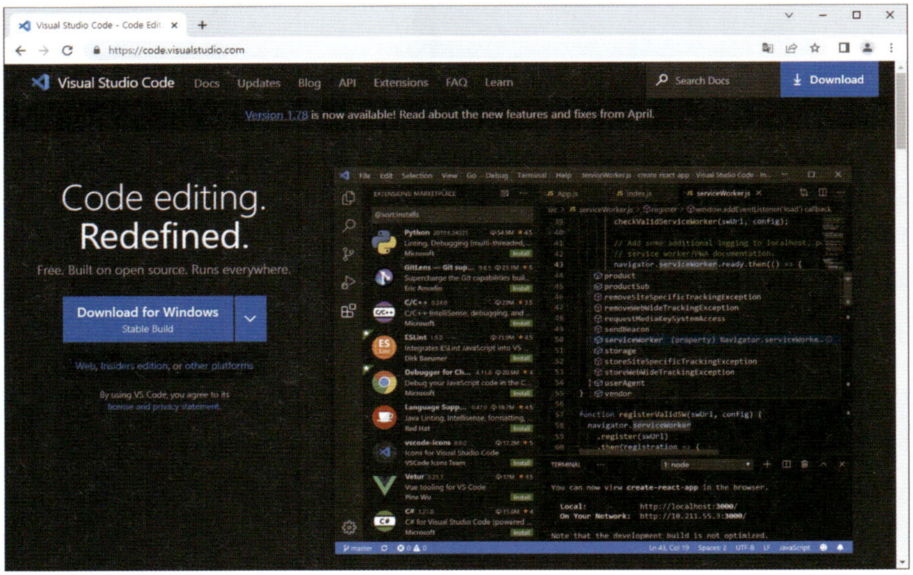

그림 1-24 비주얼 스튜디오 코드 공식 사이트

비주얼 스튜디오 코드는 영어를 기본으로 제공하므로 한국어 인터페이스를 사용하고 싶다면 [그림 1-25]와 같이 한국어 팩을 설치해야 합니다. ❶ 비주얼 스튜디오 코드 왼쪽에서 확장 아이콘을 클릭합니다. ❷ 검색 창에 "Korean"이라고 입력한 후 "Korean Language Pack for Visual Studio Code"를 찾아 ❸ 〈Install〉 버튼을 눌러 설치합니다. 설치가 완료되었다면 비주얼 스튜디오 코드를 종료한 후 다시 실행합니다.

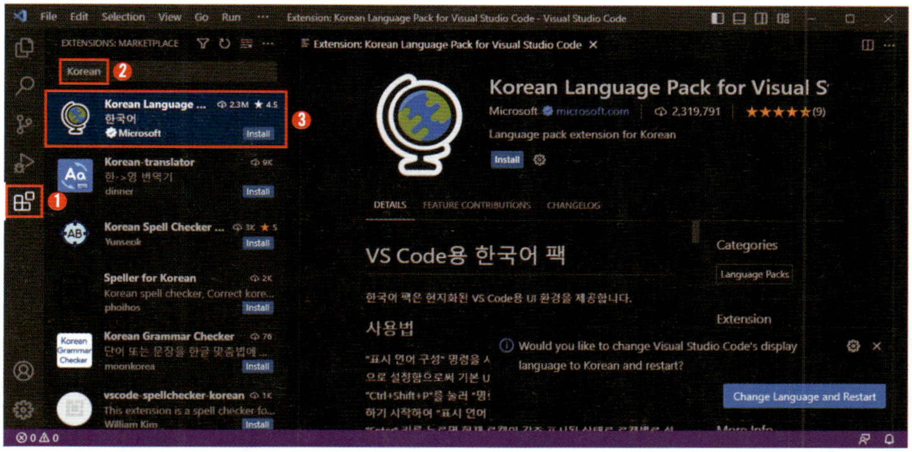

그림 1-25 비주얼 스튜디오 코드 한국어 팩 설치

비주얼 스튜디오 코드의 기본 글꼴에는 아시아 언어가 없습니다. 따라서 한글 글꼴을 추가해야 한글을 좀 더 예쁘게 출력할 수 있습니다. 사용할 수 있는 글꼴 종류는 많지만, 대표적으로 네이버에서 무료로 배포하는 D2Coding 글꼴(http://github.com/naver/d2codingfont)이 있습니다. 가장 최신 버전의 ZIP 파일을 선택하고, 다음 페이지에서 〈Download〉 버튼을 눌러 다운로드합니다. 압축을 풀고 D2CodingAll 폴더에 있는 파일을 클릭해서 실행한 후 〈설치〉 버튼을 누르면 됩니다.

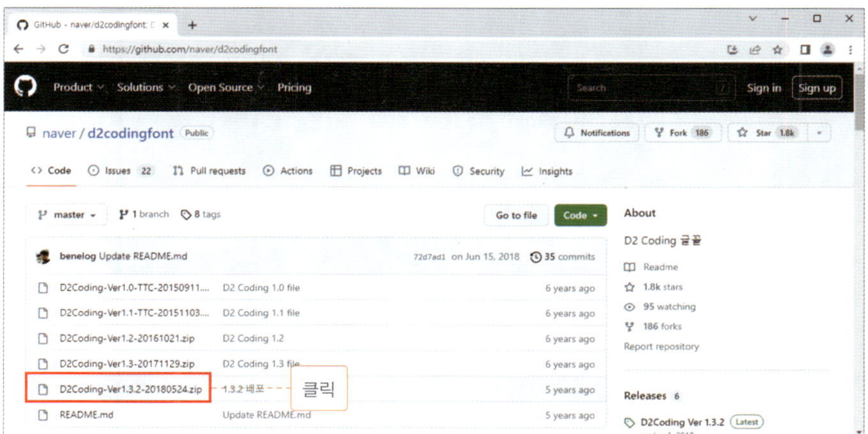

그림 1-26 코딩 글꼴 설치

참고로 코딩 전용 글꼴은 무엇이 다른지 'README.md' 문서를 한번 읽어 보면 도움이 될 것입니다.

설치한 글꼴을 적용해 봅시다. ❶ 비주얼 스튜디오 코드의 [파일(File)]–[기본 설정(Preferences)]–[설정(Settings)] 메뉴를 선택합니다. ❷ 설정 화면의 Editor: Font Family에 "D2Coding"을 입력합니다. 이 설정 화면에서 글꼴 크기 등도 조정할 수 있으니 원하는 대로 설정해 보기 바랍니다.

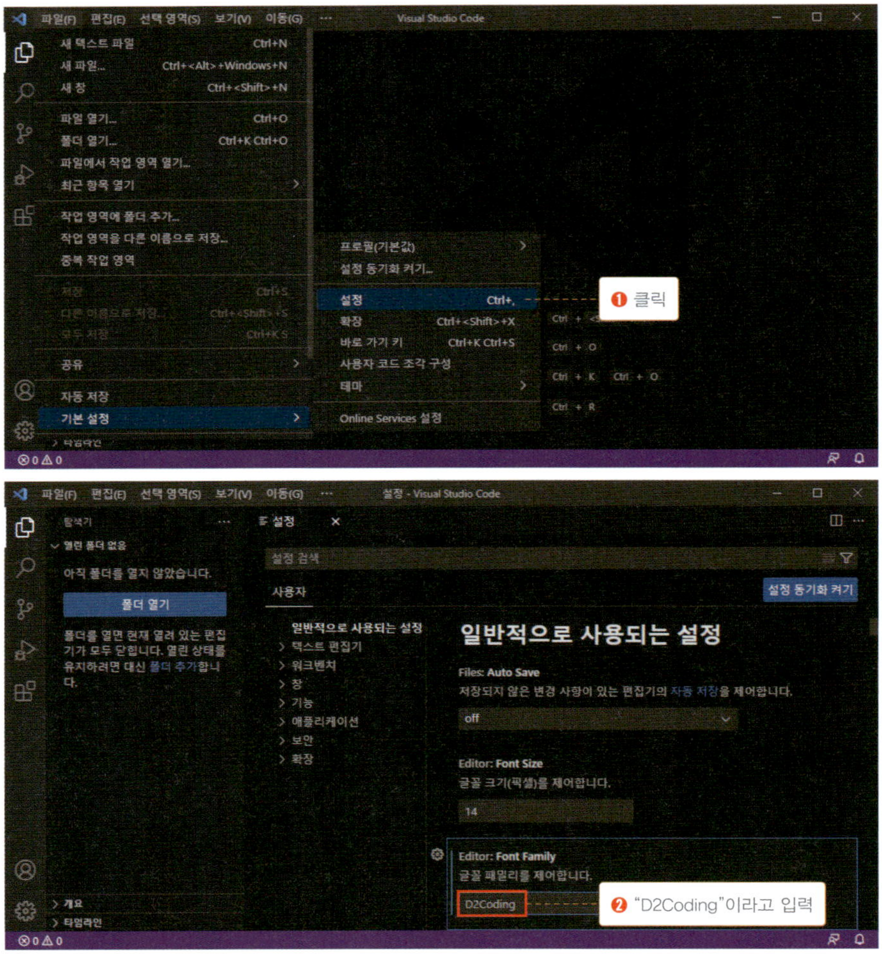

그림 1-27 비주얼 스튜디오 코드에 코딩 글꼴 등록

요약

01 (　　　)은 전 세계를 연결하는 국제 정보 통신망으로, 컴퓨터나 스마트폰 같은 디지털 기기로 연결되어 사람들이 정보를 공유할 수 있는 공간입니다.

02 (　　　)는 인터넷에서 문서 사이를 쉽게 이동할 수 있는 기능입니다.

03 (　　　)는 HTML 표준을 비롯한 웹 표준안을 제작하거나 제안하는 국제적인 웹 표준화 단체입니다.

04 (　　　)는 웹에 공개된 정보를 탐색할 수 있게 하는 프로그램입니다.

05 (　　　)은 사용자 PC에 프로그램을 추가로 설치해 웹 브라우저 기능을 확장하는 방법입니다.

06 (　　　)은 서로 다른 사용자가 함께 새로운 콘텐츠를 창조할 수 있는 시대를 의미합니다.

07 (　　　)는 Web Application 1.0 표준을 작성한 단체로, 현재는 단체 이름을 HTML W/G로 변경했습니다. Web Application 1.0 표준은 새로운 웹 표준으로 채택된 후 (　　　)표준이라는 이름으로 변경되었습니다.

08 웹에서 (　　　)하는 쪽을 클라이언트(사용자)라고 하며 응답하는 쪽을 (　　　)(제공자)라고 합니다.

09 (　　　)은 웹에서 어떤 대상을 구분하는 주소를 의미합니다.

10 서버 프로그램은 (　　　)와 먼 곳에 있어 백엔드 프로그램이라고 합니다. 클라이언트 프로그램은 (　　　)와 가까운 곳에 있어 (　　　) 프로그램이라고 합니다.

요약

11 (　　　)은 웹 페이지의 서식이나 구조를 표현하는 정보입니다.

12 (　　　)는 HTML 페이지에 스타일을 지정하는 스타일시트를 작성할 때 사용하는 언어입니다.

13 (　　　)는 HTML 페이지에서 사용자 반응 등을 처리하는 스크립트를 작성하는 언어로, 표준 명칭은 (　　　)입니다.

14 (　　　)은 HTML5 기반의 데스크톱 애플리케이션 개발 엔진입니다.

15 (　　　)는 페이스북에서 만든 모바일 애플리케이션 개발 엔진입니다.

16 (　　　)은 한 번 개발해서 여러 장치(플랫폼)에 대응하는 것을 의미합니다.

01 다음 문장에 ○×를 표시하시오.

(1) 웹은 1990년대 중반부터 모든 대중이 사용할 수 있게 되었습니다. (   )

(2) 모든 URI는 URL입니다. (   )

(3) 2000년대 초에는 액티브X와 플래시 덕분에 웹 브라우저로 다양한 것을 할 수 있었습니다. (   )

(4) 자바스크립트를 사용하면 웹 페이지에 프로그래밍 요소를 부여해서 사용자와 반응을 할 수 있습니다. (   )

(5) HTML5가 등장하여 그레이디언트, 애니메이션 등 화려한 스타일을 CSS3로 추가할 수 있게 되었습니다. (   )

(6) HTML5는 단방향 통신뿐만 아니라 양방향 통신도 가능합니다. (   )

(7) HTML5는 배터리 잔량 같은 장치 정보도 가져올 수 있습니다. (   )

(8) 웹 브라우저에서 작동하는 클라이언트 프로그램은 기본적으로 C++, 자바, C#, 파이썬 등 프로그램으로 개발합니다. (   )

(9) 인터넷의 모태는 아파넷ARPANET입니다. (   )

02 HTML5를 개발하고 표준화한 주요 조직은 무엇인가?

① W3C, WHATWG

② IEEE, IETF

③ ISO, ANSI

④ OASIS, ECMA

03 HTML5가 도입되면서 더 이상 사용하지 않게 된 기술을 모두 고르시오.

① CSS3

② Flash

③ JavaScript

④ ActiveX

04 본문 내용을 기반으로 다음을 설명하시오.

(1) HTML5를 큰 의미와 작은 의미로 나누어서 설명하시오.

(2) HTML5를 사용해 스마트폰 애플리케이션을 개발할 때 장점을 설명하시오.

05 개발자들은 '○○과 관련된 것'을 'Awesome ○○'라는 이름의 문서에 정리한다. 인터넷에서 Awesome HTML 페이지(http://github.com/diegocard/awesome-html5)를 확인하고 발표하시오.

06 웹 2.0 사례를 찾아 발표하시오. 웹 2.0이라고 해서 굉장히 거창해 보이지만, 많은 사람이 모여 이야기를 나누며 어떤 가치가 창출되었다면 모두 웹 2.0의 예이다. 예를 들어 네이버 지식인도 대표적인 웹 2.0의 예라고 할 수 있다. 또 "지진이 발생하면, 디시인사이드 지진희 갤러리에 글이 가장 먼저 올라온다."라는 조금 이상해 보이는 상황도 웹 2.0의 예라고 할 수 있다.

CHAPTER 02

웹 페이지 기본 구조와 작성 방법

학습목표

- 태그, 요소, 속성의 의미를 이해합니다.
- HTML 태그, CSS, 자바스크립트를 사용해 웹 페이지를 작성하는 방법을 익힙니다.
- 검사 기능으로 디버그하는 방법을 알아봅니다.

PREVIEW

이 장에서는 HTML 페이지의 기본 구조와 더불어 웹 개발에서 전반적으로 사용하는 기본 용어를 살펴봅니다. 용어를 기억하지 못하면 이후 내용을 진행하기 어려우므로 확실하게 정리하고 넘어갑시다.

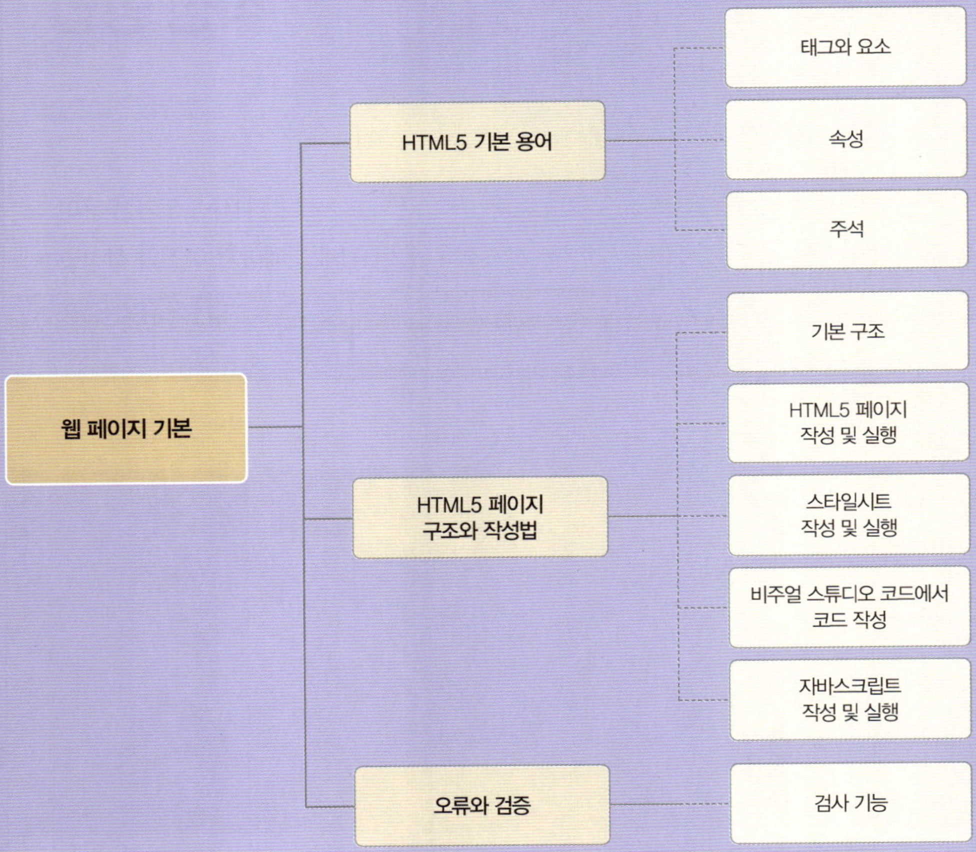

01 HTML5 기본 용어

HTML5를 공부하려면 기본적으로 태그tag, 요소element, 속성attribute 용어를 알아야 합니다. 웹 페이지를 작성하기 전에 기본 용어를 먼저 정리하겠습니다.

1 태그와 요소

HTML 페이지를 구성하는 각 부품을 요소라고 합니다. 제목, 본문, 이미지 등은 모두 요소라고 할 수 있습니다. 태그는 이러한 요소를 만들 때 사용하는 작성 방법입니다. 자바스크립트 개발에서는 요소를 객체object라고도 합니다.

사용할 수 있는 요소(태그)는 모두 W3C에서 미리 정해 놓았습니다. 어떤 요소가 있는지 3~4장에서 살펴보겠습니다. 흔히 요소와 태그를 구분하지 않고 사용합니다. 따라서 요소를 생성하는 것과 태그를 생성하는 것은 같은 의미로 이해해도 됩니다. 이 책에서는 코드를 작성할 때 '태그'라는 표현을 더 많이 사용할 것입니다.

HTML 요소들은 [표 2-1]과 같이 내용을 가질 수 있는 요소와 내용을 가질 수 없는 요소로 구분할 수 있습니다. 내용을 가질 수 있는 요소는 〈요소 이름〉내용〈/요소 이름〉 형태로 생성하고, 내용을 가질 수 없는 요소는 〈요소 이름〉 형태로 생성합니다.

표 2-1 생성 방법에 따른 요소 구분

요소 구분	형태	예
내용을 가질 수 있는 요소	〈요소 이름〉내용〈/요소 이름〉	<h1>Hello HTML5</h1> <p>즐거운 웹 프로그래밍 입문</p> <audio></audio>
내용을 가질 수 없는 요소	〈요소 이름〉	<img> <hr>

내용은 텍스트가 될 수도 있고, 다른 요소가 될 수도 있습니다. 또 내용을 가질 수 있는 요소에 내용을 입력하지 않아도 상관없습니다.

표 2-2 내용에 따른 요소 형태

내용 구분	예
텍스트인 경우	<h1>Hello HTML5</h1> <p>즐거운 웹 프로그래밍 입문</p>
다른 태그인 경우	<div> <h1>Hello HTML5</h1> <p>즐거운 웹 프로그래밍 입문</p> </div>
내용을 입력하지 않은 경우	<div></div> <audio></audio> <video></video>

내용을 가질 수 있는 요소를 생성할 때, 앞에 붙이는 태그를 '시작 태그'라고 하며 뒤에 붙이는 태그를 '끝 태그'라고 합니다.

<h1>Hello HTML5</h1>

시작 태그 끝 태그

그림 2-1 내용을 가질 수 있는 요소 생성

NOTE HTML 표기법과 XHTML 표기법

내용을 가질 수 없는 요소는 HTML 표기법으로도 생성할 수 있고, XHTML 표기법으로도 생성할 수 있습니다.

HTML 표기법은 〈요소 이름〉만으로 요소를 생성합니다. 하지만 이렇게 작성하면 이 태그가 "내용을 가질 수 있는 태그의 시작 태그"를 나타내는지, "내용을 가질 수 없는 태그 전체"를 나타내는지 구분하기가 어렵습니다.

그래서 많은 개발자가 명확하게 내용을 가질 수 없는 태그라는 것을 표기하고자 XML eXtensible Markup Language 작성 방식을 적용해 XHTML 표기법을 만들었습니다. XML을 설명해야 이후 내용을 진행할 수 있어 자세한 내용은 생략하지만, 간단하게 예를 들면 다음과 같습니다.

HTML 표기법	XHTML 표기법
<img> <hr>	<img /> <hr />

둘 다 많이 사용되므로 어떤 표기 방법을 사용해도 상관없습니다. 이 책에서는 HTML 표기법으로 코드를 작성합니다.

2 속성

속성은 태그에 추가 정보를 부여할 때 사용하는 것으로, 형태는 [그림 2-2]와 같습니다. (a)는 h1 태그에 title 속성을 부여하는 예입니다. (b)는 이미지를 만들 때 사용하는 내부 문자가 없는 img 태그 예로 src 속성에 출력할 이미지 정보를 입력합니다. 속성도 W3C에서 정의한 표준에 맞추어 사용합니다. 각 태그 속성은 3~4장에서 자세히 알아보겠습니다.

속성 이름 속성 값

(a)
```
<h1 title="header">Hello HTML5</h1>
```

속성 블록

속성 이름 속성 값

(b)
```
<img src="image.png">
```

속성 블록

그림 2-2 속성의 사용 예

3 주석

프로그램이 커지면 자기가 작성한 코드도 무슨 목적으로 작성했는지 알아보기가 힘듭니다. 따라서 어떤 기능을 하는 코드인지 설명을 기록할 방법이 필요합니다. 프로그래밍 언어에서 프로그램 실행에 영향을 미치지 않고 설명용으로 사용하는 코드를 주석이라고 합니다. HTML은 [그림 2-3]과 같은 방법으로 주석을 처리합니다. 그림과 같이 간단한 예에는 주석이 필요 없어 보이지만 주석을 얼마나 잘 활용하는지로 프로그래밍 실력을 평가하기도 합니다.

```
<!-- 주석 -->
```

```
<!DOCTYPE html>
<html>
<head>
    <!-- title 태그 -->
    <title>TITLE</title>
</head>
<body>
    <!-- h1 태그 -->
    <h1>Hello HTML5</h1>
</body>
</html>
```

Hello HTML5

그림 2-3 주석 형식과 사용 예

02 HTML5 페이지 구조와 작성법

1 HTML5 페이지의 구조

이번에는 HTML 페이지의 기본 구조를 살펴봅니다. 아직 코드를 직접 입력하지 않아 어렵다고 느끼는 내용도 있겠지만, 나중에 직접 실습해 보면 별로 어렵지 않으므로 미리 겁먹지 마세요. 모든 HTML5 페이지는 크게 다음 구조로 작성합니다.

```
<!DOCTYPE html>
<html>
<head>
    <title>Hello HTML5</title>
</head>
<body>

</body>
</html>
```

❶ 웹 브라우저에 HTML5 문서라는 것을 알리기 위해 반드시 첫 행에 나와야 합니다.

❷ body 태그에 필요한 스타일시트와 자바스크립트를 제공합니다.

❸ 웹 브라우저에 표시하는 제목을 지정합니다.

❹ 사용자에게 실제로 보이는 부분을 작성하는 곳입니다.

❺ 모든 HTML 페이지의 기본 요소로, 모든 태그는 이 html 태그 내부에 작성합니다.

그림 2-4 HTML5 구조

html 태그에는 [표 2-3]과 같은 lang 속성을 입력할 수 있습니다. lang 속성은 웹 브라우저 동작에는 영향을 주지 않고, 구글 같은 검색 엔진이 웹 페이지를 탐색할 때 해당 웹 페이지를 어떤 언어로 작성했는지 쉽게 알 수 있도록 도와줍니다. 세계적인 데이터 네트워크를 구축하려면 lang 속성을 입력하는 것이 좋지만 이 책의 예제는 간단하므로 lang 속성을 사용하지 않습니다.

head 태그에는 [표 2-4]와 같은 태그만 입력할 수 있습니다. 다른 태그를 넣으면 웹 브라우저가 body 태그로 자동으로 옮깁니다. head 태그 내부에 사용하는 태그는 조금 어려우므로 책 전체에서 다룹니다. body 태그에 삽입하는 태그는 3장에서 차근차근 살펴보겠습니다.

표 2-3 html 태그의 lang 속성

lang 속성 값	언어
ko	한국어
en	영어
ja	일본어
ru	러시아어
zh	중국어
de	독일어

```
<html lang="ko">
```

표 2-4 head 태그 내부에 넣을 수 있는 태그

태그	설명
meta	웹 페이지에 추가 정보 전달
title	페이지 제목 지정
script	웹 페이지에 스크립트 추가
link	웹 페이지에 다른 파일 추가
style	웹 페이지에 스타일시트 추가
base	웹 페이지의 기본 경로 지정

title 태그에 글자를 입력하면 [그림 2-5]와 같이 웹 브라우저 위쪽에 표시됩니다. title 태그도 html 태그의 lang 속성처럼 웹 페이지 정보를 검색 엔진에 제공하므로 입력하면 좋습니다.

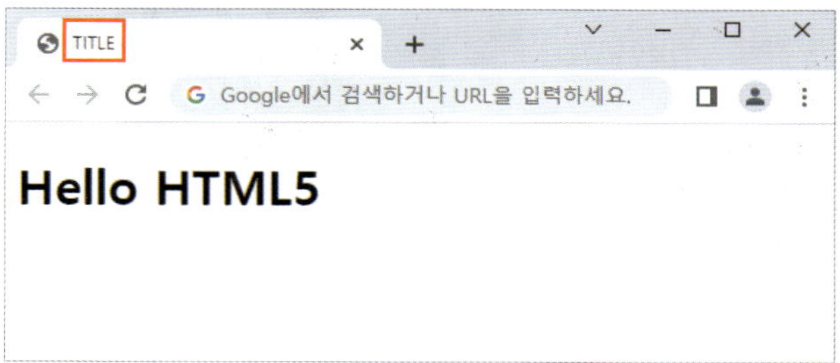

그림 2-5 title 태그

NOTE HTML5 이하에서 사용한 문서 형식

HTML4에서는 DOCTYPE을 다음과 같이 사용했습니다. DOCTYPE 부분이 많이 간단해졌음을 알 수 있겠죠?

```
<!-- HTML4 Frameset -->
<!DOCTYPE HTML PUBLIC "-//W3C//DTD HTML 4.01 Frameset//EN" "http://www.w3.org/TR/html4/frameset.dtd">

<!-- HTML4 Strict -->
<!DOCTYPE HTML PUBLIC "-//W3C//DTD HTML 4.01//EN" "http://www.w3.org/TR/html4/strict.dtd">

<!-- HTML4 Traditional -->
<!DOCTYPE HTML PUBLIC "-//W3C//DTD HTML 4.01 Transitional//EN" "http://www.w3.org/TR/html4/loose.dtd">
```

2 HTML5 페이지의 작성과 실행

HTML 페이지를 만들고 실행하는 방법을 알아봅니다. 간단하지만 이 내용을 모르면 이후 실습을 진행할 수 없으니 정확하게 학습하기 바랍니다.

비주얼 스튜디오 코드의 [파일]–[새 파일] 메뉴를 선택합니다(또는 단축키 Ctrl+N 사용).

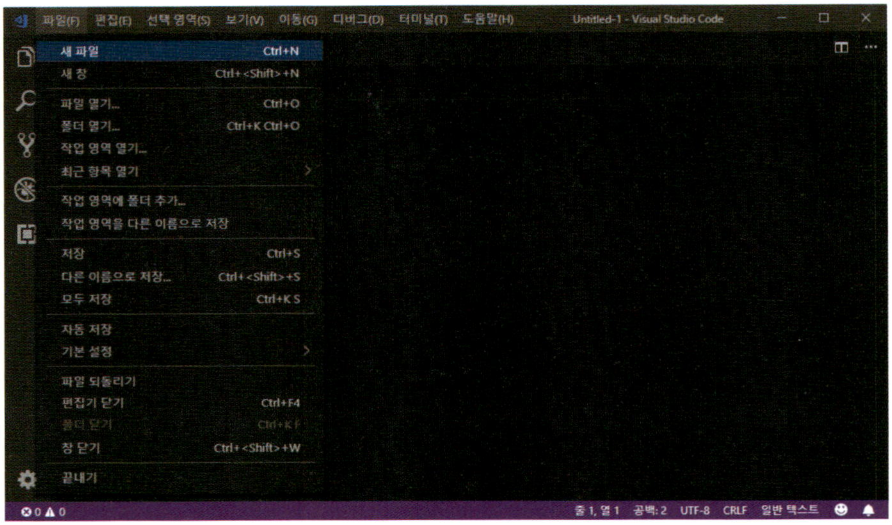

그림 2-6 새 파일 만들기

[코드 2-1]과 같이 작성하고 [파일]–[다른 이름으로 저장] 메뉴를 선택해 "C:\수업" 폴더에 HTMLPage.html로 저장합니다. 이때 파일 형식을 ○○.html 또는 ○○.htm으로 저장해야 비주얼 스튜디오 코드와 웹 브라우저가 HTML 파일로 인식합니다.

코드 2-1 HTMLPage.html

```
<!DOCTYPE html>
<html>
<head>
    <title>HTML5 Basic</title>
</head>
<body>
    <h1>Hello World..!</h1>
</body>
</html>
```

"C:\수업" 폴더에 저장한 HTMLPage.html을 크롬으로 드래그하면 웹 페이지가 실행됩니다. 코드를 정확하게 입력했다면 'Hello World..!'가 출력됩니다. 이후 모든 예제도 이 방법으로 HTML 파일을 만들고 실행합니다. 기본 웹 브라우저가 크롬이라면 HTMLPage.html을 더블클릭만 해도 실행됩니다.

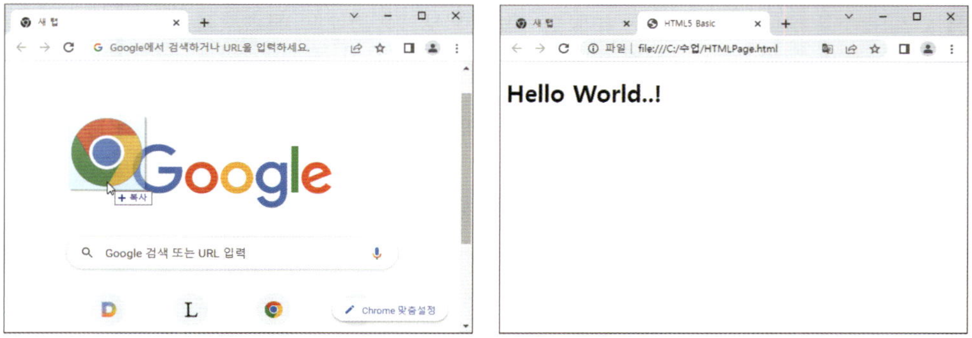

그림 2-7 실행

NOTE 비주얼 스튜디오 코드의 자동 완성 기능

비주얼 스튜디오 코드에서 html:5를 입력하고 Tab을 누르면 HTML 기본 형태를 자동으로 생성합니다.

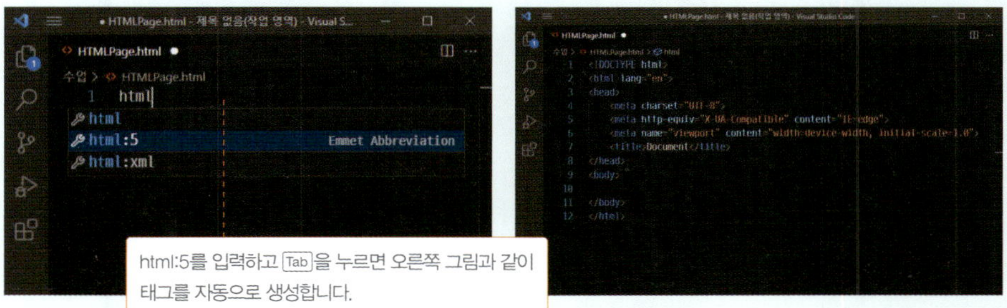

이 외에도 h1을 입력하고 Tab을 누르면 h1 태그를 자동으로 생성합니다. 이후 CSS 선택자까지 배우고 나면, a.link[href=http://www.hanbit.co.kr/]을 입력하고 Tab을 눌렀을 때 복잡한 태그도 자동으로 생성할 수 있습니다. 에디터의 기능을 활용하면 코드를 더 쉽게 작성할 수 있습니다.

3 스타일시트 작성과 실행

웹 페이지는 두 가지 방법의 스타일시트를 사용해 스타일을 적용합니다. 하나는 HTML 페이지 내부에서 style 태그를 사용해 스타일시트를 직접 입력하는 내부 스타일 방법입니다. 다른 하나는 스타일시트를 별도의 파일로 만든 후, HTML 페이지 내부에서 link 태그의 href 속성을 사용해 스타일시트를 불러오는 외부 스타일 방법입니다. 스타일시트가 짧으면 내부 스타일도 괜찮지만, 여러 사람이 함께 협업하고 프로젝트 규모가 클 때는 외부 스타일이 더 좋습니다. 두 가지 방법을 알아보겠습니다.

기본 예제 2-1 내부 스타일시트 작성과 실행

앞서 작성한 HTMLPage.html의 head나 body 태그에 다음과 같이 style 태그를 생성한 후 HTMLPageWithStyle.html로 저장하고 실행합니다.

코드 2-2 HTMLPageWithStyle.html

```
<!DOCTYPE html>
<html>
<head>
    <title>HTML5 Basic</title>
    <style>
        h1 {
            color: white;
            background: black;
        }
    </style>
</head>
<body>
    <h1>Hello World..!</h1>
</body>
</html>
```

기본 예제 2-2 외부 스타일시트 작성과 실행

비주얼 스튜디오 코드의 [파일]-[새 파일] 메뉴를 선택해 새 파일을 생성하고 Style.css라는 이름으로 저장합니다. 파일을 저장할 때 에디터가 확장자를 자동으로 인식합니다. 이어서 [코드 2-3]의 내용을 작성한 후 다시 저장합니다. 그런 다음 앞서 작성한 HTMLPage.html을 link 태그를 사용해 외부 스타일시트를 불러오도록 수정합니다. 변경된 내용을 HTMLPageWithLink.html로 저장하고 실행합니다.

코드 2-3 Style.css

```css
h1 {
    color: white;
    background: black;
}
```

코드 2-4 HTMLPageWithLink.html

```html
<!DOCTYPE html>
<html>
<head>
    <title>HTML5 Basic</title>
    <link rel="stylesheet" href="Style.css">
</head>
<body>
    <h1>Hello World..!</h1>
</body>
</html>
```

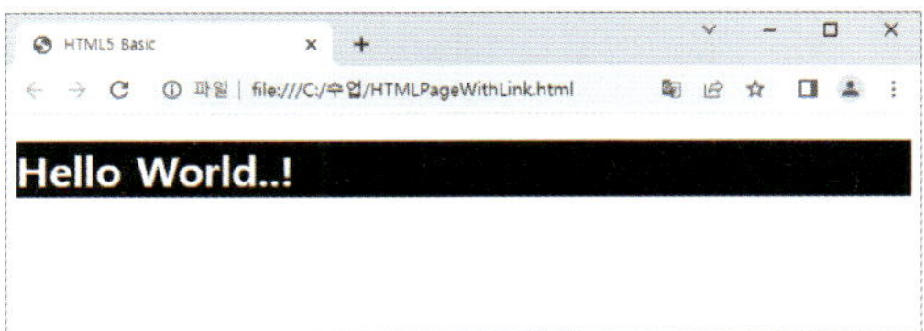

스타일시트를 작성하는 내용은 5장부터 계속해서 다룰 것이므로 해당 장을 공부하면서 다시 살펴봐도 괜찮습니다.

4 자바스크립트 작성과 실행

자바스크립트도 스타일시트처럼 script 태그를 사용해 내부에서 작성하거나 script 태그의 src 속성을 사용해 외부에서 불러오도록 작성할 수 있습니다. 그런데 자바스크립트 코드는 입력하다 보면 1000행이 넘을 때가 많아 주로 외부 자바스크립트로 작성합니다. 자바스크립트 파일을 추가하는 다양한 방법이 등장했지만, 다음 두 가지가 가장 기본적인 방법입니다. 두 방법을 [기본 예제 2-3]과 [기본 예제 2-4]에서 설명합니다.

기본 예제 2-3 내부 자바스크립트 작성과 실행

앞서 작성한 HTMLPage.html의 head 태그나 body 태그 내부에 다음과 같이 script 태그를 생성한 후 HTMLPageWithScript.html로 저장하고 실행합니다.

코드 2-5 HTMLPageWithScript.html

```
<!DOCTYPE html>
<html>
<head>
    <title>HTML5 Basic</title>
    <script>
        // 경고 창을 출력합니다.
        alert('Hello JavaScript .. !');
    </script>
</head>
<body>
    <h1>Hello World..!</h1>
</body>
</html>
```

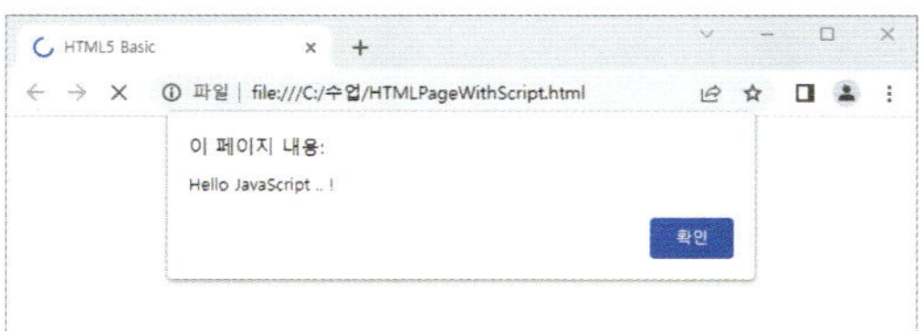

기본 예제 2-4 외부 자바스크립트 작성과 실행

비주얼 스튜디오 코드의 [파일]–[다른 이름으로 저장] 메뉴를 선택해 새 파일을 생성하고 OuterJavaScript.js라는 이름으로 저장합니다. 파일을 저장할 때 에디터가 확장자를 자동으로 인식합니다. 이어서 [코드 2–6]의 내용을 작성한 후 다시 저장합니다. 그런 다음 앞서 작성한 HTMLPage.html에서 script 태그를 사용해 외부 자바스크립트를 불러오도록 수정한 후 HTMLPageWithOuterScript.html로 저장하고 실행합니다.

코드 2-6 OuterJavaScript.js

```
alert('OuterScript');
```

코드 2-7 HTMLPageWithOuterScript.html

```
<!DOCTYPE html>
<html>
<head>
    <title>HTML5 Basic</title>
    <script src="OuterJavaScript.js"></script>
</head>
<body>
    <h1>Hello World..!</h1>
</body>
</html>
```

> HTML5 이전에서는 type 속성을 사용해야 했으나 이제는 type 속성 없이도 기본으로 인식합니다.
> 〈script type="text/javascript" src="OuterJavaScript.js"〉

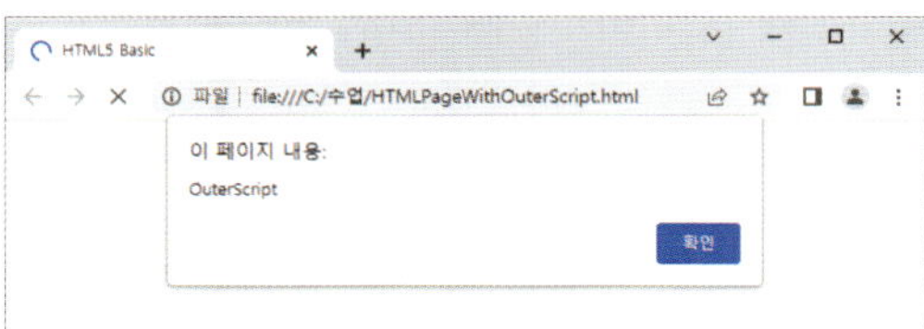

외부 파일을 추가하는 방법이 혼란스러울 수 있지만 외부 스타일시트는 link 태그를 사용하고, 외부 자바스크립트는 script 태그를 사용한다는 것을 꼭 기억하기 바랍니다.

03 오류와 검증

프로그램이 원하지 않는 방향으로 동작하는 것을 버그bug라고 하며, 버그를 잡는(수정하는) 행위를 디버그debug라고 합니다. 디버그는 웹 브라우저의 검사 기능을 이용하여 쉽게 수행할 수 있습니다. 크롬을 실행한 후 F12(또는 Ctrl+Shift+I)를 누르거나 마우스 오른쪽 버튼을 누르고 [검사] 메뉴를 선택하면 검사가 실행됩니다.

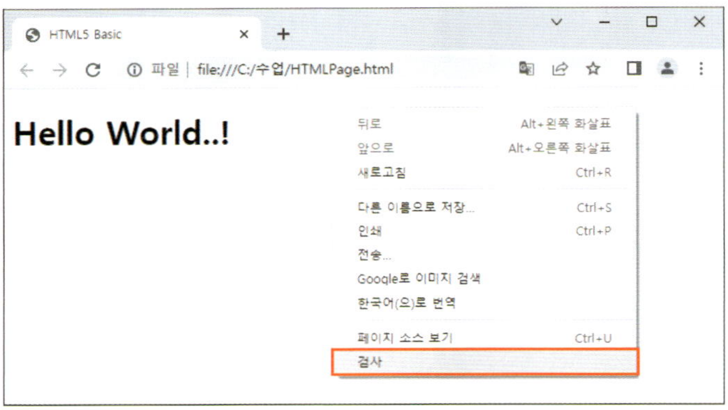

그림 2-8 검사 실행

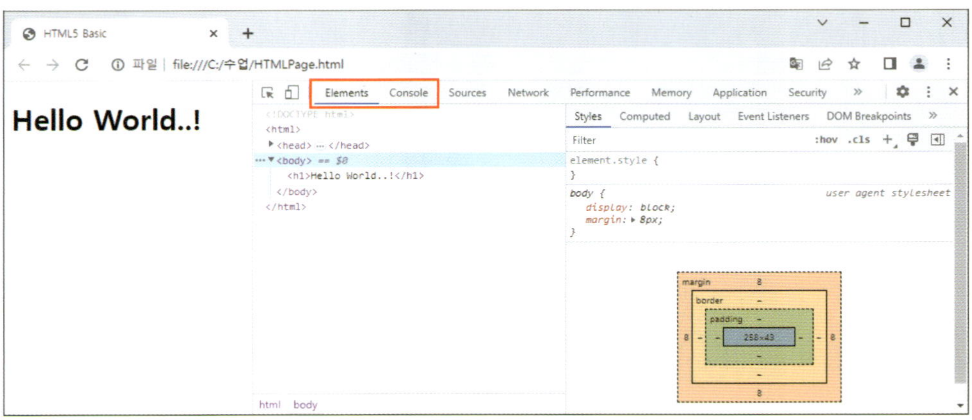

그림 2-9 검사를 사용한 계층 구조 확인

검사 기능은 다양하지만 여기에서는 [Elements(요소)] 탭과 [Console(콘솔)] 탭만 사용합니다. [Elements(요소)] 탭에서는 현재 HTML 페이지의 계층 구조와 각 태그에 적용된 스타일을 파악할 수 있습니다. 책을 진행하면서 차근차근 사용할 것입니다. [Console(콘솔)] 탭은 오류를 확인하거나 자바스크립트 코드를 추가로 입력할 때 사용합니다. 검사 기능을 처음 사용할 때는 낯설고 어려울 수 있는데, 사용하다 보면 점점 빠른 속도로 오류 없는 웹 페이지를 개발할 수 있습니다. 인터넷에 있는 모든 웹 페이지를 대상으로 검사를 실행할 수 있으므로 다른 웹 페이지는 어떻게 만들었는지 차근차근 분석해 보세요. 금세 개발 실력이 늘어날 것입니다.

NOTE 자바스크립트 코드가 정상적으로 동작하지 않을 때 무엇이 문제인지 검사로 확인할 수 있습니다. [코드 2-8]의 script 태그에는 괄호가 하나 빠져 있습니다. 브라우저에서 HTML 페이지를 열고 검사를 실행하면 [그림 2-10]과 같이 [Console] 탭에서 오류가 발생한 원인과 위치를 보고 쉽게 고칠 수 있습니다.

코드 2-8 note_HTMLPageWithError.html

```
<!DOCTYPE html>
<html>
<head>
    <title>HTML5 Basic</title>
    <script>
        // 경고 창을 출력합니다.
        alert('Hello JavaScript .. !');
    </script>
</head>
<body>
    <h1>Hello World..!</h1>
</body>
</html>
```

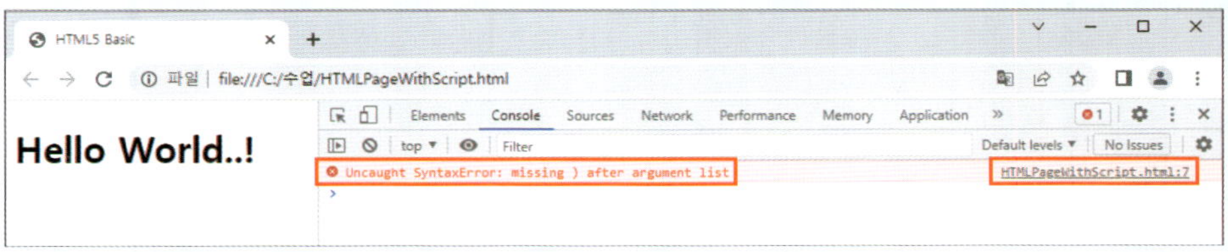

그림 2-10 검사를 사용한 오류 확인

요약

01 (　　　　　)는 HTML 페이지를 구성하는 각 부품입니다.

02 (　　　　　)는 요소를 만들 때 사용하는 작성 방법입니다.

03 내용을 가질 수 있는 요소를 생성할 때, 앞에 붙이는 태그를 (　　　　　) 태그라고 하며 뒤에 붙이는 태그를 (　　　　　) 태그라고 합니다.

04 태그에 추가 정보를 부여할 때 (　　　　　)을 사용합니다.

05 (　　　　　)은 프로그램 실행에 영향을 미치지 않으면서 설명용으로 사용하는 코드를 의미합니다.

06 내부 스타일 방법은 HTML 페이지 내부에서 (　　　　　) 태그를 사용해 스타일시트를 직접 입력하는 방법입니다.

07 외부 스타일시트를 HTML 페이지에 불러오려면 (　　　　　) 태그를 사용합니다.

08 외부 자바스크립트를 HTML 페이지에 불러오려면 (　　　　　) 태그를 사용합니다.

09 외부 자바스크립트 코드 파일은 확장자가 (　　　　　)입니다.

01 다음 문장에 ○×를 표시하시오.

(1) HTML 태그는 반드시 내부에 무언가를 포함해야 합니다. (   )

(2) HTML 태그 내부에는 텍스트만 입력할 수 있습니다. (   )

(3) html 태그의 lang 속성은 구글 등 검색 엔진에 문서의 언어 정보를 알려 줄 때 사용됩니다. (   )

02 다음 HTML 요소의 속성 이름과 속성 값, 태그 이름을 모두 적으시오.

```
<img title="바다" alt="sea" src="sea.png">
```

03 다음 중 head 태그 내부에 입력할 수 없는 태그는?

① style 태그
② meta 태그
③ base 태그
④ header 태그

04 HTML5 기본 페이지 형태는 다음과 같다. 빈칸에 들어갈 알맞은 내용을 적으시오.

```
<  ①  >
<  ②  >
<  ③  >
    <title>HTML5 Basic</title>
</ ③  >
<  ④  >

</ ④  >
</ ②  >
```

연습문제

05 다음 코드에서 잘못된 부분을 찾아 바르게 수정하시오.

```
<!DOCTYPE html>
<html>
<head>
    <title>HTML5 Basic</title>
    <style src="outer_stylesheet.css"></style>
    <script src="outer_javascript.js"></script>
</head>
<body>

</body>
</html>
```

06 아직 어떤 HTML 태그가 어떤 기능을 하는지 배우지 않았지만, 기본 예제를 입력하면서 h1이라는 태그를 사용하면 크고 굵은 글씨를 출력할 수 있음을 알았을 것이다. 이를 활용해서 간단한 생각을 표현해 보시오.

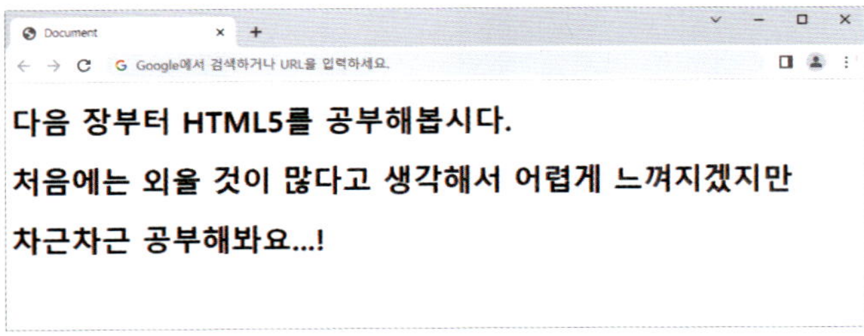

CHAPTER 03

HTML5 기본 태그

학습목표

- HTML5에서 지원하는 기본 태그를 사용할 수 있습니다.

PREVIEW

HTML 페이지에서는 태그를 사용해 사용자에게 요소를 보여 줍니다. 이 장에서는 HTML5 표준에서 지원하는 기본 태그를 살펴봅니다. 글자 태그, 목록 태그, 테이블 태그를 사용하면 간단한 문서를 작성하고 보기 좋게 모양을 입힙니다. 또한 미디어 태그로 이미지, 오디오, 비디오와 같은 멀티미디어를 웹 페이지에 삽입합니다.

01 글자 태그

웹 페이지는 글자 태그의 비중이 가장 큽니다. [그림 3-1]만 보더라도 글자가 얼마만큼 큰 비중을 차지하는지 한눈에 알 수 있습니다. 글자 태그는 종류가 매우 다양하므로 이 절에서 설명하는 분류 기준으로 기억하면 많은 도움이 될 것입니다.

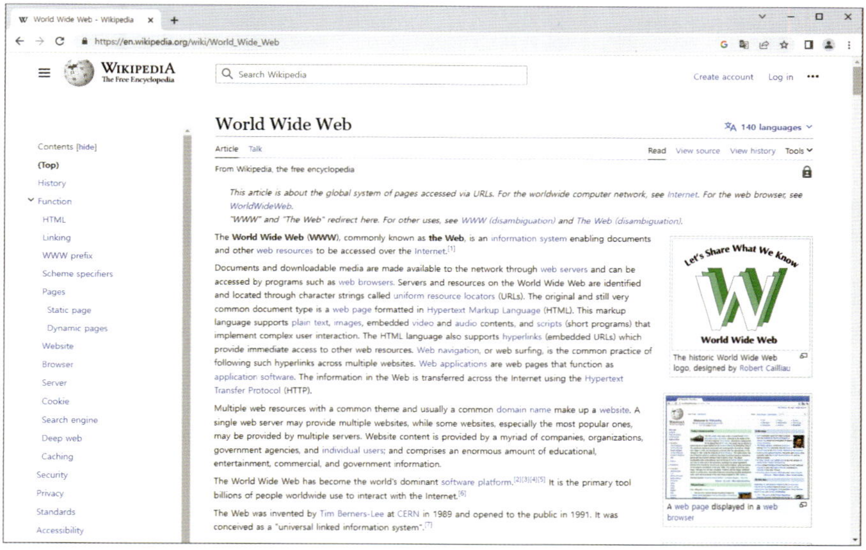

그림 3-1 글자 위주의 웹 페이지

1 제목과 본문 글자 태그

문서에서 제목은 [표 3-1]의 여섯 가지 제목 글자 태그로 표현합니다. 제목 글자 태그에서 h는 heading(제목)을 의미합니다. 본문 글자를 입력할 때는 p, br, hr 태그를 사용합니다. p 태그에서 p는 paragraph(단락), br은 break(줄 바꿈), hr은 horizontal rule(수평 줄)을 의미합니다.

표 3-1 제목과 본문 글자 태그

태그		설명
제목 글자	h1	첫 번째로 큰 제목 글자 생성
	h2	두 번째로 큰 제목 글자 생성
	h3	세 번째로 큰 제목 글자 생성
	h4	네 번째로 큰 제목 글자 생성
	h5	다섯 번째로 큰 제목 글자 생성
	h6	여섯 번째로 큰 제목 글자 생성
본문 글자	p	본문 단락 생성
	br	줄 바꿈
	hr	수평 줄 삽입

기본 예제 3-1 제목 표현

간단하게 제목 글자 태그를 활용해 보겠습니다. 여기서는 h1이 가장 큰 제목 태그고, h6이 가장 작은 제목 태그라는 것만 기억하면 됩니다. 웹 브라우저에 따라 기본 글꼴이 달라서 출력되는 글꼴도 다릅니다. 또 같은 웹 브라우저라도 운영체제에 따라 기본 글꼴이 다를 수 있습니다.

코드 3-1 text_header.html

```html
<!DOCTYPE html>
<html>
<head>
    <title>HTML TEXT Basic Page</title>
</head>
<body>
    <h1>제목 글자 태그 1</h1>
    <h2>제목 글자 태그 2</h2>
    <h3>제목 글자 태그 3</h3>
    <h4>제목 글자 태그 4</h4>
    <h5>제목 글자 태그 5</h5>
    <h6>제목 글자 태그 6</h6>
</body>
</html>
```

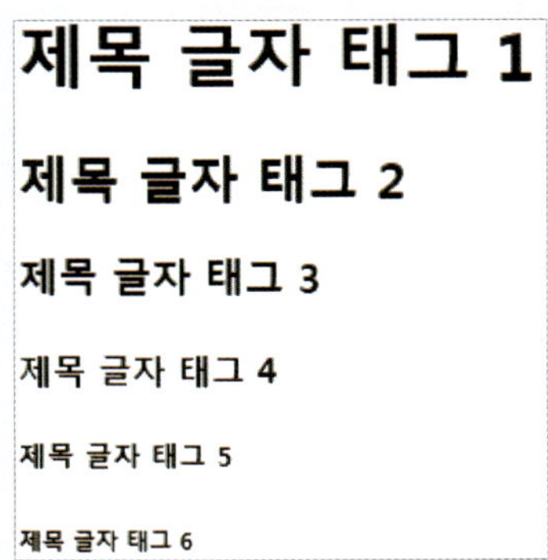

기본 예제 3-2 본문 단락 구분

앞서 다룬 제목 글자 태그와 본문 글자 태그를 사용해 보겠습니다. 여기에서는 지면상 p 태그 내부에 짧은 글자를 입력했지만, 실습을 진행할 때는 예제 소스처럼 글자를 많이 입력해 주세요. 각 p 태그가 하나의 단락이라는 점을 주의해서 살펴봅니다.

코드 3-2 text_paragraph.html

```
<!DOCTYPE html>
<html>
<head>
    <title>HTML TEXT Basic Page</title>
</head>
<body>
    <h1>제목 글자</h1>
    <p>Lorem ipsum dolor sit amet, consectetur adipiscing elit.</p>
    <p>Phasellus sem tortor, volutpat vitae euismod eget</p>
</body>
</html>
```

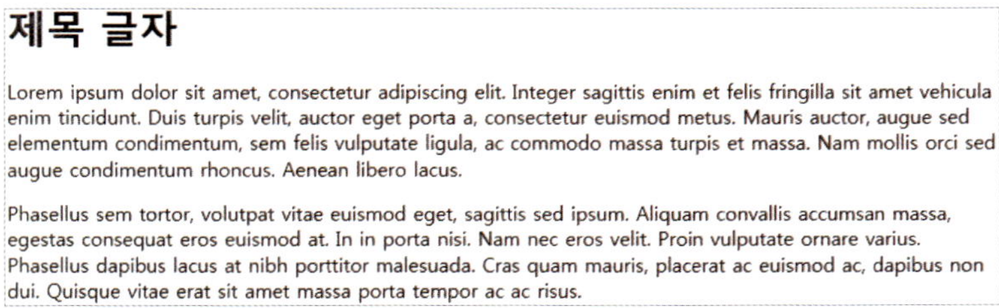

기본 예제 3-3 제목과 본문 태그의 활용

제목과 본문 태그를 모두 활용해서 간단한 문서를 작성해 보겠습니다. 주의할 점은 br 태그는 다른 글자 태그 내부에 삽입할 수 있지만 hr 태그는 안 된다는 것입니다. 웹 브라우저가 유연하게 대처하므로 hr 태그가 다른 글자 태그 내부에 있어도 정상적으로 출력됩니다. 하지만 이는 웹 표준에 어긋납니다.

코드 3-3 text_content.html

```
<!DOCTYPE html>
<html>
<head>
    <title>HTML5 TEXT Basic Page</title>
</head>
<body>
    <h1>홍차</h1>
    <hr>
    <h2>정의</h2>
    <p>홍차는 백차, 녹차, 우롱차보다 더 많이 발효된 차의 일종이다. 동양에서는 찻물의 빛이 붉기 때문에 홍차라고 부르지만, 서양에서는 찻잎의 색깔 때문에 'black tea'라고 부른다.</p>
    <br>
    <h2>등급</h2>
    <p>홍차는 여러 가지로 등급이 매겨진다. 일반적으로 찻잎의 모양에 따른 등급과 가공 상태에 따른 등급을 조합하여 표시한다.</p>
    <p>- 브로큰 페코</p>
    <p>- 브로큰 페코 수숑</p>
    <p>- 브로큰 오렌지 페코 패닝</p>
</body>
</html>
```

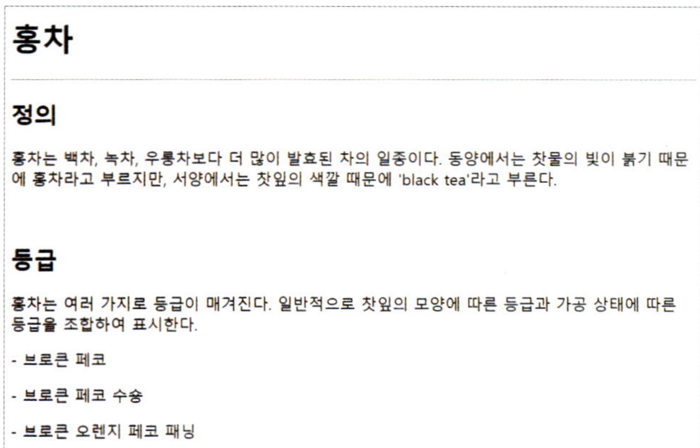

NOTE 특수 문자 표기

공백, 괄호 등은 다음 특수 문자를 사용해 화면에 표시할 수 있습니다.

특수 문자	출력 문자
	공백
<	〈
>	〉
&	&

예를 들어 HTML 태그 내부에 공백 3개를 연속으로 입력한 후 파일을 실행하면 연속된 공백 여러 개를 공백 1개로 인식하기에 공백 3개가 제대로 표시되지 않습니다. non-breaking space를 사용하면 모든 공백을 표시합니다.

코드 3-4 note_textWithNbspSpace.html

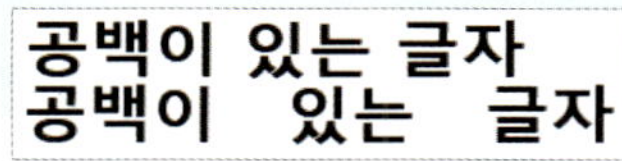


```
<body>
    <h1>공백이   있는   글자</h1>
    <h1>공백이   있는   글자</h1>
</body>
```

NOTE Lorem Ipsum(http://lipsum.com)

웹 페이지 디자인과 관련한 글을 검색하다 보면 Lorem Ipsum으로 시작하는 글을 많이 볼 수 있습니다. 이는 키케로Marcus Tullius Cicero가 라틴어로 지은 『최고 선악론De finibus bonorum et malorum』에 나오는 단어를 마구잡이로 추출해 만든 문장입니다. 웹 사이트에서 그럴듯한 글자를 쉽게 생성할 수 있어 웹 페이지를 디자인할 때 많이 사용됩니다.

2 앵커 태그

HTMLHyperText Markup Language에서 가장 중요한 글자는 하이퍼텍스트를 의미하는 H입니다. 하이퍼텍스트는 사용자 선택에 따라 관련한 특정 정보로 이동할 수 있도록 조직된 문서를 의미합니다. HTML 페이지가 조직화된 문서 형태가 될 수 있는 이유는 a 태그 덕분입니다. a 태그는 anchor를 의미하며, 다른 웹 페이지나 웹 페이지 내부의 특정 위치로 이동할 때 사용합니다.

표 3-2 앵커 태그

태그	설명
a	하이퍼링크 생성

a 태그만으로는 어떤 웹 페이지로 이동할지 웹 브라우저에 알려 줄 수 없어 [그림 3-2]와 같이 href 속성을 사용해 알려 줍니다. href는 hyper reference를 의미하고 웹 페이지나 파일의 위치를 나타내는 경로를 입력합니다.

```
<a href="http://www.hanbit.co.kr">한빛미디어</a>
```

이동할 웹 페이지 / 출력 글자

그림 3-2 a 태그의 href 속성

기본 예제 3-4 하이퍼링크 설정

a 태그를 사용해 특정 웹 페이지나 웹 페이지 내부의 특정 위치로 이동하는 링크를 생성해 보겠습니다.

1 특정 웹 페이지에 연결하기 [코드 3-5]를 작성하고 실행한 후 하이퍼링크를 설정한 글자를 클릭하면 해당 웹 페이지로 이동합니다.

코드 3-5 text_anchor.html

```
<!DOCTYPE html>
<html>
<head>
    <title>HTML TEXT Basic Page</title>
</head>
<body>
    <a href="http://www.hanbit.co.kr">한빛미디어</a><br>
    <a href="http://www.naver.com/">네이버</a><br>
    <a href="http://www.daum.net/">다음</a><br>
</body>
</html>
```

2 웹 페이지 내부에 연결하기 웹 페이지 내부의 특정 태그로 이동하려면 id 속성을 추가로 사용합니다. 우선 h1 태그에 id 속성을 입력합니다. 이어서 a 태그의 href 속성에 '#id 속성' 형태의 문자열을 입력합니다. 파일을 실행해서 alpha 부분 링크를 클릭하면 해당 내용으로 이동합니다. 여기에서는 p 태그에 입력되는 본문을 일부만 넣었습니다. 예제 소스를 참고하세요.

코드 3-6 text_anchorInner.html

```
<!DOCTYPE html>
<html>
<head>
    <title>HTML TEXT Basic Page</title>
</head>
<body>
    <a href="#alpha">Alpha 부분</a>
    <a href="#beta">Beta 부분</a>
    <a href="#gamma">Gamma 부분</a>
    <hr>
    <h1 id="alpha">Alpha</h1>
    <p>Lorem ipsum dolor sit amet, consectetur adipiscing elit.</p>
    <h1 id="beta">Beta</h1>
    <p>Donec at pharetra orci. Ut tincidunt porta aliquam.</p>
    <h1 id="gamma">Gamma</h1>
    <p>Integer nibh tellus, tristique quis blandit quis, consequat</p>
</body>
</html>
```

이동하려는 태그의 id 속성을 href 속성에 '#id 속성' 형태로 입력합니다.

id 속성이 중복되면 먼저 나오는 태그로 이동합니다. 하지만 id 속성을 중복해서 사용하는 것은 웹 표준에 어긋납니다.

NOTE 빈 링크

a 태그의 하이퍼링크 기능을 제거하고 사용할 때도 있습니다. 이때 하이퍼링크 기능은 제거하더라도 a 태그에 href 속성은 반드시 입력해서 웹 표준을 따르는 것이 좋습니다. 웹 표준을 지키면서 이동하지 않는 a 태그를 만들 때는 href 속성에 '#'을 입력합니다. 이를 빈 링크라고 합니다.

다음은 네이버 지식iN 페이지 코드의 일부분입니다. a 태그의 href 속성에 '#'을 입력했습니다.

```
<div class="directory_box _list_area">
    <a class="directory_list _qna_list">
        <li><a href="#">전체</a></li>
        <li><a href="#">교육, 학문</a></li>
        <li><a href="#">컴퓨터통신</a></li>
        <li><a href="#">엔터테인먼트, 예술</a></li>
        <li><a href="#">생활</a></li>
        <li><a href="#">건강</a></li>
    </ul>
</div>
```

3 글자 모양 태그

HTML5는 [표 3-3]의 글자 모양 태그를 사용해 웹 페이지의 글자에 형태와 의미를 부여합니다. HTML5에는 HTML4 버전까지 있었던 big 태그가 없습니다. small 태그가 있어 big 태그도 있다고 착각할 수 있으니 주의하세요.

표 3-3 글자 모양 태그

태그	설명
b	굵은 글자bold
i	기울어진 글자italic
small	작은 글자
sub	아래 첨자subscript

태그	설명
sup	위 첨자superscript
ins	밑줄 글자insert
del	취소선이 그어진 글자delete

글자 모양 태그는 단독으로 사용하거나 제목 글자와 본문 글자 태그 내부 또는 다른 글자 모양 태그 내부에도 넣을 수 있습니다. 하지만 글자 모양 태그 내부에 제목 글자와 본문 글자 태그는 넣을 수 없습니다. 웹 브라우저가 표준 위반에 유연하게 대처하므로 실행은 됩니다.

```
<i>
    <h1>웹 표준 위반</h1>
    <p>웹 표준 위반</p>
</i>
```

그림 3-3 웹 표준을 위반한 글자 모양 태그 사용 예

기본 예제 3-5 다양한 글자 모양

코드 3-7 text_font.html

```
<!DOCTYPE html>
<html>
<head>
    <title>HTML TEXT Basic Page</title>
</head>
<body>
    <h1><b>Lorem ipsum dolor sit amet</b></h1>
    <h1><i>Lorem ipsum dolor sit amet</i></h1>
    <h1><small>Lorem ipsum dolor sit amet</small></h1>
    <h1>Lorem ipsum dolor<sub>sit amet</sub></h1>
    <h1>Lorem ipsum dolor<sup>sit amet</sup></h1>
    <h1><ins>Lorem ipsum dolor sit amet</ins></h1>
    <h1><del>Lorem ipsum dolor sit amet</del></h1>
    <hr>
    <b>Lorem ipsum dolor sit amet</b><br>
```

```
    <i>Lorem ipsum dolor sit amet</i><br>
    <small>Lorem ipsum dolor sit amet</small><br>
    Lorem ipsum dolor<sub>sit amet</sub><br>
    Lorem ipsum dolor<sup>sit amet</sup><br>
    <ins>Lorem ipsum dolor sit amet</ins><br>
    <del>Lorem ipsum dolor sit amet</del><br>
</body>
</html>
```

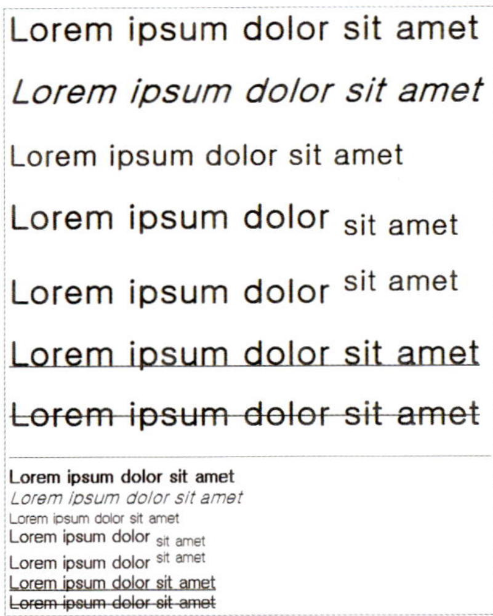

02 목록 태그

현대 웹 페이지에서 빠지지 않고 등장하는 요소가 있다면 바로 내비게이션 메뉴입니다. 내비게이션 메뉴는 [그림 3-4]와 같이 웹 사이트의 다른 웹 페이지로 이동할 수 있는 버튼을 모아 둔 것입니다.

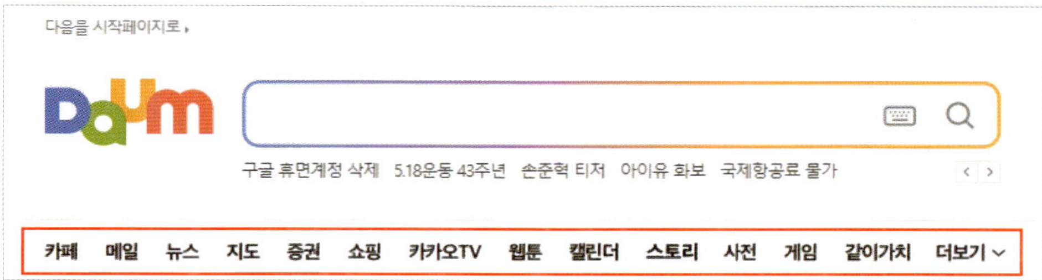

그림 3-4 다음 메인 페이지의 내비게이션 메뉴

내비게이션 메뉴를 만들 때는 주로 [표 3-4]와 같은 목록 태그를 사용합니다.

표 3-4 목록 태그

태그	설명
ul	순서가 없는 목록unordered list 생성
ol	순서가 있는 목록ordered list 생성
li	목록 요소list item 생성

NOTE 웹 사이트와 웹 페이지

웹 사이트가 책이라면 웹 페이지는 책의 페이지라고 할 수 있습니다. 웹 페이지 하나로도 웹 사이트가 될 수 있지만, 일반적으로 여러 웹 페이지가 모여 웹 사이트를 이루게 됩니다.

기본 예제 3-6 목록 태그 활용

1 순서가 없는 기본 목록 만들기 [코드 3-8]과 같이 목록 태그를 사용해 목록을 생성합니다.

코드 3-8 list_unordered.html

```
<body>
    <ul>
        <li>사과</li>
        <li>바나나</li>
        <li>오렌지</li>
    </ul>
</body>
```

- 사과
- 바나나
- 오렌지

2 순서가 있는 목록 만들기 ul 태그를 ol 태그로 바꾸어 실행합니다. 순서가 있는지만 구분하면 목록 태그를 쉽게 작성할 수 있습니다.

코드 3-9 list_ordered.html

```
<body>
    <ol>
        <li>사과</li>
        <li>바나나</li>
        <li>오렌지</li>
    </ol>
</body>
```

1. 사과
2. 바나나
3. 오렌지

3 중첩 목록 만들기 다음과 같이 중첩 목록을 만들 수도 있습니다.

코드 3-10 nested_list.html

```
<body>
    <ul>
        <!-- 첫 번째 목록 -->
        <li>
            <b>과일</b>
            <ol>
                <li>사과</li>
                <li>바나나</li>
                <li>오렌지</li>
            </ol>
        </li>
        <!-- 두 번째 목록 -->
        <li>
            <b>채소</b>
            <ol>
                <li>상추</li>
                <li>치커리</li>
                <li>양배추</li>
            </ol>
        </li>
    </ul>
</body>
```

- **과일**
    1. 사과
    2. 바나나
    3. 오렌지
- **채소**
    1. 상추
    2. 치커리
    3. 양배추

03 테이블 태그

표를 만들 때는 [표 3-5]의 테이블 태그를 사용합니다. 태그가 조금 많지만 차근차근 살펴봅니다.

표 3-5 테이블 태그

태그	설명
table	표 삽입
tr	표에 행table row 삽입
th	표의 제목 셀table heading 생성
td	표의 일반 셀table data 생성

기본 예제 3-7 시간표 만들기

1 표 만들기 table 태그를 사용해 표를 만듭니다.

코드 3-11 table_basic.html

```
<body>
    <table>

    </table>
</body>
```

2 표에 셀 추가하기 테이블 요소를 만드는 tr 태그, th 태그, td 태그를 추가해 시간표를 만듭니다.

코드 3-12 table_cell.html

```
<body>
    <table border="1">
```

표의 테두리를 지정하는 속성입니다.

```
        <thead>
            <tr>
                <th></th>
                <th>월</th>
                <th>화</th>
                <th>수</th>
                <th>목</th>
                <th>금</th>
            </tr>
        </thead>
        <tbody>
            <tr>
                <td>1교시</td>
                <td>영어</td>
                <td>국어</td>
                <td>과학</td>
                <td>미술</td>
                <td>기술</td>
            </tr>
            <tr>
                <td>2교시</td>
                <td>도덕</td>
                <td>체육</td>
                <td>영어</td>
                <td>수학</td>
                <td>사회</td>
            </tr>
        </tbody>
    </table>
</body>
```

	월	화	수	목	금
1교시	영어	국어	과학	미술	기술
2교시	도덕	체육	영어	수학	사회

테이블 태그에는 [표 3-6]과 같은 속성이 있습니다. table 태그의 경우 HTML5 전에는 속성이 많았지만, 이제는 표의 테두리 굵기를 지정하는 border 속성만 가지고 있습니다. th 태그와 td 태그는 colspan 속성과 rowspan 속성을 사용해 표에서 차지하는 영역을 조절할 수

있습니다. colspan 속성을 사용하면 영역이 가로 방향으로 늘어나고, rowspan 속성을 사용하면 영역이 세로 방향으로 늘어납니다. 마이크로소프트 엑셀 등 스프레드시트 프로그램에 있는 셀 병합 기능과 유사합니다.

표 3-6 테이블 태그의 속성

태그	속성	설명
table	border	표의 테두리 굵기 지정
th, td	colspan	셀의 너비 지정
	rowspan	셀의 높이 지정

기본 예제 3-8 행·열 병합 표 생성

[코드 3-13]은 colspan 속성과 rowspan 속성을 적용한 것입니다.

코드 3-13 table_span.html

```
<body>
    <table border="1">
        <tr>
            <th colspan="2">지역별 홍차</th>
        </tr>
        <tr>
            <th rowspan="3">중국</th>
            <td>정산소종</td>
        </tr>
        <tr><td>기문</td></tr>
        <tr><td>운남</td></tr>
        <tr>
            <th rowspan="4">인도 및 스리랑카</th>
            <td>아삼</td>
        </tr>
        <tr><td>실론</td></tr>
        <tr><td>다질링</td></tr>
        <tr><td>닐기리</td></tr>
    </table>
</body>
```

<table>
<tr><th colspan="2">지역별 홍차</th></tr>
<tr><th rowspan="3">중국</th><td>정산소종</td></tr>
<tr><td>기문</td></tr>
<tr><td>운남</td></tr>
<tr><th rowspan="4">인도 및 스리랑카</th><td>아삼</td></tr>
<tr><td>실론</td></tr>
<tr><td>다질링</td></tr>
<tr><td>닐기리</td></tr>
</table>

04 미디어 태그

지금까지는 웹 페이지에 글자를 사용하는 태그를 살펴보았습니다. 이 절에서는 이미지, 오디오, 비디오 등 멀티미디어를 넣는 방법을 알아보겠습니다. 이미지를 삽입할 때는 img 태그를 사용하고 음악을 삽입할 때는 audio 태그를 사용합니다. 비디오를 삽입할 때는 video 태그를 사용합니다. audio 태그와 video 태그는 HTML5에 추가된 기능이므로 인터넷 익스플로러 8 이하에서는 사용할 수 없습니다.

img 태그는 내용을 가질 수 없는 태그이지만, audio 태그와 video 태그는 내용을 가질 수 있는 태그입니다.

멀티미디어에 필요한 추가 정보는 [표 3-7]의 속성을 사용해 입력합니다.

표 3-7 이미지, 오디오, 비디오 태그의 속성

태그	속성	설명
img 태그 `<img>`	src	이미지의 경로 지정
	alt	이미지가 없을 때 나오는 글자 지정
	width	이미지의 너비 지정
	height	이미지의 높이 지정
audio 태그 `<audio></audio>`, video 태그 `<video></video>`	src	음악, 비디오 파일의 경로 지정
	preload	음악, 비디오를 준비 중일 때 데이터를 모두 불러올지 여부 지정
	autoplay	음악, 비디오의 자동 재생 여부 지정
	loop	음악, 비디오의 반복 여부 지정
	controls	음악, 비디오 재생 도구 출력 여부 지정
video 태그 `<video></video>`	width	비디오의 너비 지정
	height	비디오의 높이 지정

기본 예제 3-9 멀티미디어(이미지, 오디오, 비디오) 삽입

1 이미지 삽입하기 표시하고 싶은 이미지 파일(Penguins.jpg)을 HTML 페이지와 같은 폴더에 넣고 [코드 3-14]를 작성합니다.

코드 3-14 image_basic.html

```
<body>
    <img src="Penguins.jpg" alt="펭귄" width="300">
    <img src="Nothing" alt="그림이 존재하지 않습니다." width="300">
</body>
```

다음과 같이 웹에 있는 이미지 경로를 넣어도 됩니다.
〈img src="http://www.hanbit.co.kr/images/common/logo_hanbit.png"〉

이미지가 없으면 alt 속성에 지정한 글자가 표시됩니다.

2 음악 삽입하기 삽입하고 싶은 오디오 파일(Kalimba.mp3)을 HTML 페이지와 같은 폴더에 넣고 [코드 3-15]를 작성합니다. 코드를 실행하면 웹 브라우저마다 컨트롤이 다르기 때문에 서로 다른 모습의 웹 페이지를 볼 수 있습니다.

코드 3-15 audio_basic.html

```
<body>
    <audio src="Kalimba.mp3" controls="controls"></audio>
</body>
```

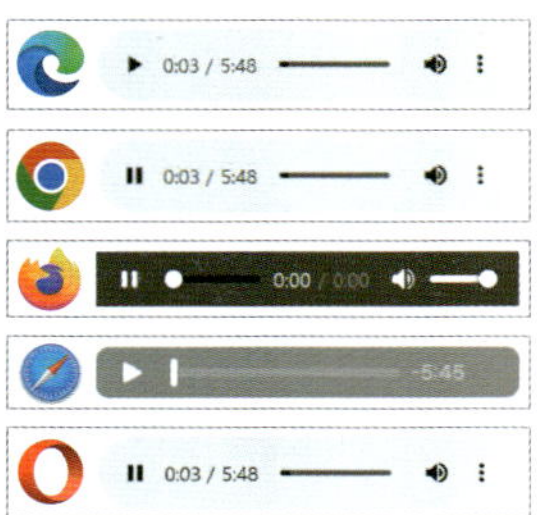

3 웹 브라우저 제약이 없도록 음악 삽입하기 웹 브라우저 세부 버전에 따라 [코드 3-15]가 실행되지 않을 수 있습니다. 웹 브라우저마다 지원하는 확장자 형식이 달라 나타나는 현상입니다. 게임기와 텔레비전에 들어가는 웹 브라우저 모두 지원하는 확장자가 다릅니다. 웹 브라우저마다 지원하는 음악 파일 확장자가 다른 문제는 source 태그로 해결할 수 있습니다. source 태그는 audio 태그나 video 태그 내부에 입력합니다. HTML 페이지와 같은 폴더에 확장자가 OGG인 파일을 넣어 줍니다. 파일 변환 프로그램을 사용해도 되고 준비한 파일을 사용해도 됩니다.

코드 3-16 audio_source.html

```
<body>
    <audio controls="controls">
        <source src="Kalimba.mp3" type="audio/mp3">
        <source src="Kalimba.ogg" type="audio/ogg">
    </audio>
</body>
```

type 속성을 입력하지 않으면 웹 브라우저가 음악 파일을 다운로드한 후 재생 가능한 파일인지 확인하는 작업이 필요하므로 꼭 지정합시다.

4 동영상 삽입하기 삽입하고 싶은 비디오 파일(Wildlife.mp4, Wildlife.webm)을 HTML 페이지와 같은 폴더에 넣고 [코드 3-17]을 작성합니다.

코드 3-17 video_basic.html

```
<body>
    <video controls="controls">
        <source src="Wildlife.mp4" type="video/mp4">
        <source src="Wildlife.webm" type="video/webm">
    </video>
</body>
```

5 동영상을 불러오는 동안 다른 이미지 보여 주기 video 태그의 poster 속성을 사용해 동영상을 불러오는 동안 사용자에게 보여 줄 이미지를 지정할 수 있습니다. img 태그의 src 속성처럼 이미지 경로를 입력합니다.

코드 3-18 video_poster.html

> 여기서는 http://placeholder.com에서 자동 생성한 이미지를 사용했습니다. 이 웹 사이트는 '너비x높이'를 입력하면 해당 크기의 이미지를 제공합니다.

```
<body>
    <video controls="controls" poster="http://via.placeholder.com/1280x720">
        <source src="Wildlife.mp4" type="video/mp4">
        <source src="Wildlife.webm" type="video/webm">
    </video>
</body>
```

NOTE 의미 없는 이미지

웹 페이지를 개발하다 보면 이미지를 넣을 공간을 미리 확보해야 하는 상황이 발생합니다. 이때는 [코드 3-18]과 같이 의미 없는 이미지를 사용합니다. 이미지 경로에 'http://via.placeholder.com/너비x높이' 형식으로 입력합니다. 이 외에도 유사한 웹 사이트가 많은데 http://placekitten.com도 기억해 두세요.

NOTE 웹 브라우저마다 지원하는 음악 파일 형식은 집필 시점(2023년)을 기준으로 다음과 같습니다. 사실 표만 보면 source 태그를 사용할 일이 없을 것 같습니다. 하지만 자동차와 게임기 등에 들어가는 웹 브라우저는 지원하지 않는 확장자가 많아서 source 태그를 활용해야 합니다.

구분	파일 확장자					
음악	MP3	O	O	O	O	O
	OGG	O	O	X	O	O
	WAV	O	O	O	O	O
비디오	MP4(H.264 + ACC)	O	O	O	O	O
	WebM(VP8 + Vorbis)	O	O	O	O	O
	OGV(Theora + Vorbis)	O	O	X	O	O

01 다음 표는 HTML5 기본 태그와 설명입니다.

구분	태그	설명
글자 태그	h1~h6	• h는 ( )의 약자로 ( )를 생성합니다.
	p	• p는 ( )의 약자로 ( )을 생성합니다.
	br	• br은 ( )의 약어로 ( )을 바꿉니다.
	hr	• hr은 ( )의 약어로 ( )을 삽입합니다.
앵커 태그	a	• a는 ( )의 약자로 ( )를 생성합니다. • 앵커 태그의 속성 href는 ( )의 약어입니다.
글자 모양 태그	b	• b는 ( )의 약자로 글자를 ( )합니다.
	i	• i는 ( )의 약자로 글자를 ( )합니다.
	small	• 글자를 작게 합니다.
	sub	• sub는 ( )의 약어로 글자를 ( )로 변경합니다.
	sup	• sup는 ( )의 약어로 글자를 ( )로 변경합니다.
	ins	• ins는( )의 약어로 글자에 ( )을 추가합니다.
	del	• del은 ( )의 약어로 글자에 ( )을 추가합니다.
목록 태그	ul	• ul은 ( )의 약어로 ( )을 생성합니다.
	ol	• ol은 ( )의 약어로 ( )을 생성합니다.
	li	• li는 ( )의 약어로 ( )를 생성합니다.
테이블 태그	table	• 표를 삽입합니다.
	tr	• tr은 ( )의 약어로 표에 ( )을 삽입합니다.
	th	• th는 ( )의 약어로 표의 ( )을 생성합니다.
	td	• td는 ( )의 약어로 표의 ( )을 생성합니다.

02 HTML 본문에 공백을 여러 번 넣고 싶을 때는 ( )를 사용하고 < 기호를 넣고 싶을 때는 ( )를 사용합니다.

연습문제

01 다음 문장에 ○×로 답하시오.

(1) h1 태그가 가장 큰 제목 태그고, h6 태그가 가장 작은 제목 태그입니다. (　　　)

(2) a 태그의 링크를 지정할 때는 link 속성을 사용합니다. (　　　)

(3) 목록은 ul 태그와 ol 태그 내부에 li 태그를 넣어서 만듭니다. (　　　)

(4) 목록 내부에 목록을 중첩할 수도 있습니다. (　　　)

(5) th 태그와 td 태그의 rowspan 속성과 colspan 속성을 사용하면 마이크로소프트 워드 등 스프레드시트에 있는 셀 병합 기능처럼 테이블의 셀을 병합할 수 있습니다. (　　　)

(6) img 태그, audio 태그, video 태그는 모두 텍스트 등 내용물을 가질 수 없습니다. (　　　)

(7) audio 태그, video 태그에 controls 속성을 지정할 때 표시되는 재생 제어 버튼들은 모든 웹 브라우저에서 모양과 형태가 같습니다. (　　　)

02 다음 중 링크를 생성할 때 사용하는 태그는?

① href 태그　② link 태그

③ a 태그　④ url 태그

03 다음 중 목록 생성과 관련 없는 태그는?

① li 태그　② ol 태그

③ ul 태그　④ list 태그

04 다음 중 이미지를 삽입할 때 사용하는 태그는?

① media 태그　② picture 태그

③ graphics 태그　④ img 태그

05 다음 중 이미지의 대체 문자를 지정할 때 사용하는 속성은?

① text　② alter　③ alt　④ imgtxt

06 다음 중 a 태그로 빈 링크를 만들 때, href 속성에 일반적으로 사용되는 기호는?

① #　　② @　　③ *　　④ +

07 다음 중 HTML5 표준에 없는 태그는?

① table　　② tfoot　　③ thead　　④ tcontent

08 다음 중 HTML5 표준에 없는 태그는?

① big　　② small　　③ b　　④ i

09 다음 중 audio 태그와 video 태그 내부에 넣어 웹 브라우저가 재생할 수 있는 파일 확장자 관련 문제를 해결할 때 사용하는 태그는?

① src　　② source　　③ content　　④ media

10 클릭하면 다음 링크로 이동하는 a 태그를 작성하시오.

(1) 한빛아카데미 웹 사이트(http://www.hanbit.co.kr)

(2) 네이버 메인 페이지(http://www.naver.com)

(3) 구글 메인 페이지(http://www.google.com)

(4) 자신의 대학 웹 사이트

11 다음과 같이 폴더를 구성했을 때, 이미지를 클릭하면 한빛아카데미 웹 사이트(http://www.hanbit.co.kr)로 이동하도록 태그를 작성하시오.

12 다음과 같은 웹 페이지를 생성하시오.

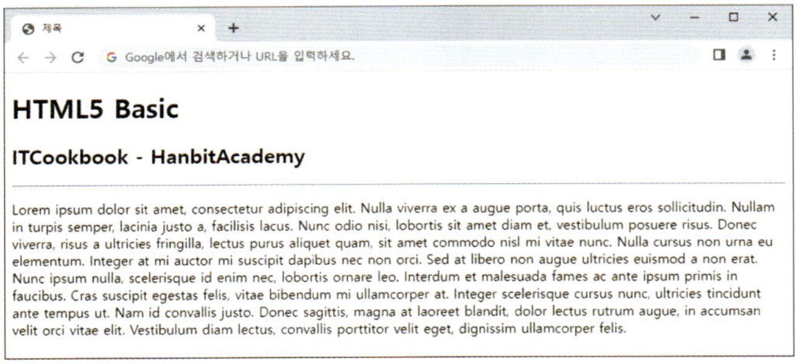

13 다음 목록을 생성하시오.

- 따뜻한 음료
  1. 커피
  2. 녹차
  3. 둥굴레차
- 차가운 음료
  1. 커피
  2. 스무디
  3. 식혜

14 다음 표를 생성하시오.

<table>
<tr><th colspan="6">한국의 차</th></tr>
<tr><th rowspan="6">뿌리차</th><td>인삼차</td><th rowspan="9">과일차</th><td>수정과</td><th rowspan="5">잎차</th><td>뽕잎차</td></tr>
<tr><td>당귀차</td><td>유자차</td><td>감잎차</td></tr>
<tr><td>생강차</td><td>구기자차</td><td>솔잎차</td></tr>
<tr><td>칡차</td><td>대추차</td><td>국화차</td></tr>
<tr><td>둥굴레차</td><td>오미자차</td><td>이슬차</td></tr>
<tr><td>마차</td><td>매실차</td><th rowspan="4">기타</th><td>두충차</td></tr>
<tr><th rowspan="3">곡물차</th><td>보리차</td><td>모과차</td><td>영지버섯차</td></tr>
<tr><td>옥수수차</td><td>산수유차</td><td>귤강차</td></tr>
<tr><td>현미차</td><td>탱자차</td><td>쌍화차</td></tr>
</table>

CHAPTER 04

HTML5 입력 양식 태그와 구조화 태그

학습목표

- 입력 양식별 특징을 이해하고 용도에 맞게 사용할 수 있습니다.
- 블록 형식과 인라인 형식을 구분할 수 있습니다.

PREVIEW

이 장에서는 입력 양식 태그와 구조화 태그를 배웁니다. 우리가 웹 사이트에 접속하면 화면에 표시된 요소를 살펴보고 검색어를 입력하거나 버튼을 클릭해 웹 페이지를 능동적으로 이용합니다. 입력 양식 태그는 로그인하거나 회원 가입을 할 때 사용자에게 입력을 받는 경우 사용합니다. 구조화 태그는 웹 페이지의 공간을 구분할 때 사용합니다.

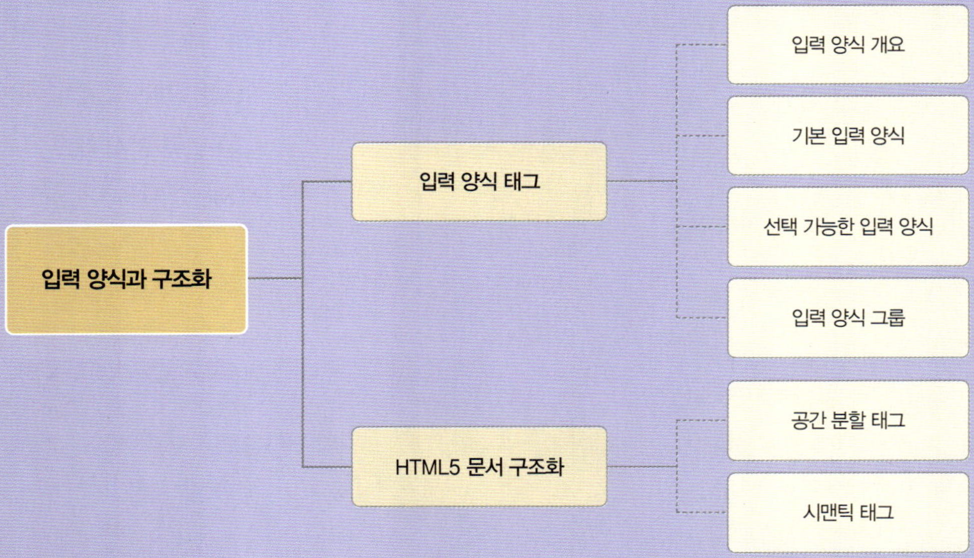

01 입력 양식 태그

입력 양식은 사용자에게 정보를 입력받는 요소인데, 이는 입력 양식 태그를 사용해 만듭니다. 예를 들어 [그림 4-1]과 같은 회원 가입 양식이 대표적인 입력 양식입니다. 입력 양식을 제대로 다루려면 서버 기술도 알아야 하지만, 이 책은 웹 프로그래밍 입문 과정이므로 입력 양식을 만드는 기본적인 내용만 살펴보겠습니다.

그림 4-1 간단한 회원 가입 입력 양식

1 입력 양식 개요

입력 양식은 form 태그로 영역을 생성하고, form 태그 내부에 input 태그를 넣어 만듭니다. [그림 4-2]는 간단한 입력 양식을 만드는 코드와 실행 결과입니다.

```
<body>
    <form>
        <input type="text" name="search">
        <input type="submit">
    </form>
</body>
```

그림 4-2 입력 양식 생성 코드와 실행 결과

[그림 4-2]의 입력 양식에 데이터를 입력하고 〈제출(submit)〉 버튼을 누르면 지정된 방식으로 지정된 장소에 데이터를 전달합니다. 이러한 방식과 장소는 속성으로 지정합니다. form 태그는 method 속성의 방식으로 action 속성 장소에 데이터를 전달합니다.

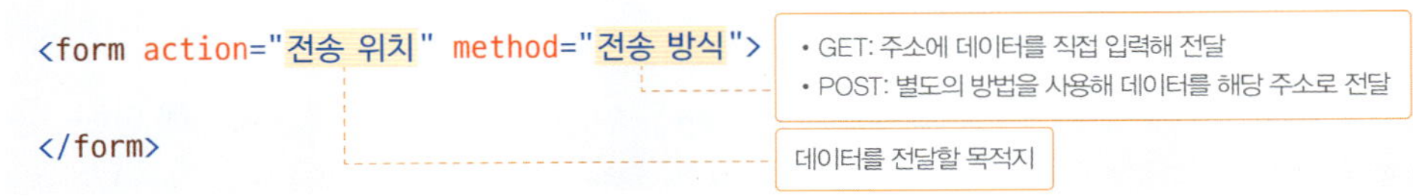

그림 4-3 form 태그의 속성

method 속성에 가장 많이 사용하는 두 가지 전송 방식을 살펴보겠습니다. 다음 두 코드를 각각 실행하면 입력 양식이 생성됩니다. 데이터를 입력하고 〈제출(submit)〉 버튼을 누르면 화면을 한 번 새로고침합니다.

```
<!-- GET 전송 방식 -->
<body>
    <form method="get">
        <input type="text" name="search">
        <input type="submit">
    </form>
</body>
```

```
<!-- POST 전송 방식 -->
<body>
    <form method="post">
        <input type="text" name="search">
        <input type="submit">
    </form>
</body>
```

그림 4-4 입력 양식을 사용한 데이터 요청 예

변화가 없다고 느낄 수 있겠지만 웹 브라우저에 표시되는 URL을 살펴보면 차이를 확인할 수 있습니다. GET 방식으로 데이터를 전달하면, [그림 4-4]에서 'rint'를 입력했으므로 주소 창의 URL이 '파일 이름?search=rint' 형태로 변경되었을 것입니다. 이처럼 GET 방식은 주소에 데이터를 입력해서 전달합니다.

반면 POST 방식은 주소가 변경되지 않습니다. POST 방식은 GET 방식과 달리 비밀스럽게 데이터를 전달합니다. GET 방식은 물건을 직접 들고 가듯이 주소에 데이터를 입력하므로 크기가 한정되어 있습니다. 반면 POST 방식은 물건을 택배로 부치듯이 데이터를 별도로 전송하기 때문에 데이터 용량에 제한이 없습니다.

네이버 검색 창에 '초콜릿'을 입력하고 〈검색〉 버튼을 눌러 봅시다. 다음과 같이 URL이 변경되어 이동합니다.

https://search.naver.com/search.naver?where=nexearch&sm=top_hty&fbm=0&ie=utf8&query=%EC%B4%88%EC%BD%9C%EB%A6%BF

주소에 데이터를 입력해서 전달했으므로 전송 방식은 GET 방식입니다. 웹과 관련한 상식이므로 간단하게 다루어 보았습니다. 자세한 설명은 서버 내용을 다루는 다양한 도서를 참고하기 바랍니다.

2 입력 양식 종류

HTML5는 [표 4-1]과 같은 다양한 입력 양식 태그를 지원합니다.

표 4-1 입력 양식 태그

태그	속성	모양	설명
form		보이지 않음	입력 양식의 시작과 끝 표시
input	text	text	글자 입력 양식 생성
	button	button	버튼 생성
	checkbox	☑	체크박스 생성
	file	파일 선택 선택된 파일 없음	파일 입력 양식 생성
	hidden	보이지 않음	해당 내용 표시 안 함
	image	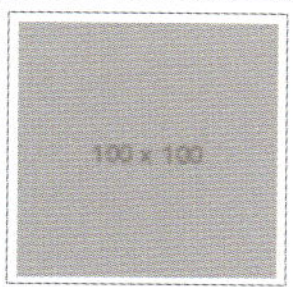	이미지 형태 생성
	password	•••••••••	비밀번호 입력 양식 생성
	radio	◉	라디오 버튼 생성
	reset	reset	초기화 버튼 생성
	submit	submit	제출 버튼 생성

태그	속성	모양	설명
textarea	cols/rows		여러 행의 글자 입력 양식 생성, cols는 너비를 지정하고 rows는 높이를 지정
select optgroup option			선택 양식 생성 옵션 그룹화 옵션 생성
fieldset legend			입력 양식의 그룹 지정 입력 양식 그룹의 이름 지정

기본 예제 4-1 기본 입력 양식 태그

input 태그에 type 속성을 지정해서 다양한 종류의 기본 입력 양식을 생성할 수 있습니다. value 속성을 사용해 내부 값을 지정한다는 것도 확인할 수 있습니다.

코드 4-1 form_basic.html

```
<body>
    <form>
        <!-- 사용자가 입력하는 입력 양식 -->
        <input type="text" name="text" value="text"><br>
        <input type="password" name="password" value="password"><br>
        <input type="file" name="file" value="file"><br>
        <input type="checkbox" name="checkbox" value="checkbox"><br>
        <input type="radio" name="radio" value="radio"><br>

        <!-- 보이지 않는 입력 양식 -->
        <input type="hidden" name="hidden" value="hidden"><br>

        <!-- 버튼 -->
        <input type="button" value="button"><br>
        <input type="reset" value="reset"><br>
        <input type="submit" value="submit"><br>
        <input type="image" src="http://via.placeholder.com/100x100">
    </form>
</body>
```

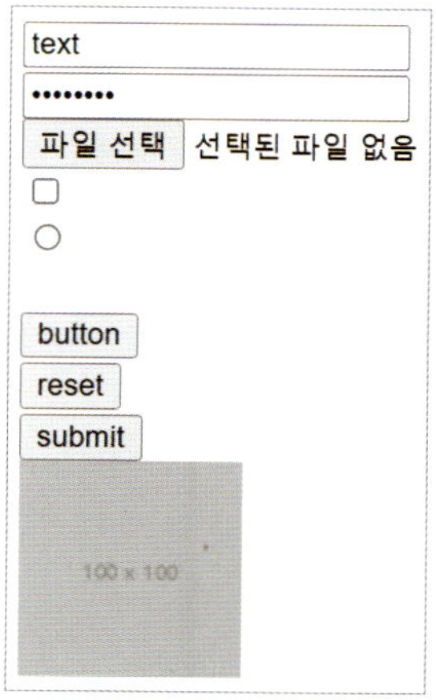

이 외에도 여러 type 속성이 있습니다. 다만 이외의 입력 양식들은 사용하는 빈도가 적으므로 이것들만 살펴보겠습니다.

NOTE label 태그

label 태그는 다음 예에서 이름, 생년월일, 성별처럼 input 태그를 설명할 때 사용합니다. label 태그의 for 속성에 input 태그의 id 속성을 입력해서 label 태그가 어떤 input 태그를 나타내는지 알려 줍니다.

이렇게 for 속성을 연결하면, label 태그를 클릭했을 때 input 태그에 자동으로 포커스가 갑니다. 예를 들어 다음 예에서 이름을 클릭하면 사용자가 바로 입력할 수 있도록 커서가 나타납니다. 체크박스와 라디오 버튼 등은 label 태그를 클릭했을 때 해당 항목이 체크됩니다.

코드 4-2 note_formLabel.html

```
<form>
    <label for="name">이름</label>
    <input id="name" type="text">
    ...(생략)...
</form>
```

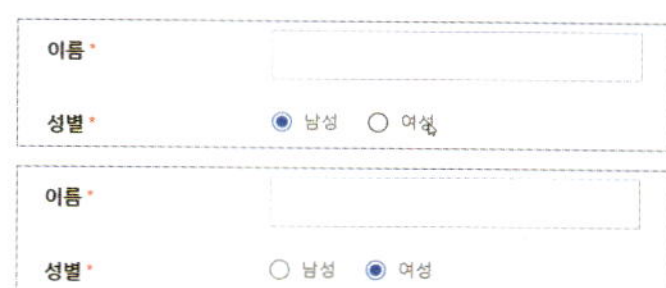

기본 예제 4-2 간단한 입력 양식 생성

라디오 버튼의 name 속성을 사용하면 여러 대상 중 하나만 선택하는 형태를 구현할 수 있습니다. 코드를 실행하고 라디오 버튼 2개를 번갈아 가며 클릭해 보세요. 한 번에 하나만 선택됩니다.

코드 4-3 form_radio.html

```
<body>
    <form>
        <table>
            <tr>
                <td><label for="username">이름</label></td>
                <td><input id="username" type="text" name="username"></td>
            </tr>
            <tr>
                <td>성별</td>
                <td>
                    <input id="man" type="radio" name="gender" value="m">
                    <label for="man">남자</label>
                    <input id="woman" type="radio" name="gender" value="w">
                    <label for="woman">여자</label>
                </td>
            </tr>
        </table>
        <input type="submit" value="가입">
    </form>
</body>
```

radio 버튼은 name 속성을 같게 입력해야 여러 항목 중 하나만 선택됩니다.

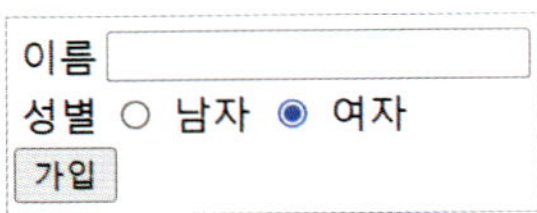

기본 예제 4-3 선택 가능한 입력 양식

1 한 항목만 선택하기 select 태그는 목록으로 보여 주는 항목 중 하나 또는 여러 개를 선택할 때 사용하는 입력 양식 요소입니다. 기본적으로는 하나만 선택할 수 있습니다. select 태그는 optgroup, option 태그를 함께 사용합니다. select 태그 내부에 option 태그를 넣으면 옵션을 선택할 수 있는 요소가 생성됩니다. 스마트폰에서 실행할 때는 [코드 4-4] 실행 결과의 오른쪽 그림과 같이 스마트폰에 내장된 옵션 선택 화면을 사용합니다. 스마트폰에 내장된 옵션 선택 화면을 사용하기 싫다면 직접 만들어야 합니다.

코드 4-4 form_selectBasic.html

```
<body>
    <select>
        <option>김밥</option>
        <option>떡볶이</option>
        <option>순대</option>
        <option>어묵</option>
    </select>
</body>
```

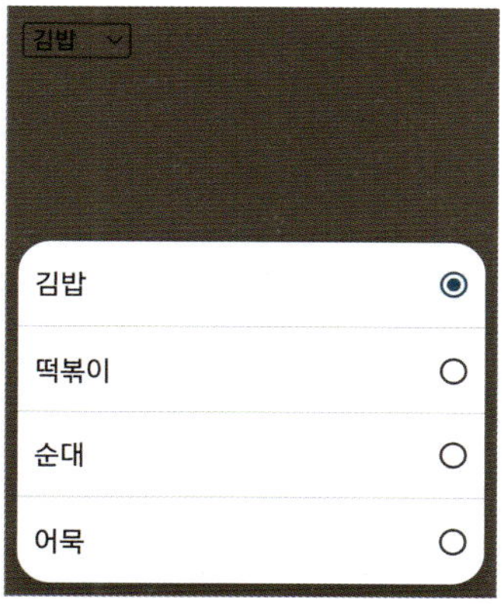

2 여러 항목 선택하기 앞의 예제에서 충격과 공포를 느낀 독자가 많을 것입니다.

"네 가지 중에서 하나만 선택해야 하다니!"

그렇습니다. 분식집에서 김밥과 떡볶이, 순대, 어묵 중 한 가지만 선택해야 한다면 너무 가혹한 일입니다. 여러 항목을 선택하려면 select 태그의 multiple 속성을 사용합니다. 스마트폰에서는 어느 정도 예쁘게 나오지만 일반 데스크톱에서는 그렇지가 않습니다. 따라서 데스크톱 웹 페이지에서는 잘 사용하지 않습니다.

코드 4-5 form_selectMulti.html

```
<body>
    <select multiple="multiple">
        <option>김밥</option>
        <option>떡볶이</option>
        <option>순대</option>
        <option>어묵</option>
    </select>
</body>
```

3 선택 옵션 묶기 optgroup 태그를 사용해 선택 옵션을 그룹으로 묶을 수 있습니다.

코드 4-6 form_selectGroup.html

```
<body>
    <select>
        <optgroup label="HTML5">
            <option>Multimedia Tag</option>
            <option>Connectivity</option>
            <option>Device Access</option>
        </optgroup>
        <optgroup label="CSS3">
            <option>Animation</option>
            <option>3D Transform</option>
        </optgroup>
    </select>
</body>
```

NOTE 옵션 선택 태그

최근에는 select 태그를 잘 사용하지 않습니다. 다음은 select 태그와 기능은 같지만, select 태그 대신 웹 페이지와 어울리게 자바스크립트를 사용해 하나하나 만든 것입니다. 이처럼 선택할 수 있는 모든 항목을 select 태그로 만든 것은 아닙니다.

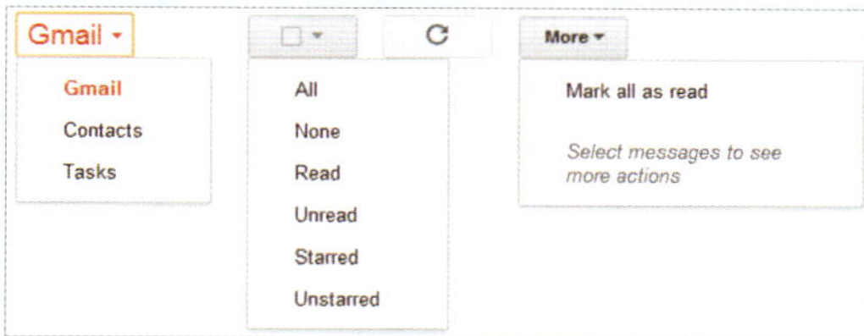

기본 예제 4-4 연관 있는 입력 양식 그룹으로 묶기

fieldset 태그와 legend 태그를 사용하면 입력 양식을 그룹으로 묶고 이름을 지정할 수 있습니다. legend 태그는 fieldset 태그 내부에 사용합니다. 다른 곳에도 쓸 수는 있지만 효과가 없습니다.

코드 4-7 form_group.html

```
<body>
    <form>
        <fieldset>
            <legend>입력 양식</legend>
            <table>
                <tr>
                    <td><label for="name">이름</label></td>
                    <td><input id="name" type="text"></td>
                </tr>
                <tr>
                    <td><label for="mail">이메일</label></td>
                    <td><input id="mail" type="email"></td>
                </tr>
            </table>
            <input type="submit">
        </fieldset>
    </form>
</body>
```

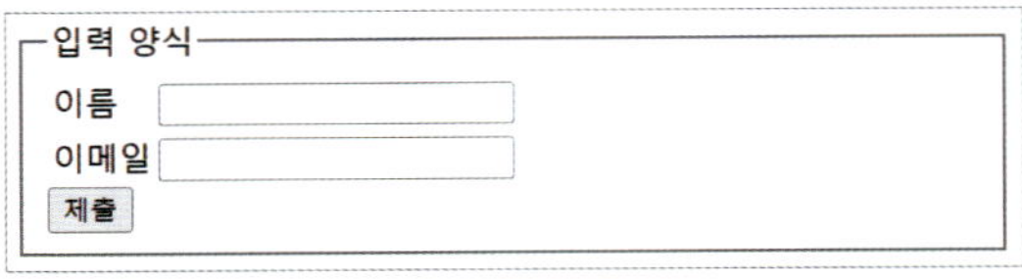

아직은 서버를 잘 몰라 입력 양식 태그를 실제로 활용할 기회는 없을 것입니다. 하지만 나중에 서버까지 다루려면 꼭 알아야 하는 내용이므로 지금은 이러한 것이 있다는 정도만 기억하세요.

NOTE textarea 태그 주의 사항

글자를 여러 줄 입력할 때 사용하는 textarea 태그를 예쁘게 정렬하려고 다음 첫 번째 예처럼 작성하는 경우가 많습니다. 하지만 이렇게 입력하면 왼쪽의 들여쓰기가 입력 양식 내부에 출력됩니다. 두 번째 예처럼 작성해야 정상적으로 출력합니다.

코드 4-8 note_textarea.html

```
<body>
    <textarea>
        Textarea 태그
        Textarea 태그
    </textarea>
</body>
```

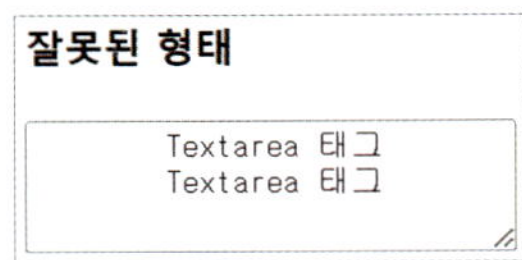


```
<body>
    <textarea>Textarea 태그
Textarea 태그</textarea>
</body>
```

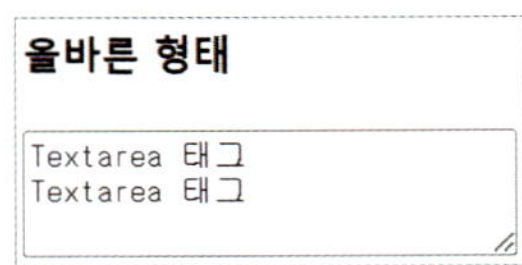

02 HTML5 문서 구조화

1 공간 분할 태그

웹 페이지는 레이아웃 구성을 위해 공간을 구분합니다. 과거에는 테이블 태그로 공간을 구분해서 사용했지만, 현대에는 공간 분할 태그를 사용해서 훨씬 자유롭게 레이아웃을 구성합니다.

"공간을 왜 분할해야 하나요?"

공간을 분할해야 CSS로 원하는 레이아웃을 구성할 수 있습니다. 공간 분할 태그는 정말 많이 사용하는데요. 쿠팡 메인 페이지를 활용해 공간 분할을 어디에 사용하는지 찾아봅시다. 쿠팡 메인 페이지는 [그림 4-5]와 같이 대표적인 공간 분할 태그인 div를 500개 이상 사용합니다. 이만큼 자주 사용하는 태그이므로 내용을 확실하게 기억합시다.

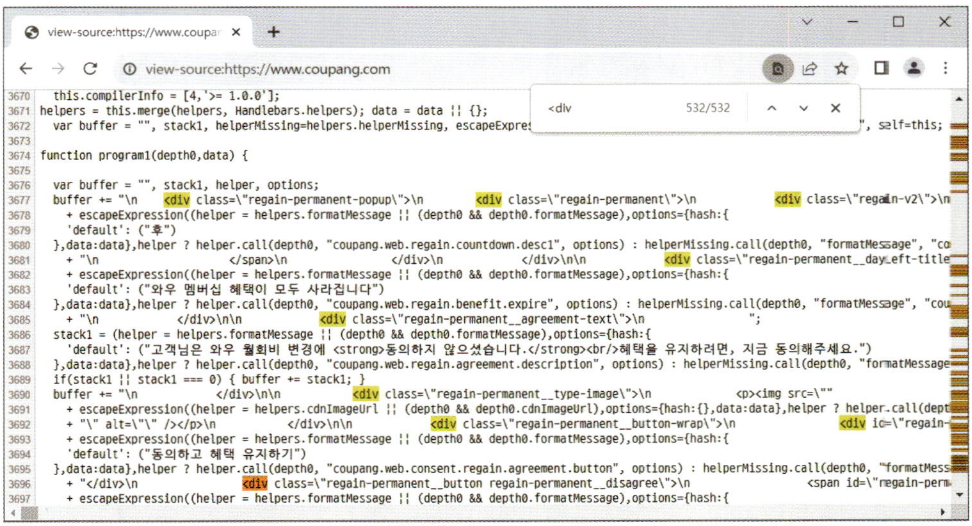

그림 4-5 쿠팡 메인 페이지(http://www.coupang.com)의 div 태그

HTML5의 대표적인 공간 분할 태그는 div 태그와 span 태그입니다. div 태그는 공간을 블록 형식으로 분할하고, span 태그는 공간을 인라인 형식으로 분할합니다. 블록 형식과 인라인 형식은 레이아웃 구성에 가장 중요한 요소인데, 이를 [기본 예제 4-5]에서 살펴보겠습니다.

표 4-2 기본 공간 분할 태그

태그	설명
div	블록 형식으로 공간 분할
span	인라인 형식으로 공간 분할

기본 예제 4-5 공간 분할 방법

1 공간을 블록 형식으로 분할하기 div 태그를 사용해 공간을 분할하면 각 태그가 한 행을 모두 차지합니다. 이를 블록block 형식이라고 합니다.

코드 4-9 space_block.html

```
<body>
    <div>div 태그 - block 형식</div>
    <div>div 태그 - block 형식</div>
    <div>div 태그 - block 형식</div>
    <div>div 태그 - block 형식</div>
    <div>div 태그 - block 형식</div>
</body>
```

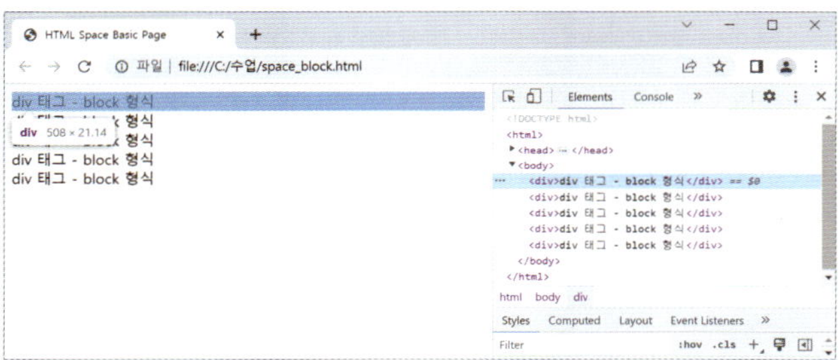

2 공간을 인라인 형식으로 분할하기 [코드 4-9]의 div 태그를 span 태그로 바꾸어 보겠습니다. 코드를 실행하면 각 태그는 자신의 글자 크기만큼 영역을 차지하며, 왼쪽에서 오른쪽으로 쌓입니다. 이를 인라인inline 형식이라고 합니다.

코드 4-10 space_inline.html

```
<body>
    <span>span 태그 - inline 형식</span>
    <span>span 태그 - inline 형식</span>
    <span>span 태그 - inline 형식</span>
    <span>span 태그 - inline 형식</span>
    <span>span 태그 - inline 형식</span>
</body>
```

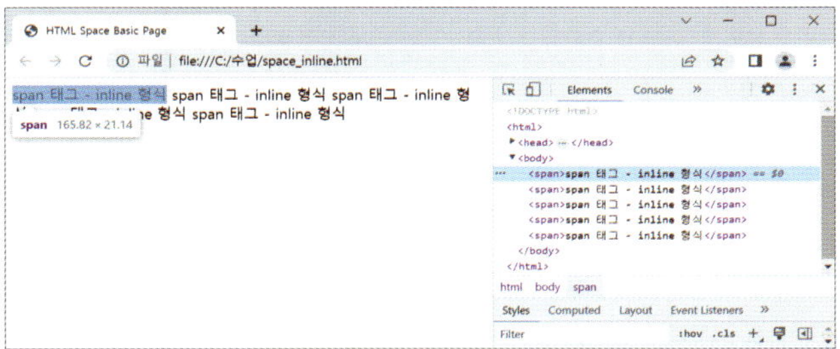

NOTE 블록 형식 태그와 인라인 형식 태그

블록 형식과 인라인 형식은 일반 태그에도 적용됩니다. 예를 들어 [코드 4-11]에서 h1 태그와 p 태그는 블록 형식으로 출력되고, a 태그와 i 태그는 인라인 형식으로 출력됩니다.

코드 4-11 note_otherDisplayTag.html

```
<body>
    <h1>h1 태그</h1>
    <p>p 태그</p>
    <hr>
    <a href="#">a 태그</a>
    <i>i 태그</i>
</body>
```

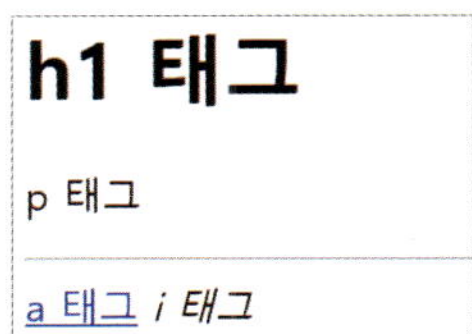

블록 형식 태그와 인라인 형식 태그를 정리하면 다음과 같습니다.

블록 형식 태그	인라인 형식 태그
div 태그	span 태그
h1~h6 태그	a 태그
p 태그	input 태그
목록 태그	글자 형식 태그
테이블 태그	입력 양식 태그

일일이 외우기가 좀 어려운데, 많이 사용해 보는 것이 답입니다.

"이미지 태그가 없네요."

이미지 태그는 인라인-블록 형식입니다. 방금 살펴본 구분 방법으로는 인라인 형식과 어떤 차이가 있는지 알 수 없을 것입니다. 이미지 태그에 관련된 내용은 6장에서 다시 살펴봅니다.

2 시맨틱 태그

HTML5의 가장 큰 변화는 시맨틱 태그입니다. 시맨틱semantic은 '의미론적인'이라는 의미입니다. 그러면 HTML5에서 시맨틱은 어떤 의미가 있을까요? 우리는 웹 페이지를 보고 '이것은 제목이고, 이것은 본문이다'는 식으로 구분할 수 있습니다. 그렇게 스타일이 적용되어 있기 때문입니다. 예를 들어 [그림 4-6]의 (a)를 보면 어디가 제목이고 어디를 클릭해야 원하는 정보를 얻을 수 있는지 알 수 있습니다. 하지만 컴퓨터가 인식하는 화면은 (b)의 코드이기 때문에 시각적인 구분을 할 수가 없습니다.

기계적인 검색 엔진은 어떤 태그가 어떤 기능을 하는지 분별할 수 없어 웹 페이지에서 데이터를 효율적으로 추출할 수 없습니다. 이를 해결하고자 특정 태그에 의미를 부여해 웹 페이지를 만들기 시작했는데, 이를 시맨틱 웹이라고 표현합니다. 즉, 시맨틱 웹은 컴퓨터 프로그램이 코드를 읽고 의미를 인식할 수 있는 지능형 웹을 의미합니다.

(a) 사람이 보는 네이버 메인 페이지

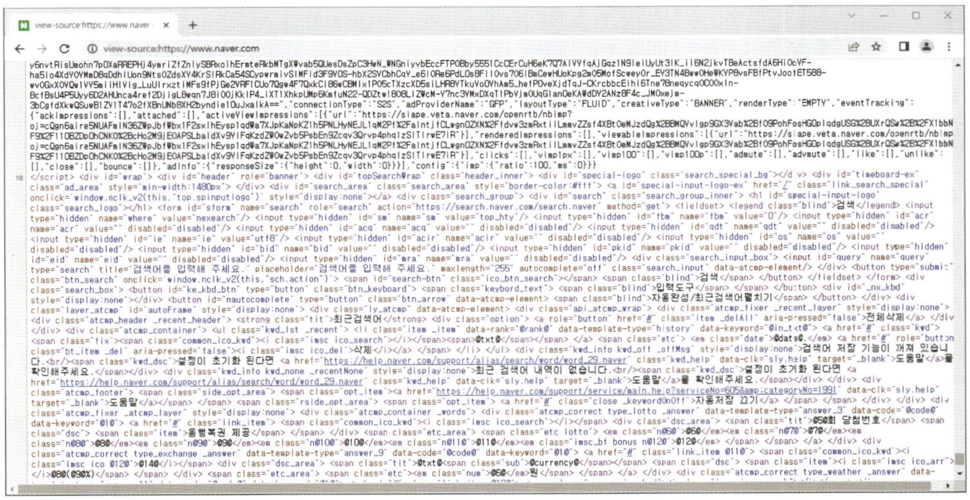

(b) 컴퓨터가 보는 네이버 메인 페이지

그림 4-6 시맨틱 웹의 필요성

시맨틱 웹을 구현하려고 다양한 기술이 고안되었습니다. 현재 HTML5는 기본적으로 [그림 4-7]의 시맨틱 태그를 사용해 시맨틱 웹을 구현합니다. 그 밖의 다른 태그는 그 양이 너무 많으므로 생략합니다.

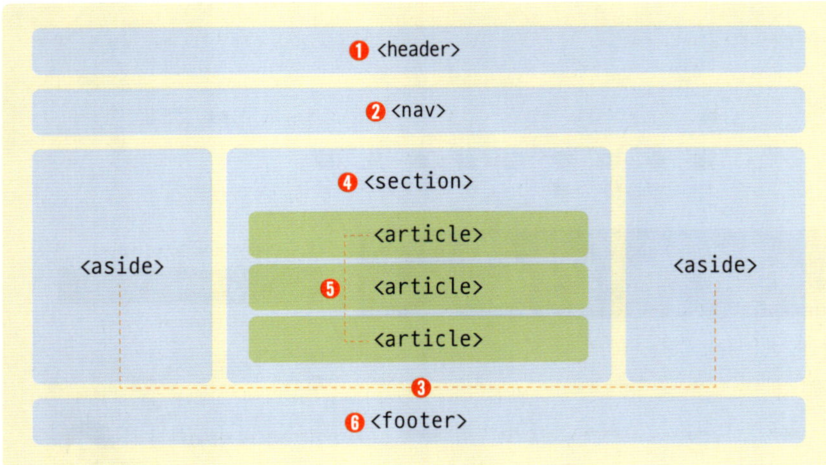

태그	설명
❶ header	머리말(페이지 제목, 페이지 소개)
❷ nav	하이퍼링크들을 모아 둔 내비게이션
❸ aside	본문 흐름에 벗어나는 노트나 팁
❹ section	문서의 장이나 절에 해당하는 내용
❺ article	본문과 독립적인 콘텐츠 영역
❻ footer	꼬리말(저자나 저작권 정보)

그림 4-7 HTML5 시맨틱 태그

[코드 4-12]와 같이 div 태그를 사용해 웹 페이지의 레이아웃을 구성할 수 있습니다. 하지만 [코드 4-13]과 같이 시맨틱 태그를 사용해 각 태그에 의미를 부여하는 것이 더 가독성이 좋습니다.

코드 4-12 space_semanticLess.html

```
<body>
    <div>
        <h1>HTML5 기본</h1>
    </div>
    <div>
        <ul>
```

```
            <li><a href="#">메뉴 - 1</a></li>
            <li><a href="#">메뉴 - 2</a></li>
            <li><a href="#">메뉴 - 3</a></li>
        </ul>
    </div>
    <div>
        <div>
            <h1>Lorem ipsum dolor sit amet</h1>
            <p>Lorem ipsum dolor sit amet, consectetur adipiscing elit.</p>
        </div>
        <div>
            <h1>Lorem ipsum dolor sit amet</h1>
            <p>Lorem ipsum dolor sit amet, consectetur adipiscing elit.</p>
        </div>
    </div>
    <div>
        <span>서울특별시 강서구 내발산동</span>
    </div>
</body>
```

기본 예제 4-6 시맨틱 태그를 이용한 레이아웃 구성

코드 4-13 space_semantic.html

```
<body>
    <header>
        <h1>HTML5 기본</h1>
    </header>
    <nav>
        <ul>
            <li><a href="#">메뉴 - 1</a></li>
            <li><a href="#">메뉴 - 2</a></li>
            <li><a href="#">메뉴 - 3</a></li>
        </ul>
    </nav>
    <section>
        <article>
            <h1>Lorem ipsum dolor sit amet</h1>
```

```
            <p>Lorem ipsum dolor sit amet, consectetur adipiscing elit.</p>
        </article>
        <article>
            <h1>Lorem ipsum dolor sit amet</h1>
            <p>Lorem ipsum dolor sit amet, consectetur adipiscing elit.</p>
        </article>
    </section>
    <footer>
        <address>서울특별시 강서구 마곡동</address>
    </footer>
</body>
```

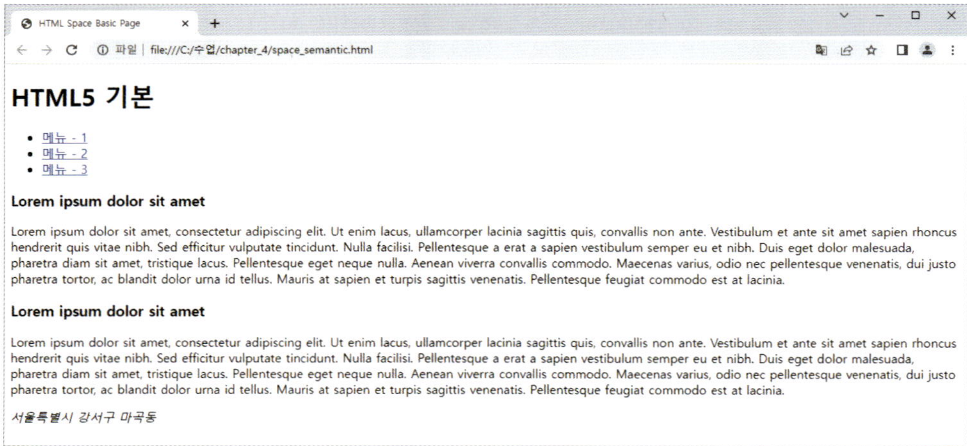

지금까지 기본적인 HTML5 태그들을 살펴보았습니다. 처음 HTML5를 공부한다면 어렵게 느낄 수도 있습니다. 하나하나 외우기보다는 직접 코드를 입력하면서 익히는 것이 훨씬 쉽고 기억에도 오래 남을 것입니다.

01 (　　　)은 사용자에게 정보를 입력받는 요소입니다.

02 form 태그는 (　　　) 속성의 방식으로 (　　　) 속성 장소에 데이터를 전달합니다.

03 (　　　) 방식은 주소에 데이터를 입력해서 전달합니다.

04 (　　　) 방식은 GET 방식과 달리 비밀스럽게 데이터를 전달합니다.

05 input 태그에 (　　　) 속성을 지정해서 다양한 종류의 기본 입력 양식을 생성합니다.

06 라디오 버튼의 (　　　) 속성을 사용하면 여러 대상 중 하나만 선택하는 형태를 구현할 수 있습니다.

07 (　　　) 태그는 목록으로 보여 주는 항목 중 하나 또는 여러 개를 선택할 때 사용하는 입력 양식 요소입니다.

08 div 태그는 공간을 (　　　) 형식으로 분할합니다.

09 span 태그는 공간을 (　　　) 형식으로 분할합니다.

10 (　　　)은 컴퓨터 프로그램이 코드를 읽고 의미를 인식할 수 있는 지능형 웹을 의미합니다.

연습문제

01 다음 문장에 ○×를 표시하시오.

(1) "http://www.google.com/search?q=초콜릿"처럼 주소에 "q=초콜릿" 데이터를 넣은 것은 POST 방식의 요청입니다. (　　　)

(2) label 태그의 for 속성에 "입력 양식 태그의 id 속성"을 넣으면, label 태그를 선택했을 때 입력 양식에 포커스가 갑니다. (　　　)

(3) select 태그 내부에 opt 태그를 넣어서 선택할 수 있는 요소를 만듭니다. (　　　)

(4) 현대 웹 페이지의 레이아웃을 구성할 때는 테이블을 사용합니다. (　　　)

(5) a 태그와 i 태그 등 텍스트는 블록 형식의 태그입니다. (　　　)

(6) 모든 검색 엔진은 웹 페이지에 적용된 스타일을 시각적으로 분석하고 의미를 파악합니다. (　　　)

(7) 시맨틱 태그는 시맨틱 웹을 구현할 때 사용하는 방법입니다. (　　　)

02 다음 중 HTML5 표준에 새롭게 도입된 시맨틱 태그는?

① div 태그　　② span 태그

③ article 태그　　④ em 태그

03 다음 중 HTML5 표준에 새롭게 도입된 시맨틱 태그가 아닌 것은?

① head 태그　　② nav 태그

③ aside 태그　　④ footer 태그

04 사용자로부터 데이터를 입력받을 때 사용하는 태그는?

① input 태그　　② data 태그

③ field 태그　　④ collect 태그

05 HTML 입력 양식 중에서 여러 개의 선택지 중 하나를 선택하는 종류는?

① text　　② checkbox

③ radio　　④ button

06 select 태그 내부에서 각 항목을 만드는 데 사용하는 태그는?

① li 태그　　② option 태그

③ item 태그　　④ opt 태그

07 다음 중에서 인라인 형식의 태그는?

① h1 태그　　② div 태그

③ span 태그　　④ p 태그

08 form 태그의 method 속성을 GET과 POST로 입력할 때, 버튼을 클릭해 서버로 데이터를 전송한 후 웹 브라우저의 주소 창에 나타나는 URL 변화를 적으시오.

09 다음 입력 양식을 만드시오.

Hint table 태그, th 태그, td 태그로 구조를 잡고, 내부에 글자와 input 태그를 넣습니다.

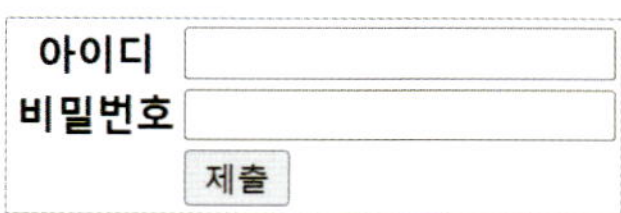

10 다음 입력 양식을 만드시오.

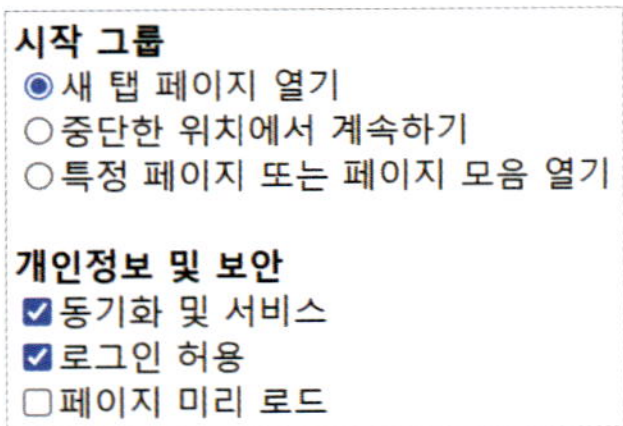

11 다음 입력 양식을 만드시오.

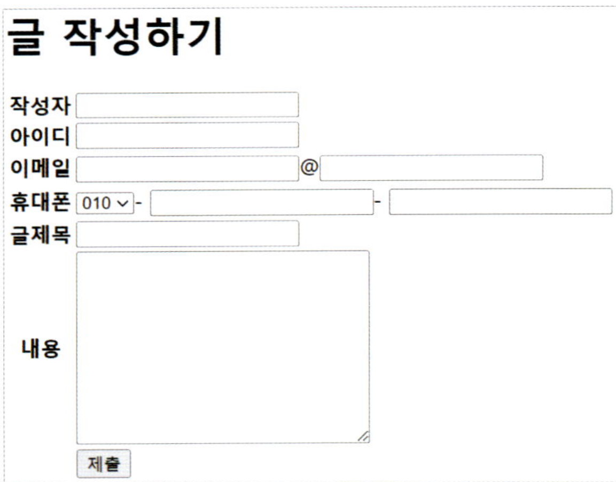

블로그 레이아웃 구성

1 종합 예제 소개

종합 예제에서는 각 장에서 배운 내용을 바탕으로 블로그를 완성합니다. 개별적으로 배운 내용을 어떻게 합치는지 보여 주려는 것이므로 어렵지는 않습니다. 최종 완성되는 블로그는 다음과 같습니다.

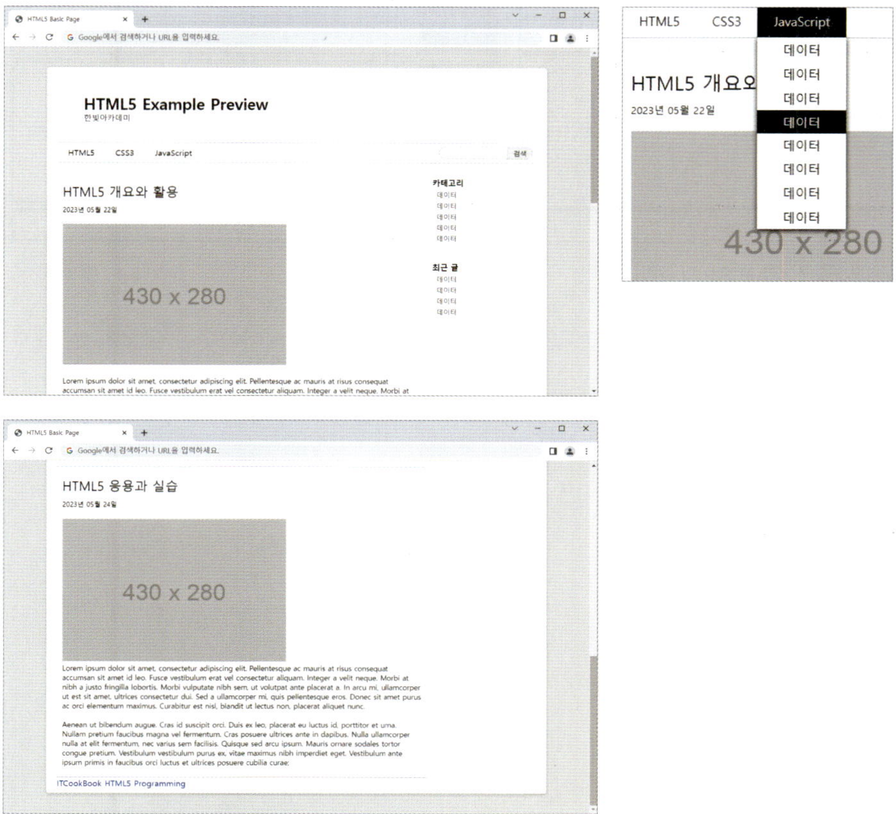

[종합 예제 최종 완성 페이지]

화려해 보이지 않아 실망할 수 있지만 앞서 배운 내용을 복합적으로 사용합니다. 이 기본만 잘 익히면 여러분이 원하는 웹 페이지를 만들 수 있는 기반을 다질 수 있을 것입니다.

2 레이아웃 구성

우선 레이아웃을 만드는 방법부터 알아보겠습니다. 일단 블로그의 레이아웃을 단순화시키고 기능별로 영역을 분리합니다. 그런 다음 행을 기준으로 영역을 분리합니다. 행을 분리할 때는 가로로 선을 그릴 수 있는 부분을 분리하면 됩니다. 가로로 선을 그릴 수 있는 영역을 분리하면 다음 그림과 같이 행 4개로 나뉩니다.

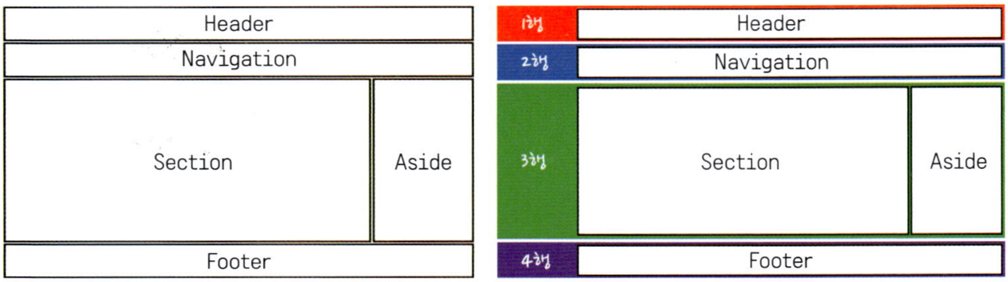

[블로그의 레이아웃 구성과 행 중심의 분할]

영역을 나누었다면 기본 공간 분할 코드와 같이 공간 분할 태그로 레이아웃을 구분하고, 내부에 내용 입력 코드를 작성합니다. 다음 그림은 이 단계에서 완성하는 블로그 페이지입니다.

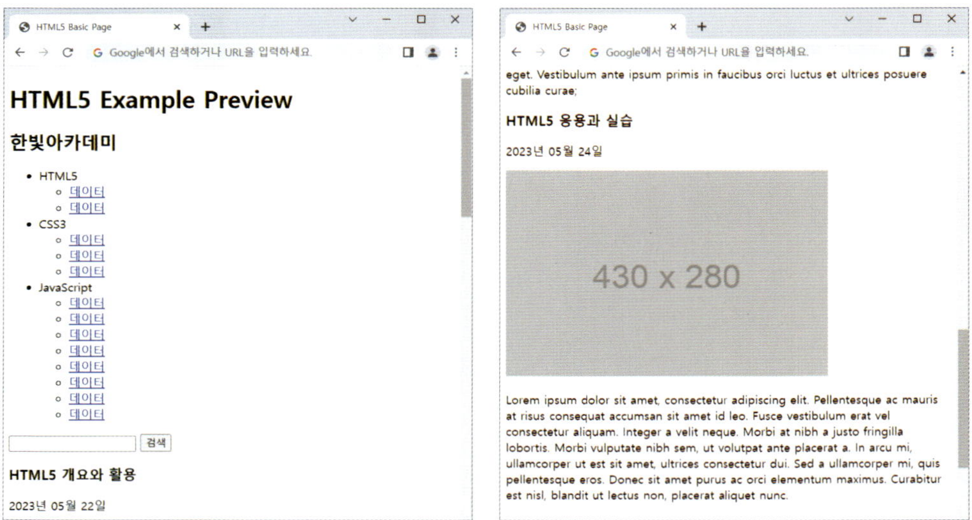

[완성 페이지]

[기본 공간 분할 코드(HTML.html)]

```
<!DOCTYPE html>
<html>
<head>
    <title>HTML5 Basic Page</title>
</head>
<body>
    <!-- 전체를 감싸는 태그 -->
    <div id="page-wrapper">
        <!-- 헤더 -->
        <header id="main-header"></header>
        <!-- 내비게이션 -->
        <nav id="main-navigation"></nav>
        <!-- 본문 -->
        <div id="content">
            <!-- 본문 좌측 영역 -->
            <section id="main-section"></section>
            <!-- 본문 우측 영역 -->
            <aside id="main-aside"></aside>
        </div>
        <!-- 푸터 -->
        <footer id="main-footer"></footer>
    </div>
</body>
</html>
```

[내용 입력 코드]

```
<body>
    <div id="page-wrapper">
        <header id="main-header">
            <hgroup>
                <h1 class="master-title">HTML5 Example Preview</h1>
                <h2 class="master-description">한빛아카데미</h2>
            </hgroup>
        </header>
        <nav id="main-navigation">
            <div class="pull-left">
                <ul class="outer-menu">
                    <li class="outer-menu-item">
                        <span class="menu-title">HTML5</span>
                        <ul class="inner-menu">
                            <li class="inner-menu-item"><a href="#">데이터</a></li>
                            <li class="inner-menu-item"><a href="#">데이터</a></li>
                        </ul>
                    </li>
                    <li class="outer-menu-item">
                        <span class="menu-title">CSS3</span>
                        <ul class="inner-menu">
                            <li class="inner-menu-item"><a href="#">데이터</a></li>
                            <li class="inner-menu-item"><a href="#">데이터</a></li>
                            <li class="inner-menu-item"><a href="#">데이터</a></li>
                        </ul>
                    </li>
                    <li class="outer-menu-item">
                        <span class="menu-title">JavaScript</span>
                        <ul class="inner-menu">
                            <li class="inner-menu-item"><a href="#">데이터</a></li>
                            <li class="inner-menu-item"><a href="#">데이터</a></li>
                            <li class="inner-menu-item"><a href="#">데이터</a></li>
                            <li class="inner-menu-item"><a href="#">데이터</a></li>
                            <li class="inner-menu-item"><a href="#">데이터</a></li>
                            <li class="inner-menu-item"><a href="#">데이터</a></li>
                            <li class="inner-menu-item"><a href="#">데이터</a></li>
                            <li class="inner-menu-item"><a href="#">데이터</a></li>
                        </ul>
                    </li>
```

```
        </ul>
    </div>
    <div class="pull-right">
        <div class="search-bar">
            <form>
                <input type="text" class="input-search">
                <input type="submit" class="input-search-submit" value="검색">
            </form>
        </div>
    </div>
</nav>
<div id="content">
    <section id="main-section">
        <article>
            <div class="article-header">
                <h1 class="article-title">HTML5 개요와 활용</h1>
                <p class="article-date">2023년 05월 22일</p>
            </div>
            <div class="article-body">
                <img src="http://via.placeholder.com/430x280">
                <br>
                <br>
                <p>Lorem ipsum dolor sit amet.</p>
                <br>
                <p>Proin ut fringilla sapien..</p>
            </div>
        </article>
        <article>
            <div class="article-header">
                <h1 class="article-title">HTML5 응용과 실습</h1>
                <p class="article-date">2023년 05월 24일</p>
            </div>
            <div class="article-body">
                <img src="http://via.placeholder.com/430x280">
                <br>
                <p>Lorem ipsum dolor sit amet.</p>
                <br>
                <p>Proin ut fringilla sapien.</p>
            </div>
```

```
                </article>
            </section>
            <aside id="main-aside">
                <div class="aside-list">
                    <h3>카테고리</h3>
                    <ul>
                        <li><a href="#">데이터</a></li>
                        <li><a href="#">데이터</a></li>
                        <li><a href="#">데이터</a></li>
                        <li><a href="#">데이터</a></li>
                        <li><a href="#">데이터</a></li>
                    </ul>
                </div>
                <div class="aside-list">
                    <h3>최근 글</h3>
                    <ul>
                        <li><a href="#">데이터</a></li>
                        <li><a href="#">데이터</a></li>
                        <li><a href="#">데이터</a></li>
                        <li><a href="#">데이터</a></li>
                    </ul>
                </div>
            </aside>
        </div>
        <footer id="main-footer">
            <a href="#">ITCookBook HTML5 Programming</a>
        </footer>
    </div>
</body>
```

마크업을 구성하는 것은 어렵지 않으므로 간단하게 설명했습니다.

"대체 이것이 어떻게 웹 페이지가 되나요?"

이렇게 구성한 HTML 페이지에 스타일시트를 적용하면 예쁜 웹 페이지로 바뀝니다. 종합예제 2에서는 스타일시트를 사용해 웹 페이지를 디자인하는 방법을 배웁니다.

CHAPTER 05

CSS3 기초: 선택자와 단위

학습목표

- CSS 블록을 생성할 수 있습니다.
- 선택자를 이해하고 적절한 선택자를 활용할 수 있습니다.

PREVIEW

지금까지 내용을 진행하면서 "내가 알고 있는 웹 페이지는 엄청 예쁜데……."라는 생각을 했을 것입니다. 이전에 언급했듯 웹 페이지는 모양이 원래 투박합니다. 투박한 웹 페이지에 스타일시트를 적용해야 우리가 알고 있는 예쁜 웹 페이지가 완성됩니다.

이 장에서는 스타일시트의 가장 기본적인 내용인 선택자를 다룹니다. 실질적으로 화면에 있는 무언가를 조작하는 것이 아니어서 지루하게 느낄 수도 있습니다. 하지만 선택자를 모르면 이후의 모든 내용을 진행할 수 없으므로 차근차근 익혀 봅시다.

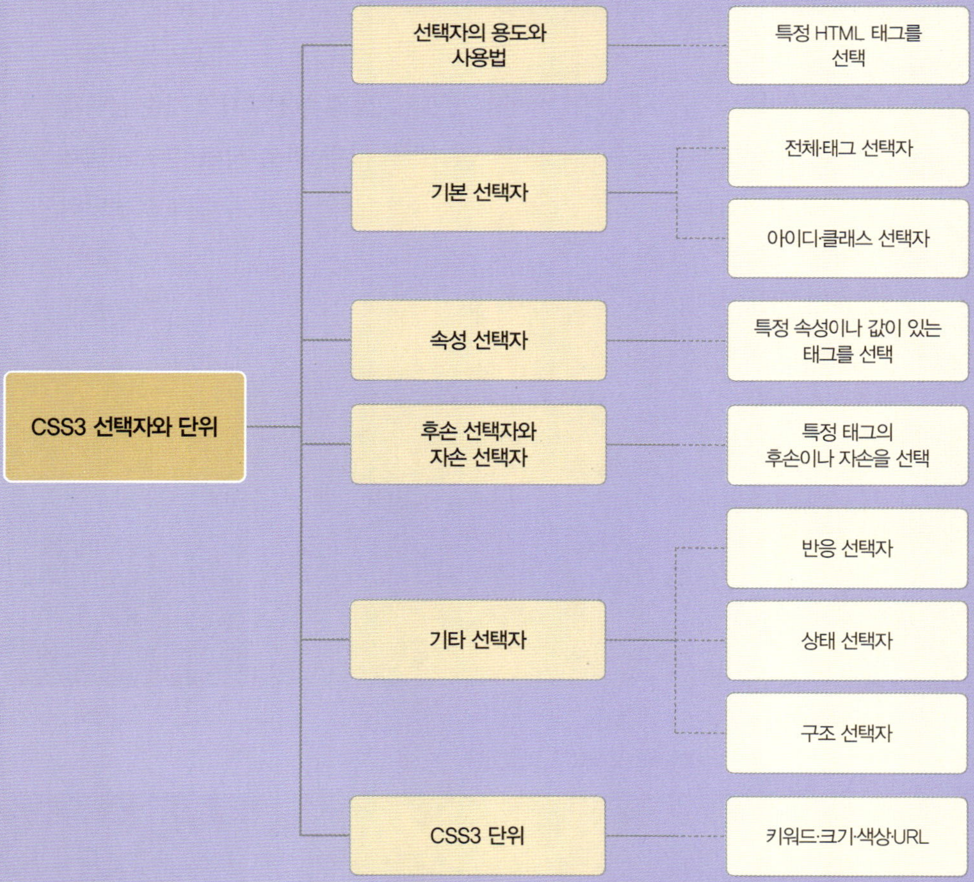

01 선택자의 용도와 사용법

HTML 페이지에 CSS를 사용해 꾸밀 수 있습니다. CSS로 작성된 코드를 스타일시트라고 하며, 2002년 CSS1이 나온 이후 CSS2, CSS3로 발전했습니다. CSS를 사용해 위치를 지정하고, 색상을 추가하고, 텍스트를 이동하고, 블록 수준 요소에 대한 여백 및 테두리를 설정할 수 있습니다.

CSS3에서 특정 HTML 태그를 선택할 때는 선택자를 사용합니다.

"특정 HTML 태그를 선택해서 뭐하나요?"

선택자를 사용해 특정 HTML 태그를 선택하면, 선택한 태그에 원하는 스타일이나 스크립트를 적용할 수 있습니다. [그림 5-1]은 선택자를 사용해 h1 태그를 선택하고, 선택한 h1 태그의 color 스타일 속성에 red 값을 적용한 CSS 블록입니다.

```
h1 { color : red; }
```

선택자 / 스타일 속성 / 스타일 값

그림 5-1 CSS 블록

[코드 5-1]과 같이 style 태그 내부에 CSS 블록을 입력해 작성한 코드를 스타일시트라고 합니다.

코드 5-1 selector_basic.html

```
<!DOCTYPE html>
<html>
<head>
    <title>CSS3 Selector Basic</title>
    <style>
        h1 {
            color: red;
            background-color: orange;
        }
```

CSS 블록

```
    </style>
</head>
<body>
    <h1>CSS3 선택자 기본</h1>
</body>
</html>
```

이 장에서는 선택자만 다루고 다음 장에서 스타일 속성과 스타일 값을 다룹니다. 다음 장에서 다루는 내용을 쉽게 받아들일 수 있도록 지금부터 CSS 블록을 읽는 연습을 하기 바랍니다. 예를 들어 [그림 5-1]의 CSS 블록은 다음과 같이 읽을 수 있습니다.

"h1 태그의 color 스타일 속성에 스타일 값으로 red를 적용합니다."

CSS3 선택자는 스타일시트뿐만 아니라 자바스크립트에서도 사용합니다. 많이 활용하므로 이번 장의 내용을 꼭 기억합시다. CSS3 선택자의 종류는 [표 5-1]과 같습니다.

표 5-1 CSS3 선택자 종류

종류	형태	사용 예
전체 선택자	*	*
태그 선택자	태그	h1
아이디 선택자	#아이디	#id
클래스 선택자	.클래스	.header
속성 선택자	선택자[속성 = 값]	input[type = text]
	선택자[속성 ~= 값]	div[data-role ~= row]
	선택자[속성 |= 값]	div[data-role |= row]
	선택자[속성 ^= 값]	div[data-role ^= row]
	선택자[속성 $= 값]	div[data-role $= 9]
	선택자[속성 *= 값]	div[data-role *= row]
후손 선택자	선택자 선택자	header h1

종류	형태	사용 예
자손 선택자	선택자 > 선택자	header > h1
반응 선택자	선택자:active	div:active
	선택자:hover	div:hover
상태 선택자	선택자:checked	input:checked
	선택자:focus	input:focus
	선택자:enabled	input:enabled
	선택자:disabled	input:disabled
구조 선택자	선택자:first-child	li:first-child
	선택자:last-child	li:last-child
	선택자:nth-child(수열)	li:nth-child(2n+1)
	선택자:nth-last-child(수열)	li:nth-last-child(2n+1)
	선택자:first-of-type	h1:first-of-type
	선택자:last-of-type	h1:last-of-type
	선택자:nth-of-type(수열)	h1:nth-of-type(2n+1)
	선택자:nth-last-of-type(수열)	h1:nth-last-of-type(2n+1)
동위 선택자	선택자 + 선택자	h1 + div
	선택자 ~ 선택자	h1 ~ div
링크 선택자	선택자:link	a:link
	선택자:visited	a:visited
문자 선택자	선택자::first-letter	p::first-letter
	선택자::first-line	p::first-line
	선택자::after	p::after
	선택자::before	p::before
	선택자::selection	p::selection
부정 선택자	선택자:not(선택자)	li:not(.item)

사실 이러한 방식으로 책의 지면을 낭비하는 정리를 싫어합니다. 하지만 이렇게 생각할 수 있도록 한 페이지 넘게 차지하는 표를 삽입했습니다.

"엄청 많은데 이 표의 내용을 다 외워야 하나요?"

엄청 많으니 따로 외운다는 생각은 하지 맙시다. 필자도 개발하는 중에 선택자가 생각나지 않을 때는 W3C의 공식 문서(http://www.w3.org/TR/CSS)를 참고합니다. 본격적으로 공부하기 앞서 간단하게 정리한 것뿐입니다. 선택자를 글로 설명하면 더 어렵게 느껴질 수 있으니 예제와 함께 살펴보면서 주요 선택자를 차근차근 익혀 봅시다.

[표 5-1]에서 구조 선택자나 부정 선택자처럼 ':' 기호를 사용하는 선택자를 가상 클래스 선택자pseudo-class selector라고 하며, 문자 선택자처럼 '::' 기호를 사용하는 선택자를 가상 요소 선택자pseudo-element selector라고 합니다. 이 책에서는 이 둘을 간단히 구조 선택자와 문자 선택자로 칭하겠습니다.

02 기본 선택자

이제 본격적으로 선택자와 관련된 내용을 살펴보겠습니다. 기본 선택자는 매우 중요하므로 반드시 기억하기 바랍니다. 기본 선택자를 정리하면 [표 5-2]와 같습니다.

표 5-2 기본 선택자

종류	형태	설명
전체 선택자	*	HTML 페이지 내부의 태그를 모두 선택
태그 선택자	태그	HTML 페이지 내부의 특정 태그를 모두 선택
아이디 선택자	#아이디	특정 id 속성이 있는 태그 선택. 웹 표준에 id 속성은 웹 페이지 내부에서 중복되면 안 된다는 규정이 있으므로 아이디 선택자는 특정 태그 하나를 선택할 때 사용
클래스 선택자	.클래스	특정 클래스가 있는 태그 선택

기본 예제 5-1 전체 선택자와 태그 선택자

1 전체 선택자 사용하기 전체 선택자를 사용해 모든 태그의 color 스타일 속성을 red 값으로 변경합니다.

코드 5-2 selector_wildcard.html

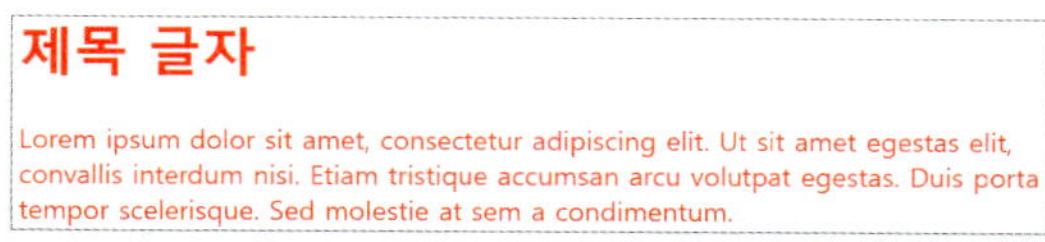


```
<!DOCTYPE html>
<html>
<head>
    <title>CSS3 Selector Basic</title>
    <style>
        * { color: red; }
    </style>
</head>
<body>
    <h1>제목 글자</h1>
    <p>Lorem ipsum dolor sit amet, consectetur adipiscing elit.</p>
</body>
</html>
```

2 태그 선택자 사용하기 태그 선택자를 사용해 h1 태그의 color 스타일 속성에 red 값을 적용하고, p 태그의 color 스타일 속성에 blue 값을 적용합니다.

코드 5-3 selector_tag.html

```
<!DOCTYPE html>
<html>
<head>
    <title>CSS3 Selector Basic</title>
    <style>
        h1 { color: red; }
        p { color: blue; }
    </style>
</head>
<body>
    <h1>제목 글자</h1>
    <p>Lorem ipsum dolor sit amet, consectetur adipiscing elit.</p>
    <p>Nunc nisl turpis, aliquet et gravida non, facilisis a sem.</p>
</body>
</html>
```

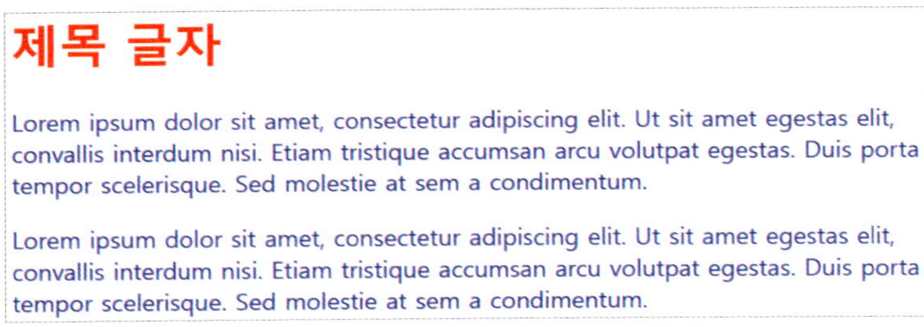

한꺼번에 선택자를 여러 개 입력해 스타일 속성을 적용할 때는 쉼표(,)를 사용합니다. [그림 5-2]는 태그 선택자를 여러 개 쉼표로 연결해 margin 스타일 속성과 padding 스타일 속성을 적용한 것입니다. 태그 선택자뿐만 아니라 앞으로 살펴볼 모든 선택자에 적용할 수 있는 내용이므로 기억해 주세요.

```
body, p, h1, h2, h3, h4, h5, h6 { margin: 0; padding: 0; }
```

그림 5-2 선택자를 여러 개 사용

기본 예제 5-2 아이디 선택자

공간 분할 태그에 아이디 선택자를 사용해 id 속성을 적용하고 레이아웃을 구성합니다.

코드 5-4 selector_id.html

```
<!DOCTYPE html>
<html>
<head>
    <title>CSS3 Selector Basic</title>
    <style>
        #header {
            width: 800px; margin: 0 auto;
            background: red;
        }
        #wrap {
            width: 800px; margin: 0 auto;
            overflow: hidden;
        }
        #aside {
            width: 200px; float: left;
            background: blue;
        }
        #content {
            width: 600px; float: left;
            background: green;
        }
    </style>
</head>
<body>
    <div id="header">
        <h1>#header 태그</h1>
    </div>
    <div id="wrap">
        <div id="aside">
            <h1>#aside 태그</h1>
        </div>
        <div id="content">
            <h1>#content 태그</h1>
        </div>
    </div>
</body>
</html>
```

NOTE id 속성 중복

"웹 페이지 내부에서 id 속성을 중복해서는 안 됩니다."

이 말을 들으면 호기심에 [코드 5-5]와 같이 직접 입력하는 독자도 있을 것입니다. 코드를 실행하면 해당 id 속성을 표시한 모든 태그에 스타일이 적용됩니다.

코드 5-5 note_idDuplication.html

```
<!DOCTYPE html>
<html>
<head>
    <title>CSS3 Selector Basic</title>
    <style>
        #rint { color: red; }
    </style>
</head>
<body>
    <h1 id="rint">CSS3 선택자 기본</h1>
    <h2 id="rint">CSS3 선택자 기본</h2>
    <h3 id="rint">CSS3 선택자 기본</h3>
</body>
</html>
```

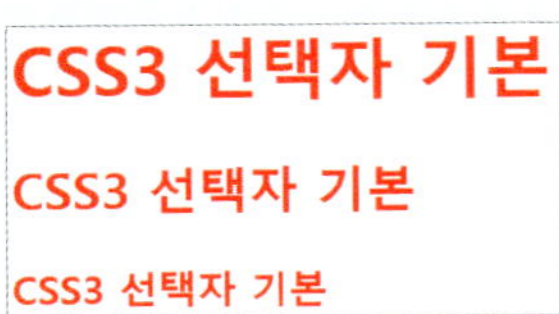

스타일시트에서는 id 속성이 중복되어도 문제가 없습니다. 하지만 자바스크립트에서는 id 속성이 중복되면 문제가 발생하므로 웹 페이지 내부에서 id 속성이 중복되지 않게 적용해 주세요.

기본 예제 5-3 클래스 선택자

클래스 선택자는 특정한 클래스가 있는 태그를 선택할 때 사용합니다. 웹 페이지를 개발할 때 가장 많이 사용합니다.

1 클래스 선택자를 1개 사용하기

코드 5-6 selector_class.html

```
<!DOCTYPE html>
<html>
<head>
    <title>CSS3 Selector Basic</title>
    <style>
        .select { color: red; }
    </style>
</head>
<body>
    <ul>
        <li class="select">사과</li>
        <li>바나나</li>
        <li class="select">오렌지</li>
        <li>감</li>
    </ul>
</body>
</html>
```

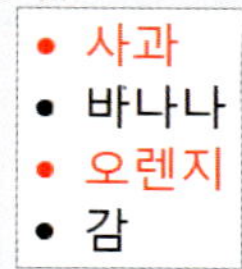

2 클래스 선택자를 여러 개 사용하기 공백으로 구분해 클래스를 여러 개 사용할 수 있는데, [코드 5-7]에서는 item과 header 클래스가 함께 적용됩니다.

코드 5-7 selector_multiClass.html

```
<!DOCTYPE html>
<html>
<head>
    <title>CSS3 Selector Basic</title>
    <style>
        .item { color: red; }
        .header { background-color: blue; }
```

```
    </style>
</head>
</head>
<body>
    <h1 class="item header">동해물과 백두산이</h1>
</body>
</html>
```

두 가지 속성이 적용되어 파란색 배경에 빨간색 글자로 나타납니다.

NOTE class 속성 중복

웹 페이지 내부에서 id 속성은 중복되지 않아야 하지만 class 속성은 중복될 수 있습니다. class 속성을 서로 다른 태그에 적용할 때는 태그 선택자와 클래스 선택자를 함께 사용해서 태그를 더 정확하게 선택할 수 있습니다.

코드 5-8 note_tagWithClass.html

```
<!DOCTYPE html>
<html>
<head>
    <title>CSS3 Selector Basic</title>
    <style>
        li.select { color: red; }
    </style>
</head>
<body>
    <h1 class="select">제목 글자</h1>
    <ul>
        <li class="select">사과</li>
        <li>바나나</li>
        <li>오렌지</li>
        <li>감</li>
    </ul>
</body>
</html>
```

정확하게 태그를 선택해 사과만 빨간색으로 표시합니다.

아이디 선택자와 클래스 선택자는 결과가 비슷해서 언제 어떤 것을 사용해야 할지 구분하기 어려울 수 있습니다. 사실 명확한 구분 기준은 없고, 함께 작업하는 구성원과 규칙을 정해서 통일만 하면 됩니다. 참고로 최근에는 클래스 선택자만 사용하는 경우가 많습니다.

03 속성 선택자

속성 선택자는 [표 5-3]의 형태로 입력하며, 특정 속성 또는 값이 있는 태그를 선택할 때 사용합니다.

표 5-3 속성 선택자

형태	설명
선택자[속성]	특정한 속성이 있는 태그 선택
선택자[속성=값]	특정한 속성 내부 값이 특정 값과 같은 태그 선택

input 태그는 이름이 모두 같지만 type 속성에 따라 형태가 다릅니다. 그래서 input 태그를 선택할 때는 속성 선택자를 많이 사용합니다.

기본 예제 5-4 속성 선택자

[코드 5-9]는 속성 선택자를 사용해 input 태그를 선택합니다.

코드 5-9 attribute_basic.html

```
<!DOCTYPE html>
<html>
<head>
    <title>CSS3 Selector Basic</title>
    <style>
        input[type="text"] { background: red; }
        input[type="password"] { background: blue; }
    </style>
</head>
<body>
    <form>
        <input type="text">
        <input type="password">
    </form>
</body>
</html>
```

04 후손 선택자와 자손 선택자

후손 선택자와 자손 선택자는 특정 태그의 후손과 자손을 선택할 때 사용합니다.

"자손은 무엇이고 또 후손은 무엇인가요?"

말로 설명하면 오히려 복잡하므로 예제로 살펴보겠습니다.

코드 5-10 desc_basic.html

```
<body>
    <div>
        <h1>CSS3 선택자 기본</h1>
        <h2>기본 선택자</h2>
        <ul>
            <li>전체 선택자</li>
            <li>태그 선택자</li>
            <li>아이디 선택자와 클래스 선택자</li>
        </ul>
    </div>
</body>
```

body 태그 내부는 [그림 5-3]과 같이 계층 구조로 나타낼 수 있습니다. 이때 div 태그를 기준으로 바로 한 단계 아래에 위치한 h1 태그, h2 태그, ul 태그를 자손이라고 하며, div 태그 아래에 위치한 모든 태그를 후손이라고 합니다.

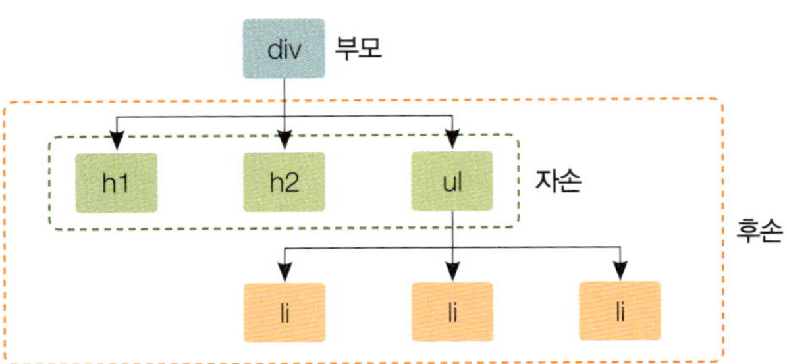

그림 5-3 자손 선택자와 후손 선택자

후손과 자손의 개념을 이해했다면 이제 각 선택자를 살펴봅시다.

1 후손 선택자

후손 선택자는 특정한 태그의 후손을 선택할 때 사용합니다.

표 5-4 후손 선택자

형태	설명
선택자A 선택자B	선택자A의 후손인 선택자B 선택

기본 예제 5-5 후손 선택자

[코드 5-11]은 h1 태그를 선택하지만, 후손 선택자를 사용해 특정한 대상의 후손이라는 것을 구별합니다. #header 태그 아래에 위치한 h1 태그에는 빨간색을 적용하고, #section 태그 아래에 위치한 h1 태그에는 주황색을 적용합니다.

코드 5-11 desc_descendants.html

```
<!DOCTYPE html>
<html>
<head>
    <title>CSS3 Selector Basic</title>
    <style>
        #header h1 { color: red; }
        #section h1 { color: orange; }
    </style>
</head>
<body>
    <div id="header">
        <h1 class="title">Lorem ipsum</h1>
        <div id="nav">
            <h1>Navigation</h1>
        </div>
    </div>
    <div id="section">
        <h1 class="title">Lorem ipsum</h1>
```

```
        <p>Lorem ipsum dolor sit amet, consectetur adipiscing elit.</p>
    </div>
</body>
</html>
```

선택자 여러 개를 함께 사용할 경우, 후손 선택자를 [그림 5-4]의 ❶처럼 활용할 때가 있습니다. 어떤 태그에 빨간색을 적용할까요? 이 선택자는 header 태그의 후손인 h1 태그와 일반적인 h2 태그를 선택합니다. header 태그의 후손인 h1 태그와 header 태그의 후손인 h2 태그를 선택하고 싶다면 ❷처럼 사용해야 합니다.

❶
```
<style>
    #header h1, h2 { color: red; }
</style>
```

❷
```
<style>
    #header h1, #header h2 { color: red; }
</style>
```

그림 5-4 후손 선택자 주의 사항

선택자를 처음 접할 때 굉장히 혼란스러운 부분이므로 기억하고 넘어갑시다.

2 자손 선택자

자손 선택자는 특정한 태그의 자손을 선택할 때 사용합니다.

표 5-5 자손 선택자

형태	설명
선택자A > 선택자B	선택자A의 자손인 선택자B 선택

기본 예제 5-6 자손 선택자

[코드 5-12]는 앞서 살펴본 [코드 5-11]과 구성이 같습니다. 다만 #nav 태그 아래에 있는 h1 태그는 후손이기 때문에 스타일이 적용되지 않습니다.

코드 5-12 desc_children.html

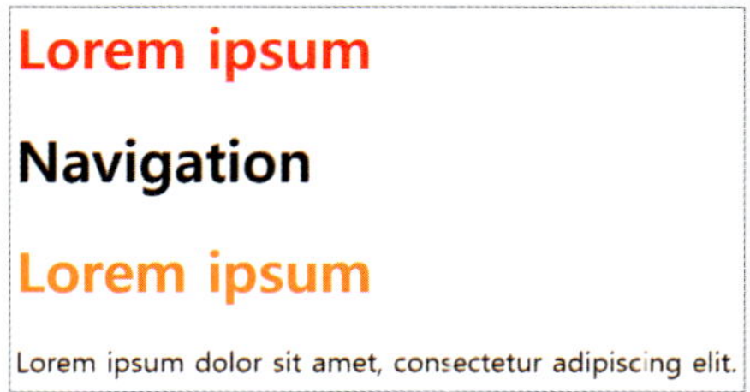


```
<!DOCTYPE html>
<html>
<head>
    <title>CSS3 Selector Basic</title>
    <style>
        #header > h1 { color: red; }
        #section > h1 { color: orange; }
    </style>
</head>
<body>
    <div id="header">
        <h1 class="title">Lorem ipsum</h1>
        <div id="nav">
            <h1>Navigation</h1>
        </div>
    </div>
    <div id="section">
        <h1 class="title">Lorem ipsum</h1>
        <p>Lorem ipsum dolor sit amet, consectetur adipiscing elit.</p>
    </div>
</body>
</html>
```

table 태그의 요소를 선택할 때는 자손 선택자 사용을 추천하지 않습니다. [코드 5-13]의 실행 결과를 예측해 봅시다.

코드 5-13 desc_tableWithChildren.html

```
<!DOCTYPE html>
<html>
<head>
    <title>CSS3 Selector Basic</title>
    <style>
        table > tr > th {
            color: red;
        }
    </style>
</head>
```

```
<body>
    <table border="1">
        <tr>
            <th>이름</th>
            <th>지역</th>
        </tr>
        <tr>
            <td>윤인성</td>
            <td>서울특별시 강서구 내발산동</td>
        </tr>
    </table>
</body>
</html>
```

[코드 5-13]을 실행하면 대부분 th 태그에 빨간색이 적용된다고 예상했겠지만, 스타일 속성은 적용되지 않습니다.

이름	지역
윤인성	서울특별시 강서구 내발산동

이 문제는 검사를 사용해 HTML 페이지의 계층 구조를 살펴보면 원인을 알 수 있습니다. [그림 5-5]를 보면 table 태그에 자동으로 추가된 tbody 태그를 확인할 수 있습니다. 웹 브라우저가 tbody 태그를 자동으로 추가하므로 스타일 속성이 적용되지 않은 것입니다. 색상을 적용하려면 선택자 table 〉 tbody 〉 tr 〉 th를 입력해야 합니다. 혼동하기 쉬운 내용이므로 table 태그에 스타일을 적용할 때는 자손 선택자를 사용하지 맙시다.

```
▼<table border="1">
  ▼<tbody>
    ▼<tr>
        <th>이름</th>
        <th>지역</th>
      </tr>
    ▼<tr>
        <td>윤인성</td>
        <td>서울특별시 강서구 내발산동</td>
      </tr>
    </tbody>
  </table>
```

그림 5-5 검사 결과

05 반응·상태·구조 선택자

1 반응 선택자

반응 선택자는 사용자 반응으로 생성되는 특정한 상태를 선택합니다. 사용자가 특정 태그 위에 마우스 커서를 올리면 hover 상태이고, 특정 태그를 마우스로 클릭하면 active 상태입니다.

표 5-6 반응 선택자

형태	설명
:active	사용자가 마우스로 클릭한 태그 선택
:hover	사용자가 마우스 커서를 올린 태그 선택

기본 예제 5-7 반응 선택자

[코드 5-14]와 같이 반응 선택자를 사용해서 코드를 구성하고 실행해 봅시다. 글자 위에 마우스 커서를 올리면 빨간색이 적용되고, 클릭하면 파란색이 적용됩니다. 쉬운 내용이므로 충분히 이해할 수 있을 것입니다.

코드 5-14 etc_action.html

```
<!DOCTYPE html>
<html>
<head>
    <title>CSS3 Selector Basic</title>
    <style>
        h1:hover { color: red; }
        h1:active { color: blue; }
    </style>
</head>
<body>
    <h1>반응 선택자</h1>
```

```
</body>
</html>
```

반응 선택자
반응 선택자
반응 선택자

2 상태 선택자

상태 선택자는 입력 양식의 상태를 선택할 때 사용합니다. [표 5-7]의 선택자가 [표 5-8]과 같이 어떤 상태인지 알아야 상태 선택자를 쉽게 사용할 수 있습니다.

표 5-7 상태 선택자

형태	설명
:checked	체크 상태의 input 태그 선택
:focus	포커스를 맞춘 input 태그 선택
:enabled	사용 가능한 input 태그 선택
:disabled	사용 불가능한 input 태그 선택

표 5-8 입력 양식의 상태

상태	설명	입력 양식 모양
checked	type 속성이 checkbox 또는 radio인 input 태그가 선택된 상태	
focus	사용자가 바로 입력할 수 있도록 입력 양식에 포커스를 둔 상태. 웹 페이지 하나당 input 태그 하나에만 포커스를 둘 수 있음	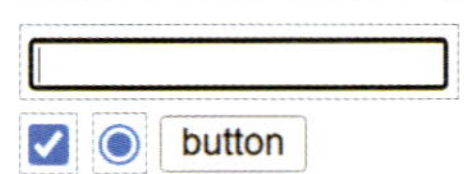
enabled/ disabled	enabled는 input 태그에 값을 입력할 수 있는 상태이고 disabled는 input 태그에 값을 입력할 수 없는 상태. input 태그에 enabled 또는 disabled 속성을 입력해 적용 <body> <input value="enabled"> <input value="disabled" disabled="disabled"> </body>	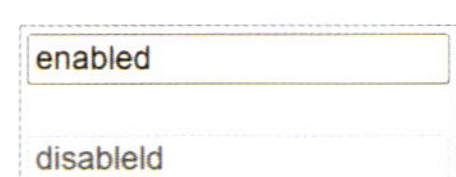

기본 예제 5-8 상태 선택자

상태 선택자는 [코드 5-15]와 같이 사용합니다.

코드 5-15 etc_state.html

```
<!DOCTYPE html>
<html>
<head>
    <title>CSS3 Selector Basic</title>
    <style>
        /* input 태그가 사용 가능할 때
            background-color 속성에 white 키워드를 적용합니다. */
        input:enabled { background-color: white; }
        /* input 태그가 사용 불가능할 때
            background-color 속성에 gray 키워드를 적용합니다. */
        input:disabled { background-color: gray; }
        /* input 태그에 포커스를 맞출 때
            background-color 속성에 orange 키워드를 적용합니다. */
        input:focus { background-color: orange; }
    </style>
</head>
<body>
    <h2>사용 가능</h2>
    <input>
    <h2>사용 불가능</h2>
    <input disabled="disabled">
</body>
</html>
```

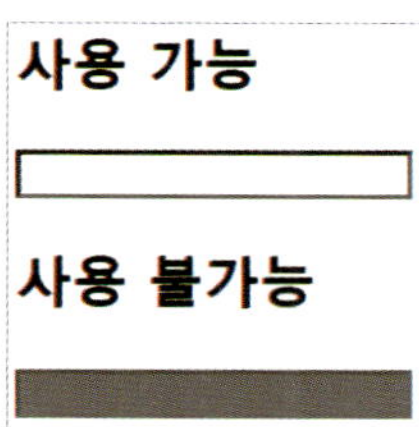

HTML5에서는 주석을 <!-- 주석 --> 형태로 작성했지만, 스타일시트에서는 /* 주석 */ 형태로 작성합니다. 이후에 나오는 자바스크립트의 여러 행 주석과 형태가 같습니다. 하지만 자바스크립트의 한 줄 주석은 스타일시트에서 사용할 수 없으므로 주의합니다.

3 구조 선택자

구조 선택자는 특정한 위치에 있는 태그를 선택할 때 사용합니다.

표 5-9 구조 선택자

형태	설명
:first-child	형제 관계에서 첫 번째로 등장하는 태그 선택
:last-child	형제 관계에서 마지막으로 등장하는 태그 선택
:nth-child(수열)	형제 관계에서 앞에서 수열 번째로 등장하는 태그 선택
:nth-last-child(수열)	형제 관계에서 뒤에서 수열 번째로 등장하는 태그 선택

first-child와 last-child 선택자는 어떻게 사용하는지 대략 알겠는데, nth-child와 nth-last-child 선택자는 괄호 안에 수열을 넣으라고 하니 이해하기 어려울 것입니다. 간단하게 다음 수열을 살펴봅시다.

$$2n + 1$$

수열 $2n + 1$은 어떤 숫자를 나타낼까요? 숫자 0부터 차근차근 넣어 보세요.

"1, 3, 5, 7, 9……?"

구조 선택자는 수열의 결과 값에 해당하는 위치에 있는 태그에 스타일을 적용합니다.

기본 예제 5-9 구조 선택자

[코드 5-16]은 구조 선택자를 사용해 홀수와 짝수 위치를 판별하고 스타일을 적용합니다. 처음 태그와 마지막 태그에는 둥근 테두리가 적용되고, 홀수와 짝수 번째에는 각각 다른 색상의 스타일이 적용됩니다.

코드 5-16 etc_structure.html

```
<!DOCTYPE html>
<html>
<head>
    <title>CSS3 Selector Basic</title>
    <style>
        ul { overflow: hidden; }
        li {
            list-style: none;
            float: left; padding: 15px;
        }
        li:first-child { border-radius: 10px 0 0 10px; }
        li:last-child { border-radius: 0 10px 10px 0; }

        li:nth-child(2n) { background-color: #FF0003; }
        li:nth-child(2n+1) { background-color: #800000; }
    </style>
</head>
<body>
    <ul>
        <li>첫 번째</li>
        <li>두 번째</li>
        <li>세 번째</li>
        <li>네 번째</li>
        <li>다섯 번째</li>
        <li>여섯 번째</li>
        <li>일곱 번째</li>
    </ul>
</body>
</html>
```

구조 선택자를 사용할 때 자주 실수하는 부분을 간단히 살펴보겠습니다. 우선 [코드 5-17]을 살펴보고 실행 결과를 예측해 보세요.

코드 5-17 etc_structureFalse.html

```
<!DOCTYPE html>
<html>
<head>
    <title>CSS3 Selector Basic</title>
    <style>
        li > a:first-child { color: red; }
    </style>
</head>
<body>
    <ul>
        <li><a href="#">주의 사항</a></li>
        <li><a href="#">주의 사항</a></li>
        <li><a href="#">주의 사항</a></li>
        <li><a href="#">주의 사항</a></li>
        <li><a href="#">주의 사항</a></li>
    </ul>
</body>
</html>
```

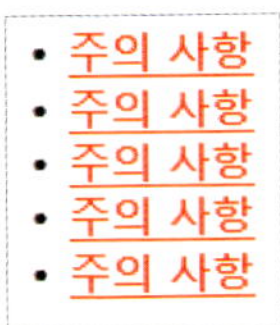

일부는 첫 번째 a 태그에 빨간색이 적용된다고 예측했을 것입니다. 하지만 모든 a 태그에 빨간색이 적용됩니다.

li 태그의 첫 번째 자손에 해당하는 a 태그를 선택했으므로 a 태그 5개가 전부 이 조건에 해당됩니다. 따라서 모든 글자가 빨간색으로 표시됩니다. 첫 번째 a 태그에만 빨간색을 적용하려면 [코드 5-18]과 같이 입력해야 합니다.

코드 5-18 etc_structureTrue.html

```
<style>
    li:first-child > a { color: red; }
</style>
```

NOTE 스타일시트 컴파일 엔진

스타일시트의 개발 효율성을 향상시키고자 스타일시트 컴파일 엔진이 나왔습니다. 스타일시트 컴파일 엔진은 다른 형태의 스타일시트로 작성된 코드를 일반 스타일시트로 변경하는 모듈입니다. 대표적인 엔진으로는 Sass, SCSS, Stylus, Less 스타일시트 등이 있습니다.

예를 들어 Sass 스타일시트는 괄호를 입력할 필요가 없으며, 선택자를 선택자 내부에 입력할 수 있습니다. 스타일시트 컴파일 엔진을 이용하면 ❶처럼 작성된 Sass 스타일시트를 ❷처럼 일반 스타일시트로 변경할 수 있습니다. 이 외에도 다양한 기능이 있으므로 책을 마치고 직접 공부해 보세요!

❶

```
$gray: #C9C9C9
$margin: 10px
$logo_image: url('logo.png')

.header
    .logo
        background-image: $logo_image
    .navigation
        overflow: hidden
        .menu
            float: left

.article
    margin: $margin.
```

❷

```
.header .logo {
    background-image: url("logo.png");
}

.header .navigation {
    overflow: hidden;
}

.header .navigation .menu {
    float: left;
}

.article {
    margin: 10px;
}
```

06 CSS3 단위

스타일 속성을 적용하려면 먼저 스타일 값으로 입력할 수 있는 CSS3 단위를 알아야 합니다. 스타일 값으로 입력할 수 있는 단위에는 키워드, 크기, 색상, URL이 있습니다. 속성별로 한 가지 단위만 사용할 수 있는 것은 아니므로 우선 스타일 값의 단위 종류부터 알아보겠습니다.

1 키워드 단위

키워드는 W3C에서 미리 정의한 단어입니다. 키워드를 스타일 값으로 입력하면 키워드에 해당하는 스타일이 자동으로 적용됩니다. 스타일 속성별로 값으로 사용할 수 있는 키워드가 따로 있으므로 이를 모두 설명하기는 어렵습니다. 여기서는 중요한 키워드만 살펴보겠습니다.

다행스럽게도 통합 개발 환경에서는 입력한 속성에 속한 키워드를 알려 주므로 일일이 외우지 않아도 됩니다. 모두 외워야 할 것 같은 부담을 덜어 주고자 일부 속성은 개발 환경의 자동 완성 기능 화면도 함께 보여 줍니다.

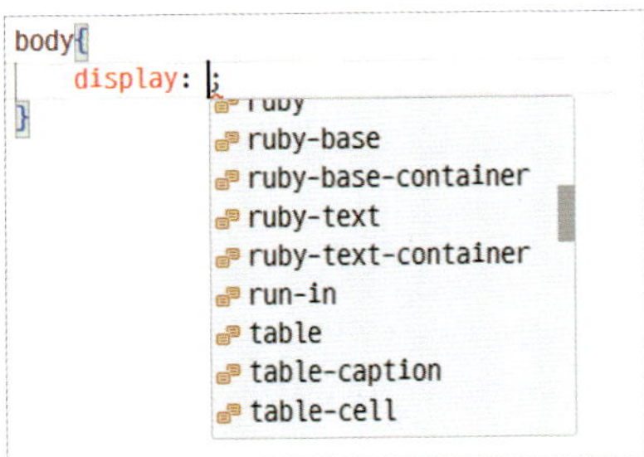

그림 5-6 개발 환경의 속성별 자동 완성 기능

2 크기 단위

크기는 CSS3에서 가장 많이 사용하는 단위입니다. 종류에는 %, em, cm, mm, inch, px가 있습니다. 이 중에서 특히 [표 5-10]에 정리한 단위를 자주 사용합니다. 크기 단위는 간단하므로 예제를 살펴보면서 알아보겠습니다.

표 5-10 크기 단위

단위	설명
%	백분율 단위
em	배수 단위
px	픽셀 단위

기본 예제 5-10 다양한 크기의 단위 적용

1 HTML 페이지 만들기 크기 단위를 적용할 HTML 페이지를 만듭니다. [코드 5-19]에서 본문 글자 크기는 모두 동일합니다.

코드 5-19 CSS3Unit_basic.html

```
<!DOCTYPE html>
<html>
<head>
    <title>CSS3 Units</title>
    <style>

    </style>
</head>
<body>
    <p>Lorem ipsum dolor sit amet, consectetur adipiscing elit.</p>
    <p>Lorem ipsum dolor sit amet, consectetur adipiscing elit.</p>
    <p>Lorem ipsum dolor sit amet, consectetur adipiscing elit.</p>
    <p>Lorem ipsum dolor sit amet, consectetur adipiscing elit.</p>
</body>
</html>
```

Lorem ipsum dolor sit amet, consectetur adipiscing elit.

Lorem ipsum dolor sit amet, consectetur adipiscing elit.

Lorem ipsum dolor sit amet, consectetur adipiscing elit.

Lorem ipsum dolor sit amet, consectetur adipiscing elit.

2 % 단위 적용하기 [코드 5-19]의 style 태그 안에 [코드 5-20]과 같이 입력합니다. % 단위는 기본으로 설정된 크기를 기준으로 상대적인 크기를 지정합니다. 이때 100%가 초기에 설정된 크기입니다.

코드 5-20 CSS3Unit_percent.html

```
<style>
    p:nth-child(1) { }
    p:nth-child(2) { font-size: 100%; }
    p:nth-child(3) { font-size: 150%; }
    p:nth-child(4) { font-size: 200%; }
</style>
```

Lorem ipsum dolor sit amet, consectetur adipiscing elit.

Lorem ipsum dolor sit amet, consectetur adipiscing elit.

Lorem ipsum dolor sit amet, consectetur adipiscing elit.

Lorem ipsum dolor sit amet, consectetur adipiscing elit.

3 em 단위 적용하기 em은 굉장히 유용한 크기 단위이지만 무슨 뜻인지 몰라 많은 사람이 제대로 사용하지 못합니다. em은 어렵게 생각할 것 없이 배수를 나타내는 단위입니다. 따라서 1배=1em=100%고, 1.5배=1.5em=150%입니다. [코드 5-20]의 style 태그 내부를 [코드 5-21]과 같이 변경해도 실행 결과는 같습니다.

코드 5-21 CSS3Unit_em.html

```
<style>
    p:nth-child(1) { }
    p:nth-child(2) { font-size: 1.0em; }
    p:nth-child(3) { font-size: 1.5em; }
    p:nth-child(4) { font-size: 2.0em; }
</style>
```

4 px 단위 적용하기 %와 em 단위는 크기를 상대적으로 지정하지만, px 단위는 크기를 절대적으로 지정합니다. [코드 5-21]의 style 태그 내부를 [코드 5-22]와 같이 변경합니다. p 태그의 기본 font-size 속성이 16px이므로 실행 결과가 같습니다. 지금 살펴본 font-size 속성을 포함해 width 속성과 height 속성 등에 크기 단위를 적용할 수 있습니다.

코드 5-22 CSS3Unit_pixel.html

```
<style>
    p:nth-child(1) { }
    p:nth-child(2) { font-size: 16px; }
    p:nth-child(3) { font-size: 24px; }
    p:nth-child(4) { font-size: 32px; }
</style>
```

3 색상 단위

색상을 입력하는 가장 간단한 방법은 다음 코드와 같이 색상에 해당하는 영단어를 입력하는 것입니다. 하지만 영단어로 표현할 수 있는 색상은 제한되어 있기 때문에 CSS3에서는 색상을 더 다양하게 표현할 수 있도록 [표 5-11]의 색상 단위를 제공합니다.

```
<style>
    h1 { background-color: red; }
    h2 { background-color: orange; }
    h3 { background-color: blue; }
</style>
```

표 5-11 색상 단위

RGB 색상	형태	rgb(red, green, blue)
	설명	R(빨간색)과 G(초록색)와 B(파란색)를 조합해 색상을 표현하며, 0부터 255 사이의 숫자를 입력합니다.

	예	`<style>`
		`    h1 { background-color: rgb(255, 255, 255); }`
		`</style>`

RGBA 색상	형태	rgba(red, green, blue, alpha)
	설명	RGB 색상 단위에 알파 값을 추가한 형태입니다. 알파 값은 투명도를 나타내며, 0.0~1.0 사이의 숫자를 입력합니다. 0.0은 완전 투명 상태이고, 1.0은 완전 불투명 상태입니다.

	예	`<style>`
		`    h1 { background-color: rgba(255, 255, 255, 0.5); }`
		`</style>`

HEX 코드	형태	#000000
	설명	RGB 색상 단위를 짧게 입력하는 방법으로 RGB 색상 조합을 #000000 같은 16진수로 입력합니다.

	예	`<style>`
		`    h1 { background-color: #0094FF; }`
		`</style>`

HEX 코드 단위에서 색상을 16진수로 표현할 때는 각 색상 요소에 00에서 FF 사이의 값을 입력합니다. 16진수 F는 10진수 16을 의미하므로 16×16 = 256을 나타냅니다. RGB 색상 단위와 같으므로 쉽게 사용할 수 있을 것입니다. 색상 선택이 힘들다면 ColorPicker 같은 색상 선택 도구를 사용하세요.

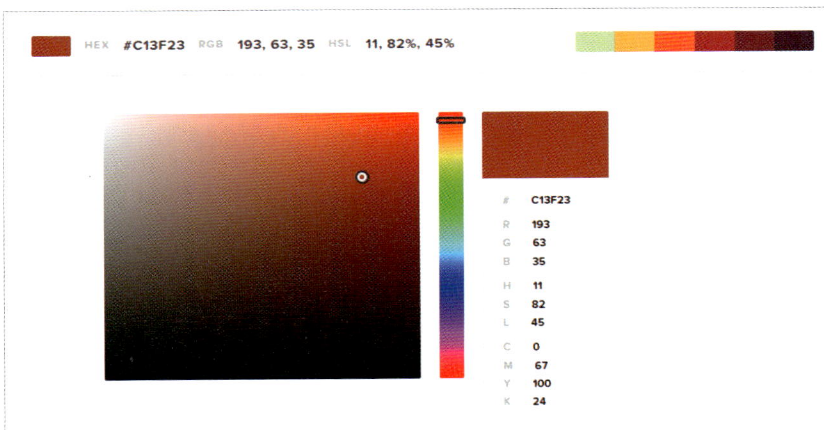

그림 5-7 색상 선택 프로그램 예(http://colors-picker.com)

4 URL 단위

이미지나 글꼴 파일을 불러올 때는 URL 단위를 사용합니다.

기본 예제 5-11 URL 단위

background-image 속성을 사용하면 배경 이미지를 지정할 수 있습니다. background-image 속성에는 url('경로') 형태로 URL 단위를 입력합니다. 웹 페이지에 넣을 Desert.jpg 이미지와 HTMLPage.html이 동일한 폴더에 있다고 가정하고 설명하겠습니다.

코드 5-23 CSS3Unit_url.html

```
<!DOCTYPE html>
<html>
<head>
    <title>CSS3 Units</title>
    <style>
        body {
            background-image: url('Desert.jpg');
        }
    </style>
</head>
<body>
    <h1>Lorem ipsum dolor amet.</h1>
    <p>Lorem ipsum dolor sit amet, consectetur adipiscing elit.</p>
</body>
</html>
```

이미지 위치에 따라 URL 경로를 다음 코드와 같이 입력해 파일에 접근합니다. 운영체제에서 파일 경로를 표시하는 방법과 같으므로 쉽게 이해할 수 있을 것입니다.

```
/* 현재 폴더의 Desert.jpg */
background-image: url('Desert.jpg');

/* Other 폴더의 Desert.jpg */
background-image: url('Other/Desert.jpg');

/* 루트 폴더의 Desert.jpg */
background-image: url('/Desert.jpg');
```

01 (   )를 사용해 특정 HTML 태그를 선택하면, 선택한 태그에 원하는 스타일이나 스타일시트를 적용할 수 있습니다.

02 style 태그 내부에 CSS 블록을 입력해 작성한 코드를 (   )라고 합니다.

03 웹 표준에 (   ) 속성은 웹 페이지 내부에서 중복되면 안 된다는 규정이 있으므로 특정 태그 하나만 선택할 때 (   ) 선택자를 사용합니다.

04 HTML 페이지 내부의 모든 h1 태그의 color 스타일 속성을 변경하려면 (   ) 선택자를 사용합니다.

05 클래스를 여러 개 사용할 때 (   )으로 구분합니다.

06 계층 구조가 있는 태그에서 기준 태그보다 바로 한 단계 아래에 위치한 태그를 (   )이라고 하며, 기준 태그 아래에 위치한 모든 태그를 (   )이라고 합니다.

07 table 태그에는 자동으로 (   ) 태그가 추가되기 때문에 table 태그의 요소를 선택할 때는 자손 선택자를 사용하지 않는 편이 좋습니다.

08 (   ) 선택자는 사용자가 특정 태그 위에 마우스 커서를 올리거나 특정 태그를 클릭하여 생성되는 특정 상태를 선택합니다.

09 (   ) 선택자는 입력 양식의 상태를 선택합니다.

10 (   ) 선택자는 특정한 위치에 있는 태그를 선택합니다.

요약

11 (   )는 스타일 값으로 입력하면 해당 스타일이 자동으로 적용되도록 W3C에서 미리 정의한 단어입니다.

12 CSS3의 크기 단위 중 (   )은 배수를 나타내는 단위입니다.

13 HEX 코드 단위는 색상을 (   )진수로 표현합니다.

01 관련 있는 것끼리 연결하시오.

(1) 기본 선택자

① 전체 선택자 •		• ⓐ .header
② 태그 선택자 •		• ⓑ #id
③ 아이디 선택자 •		• ⓒ *
④ 클래스 선택자 •		• ⓓ h1

(2) 자손 선택자와 후손 선택자

① 선택자A 〉 선택자B •		• ⓐ 자손 선택자
② 선택자A 선택자B •		• ⓑ 후손 선택자

02 다음 문장에 ○×를 표시하시오.

(1) 자손은 후손보다 넓은 개념입니다. (　　　)

(2) div 〉 h1, h2는 div 태그 아래의 h1 태그와 h2 태그를 선택하는 선택자입니다. (　　　)

(3) CSS도 HTML처럼 〈!-- 주석 --〉 형태로 주석을 사용합니다. (　　　)

(4) 2em은 2배를 나타내는 크기 단위입니다. (　　　)

(5) 색상 단위에서 투명도를 지정할 때는 argb() 등을 사용합니다. (　　　)

(6) URL을 지정할 때는 url() 형태의 코드를 사용합니다. (　　　)

03 특정 클래스에 스타일을 적용할 때 사용하는 선택자는?

① #classname　　② .classname

③ classname　　④ *classname

연습문제

04 id가 'header'인 요소에만 스타일을 적용할 때 사용하는 선택자는?

① #header ② .header

③ header ④ *header

05 직접적인 자식 요소만을 대상으로 하는 선택자는?

① parent child ② parent 〉 child

③ parent.child ④ parent + child

06 모든 요소에 스타일을 적용할 때 사용하는 선택자는?

① * ② all ③ every ④ total

07 다음 중에서 CSS에서 사용할 수 없는 크기 단위는?

① cm ② m ③ em ④ px

08 다음 코드에서 선택자가 어떤 태그를 선택하는지 설명하시오.

(1) header a

(2) header 〉 * 〉 h1

(3) header 〉 div:first-child 〉 a

(4) header a:first-child

(5) div 〉 h1, h2

(6) .title.card

09 다음 HTML 구조에서 음영으로 표시된 태그를 선택할 수 있는 선택자를 3개 이상 만드시오.

```
<body>
    <table>
        <tr class="head">
            <td class="head-item">Lorem</td>
            <td class="head-item">Ipsum</td>
        </tr>
        <tr>
            <td>Dolor</td>
            <td>Amet</td>
        </tr>
    </table>
</body>
```

10 다음 코드에서 선택자가 어떤 태그를 선택하는지 적으시오.

```
<body>
    <header>
        <hgroup>
            <h1><a href="#">Header</a></h1>
        </hgroup>
        <nav>
            <div><a href="#">Item</a></div>
            <div><a href="#">Item</a></div>
            <div><a href="#">Item</a></div>
        </nav>
    </header>
</body>
```

- 선택자 1번: header a
- 선택자 2번: header > * > h1
- 선택자 3번: header > * > *:first-child > a
- 선택자 4번: header a:first-child

11 다음 HTML 구조에서 음영으로 표시된 태그를 선택할 수 있는 선택자를 3개 이상 만드시오.

```
<body>
    <h1>CSS3 Basic</h1>
    <ul>
        <li id="first" class="active">CSS3 Selector</li>
        <li>CSS3 Property</li>
        <li>CSS3 Skill</li>
    </ul>
</body>
```

12 다음 코드의 실행 결과를 예측하시오.

```
<!DOCTYPE html>
<html>
<head>
    <title>CSS3 Selector Basic</title>
    <style>
        li > a:first-child { color: red; }
    </style>
</head>
<body>
    <ul>
        <li><a href="#">a 태그</a></li>
        <li><a href="#">a 태그</a></li>
        <li><a href="#">a 태그</a></li>
        <li><a href="#">a 태그</a></li>
        <li><a href="#">a 태그</a></li>
    </ul>
</body>
</html>
```

CHAPTER 06
CSS3 속성

학습목표

- CSS3가 지원하는 스타일 속성과 스타일 값을 활용할 수 있습니다.
- CSS3를 사용해 레이아웃을 잡을 수 있습니다.

PREVIEW

이전 장에서는 CSS 블록에서 선택자를 살펴보았습니다. 이번 장에서는 스타일 속성과 스타일 값을 사용해 웹 페이지를 디자인해 봅니다. CSS 속성은 함께 배워야 의미가 있기에 내용이 많아 다소 부담되더라도 장 하나로 구성했습니다. 전부 외우지 않아도 되지만 최소한 이름을 봤을 때 어떤 속성인지 연상할 수 있을 정도로 공부하세요. 코드를 여러 번 직접 입력하다 보면 저절로 외울 수 있을 것입니다.

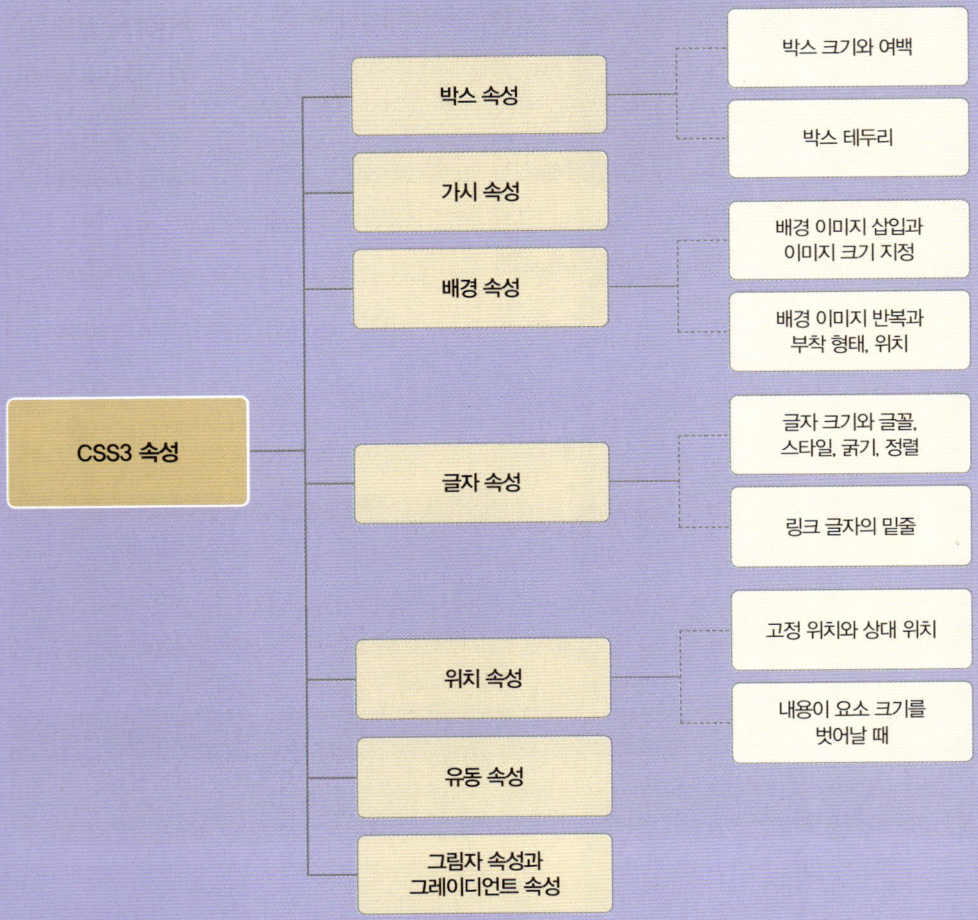

01 박스 속성

CSS에서는 각 요소가 박스라는 사각 영역을 생성하고, 이 영역이나 이것을 둘러싼 테두리에 크기, 색상, 위치 등과 관련한 속성을 지정함으로써 스타일을 변경합니다. 따라서 박스 속성은 웹 페이지의 레이아웃을 구성할 때 가장 중요합니다. [그림 6-1]의 margin 속성, border 속성, padding 속성, width 속성, height 속성을 모두 합쳐 박스 속성이라고 합니다.

margin 속성	테두리와 다른 태그 사이의 테두리 바깥쪽 여백
border 속성	테두리
padding 속성	테두리와 글자 사이의 테두리 안쪽 여백, 배경색은 padding 영역까지만 적용
width 속성	글자를 감싸는 영역의 가로 크기
height 속성	글자를 감싸는 영역의 세로 크기

그림 6-1 박스 속성

1 박스 크기와 여백

width 속성과 height 속성은 글자를 감싸는 영역 크기를 지정하고, border 속성은 테두리 굵기를 지정합니다. padding 속성은 테두리와 글자 사이 간격을 지정하고, margin 속성은 테두리와 다른 태그 사이 간격을 지정합니다.

각 속성을 활용하는 방법을 예제와 함께 익혀 보겠습니다.

기본 예제 6-1 박스 크기와 패딩 조정

1 width와 height 속성 적용하기 간단한 속성이니 바로 [코드 6-1]과 같이 작성합니다. div 태그로 만든 박스의 너비와 높이가 100px로 지정됩니다.

코드 6-1 box_widthHeight.html

```
<!DOCTYPE html>
<html>
<head>
    <title>CSS Property Basic</title>
    <style>
        div {
            width: 100px; height: 100px;
            background-color: red;
        }
    </style>
</head>
<body>
    <div></div>
</body>
</html>
```

2 margin과 padding 속성 적용하기 margin 속성에 10px을 적용하고, padding 속성에 30px을 적용합니다.

코드 6-2 box_marginPadding.html

```
<style>
    div {
        width: 100px; height: 100px;
        background-color: red;

        border: 20px solid black;
        margin: 10px; padding: 30px;
    }
</style>
```

[코드 6-2]에서 border 속성은 아직 배우지 않았지만 짚고 넘어갈 중요한 내용이 있어 사용했습니다. 검사를 사용해 코드를 분석하면 [그림 6-2]의 왼쪽과 같이 출력됩니다. 오른쪽은 margin과 padding 속성을 사용하지 않았을 때 출력되는 화면입니다. 구분하기 쉽도록 텍스트를 넣었습니다.

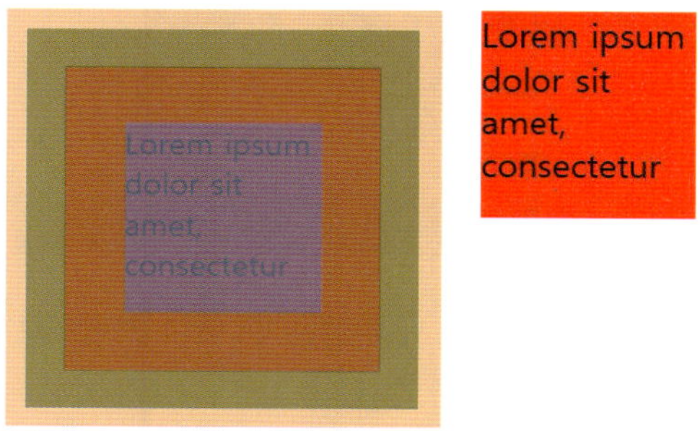

그림 6-2 width와 height 속성의 적용 범위

[그림 6-2]와 같이 width와 height 속성은 글자가 들어가는 영역의 너비와 높이를 지정합니다. 따라서 태그 전체 크기는 다음 공식으로 구할 수 있습니다. margin 속성, border 속성, padding 속성은 양쪽에 위치하므로 2를 곱합니다. 중요하므로 꼭 기억하세요.

전체 너비 = width + 2 × (margin + border + padding)

전체 높이 = height + 2 × (margin + border + padding)

margin 속성과 padding 속성은 [기본 예제 6-2]의 두 가지 방법으로 상하좌우를 각각 지정할 수 있습니다.

표 6-1 margin 속성과 padding 속성의 방향 적용

속성	설명
❶ margin-left	왼쪽 여백
❷ margin-right	오른쪽 여백
❸ margin-top	위쪽 여백
❹ margin-bottom	아래쪽 여백
❺ padding-left	왼쪽 패딩
❻ padding-right	오른쪽 패딩
❼ padding-top	위쪽 패딩
❽ padding-bottom	아래쪽 패딩

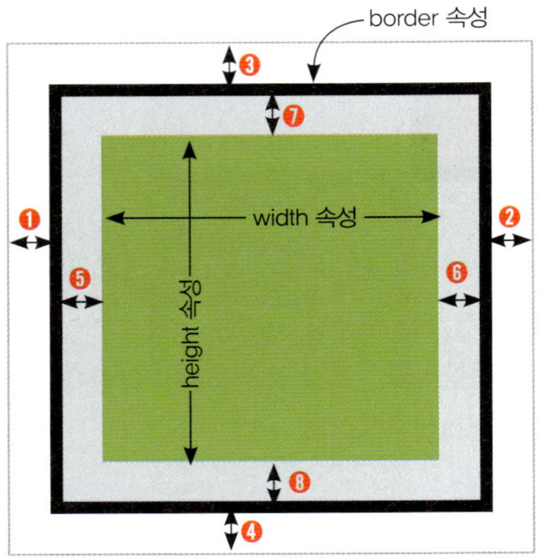

기본 예제 6-2 박스 여백 부분 조정

1 네 방향 속성 지정하기 순서대로 크기 단위를 적고 띄어쓰기로 구분하면 각 너비를 별도로 지정할 수 있습니다.

코드 6-3 box_marginPaddingEachFour.html

```
<style>
    div {
        width: 100px; height: 100px;
        background-color: red;

        /* margin: 위쪽 오른쪽 아래쪽 왼쪽 */
        /* padding: 위쪽 오른쪽 아래쪽 왼쪽 */
        margin: 0 30px 0 30px;
        padding: 0 30px 0 30px;
    }
</style>
```

2 두 방향씩 속성 지정하기 margin과 padding 속성에 값을 2개 입력해서 네 방향을 2개씩 묶어 지정할 수 있습니다.

코드 6-4 box_marginPaddingEachTwo.html

```
<style>
    div {
        width: 100px; height: 100px;
        background-color: red;

        /* margin: <위아래> <왼쪽오른쪽> */
        /* padding: <위아래> <왼쪽오른쪽> */
        margin: 0 30px;
        padding: 0 30px;
    }
</style>
```

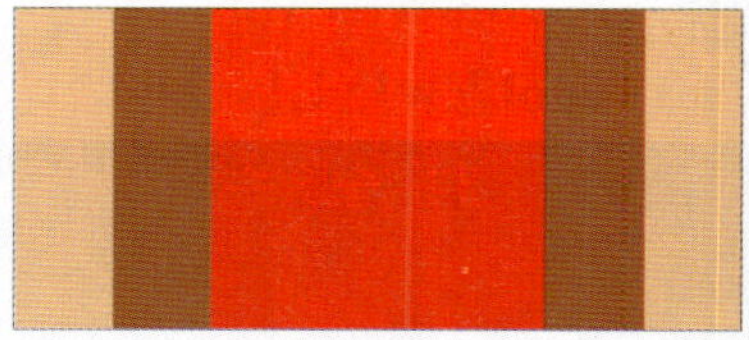

2 박스 테두리

박스에 테두리를 넣을 때는 굵기, 형태, 색상에 해당하는 속성을 사용해야 합니다. 테두리 굵기는 border-width 속성을 사용하고, 테두리 형태는 border-style 속성을 사용하며, 테두리 색상은 border-color 속성을 사용합니다.

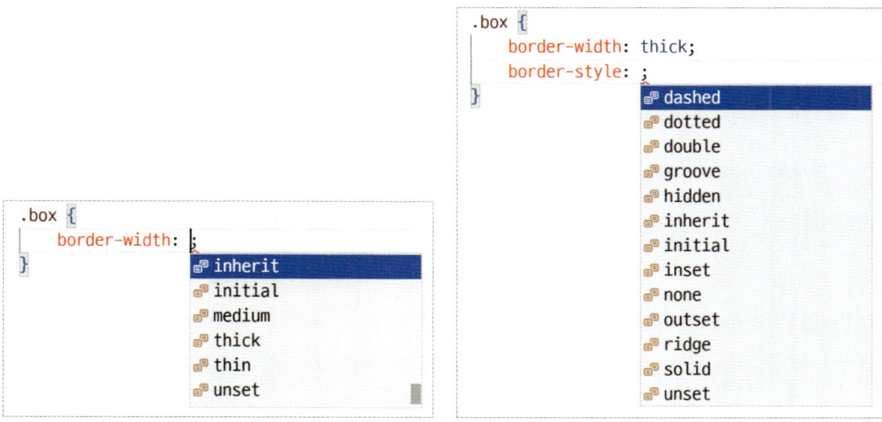

(a) border-width 속성: 테두리 굵기 (b) border-style 속성: 테두리 형태

그림 6-3 테두리의 굵기와 형태 지정

참고로 [그림 6-4]처럼 border 속성으로 border-width 속성, border-style 속성, border-color 속성을 한꺼번에 입력할 수도 있습니다.

```
<style>
    .box {
        border: thick dashed black;
    }
</style>
```

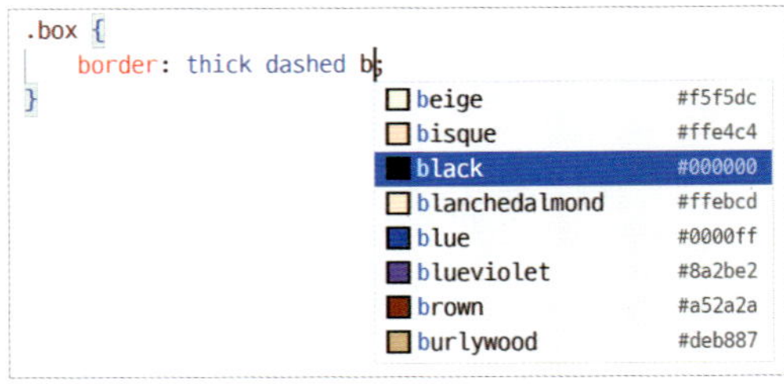

그림 6-4 border 속성: 테두리 굵기, 형태, 색상 지정

border 속성도 margin 속성과 padding 속성처럼 상하좌우 속성을 각각 입력할 수 있습니다.

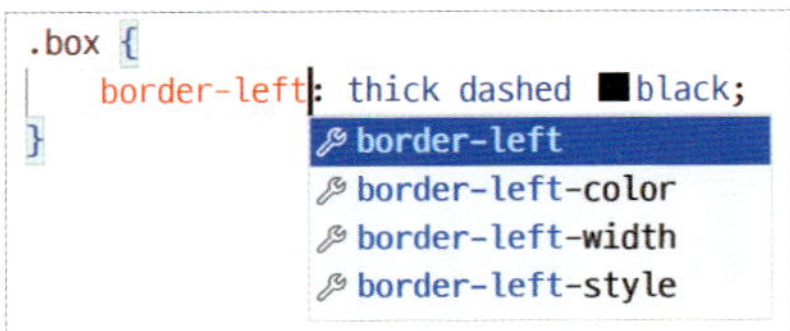

그림 6-5 테두리의 상하좌우 지정

CSS3부터 추가된 border-radius 속성을 사용하면 박스 테두리를 둥글게 만들 수 있습니다.

기본 예제 6-3 박스 테두리 조정

1 기본 테두리 만들기 [코드 6-5]를 작성해 박스 테두리를 만듭니다.

코드 6-5 border_basic.html

```
<!DOCTYPE html>
<html>
<head>
    <title>CSS3 Property Basic</title>
    <style>
        .box {
            border-width: thick;
            border-style: dashed;
            border-color: black;
        }
    </style>
</head>
```

```
<body>
    <div class="box">
        <h1>Lorem ipsum dolor amet</h1>
    </div>
</body>
</html>
```

2 둥근 테두리 만들기 border-radius 속성을 적용하면 모서리가 둥근 박스 테두리를 만듭니다.

코드 6-6 border_radius.html

```
<style>
    .box {
        border-width: thick;
        border-style: dashed;
        border-color: black;
        border-radius: 20px;
    }
</style>
```

3 모서리마다 둥글기를 다르게 적용하기 border-radius 속성에 크기 단위를 4개 입력하면 각 테두리에 서로 다른 둥글기가 적용됩니다.

코드 6-7 border_radiusEach.html

```
<style>
    .box {
        border-width: thick;
        border-style: dashed;
        border-color: black;

        /* border-radius: "왼쪽 위" "오른쪽 위" "오른쪽 아래" "왼쪽 아래" */
        border-radius: 50px 40px 20px 10px;
    }                  ❶    ❷    ❸    ❹
</style>
```

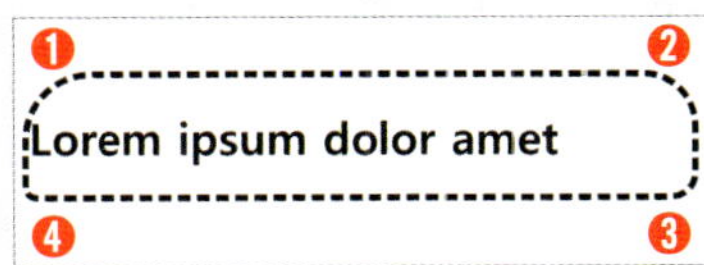

02 가시 속성

가시 속성은 태그가 화면에 보이는 방식을 지정하며, 대표적으로 display 속성이 있습니다. 4장의 공간 분할 태그에서 div 태그는 블록 형식이고 span 태그는 인라인 형식이라고 설명했는데 기억하나요? CSS의 display 속성을 사용해 박스를 인라인 형식, 블록 형식, 인라인-블록 형식으로 강제 설정할 수 있습니다.

HTML5 시대가 오면서 [그림 6-6]과 같이 display 속성에 입력할 수 있는 다양한 키워드가 등장했습니다. 일단은 기본적으로 많이 사용하는 none, block, inline, inline-block 키워드를 중심으로 살펴보겠습니다.

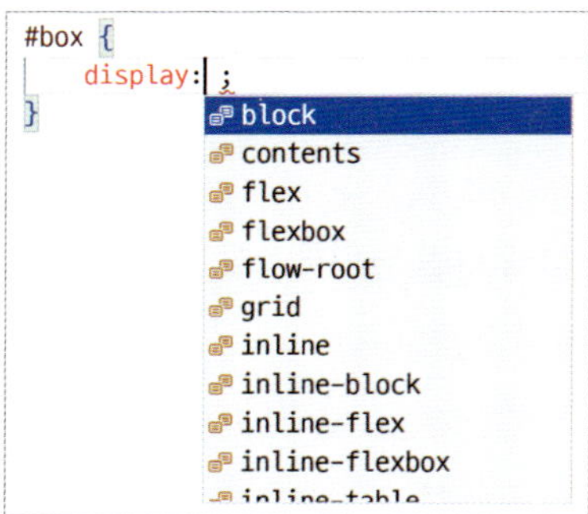

키워드	설명
none	화면에 보이지 않음
block	블록 박스 형식으로 지정
inline	인라인 박스 형식으로 지정
inline-block	블록과 인라인의 중간 형태로 지정

그림 6-6 display 속성과 주로 사용하는 키워드

각 키워드가 어떤 차이가 있는지 예제로 살펴보겠습니다.

기본 예제 6-4 display 속성

1 none 키워드 적용하기 display 속성에 none 키워드를 적용하면 태그가 화면에서 보이지 않습니다. 즉, 중간에 있는 div 태그 전체가 화면에서 사라집니다.

코드 6-8 display_none.html

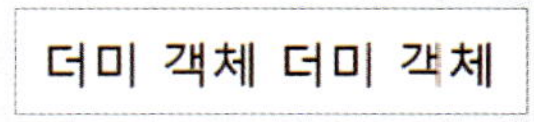


```
<!DOCTYPE html>
<html>
<head>
    <title>CSS3 Display Property</title>
    <style>
        #box {
            display: none;
        }
    </style>
</head>
<body>
    <span>더미 객체</span>
    <div id="box">대상 객체</div>
    <span>더미 객체</span>
</body>
</html>
```

2 block 키워드 적용하기 #box 태그의 display 속성을 block 키워드로 바꿉니다. 실행 후 검사에서 각 태그를 클릭하면 해당 요소가 선택됩니다.

코드 6-9 display_block.html

```
<style>
    #box {
        display: block;
    }
</style>
```

3 inline과 inline-block 키워드 비교하기 div 태그의 display 속성에 inline과 inline-block 키워드를 지정해 봅시다. [코드 6-9]를 다음 두 가지 방법으로 변경한 후 실행해 보세요. [코드 6-10]과 [코드 6-11]에서 볼 수 있듯이 실행 결과는 서로 동일합니다.

코드 6-10 display_inline.html

```
<style>
    #box {
        display: inline;
    }
</style>
```

코드 6-11 display_inline-block.html

```
<style>
    #box {
        display: inline-block;
    }
</style>
```

더미 객체 대상 객체 더미 객체

이처럼 인라인 형식과 인라인-블록 형식이 차이가 없어 보이지만 width 속성, height 속성, margin 속성을 사용하면 차이를 확인할 수 있습니다.

[코드 6-10]을 [코드 6-12]와 같이 수정해 inline 키워드를 적용하면 width 속성과 height 속성이 지정되지 않습니다. 또 margin 속성이 div 태그의 왼쪽, 오른쪽으로만 적용됩니다. [코드 6-10]의 결과와 비교하면 미세한 차이가 있습니다.

반면 [코드 6-11]을 [코드 6-13]과 같이 수정한 후 inline-block 키워드를 적용하면 width 속성과 height 속성이 적용되고 margin 속성도 상하좌우로 적용됩니다. 물론 블록 형식도 width 속성, height 속성, margin 속성을 적용할 수 있습니다.

정리하면, display 속성을 사용해 박스에 블록 형식, 인라인 형식, 인라인-블록 형식을 설정할 수 있습니다. 하지만 블록 형식과 인라인-블록 형식은 margin 속성과 padding 속성을 상하좌우 네 방향으로 지정할 수 있고, 인라인 형식은 margin 속성과 padding 속성을 왼쪽과 오른쪽으로만 지정할 수 있습니다.

코드 6-12 display_inlineWithMargin.html

```
<!DOCTYPE html>
<html>
<head>
    <title>CSS3 Display Property</title>
    <style>
        #box {
            display: inline;
            background-color: red;
            width: 100px; height: 50px;
            margin: 10px;
        }
    </style>
</head>
<body>
    <p>의미 없는 더미 객체</p>
    <span>더미 객체</span>
    <div id="box">대상 객체</div>
    <span>더미 객체</span>
    <p>의미 없는 더미 객체</p>
</body>
</html>
```

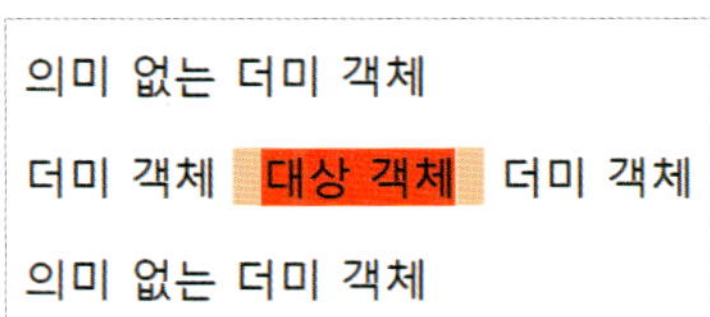

코드 6-13 display_inline-blockWithMargin.html

```
<!DOCTYPE html>
<html>
<head>
    <title>CSS3 Display Property</title>
    <style>
        #box {
            display: inline-block;
            background-color: red;
            width: 100px; height: 50px;
            margin: 10px;
        }
    </style>
</head>
<body>
    <p>의미 없는 더미 객체</p>
    <span>더미 객체</span>
    <div id="box">대상 객체</div>
    <span>더미 객체</span>
    <p>의미 없는 더미 객체</p>
</body>
</html>
```

03 배경 속성

배경에 이미지나 색상은 [표 6-2]와 같은 배경 속성을 사용해 지정합니다.

표 6-2 주로 사용하는 배경 속성

속성	설명
background-image	배경 이미지 삽입
background-size	배경 이미지의 크기 지정
background-repeat	배경 이미지의 반복 형태 지정
background-attachment	배경 이미지의 부착 형태 지정
background-position	배경 이미지의 위치 지정
background	한 번에 모든 배경 속성 입력

1 배경 이미지 삽입과 크기 지정

background-image 속성은 배경 이미지를 지정하는 속성으로 스타일 값에는 URL 단위나 그레이디언트를 입력합니다. 배경 이미지 크기는 background-size 속성으로 조정하고 크기 단위나 키워드를 입력할 수 있습니다. 크기 단위로는 퍼센트를 많이 사용하고, 너비와 높이 값 2개를 입력할 수 있습니다.

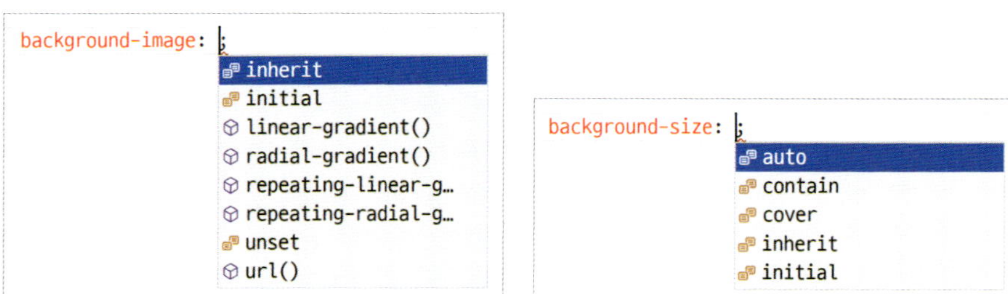

(a) background-image 속성: 배경 이미지 삽입 (b) background-size 속성: 배경 이미지 크기

그림 6-7 배경 이미지 삽입과 이미지 크기 조정

기본 예제 6-5 배경 이미지 삽입과 크기 조정

1 배경으로 사용할 이미지 파일 준비하기 배경에 삽입하려는 이미지(BackgroundFront.png, BackgroundBack.png)와 작성할 HTML 페이지를 같은 폴더에 넣어 줍니다.

2 배경 이미지 1개 삽입하기 배경 이미지를 넣을 때는 background-image 속성을 사용합니다. background-image 속성에 URL 단위를 사용해 [코드 6-14]와 같이 이미지를 넣습니다.

코드 6-14 background_image.html

```
<!DOCTYPE html>
<html>
<head>
    <title>CSS3 Background Property</title>
    <style>
        body {
            background-image: url('BackgroundFront.png');
        }
    </style>
</head>
<body>

</body>
</html>
```

3 배경 이미지 2개 삽입하기 CSS3 이전에는 배경 이미지를 하나만 삽입할 수 있었습니다. 하지만 CSS3부터는 [코드 6-15]와 같이 코드를 작성하면 배경 이미지를 여러 개 적용할 수 있습니다. 결과 화면에서 알 수 있듯이 먼저 입력한(왼쪽) 이미지가 앞쪽에 위치합니다.

코드 6-15 background_imageLayer.html

```
<style>
    body {
        /* 각각의 그림을 레이어라고 합니다. */
        background-image: url('BackgroundFront.png'), url('BackgroundBack.png');
    }
</style>
```

4 배경 이미지의 너비 조정하기 [코드 6-15]의 결과 화면을 보면 그림이 너무 크다는 생각이 들 것입니다. 이제 그림 크기를 조금 작게 줄여 봅시다. 배경 이미지 크기는 background-size 속성을 사용해 조정합니다. 먼저 크기 단위를 1개만 입력해 너비를 조정합니다.

코드 6-16 background_size.html

```
<style>
    body {
        background-image: url('BackgroundFront.png'), url('BackgroundBack.png');
        background-size: 100%;
    }
</style>
```

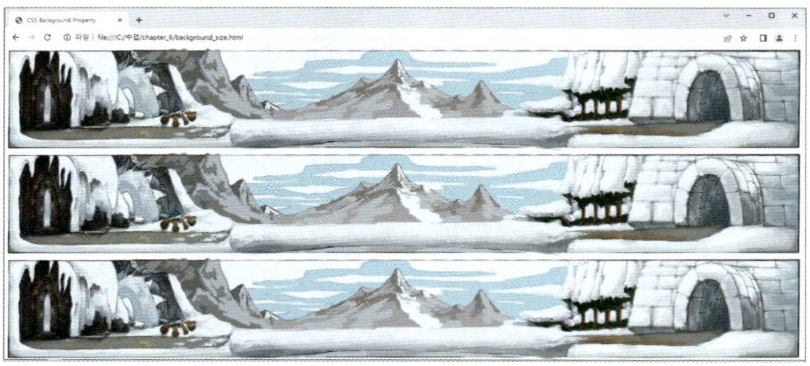

5 배경 이미지 높이 조정하기 background-size 속성에서 두 번째로 입력하는 크기 단위는 높이를 의미합니다. [코드 6-17]에서는 두 번째 위치에 250px을 입력했으므로 높이가 250px로 지정됩니다.

코드 6-17 background_sizeEach.html

```
<style>
    body {
        background-image: url('BackgroundFront.png'), url('BackgroundBack.png');
        background-size: 100% 250px;
    }
</style>
```

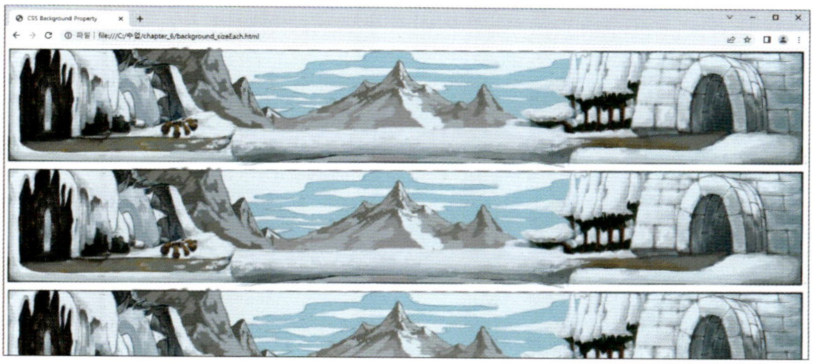

NOTE background-size 속성을 사용할 때 주의 사항

너비와 높이에 띄어쓰기를 사용하는 것과 [코드 6-18]과 같이 쉼표를 사용하는 것은 엄연히 다릅니다. 쉼표를 사용하면 각 배경에 서로 다른 크기를 입력하는 것으로 인식합니다.

코드 6-18 note_background.html

```
<style>
    body {
        background-image: url('BackgroundFront.png'), url('BackgroundBack.png');
        /* 첫 번째 이미지의 너비: 100%
           두 번째 이미지의 너비: 250px */
        background-size: 100%, 250px;
    }
</style>
```

2 배경 이미지 반복과 부착 형태, 위치

[기본 예제 6-5]의 실행 결과들을 보면 패턴처럼 이미지가 반복됩니다. 이는 background-repeat 속성의 기본 키워드가 repeat이기 때문에 나타나는 현상입니다. background-repeat 속성은 배경 이미지의 반복 형태를 지정합니다. background-repeat 속성에는 [그림 6-8]의 (a)와 같은 키워드를 입력할 수 있습니다. repeat를 입력하면 이미지를 패턴처럼 표시하고, repeat-x를 입력하면 X축 방향으로만 이미지가 반복됩니다. 마찬가지로 repeat-y를 입력하면 Y축 방향으로만 이미지가 반복됩니다.

background-attachment는 배경 이미지를 화면에 고정하는 속성으로 스타일 값에는 [그림 6-8]의 (b)와 같은 키워드를 입력할 수 있습니다. background-attachment 속성의 기본 키워드는 scroll입니다. 화면 스크롤에 따라 배경 이미지가 함께 이동합니다.

(a) background-repeat 속성: 배경 이미지 반복 형태 (b) background-attachment 속성: 배경 이미지 부착 형태

그림 6-8 배경 이미지의 반복과 부착 형태 지정

이제 마지막으로 아이콘(스프라이트 이미지)을 만들 때 자주 사용하는 background-position 속성을 살펴봅시다. background-position 속성은 배경 이미지의 배치 위치를 지정합니다. 크기 단위나 [그림 6-9]의 키워드를 다음 형태로 입력할 수 있습니다.

- `background-position: 키워드;`
- `background position: X축 위치;`
- `background position: X축 위치 Y축 위치;`

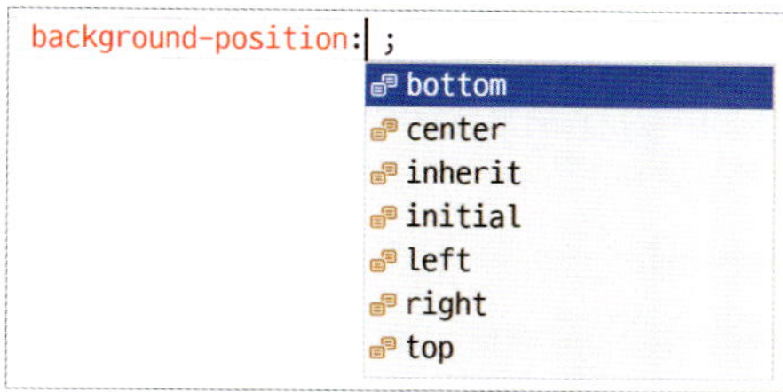

그림 6-9 background-position 속성: 배경 이미지 위치 지정

기본 예제 6-6 반복과 부착 형태, 위치

1 배경 이미지 반복 없애기 [코드 6-19]와 같이 background-repeat 속성에 no-repeat 키워드를 입력합니다. 반복 없이 배경 이미지가 적용됩니다.

코드 6-19 background_repeatNone.html

```
<!DOCTYPE html>
<html>
<head>
    <title>CSS3 Background Property</title>
    <style>
        body {
            background-image: url('BackgroundFront.png'), url('BackgroundBack.png');
            background-size: 100%;
            background-repeat: no-repeat;
        }
    </style>
</head>
<body>

</body>
</html>
```

2 스크롤이 가능한 분량의 텍스트 추가하기 태그 내부에 스크롤이 표시될 수 있을 정도로 긴 글을 입력합니다. 결과 화면에서 스크롤을 내리면 배경 이미지가 위로 올라가 사라집니다.

코드 6-20 background_attachmentScroll.html

```
<!DOCTYPE html>
<html>
<head>
    <title>CSS3 Background Property</title>
    <style>
        body {
            background-color: #E7E7E8;
            background-image: url('BackgroundFront.png'), url('BackgroundBack.png');
            background-size: 100%;
            background-repeat: no-repeat;
            background-attachment: scroll;
        }
    </style>
</head>
<body>
    <h1>Lorem ipsum dolor sit amet</h1>
    <p>Lorem ipsum dolor sit amet, consectetur adipiscing elit.</p>
    <p>Proin ut quam feugiat, tincidunt dolor nec, iaculis dui.</p>
    <p>Fusce elementum pretium diam vitae facilisis.</p>
    <p>Mauris non lobortis lectus. Vestibulum a eros</p>
    <p>Donec ultricies volutpat porttitor.</p>
</body>
</html>
```

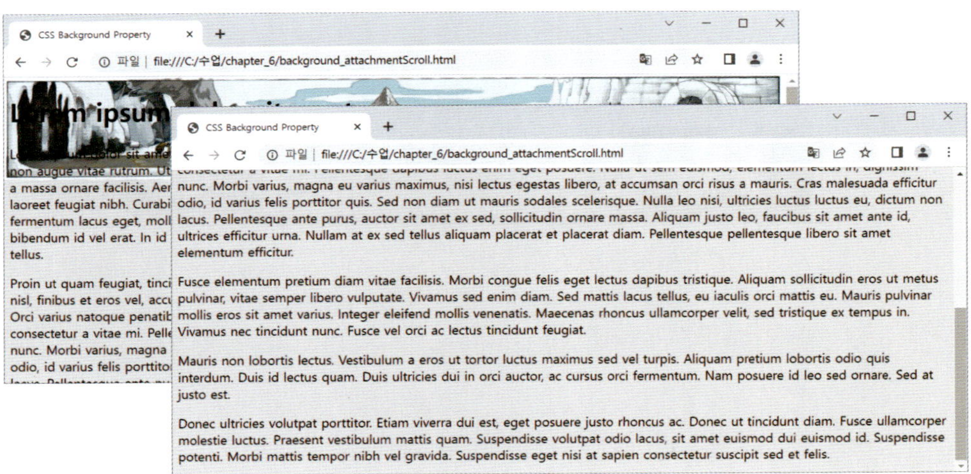

3 배경 이미지 화면에 고정시키기 background-attachment 속성 값에 fixed를 입력합니다. 스크롤을 이동해도 배경 이미지가 고정됩니다.

코드 6-21 background_attachmentFixed.html

```
<style>
    body {
        background-color: #E7E7E8;
        background-image: url('BackgroundFront.png'), url('BackgroundBack.png');
        background-size: 100%;
        background-repeat: no-repeat;
        background-attachment: fixed;
    }
</style>
```

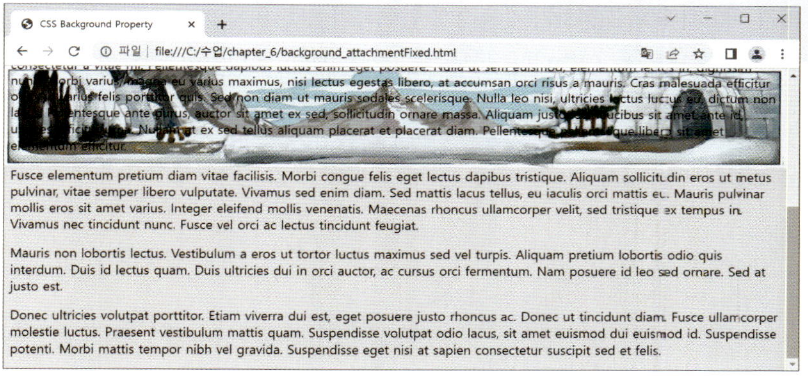

4 배경 이미지 아래쪽에 배치하기 background-position 속성에 키워드 bottom을 입력했습니다. 이미지가 아래쪽에 위치합니다.

코드 6-22 background_positionBottom.html

```
<style>
    body {
        background-color: #E7E7E8;
        background-image: url('BackgroundFront.png'), url('BackgroundBack.png');
        background-size: 100%;
        background-repeat: no-repeat;
        background-attachment: fixed;
        background-position: bottom;
    }
</style>
```

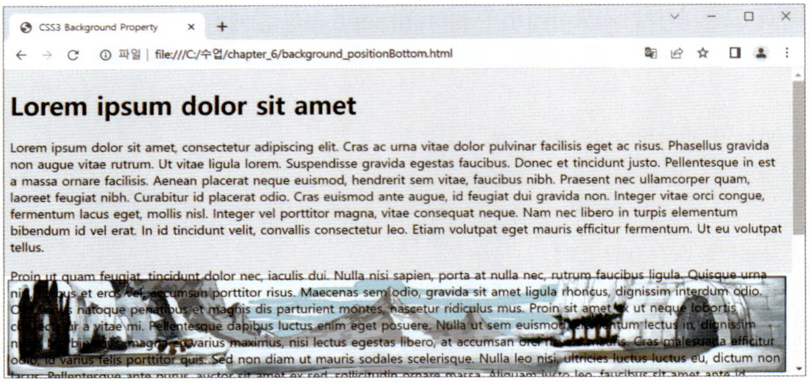

5 배경 이미지 위치 조정하기 값을 2개 입력하여 X축 위치와 Y축 위치를 지정하면 특정 위치에 이미지를 넣을 수 있습니다. [코드 6-23]은 배경 이미지의 X축 위치를 0px로 지정하고, Y축 위치를 50%로 지정합니다.

코드 6-23 background_positionEach.html

```
<style>
    body {
        background-color: #E7E7E8;
        background-image: url('BackgroundFront.png'), url('BackgroundBack.png');
        background-size: 100%;
        background-repeat: no-repeat;
        background-attachment: fixed;
        background-position: 0px 50%;
    }
</style>
```

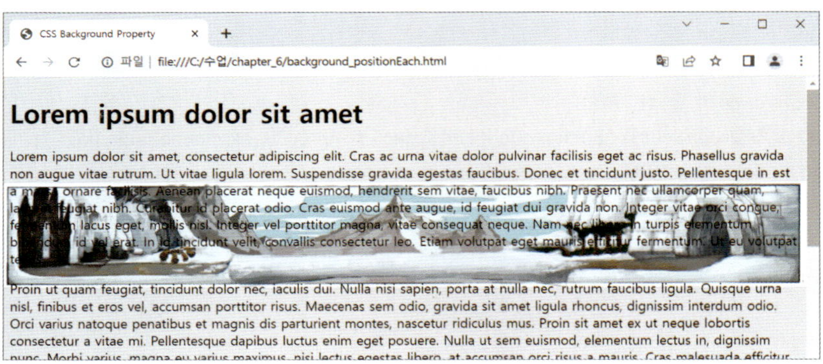

지금까지 배운 배경 속성을 정리하면 [표 6-3]과 같습니다. 하지만 배경 속성을 한 행에 다 쓰면 너무 복잡합니다. 코드 가독성을 고려해서 여러 행으로 입력해 주세요.

표 6-3 배경 속성을 입력하는 방법

방법	코드
여러 행으로 입력	background-image: url('BackgroundBack.png'); background-position: bottom; background-size: 100%; background-repeat: no-repeat; background-attachment: fixed; background-color: #E7E7E8;
한 행에 입력	background: url('BackgroundFront.png') bottom / 100% no-repeat fixed, url('BackgroundBack.png') bottom / 100% no-repeat fixed #E7E7E8;

04 글자 속성

최초의 HTML 페이지는 대학에서 원격으로 논문을 제출하고 확인하는 용도로 만들어졌습니다. 따라서 CSS에도 글자 속성이 굉장히 많습니다. 이 절에서는 글자 속성을 살펴봅니다.

1 글자 크기와 글꼴

글자 크기를 지정하는 font-size 속성에는 크기 단위나 [그림 6-10]의 (a)와 같은 키워드를 입력할 수 있습니다. 그리고 글꼴을 지정하는 font-family 속성에는 (b)와 같이 사용자 컴퓨터에 설치된 글꼴을 입력할 수 있습니다.

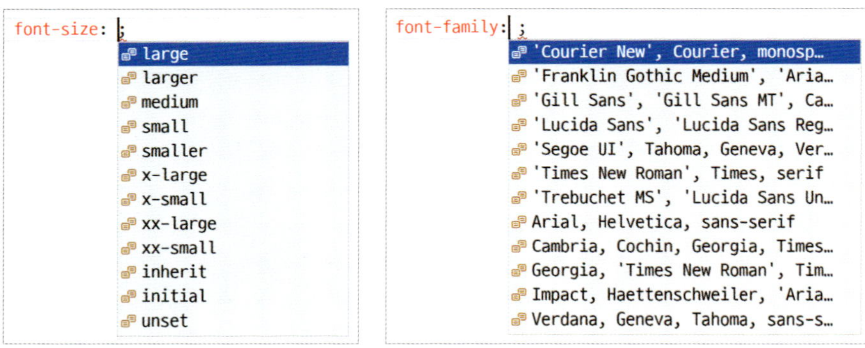

(a) font-size 속성: 글자 크기 (b) font-family 속성: 글꼴

그림 6-10 글자 크기와 글꼴 지정

개발에 사용하는 컴퓨터에는 글꼴이 설치되어 있지만, 개발한 웹 페이지를 접속하는 사용자 컴퓨터에는 글꼴이 없을 수도 있습니다. 이때를 대비해 font-family 속성을 여러 개 입력합니다. 그러면 웹 브라우저가 지정된 여러 글꼴 중에서 사용자 컴퓨터에 설치된 글꼴을 찾아 출력합니다.

그런데 다국적 사용자를 대상으로 웹 페이지를 제공할 때는 사용자에게 무슨 글꼴이 있는지 일일이 확인할 수가 없습니다. 이러한 문제를 해결하고자 font-family 속성의 가장 마지막에 Serif 글꼴(명조체), Sans-serif 글꼴(고딕체), Mono space 글꼴(고정폭 글꼴)처럼 웹 브라우저에서 지정하는 generic-family 글꼴을 입력합니다. [그림 6-11]의 (a)와 같이 끝이 뾰족한 글자를 Serif 글꼴이라고 하며, (b)와 같이 끝이 네모진 글자를 Sans-serif 글꼴이라고 합니다.

(a) Serif 글꼴(명조체) (b) Sans-serif 글꼴(고딕체) (c) Mono space 글꼴(고정폭 글꼴)

그림 6-11 generic-family 글꼴

예를 들어 크롬의 〈설정〉-〈모양〉-〈글꼴 맞춤 설정〉 메뉴를 선택해 글꼴 설정을 살펴보면 [그림 6-12]와 같이 설정되어 있습니다. 이러한 웹 브라우저에서 Serif 글꼴을 사용하면 이름이 Batang인 명조체를 출력합니다.

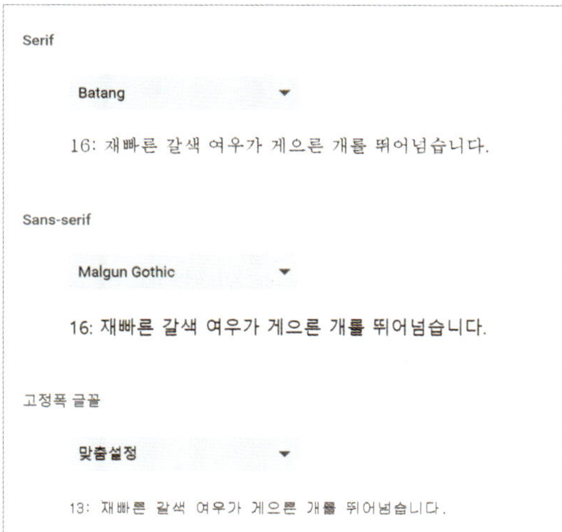

그림 6-12 크롬의 글꼴 설정

예제로 글자 속성을 적용하는 방법을 알아봅니다.

기본 예제 6-7 글자 크기와 글꼴 지정

1 글자 크기 조정하기 [코드 6-24]를 작성하고 실행합니다. 다양하게 변경된 크기를 확인할 수 있습니다. HTML 페이지에서 p 태그의 기본 크기는 16px입니다. 따라서 32px로 지정한 글자와 2em을 적용한 글자의 크기가 같습니다. h1 태그의 기본 크기는 32px입니다.

코드 6-24 font_size.html

```
<!DOCTYPE html>
<html>
<head>
    <title>CSS3 Font Property</title>
    <style>
        .a { font-size: 32px; }
        .b { font-size: 2em; }
        .c { font-size: large; }
        .d { font-size: small; }
    </style>
</head>
<body>
    <h1>Lorem ipsum</h1>
    <p class="a">Lorem ipsum</p>
    <p class="b">Lorem ipsum</p>
    <p class="c">Lorem ipsum</p>
    <p class="d">Lorem ipsum</p>
</body>
</html>
```

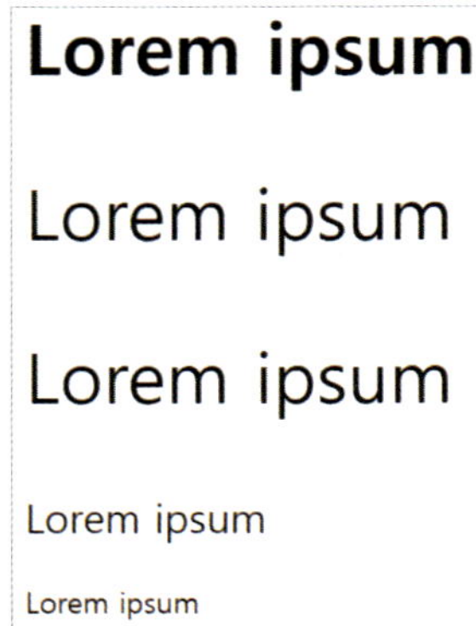

2 글꼴 1개 지정하기 컴퓨터에 설치된 글꼴을 지정해 봅시다. 일반적으로 한 단어로 된 글꼴 이름은 따옴표를 사용하지 않지만 두 단어 이상으로 된 글꼴 이름은 따옴표 사용을 추천합니다.

코드 6-25 font_family.html

```
<!DOCTYPE html>
<html>
<head>
    <title>CSS3 Font Property</title>
    <style>
        .font_arial { font-family: Arial; }
        .font_roman { font-family: 'Times New Roman'; }
    </style>
</head>
<body>
    <h1 class="font_arial">Lorem ipsum</h1>
    <p class="font_roman">Lorem ipsum</p>
</body>
</html>
```

3 글꼴 여러 개 지정하기 앞서 언급했듯이 설정한 글꼴이 웹 페이지를 사용할 사용자 컴퓨터에는 없을 수도 있습니다. 이때를 대비해 [코드 6-26]과 같이 font-family 속성을 여러 개 입력합니다.

코드 6-26 font_familyEach.html

```
<style>
    .font_arial { font-family: '없는 글꼴', Arial; }
    .font_roman { font-family: 'Times New Roman', Arial; }
</style>
```

4 웹 브라우저 고유 글꼴 적용하기 [코드 6-27]과 같이 사용자 컴퓨터에 절대 있을 것 같지 않은 글꼴을 입력해 봅니다. 코드를 실행하면 웹 브라우저는 우선 '없는 글꼴'이 있는지 확인합니다. 글꼴이 사용자 컴퓨터에 설치되어 있지 않으므로 사용자 웹 브라우저에 설정된 고유 글꼴을 출력합니다.

코드 6-27 font_familyGenericFont.html

```
<style>
    .font_arial { font-family: '없는 글꼴', sans-serif; }
    .font_roman { font-family: '없는 글꼴', serif; }
</style>
```

인터넷 익스플로러는 Sans-serif 글꼴과 Serif 글꼴에 따옴표를 적용하면 안 됩니다.

2 글자의 스타일과 굵기

글자의 굵기와 기울기는 font-style과 font-weight 속성으로 조정합니다. font-style 속성은 글자의 스타일(기울기 등)을 지정하며, [그림 6-13]의 (a)와 같은 키워드를 입력할 수 있습니다. font-weight 속성은 글자 굵기를 지정하며, 숫자나 (b)와 같은 키워드를 입력할 수 있습니다.

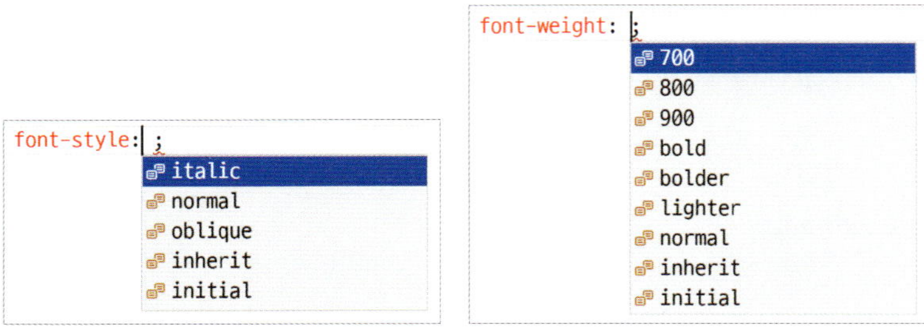

(a) font-style 속성: 글자 스타일 (b) font-weight 속성: 글자 굵기

그림 6-13 글자 스타일과 굵기 지정

기본 예제 6-8 글자의 스타일과 굵기 조정

간단한 내용이므로 [코드 6-28]을 작성하고 실행 결과를 확인해 봅시다. 참고로 font-weight 속성에 400을 입력하면 일반 글자의 굵기로 출력되고, 700을 입력하면 굵게 출력됩니다. 참고로 굵기를 지원하지 않는 글꼴은 font-weight 속성을 사용해 굵기를 조정할 수 없습니다.

코드 6-28 font_styleWeight.html

```
<!DOCTYPE html>
<html>
<head>
    <title>CSS3 Font Property</title>
    <style>
        .font_big { font-size: 2em; }
        .font_italic { font-style: italic; }
        .font_bold { font-weight: bold; }
    </style>
</head>
<body>
    <p class="font_big font_italic font_bold">Lorem ipsum dolor amet</p>
</body>
</html>
```

3 글자 정렬

text-align 속성은 글자 정렬을 지정합니다. text-align 속성에는 [그림 6-14]와 같은 키워드를 입력할 수 있습니다.

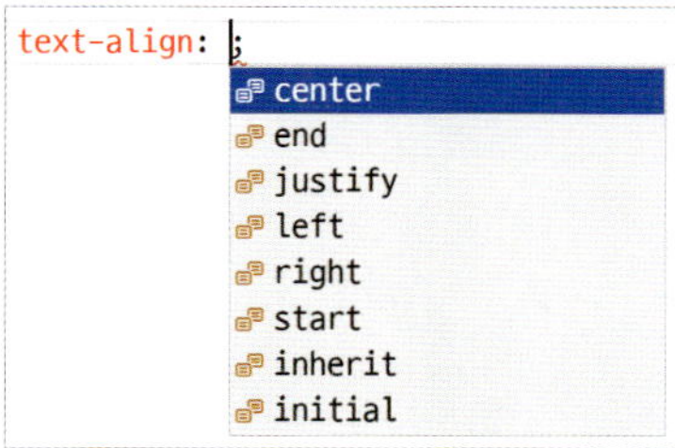

그림 6-14 text-align 속성: 글자 정렬

기본 예제 6-9 글자 정렬 지정

코드 6-29 font_textAlign.html

```
<!DOCTYPE html>
<html>
<head>
    <title>CSS3 Font Property</title>
    <style>
        .font_big { font-size: 2em; }
        .font_italic { font-style: italic; }
        .font_bold { font-weight: bold; }
        .font_center { text-align: center; }
        .font_right { text-align: right; }
    </style>
</head>
<body>
    <p class="font_big font_italic font_bold font_center">Lorem ipsum dolor amet</p>
    <p class="font_bold font_right">2023.07.30</p>
    <p>Lorem ipsum dolor sit amet, consectetur adipiscing elit.</p>
</body>
</html>
```

Lorem ipsum dolor amet

2023.07.30

Lorem ipsum dolor sit amet, consectetur adipiscing elit. Cras ac urna vitae dolor pulvinar facilisis eget ac risus. Phasellus gravida non augue vitae rutrum. Ut vitae ligula lorem. Suspendisse gravida egestas faucibus. Donec et tincidunt justo. Pellentesque in est a massa ornare facilisis. Aenean placerat neque euismod, hendrerit sem vitae, faucibus nibh. Praesent nec ullamcorper quam, laoreet feugiat nibh. Curabitur id placerat odio. Cras euismod ante augue, id feugiat dui gravida non. Integer vitae orci congue, fermentum lacus eget, mollis nisl. Integer vel porttitor magna, vitae consequat neque. Nam nec libero in turpis elementum bibendum id vel erat. In id tincidunt velit, convallis consectetur leo. Etiam volutpat eget mauris efficitur fermentum. Ut eu volutpat tellus.

NOTE text-align 속성을 사용할 때 주의 사항

text-align 스타일 속성과 관련해 가장 많이 받은 질문을 다루어 보겠습니다. 우선 [코드 6-30]의 실행 결과를 예측해 봅시다. 코드를 실행하면 span 태그에 text-align 속성이 적용되지 않습니다. 왜 그럴까요?

코드 6-30 note_textAlign.html

```html
<!DOCTYPE html>
<html>
<head>
    <title>CSS3 Font Property</title>
    <style>
        .font_center { text-align: center; }
    </style>
</head>
<body>
    <span class="font_center">Lorem ipsum dolor amet</span>
    <p class="font_center">Lorem ipsum dolor amet</p>
</body>
</html>
```

Lorem ipsum dolor amet

Lorem ipsum dolor amet

이유는 매우 간단합니다. span 태그는 인라인 형태이므로 다음과 같이 너비가 없습니다. 따라서 중앙이라는 개념 자체가 없으므로 text-align 속성을 적용할 수 없습니다.

Lorem ipsum dolor amet

Lorem ipsum dolor amet

기본 예제 6-10 글자를 수직 중앙 정렬

현대 HTML 페이지는 문서보다 애플리케이션 형태로 많이 사용합니다. 그래서 글자 높이를 지정하는 line-height 속성을 사용해 글자를 수직 중앙 정렬합니다. 글자를 수직 중앙 정렬하는 방법을 알아보기 위해 간단한 버튼을 만들어 보겠습니다.

1 간단한 버튼 만들기 [코드 6-31]과 같이 코드를 작성하면 그럴듯한 버튼을 만들 수 있습니다. 그런데 글자가 수평으로는 중앙 정렬되지만 수직으로는 중앙 정렬되지 않습니다.

코드 6-31 font_lineHeightBefore.html

```
<!DOCTYPE html>
<html>
<head>
    <title>CSS3 Font Property</title>
    <style>
        .font_big { font-size: 2em; }
        .font_italic { font-style: italic; }
        .font_bold { font-weight: bold; }
        .font_center { text-align: center; }

        .button {
            width: 150px;
            height: 70px;
            background-color: #FF6A00;
            border: 10px solid #FFFFFF;
            border-radius: 30px;
            box-shadow: 5px 5px 5px #A9A9A9;
        }

        .button > a {
            display: block;
        }
    </style>
</head>
<body>
    <div class="button">
        <a href="#" class="font_big font_italic font_bold font_center">Click</a>
```

```
    </div>
</body>
</html>
```

2 글자를 수직 중앙 정렬하기 글자를 감싸는 박스의 높이와 크기가 같은 70px로 line-height 속성을 지정하면 실행 결과처럼 글자가 수직으로 중앙 정렬됩니다.

코드 6-32 font_lineHeightAfter.html

```
.button {
    width: 150px;
    height: 70px;
    background-color: #FF6A00;
    border: 10px solid #FFFFFF;
    border-radius: 30px;
    box-shadow: 5px 5px 5px #A9A9A9;
}

.button > a {
    display: block;
    line-height: 70px;
}
```

글자를 감싸는 박스 높이와 같은 크기의 line-height 속성을 적용했습니다.

4 링크 글자의 밑줄

마지막으로 알아볼 글자 속성은 text-decoration입니다. a 태그에 href 속성을 지정하면 [그림 6-15]와 같이 글자에 밑줄이 생기면서 파란색으로 변경됩니다. 하지만 일반 웹 페이지에는 링크에 밑줄이 없습니다. text-decoration 속성을 적용해서 밑줄을 제거했기 때문입니다.

<u>Lorem ipsum dolor amet</u>

그림 6-15 href 속성이 적용된 a 태그

기본 예제 6-11 링크의 밑줄 제거

[코드 6-33]은 a 태그에 적용되는 밑줄을 text-decoration 속성을 사용해 제거합니다. 다만 text-decoration 속성으로는 밑줄만 제거되며, 색상은 color 속성을 사용해 별도로 지정해야 합니다.

코드 6-33 font_textDecoration.html

```html
<!DOCTYPE html>
<html>
<head>
    <title>CSS3 Font Property</title>
    <style>
        a { text-decoration: none; }
    </style>
</head>
<body>
    <h1>
        <a href="#">Lorem ipsum dolor amet</a>
    </h1>
</body>
</html>
```

Lorem ipsum dolor amet

05 위치 속성

요소의 위치를 정할 때는 ❶ 요소의 X 좌표와 Y 좌표를 지정하는 절대 위치 좌표 또는 ❷ 요소를 입력한 순서에 따라서 지정하는 상대 위치 좌표를 사용할 수 있습니다.

기본적으로 지금까지 살펴보았던 내용은 상대 위치 좌표였습니다. 이번 절에서는 position 속성을 활용해 절대 위치 좌표를 사용하는 방법을 알아보겠습니다.

NOTE 절대 위치 좌표와 상대 위치 좌표 더 알아보기

위치 속성을 처음 접하면 머릿속이 약간 복잡할 텐데 절대 위치 좌표는 드래그해서 만들 수 있으므로 상대 위치 좌표보다 개발하기 쉽습니다. 그래서 화면 크기가 고정된 프로그램을 개발할 때는 절대 위치 좌표를 많이 사용합니다. 예를 들어 플레이스테이션 비타, 닌텐도 스위치 등 게임기는 기본적으로 해상도가 고정되어 있으므로 절대 위치 좌표를 사용해 애플리케이션을 개발합니다. 반면 스마트폰은 다양한 회사에서 만들어 화면 해상도가 제각각이라 상대 위치 좌표를 사용해 개발합니다. HTML 페이지도 사용자가 화면 크기가 각기 다른 장치에서 실행할 수 있으므로 상대 위치 좌표를 사용합니다.

"그렇다면 HTML 페이지는 절대 위치 좌표를 사용하지 않나요?"

일반적으로 절대 위치 좌표는 일정 크기의 영역을 지정한 태그 내부에서만 사용합니다. 공부하다 보면 어떤 경우에 사용하는지 알 수 있을 것입니다.

1 요소의 고정 위치와 상대 위치 지정

요소의 위치 지정 형식을 설정할 때는 position 속성을 사용합니다. 예를 들어 절대 위치 좌표를 사용하려면 position 속성에 absolute나 fixed 키워드를 입력하고 상대 위치 좌표를 사용할 때는 static이나 relative 키워드를 입력합니다. static 키워드를 사용하면 요소가 "위쪽에서 아래쪽으로"와 "왼쪽에서 오른쪽으로" 순서에 맞게 배치됩니다. relative 키워드를 적용하면 static 키워드로 초기 위치가 지정된 상태에서 상하좌우로 이동할 수 있습니다.

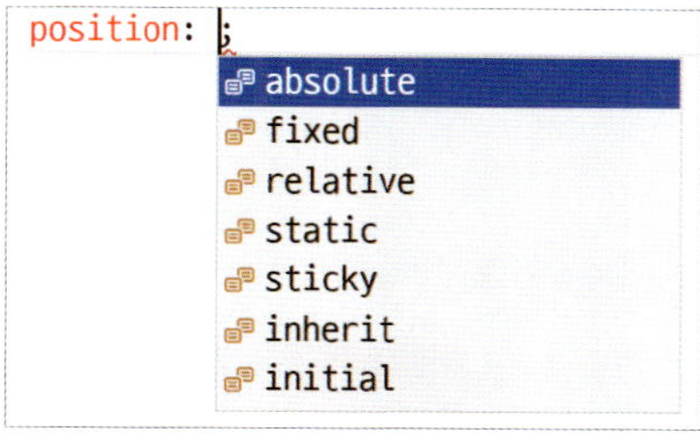

키워드	설명
absolute	절대 위치 좌표 설정
fixed	화면을 기준으로 절대 위치 좌표 설정
relative	초기 위치에서 상하좌우로 위치 이동
static	위쪽에서 아래쪽으로 순서대로 배치

그림 6-16 position 속성과 키워드

그런데 position 속성만 사용하면 웹 브라우저마다 출력 형태가 다를 수 있으므로 이를 통일하려면 [그림 6-17]과 같은 스타일 속성을 함께 사용해야 합니다. 그리고 요소 순서를 변경하고 싶을 때는 z-index 속성을 사용해야 합니다. 예제와 함께 사용 방법을 살펴보겠습니다.

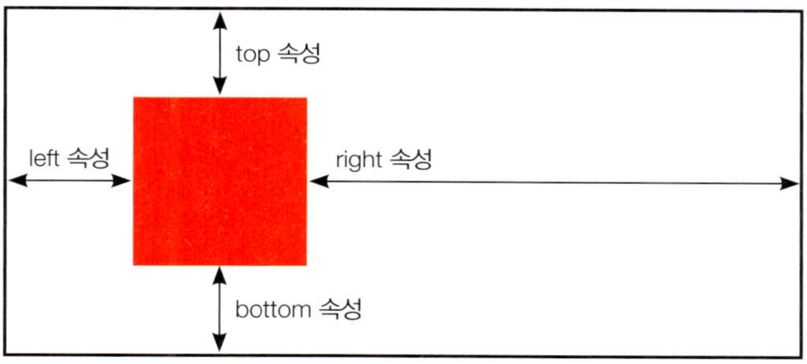

그림 6-17 position 속성과 함께 사용하는 스타일 속성

기본 예제 6-12 position 속성

1 absolute 키워드 적용하기 box 클래스를 가지는 div 태그의 position 속성에 absolute 키워드를 적용해서 [코드 6-34]를 작성합니다. 실행 결과는 웹 브라우저에 따라 약간 다르게 나타납니다. 미세한 버전 차이에 따라 파란색 상자만 보이거나 상자 3개가 모두 보입니다.

코드 6-34 position_absolute.html

```
<!DOCTYPE html>
<html>
<head>
    <title>CSS3 Position Property</title>
    <style>
```

```
        .box {
            width: 100px; height: 100px;
            position: absolute;
        }
        .box:nth-child(1) { background-color: red; }
        .box:nth-child(2) { background-color: green; }
        .box:nth-child(3) { background-color: blue; }
    </style>
</head>
<body>
    <div class="box"></div>
    <div class="box"></div>
    <div class="box"></div>
</body>
</html>
```

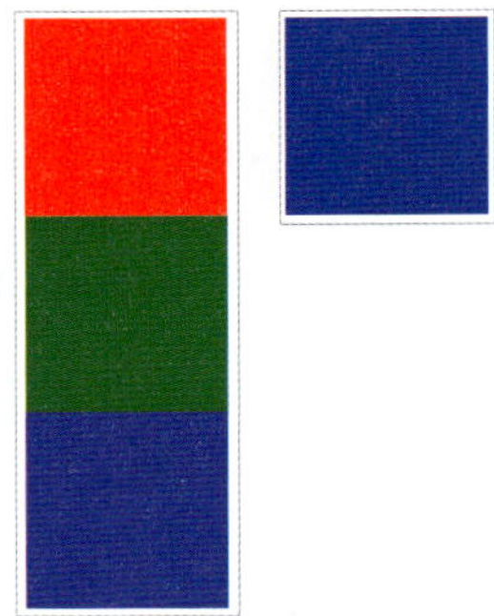

2 left 속성과 top 속성 적용하기 모든 웹 브라우저의 출력 방식을 통일하려면 left 속성과 top 속성을 적용해야 합니다. [코드 6-35]를 실행한 결과를 살펴보면 빨간색 상자가 맨 뒤쪽에 있고 파란색 상자가 맨 앞쪽에 있죠? 기본적으로 뒤쪽에 작성한 코드 태그가 상위에 올라갑니다.

코드 6-35 position_absoluteLeftTop.html

```
<style>
    .box {
        width: 100px; height: 100px;
        position: absolute;
    }
    .box:nth-child(1) {
        background-color: red;
        left: 10px; top: 10px;
    }
    .box:nth-child(2) {
        background-color: green;
        left: 50px; top: 50px;
    }
    .box:nth-child(3) {
        background-color: blue;
        left: 90px; top: 90px;
    }
</style>
```

3 z-index 속성 적용하기 [코드 6-35]의 실행 결과에서 도형 순서를 변경하고 싶을 때는 z-index 속성을 사용합니다. z-index 속성에 숫자를 입력하면 숫자가 클수록 앞에 위치합니다. 보통 '너는 반드시 앞에 있어야 한다!'는 의도로 태그의 z-index 속성에 9999처럼 터무니없이 큰 값을 입력하기도 하는데, 너무 크게 입력하면 웹 브라우저가 인식하지 못할 수 있으니 주의하기 바랍니다.

코드 6-36 position_zIndex.html

```
<style>
    .box {
        width: 100px; height: 100px;
        position: absolute;
    }
    .box:nth-child(1) {
        background-color: red;
        left: 10px; top: 10px;
        z-index: 100;
    }
    .box:nth-child(2) {
        background-color: green;
        left: 50px; top: 50px;
        z-index: 10;
    }
    .box:nth-child(3) {
        background-color: blue;
        left: 90px; top: 90px;
        z-index: 1;
    }
</style>
```

2 위치 속성 공식

위치 속성을 사용할 때 필요한 공식 몇 가지를 살펴보겠습니다. 매우 중요하므로 따로 적어 기억해 두면 좋습니다. 먼저 위치 속성 공식을 적용하지 않고 [코드 6-37]과 같이 작성합니다.

코드 6-37 position_formulaBasic.html

```
<!DOCTYPE html>
<html>
<head>
    <title>CSS3 Positon Property</title>
    <style>
        .box {
            width: 100px; height: 100px;
            position: absolute;
        }
        .box:nth-child(1) {
            background-color: red;
            left: 10px; top: 10px;
            z-index: 100;
        }
        .box:nth-child(2) {
            background-color: green;
            left: 50px; top: 50px;
            z-index: 10;
        }
        .box:nth-child(3) {
            background-color: blue;
            left: 90px; top: 90px;
            z-index: 1;
        }
    </style>
</head>
<body>
    <h1>Lorem ipsum dolor amet</h1>
    <div>
        <div class="box"></div>
        <div class="box"></div>
        <div class="box"></div>
    </div>
    <h1>Lorem ipsum dolor amet</h1>
</body>
</html>
```

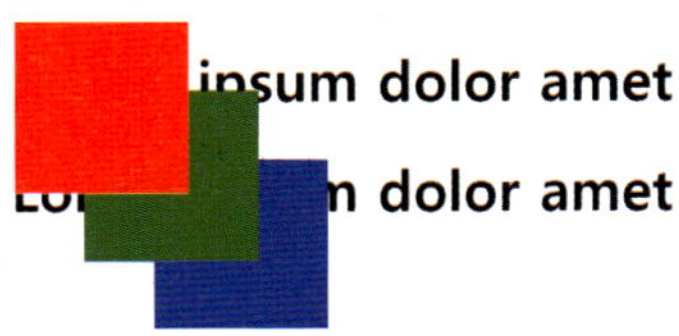

이 실행 결과에는 다음 두 가지 문제가 있습니다.

❶ h1 태그 2개가 붙어 있습니다(div 태그가 영역을 차지하지 않습니다).

❷ 색상이 적용된 상자가 자신의 부모를 기준으로 위치를 잡지 않습니다.

굉장히 중요한 내용입니다. position 속성에 absolute 키워드를 적용하면 부모 태그가 영역을 차지하지 않습니다. 따라서 자손의 position 속성에 absolute 키워드를 적용할 때는 부모 태그에 몇 가지 처리를 해야 합니다.

❶의 문제를 해결할 때는 다음 공식을 사용합니다.

"자손의 position 속성에 absolute 키워드를 적용하려면
부모에 height 속성을 입력합니다."

이렇게 하면 부모 태그가 영역을 차지하게 만들 수 있습니다. 예를 들어 style 태그에 [코드 6-38]과 같이 width 속성과 height 속성을 추가해 부모 태그 영역을 차지하게 만듭니다.

코드 6-38 position_formulaHeight.html

```
body > div {
    width: 400px; height: 100px;
    border: 3px solid black;
}
```

❷의 문제를 해결할 때는 다음 공식을 사용합니다.

"자손의 position 속성에 absolute 키워드를 적용하려면
부모의 position 속성에 relative 키워드를 적용합니다."

이렇게 하면 자손 태그가 부모 위치를 기준으로 절대 위치 좌표를 설정합니다. 이 공식에 따라서 div 태그, 즉 부모 태그의 position 속성을 지정합니다.

코드 6-39 position_formulaRelative.html

```
body > div {
    width: 400px; height: 100px;
    border: 3px solid black;
    position: relative;
}
```

두 공식을 적용하고 코드를 실행한 결과는 [그림 6-18]과 같습니다.

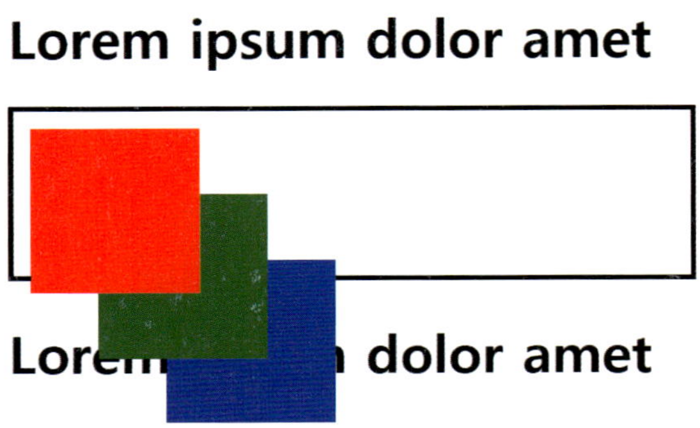

그림 6-18 위치 속성 공식 적용 후 실행 결과

3 내용이 요소 크기를 벗어날 때 처리 방법

overflow 속성은 내용이 요소 크기를 벗어나 모두 보여 주기 힘들 때 어떻게 보여 줄지를 지정합니다. overflow 속성에는 [표 6-4]의 키워드를 입력해 벗어난 부분을 자른 것처럼 보이지 않게 하거나 스크롤바를 추가해 스크롤할 수 있게 합니다.

표 6-4 overflow 속성 키워드

키워드	설명
hidden	영역을 벗어나는 부분 감춤
scroll	영역을 벗어나는 부분을 스크롤로 만듦

overflow 속성의 기본 사용 방법을 예제로 알아보겠습니다. overflow 속성은 내용이 요소 크기를 벗어날 때 어떻게 처리할지 설정하려는 목적에서 만들었지만, 다음 절에서 배울 float 속성과 함께 사용할 때가 더 많습니다.

기본 예제 6-13 overflow 속성

1 hidden 키워드 적용하기 [코드 6-39]의 실행 결과를 보면 색상이 적용된 사각형이 부모의 범위(검은색 테두리로 표시)를 벗어나 있습니다. 이러한 div 태그의 overflow 속성에 [코드 6-40]과 같이 hidden 키워드를 입력하면 부모 영역을 벗어난 부분을 잘라 모두 감춥니다.

코드 6-40 position_formulaOverflowHidden.html

```
body > div {
    width: 400px; height: 100px;
    border: 3px solid black;
    position: relative;
    overflow: hidden;
}
```

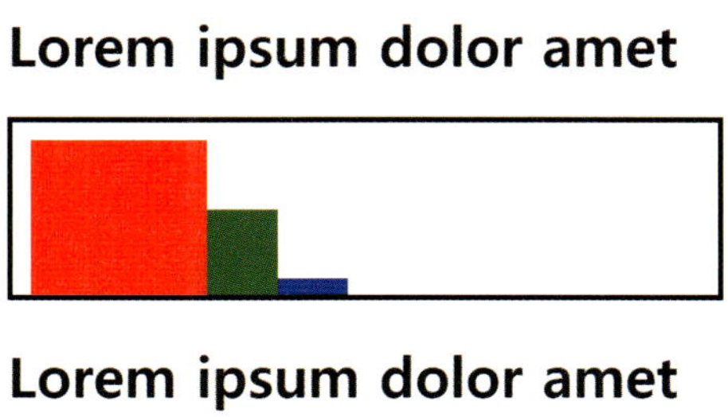

2 scroll 키워드 적용하기 overflow 속성에 scroll 키워드를 입력하면 div 태그에 스크롤이 생깁니다. 부모 영역을 벗어나는 부분은 스크롤을 내리면 볼 수 있습니다.

코드 6-41 position_formulaOverflowScroll.html

```
body > div {
    width: 400px; height: 100px;
    border: 3px solid black;
    position: relative;
    overflow: scroll;
}
```

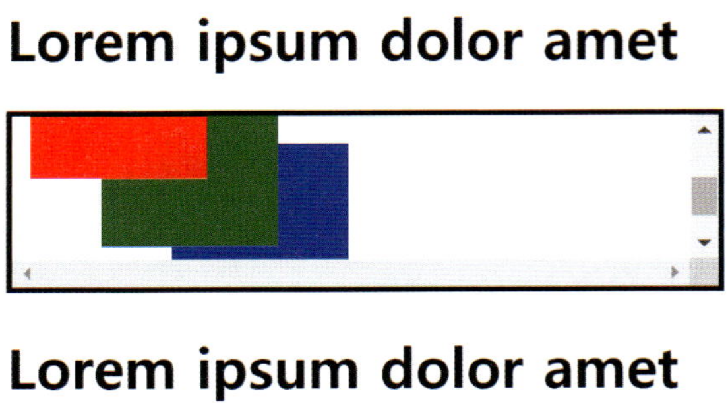

3 overflow-x와 overflow-y 속성 적용하기 overflow 속성에 scroll 키워드를 적용하면 무조건 모든 축에 스크롤이 생성됩니다. 특정한 방향으로만 스크롤을 생성하고 싶을 때는 overflow-x 속성과 overflow-y 속성을 사용합니다.

코드 6-42 position_formulaOverflowEach.html

```
body > div {
    width: 400px; height: 100px;
    border: 3px solid black;
    position: relative;
    overflow-y: scroll;
}
```

06 유동 속성

float 속성은 원래 유동적인 대상을 만들려고 개발했지만, 현대에는 웹 페이지의 레이아웃을 잡을 때 더 많이 사용합니다. 보통 웹 브라우저 크기를 조정하면 텍스트나 그림의 위치가 변하는데, float 속성을 이용하면 태그를 오른쪽이나 왼쪽에 붙일 수 있습니다. 웹 브라우저 크기에 상관없이 공지 등을 일정한 위치에 고정할 때 적합합니다. 조금 어렵지만 정말 중요하므로 차근차근 살펴봅시다. float 속성에는 [그림 6-19]와 같은 키워드를 입력할 수 있습니다.

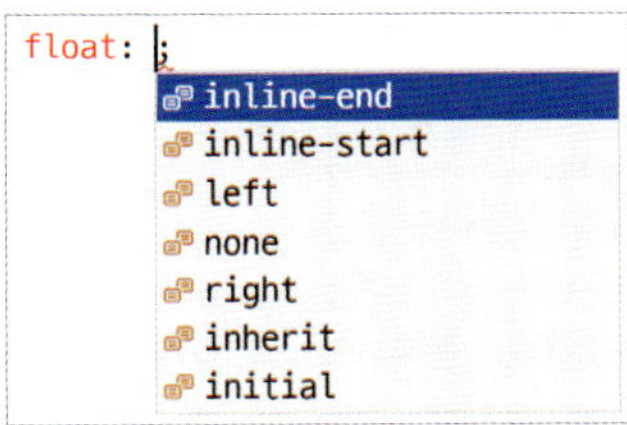

키워드	설명
left	태그를 왼쪽에 붙임
right	태그를 오른쪽에 붙임

그림 6-19 float 속성과 주요 키워드

기본 예제 6-14 float 기본 속성

1 HTML 페이지 만들기 [코드 6-43]을 실행하면 이미지와 글이 분리된 결과 화면이 출력됩니다. img는 인라인 형식의 태그이고 p는 블록 형식의 태그이므로 이미지와 글자가 분리되어 나타나는 것입니다.

코드 6-43 float_basic.html

```
<!DOCTYPE html>
<html>
<head>
    <title>CSS3 Float Property</title>
    <style>

    </style>
</head>
```

```html
<body>
    <img src="hanbit.jpg">
    <p>Lorem ipsum dolor sit amet, consectetur adipiscing elit.</p>
    <p>Proin ut quam feugiat, tincidunt dolor nec, iaculis dui.</p>
</body>
</html>
```

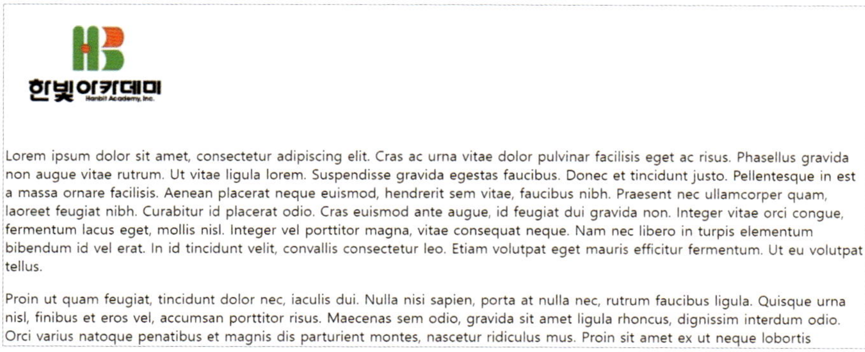

2 float 속성 적용하기 float 속성을 처음 개발했을 때는 img 태그에 적용하는 것이 기본이었습니다. img 태그에 float 속성을 적용하면 이미지와 글이 어우러진 형태로 출력됩니다. float 속성을 사용하면 이렇게 그림을 글자 위에 띄울 수 있습니다.

코드 6-44 float_image.html

```html
<style>
    img {
        float: left;
    }
</style>
```

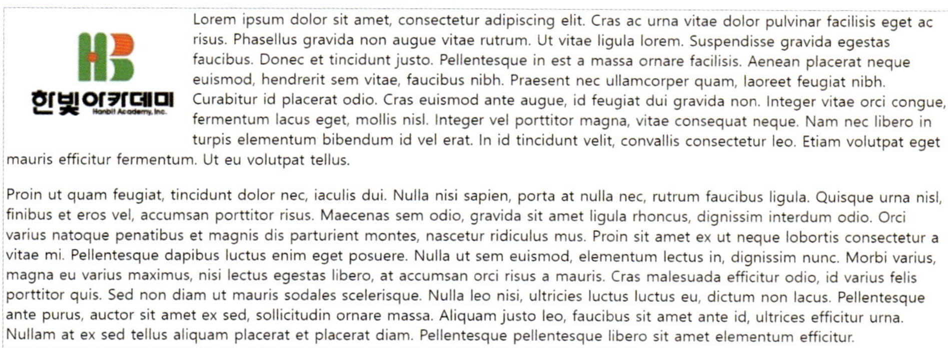

기본 예제 6-15 수평 정렬

1 float 속성을 적용할 대상 만들기 float 속성을 사용하면 태그를 수평으로 정렬할 수 있습니다. float 속성을 사용해 수평 정렬할 때 주의할 점을 살펴보려고 [코드 6-45]와 같이 div 태그에 각 태그를 구분할 수 있는 숫자를 입력합니다.

코드 6-45 float_boxBasic.html

```
<!DOCTYPE html>
<html>
<head>
    <title>CSS3 Float Property</title>
    <style>

    </style>
</head>
<body>
    <div class="box">1</div>
    <div class="box">2</div>
</body>
</html>
```

2 left 키워드 적용하기 float 속성에 left 키워드를 적용합니다. 첫 번째에 위치한 div 태그가 왼쪽에 붙습니다. 이어서 두 번째에 위치한 div 태그가 그 옆에 붙습니다. 순서대로 왼쪽에 붙으므로 수평 정렬됩니다.

코드 6-46 float_boxLeft.html

```
<style>
    .box {
        width: 100px; height: 100px;
        background-color: red;
        margin: 10px; padding: 10px;
        /* 태그를 왼쪽으로 붙입니다. */
        float: left;
    }
</style>
```

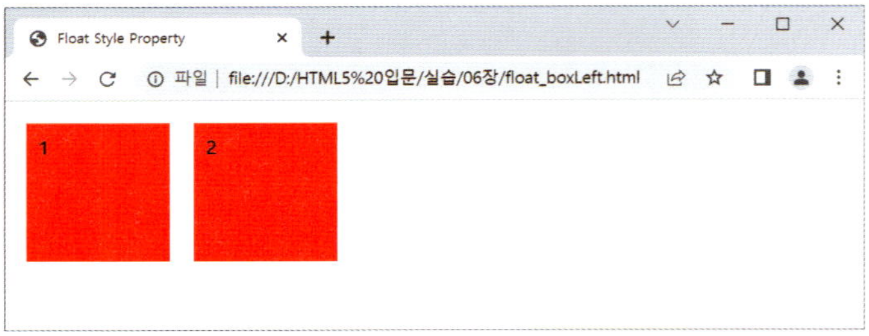

3 float 속성이 right 키워드일 때 확인하기 float 속성을 right 키워드로 수정하고 [코드 6-47]을 실행합니다. 결과만 얼핏 보고 '오른쪽에 달라붙어 수평 정렬되었구나!'로 끝나면 안 됩니다. div 태그를 구분하는 숫자를 살펴보세요. 1번 div 태그가 오른쪽에 위치했습니다. 첫 번째에 위치한 div 태그가 오른쪽에 붙고, 두 번째에 위치한 div 태그가 그 옆에 붙은 것입니다. 여러 태그의 float 속성에 right 키워드를 적용할 때는 순서에 주의하세요.

코드 6-47 float_boxRight.html

```
<style>
    .box {
        width: 100px; height: 100px;
        background-color: red;
        margin: 10px; padding: 10px;
        /* 태그를 오른쪽으로 붙입니다. */
        float: right;
    }
</style>
```

07 그림자와 그레이디언트 속성

1 그림자 속성

그림자 속성에는 글자에 그림자를 부여하는 text-shadow 속성과 박스에 그림자를 부여하는 box-shadow 속성이 있습니다.

text-shadow : 5px 5px 5px black
오른쪽 아래 흐림도 색상

(a) text-shadow 속성: 글자에 그림자 부여

box-shadow : 5px 5px 5px black
오른쪽 아래 흐림도 색상

(b) box-shadow 속성: 박스에 그림자 부여

그림 6-20 그림자 속성 지정

흐림도와 색상 사이에 inset 키워드를 넣으면 그림자가 태그 안쪽에 생성됩니다. 뒤에서 살펴보는 CSS3 Generator를 사용하면 쉽게 생성할 수 있습니다.

기본 예제 6-16 글자와 박스에 그림자 생성

1 글자에 그림자 만들기 [코드 6-48]을 작성해 글자에 그림자를 생성합니다.

코드 6-48 shadow_textShadow.html

```
<!DOCTYPE html>
<html>
<head>
    <title>CSS3 Property Basic</title>
    <style>
```

```
        h1 {
            text-shadow: 5px 5px 5px black;
        }
    </style>
</head>
<body>
    <h1>Lorem ipsum dolor amet</h1>
</body>
</html>
```

2 박스에 그림자 만들기 [코드 6-49]를 작성해 박스에 그림자를 생성합니다.

코드 6-49 shadow_boxShadow.html

```
<!DOCTYPE html>
<html>
<head>
    <title>CSS3 Property Basic</title>
    <style>
        div {
            border: 3px solid black;
            box-shadow: 10px 10px 30px black;
            text-shadow: 5px 5px 5px black;
        }
    </style>
</head>
<body>
    <div class="box">
        <h1>Lorem ipsum dolor amet</h1>
    </div>
</body>
</html>
```

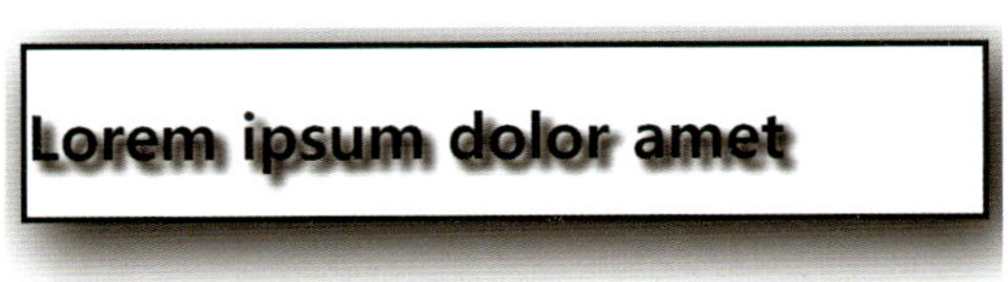

3 중첩 그림자 만들기 쉼표를 사용하면 그림자 속성을 여러 개 적용할 수 있습니다. [코드 6-50]은 글자와 박스에 삼중 그림자를 적용합니다.

코드 6-50 shadow_duplication.html

```
<style>
    .box {
        border: 3px solid black;
        box-shadow: 10px 10px 10px black, 10px 10px 20px orange, 10px 10px 30px red;
        text-shadow: 10px 10px 10px black, 10px 10px 20px orange, 10px 10px 30px red;
    }
</style>
```

그림자 속성을 사용하는 방법을 간단하게 살펴보았습니다. 자주 사용하는 속성이지만 약간 복잡합니다. 구구단을 초등학교 4학년에 외운 필자 기억력으로는 너무 어렵습니다.

"바보군요."

너무 어려우니 CSS3 Generator를 사용해 봅시다.

기본 예제 6-17 CSS3 Generator를 사용해 그림자 생성

CSS3 Generator 웹 사이트(http://css3generator.com)에 접속해 Text Shadow Generator 또는 Box Shadow 항목을 선택한 후 원하는 형태의 스타일을 지정합니다. 생성된 코드를 복사한 후 스타일시트에 붙여 box-shadow 속성과 text-shadow 속성을 쉽게 생성할 수 있습니다.

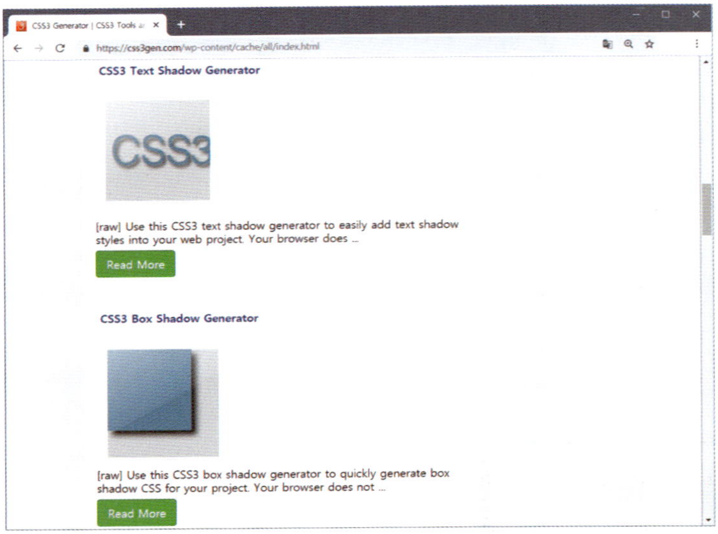

그림 6-21 CSS3 Generator 웹 사이트

2 그레이디언트 속성

그레이디언트는 두 가지 이상의 색상을 혼합하는 채색 기능입니다. 예를 들어 [그림 6-22]의 검색창을 살펴봅시다. 왼쪽 끝은 파란색이고 오른쪽 끝은 노란색으로 색이 점차 변하도록 혼합된 형태입니다.

그림 6-22 그레이디언트 예

CSS3 이전의 웹은 그레이디언트를 지원하지 않아 포토샵과 그래픽 툴로 이미지를 그린 후 background-image 속성을 사용해 웹 페이지에 넣었습니다. 하지만 CSS3부터는 그레이디언트 기능을 지원합니다. [기본 예제 6-18]과 동일한 방식을 사용하면 웹 브라우저의 버전에 상관없이 그레이디언트를 생성할 수 있습니다. 코드를 직접 작성하기에는 약간 내용이 어려우므로 툴을 사용해 그레이디언트를 만들고 간단히 분석해 봅시다.

기본 예제 6-18 그레이디언트 생성

1 그레이디언트 생성기 사용하기 http://www.colorzilla.com/gradient-editor에 접속합니다. Ultimate CSS Gradient Generator 페이지 왼쪽에서 원하는 형태의 그레이디언트를 생성한 후 오른쪽에 생성된 CSS 코드를 복사합니다.

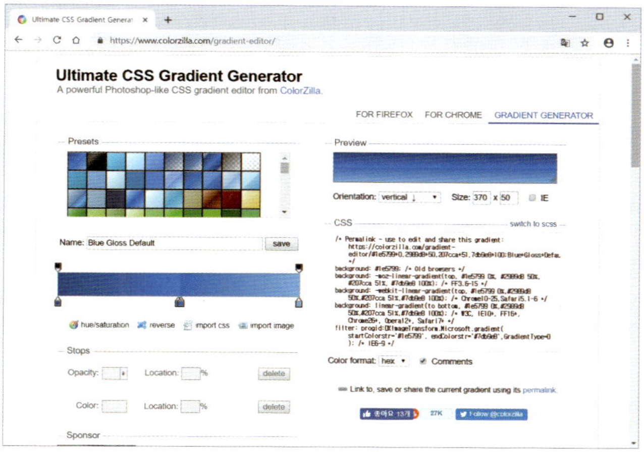

2 복사한 CSS 코드를 사용해 HTML 페이지 만들기 복사한 CSS 코드를 붙여 넣어 [코드 6-51]과 같이 HTML 페이지를 작성합니다. 코드를 보면 이러한 생각이 들 것입니다.

"갑자기 외울 것이 늘어났군……."

외우지 마세요. 방금 사용한 Ultimate CSS Gradient Generator 같은 툴로 그레이디언트를 생성하세요. Ultimate CSS Gradient Generator를 사용하면 선형 그레이디언트 이외에 원형 그레이디언트도 쉽게 생성할 수 있습니다.

코드 6-51 gradient_basic.html

```
<!DOCTYPE html>
<html>
<head>
    <title>CSS3 Style Property Basic</title>
    <style>
        div {
```

```
            font-family: 'Times New Roman';
            height: 60px;
            line-height: 60px;
            text-align: center;

            /* 복사해서 붙여 넣으세요. */
            /* Old browsers */
            background: #f85032;
            /* FF3.6+ */
            background: -moz-linear-gradient(top, #f85032 0%, #f16f5c 50%,
            #f6290c 51%, #f02f17 71%, #e73827 100%);
            /* Chrome10-25,Safari5.1-6 */
            background: -webkit-linear-gradient(top, #f85032 0%, #f16f5c 50%,
            #f6290c 51%, #f02f17 71%, #e73827 100%);
            /* W3C, IE10+, FF16+, Chrome26+, Opera12+, Safari7+ */
            background: linear-gradient(to bottom, #f85032 0%, #f16f5c 50%,
            #f6290c 51%, #f02f17 71%, #e73827 100%);
            /* IE6-9 */
            filter: progid:DXImageTransform.Microsoft.gradient
            (startColorstr='#f85032', endColorstr='#e73827', GradientType=0);
        }
    </style>
</head>
<body>
    <div>
        <h1>CSS3 그레이디언트</h1>
    </div>
</body>
</html>
```

NOTE 벤더 프리픽스

벤더 프리픽스vendor prefix는 공급 업체 접두사를 의미합니다. 벤더 프리픽스는 웹 브라우저 공급 업체(마이크로소프트, 모질라, 구글, 애플, 오페라)에서 제공하는 실험적인 기능을 사용합니다. [코드 6-51]에서 그레이디언트 앞에 붙어 있는 단어들이 벤더 프리픽스입니다. 웹 브라우저마다 다음과 같은 벤더 프리픽스가 있습니다.

2011년에는 border-radius 속성, text-shadow 속성, box-shadow 속성 모두 벤더 프리픽스를 사용했습니다. 사실 2016년부터 인터넷 익스플로러를 제외하고 자동 업데이트를 지원하는 모든 웹 브라우저에서 벤더 프리픽스 없이 그레이디언트를 사용할 수 있습니다. 하지만 일부 자동 업데이트를 지원하지 않는 웹 브라우저에서도 사용할 수 있도록 [코드 6-51]에서는 벤더 프리픽스를 입력한 것입니다.

그레이디언트를 직접 입력하는 사람은 없을 것이므로 그레이디언트와 관련한 설명 대신 간단하게 선형 그레이디언트를 분석하겠습니다. 선형 그레이디언트는 [그림 6-23]과 같은 형태로 구성됩니다. linear-gradient( ) 함수에는 선형 그레이디언트가 진행될 각도와 색상 블록을 차례로 입력합니다.

색상 블록 (#f85032 0%), 색상 블록 (#e73827 100%)

```
linear-gradient(45deg, #f85032 0%, #e73827 100%)
```

각도: 45deg / 색상: #f85032 / 위치: 0% / 색상: #e73827 / 위치: 100%

그림 6-23 linear-gradient( ) 함수

색상 블록의 왼쪽에는 색상 단위를, 오른쪽에는 퍼센트 단위를 입력해 그레이디언트 색상과 위치를 지정합니다. 색상 블록의 퍼센트 단위가 의미하는 위치는 [그림 6-24]를 참고하면 쉽게 알 수 있을 것입니다.

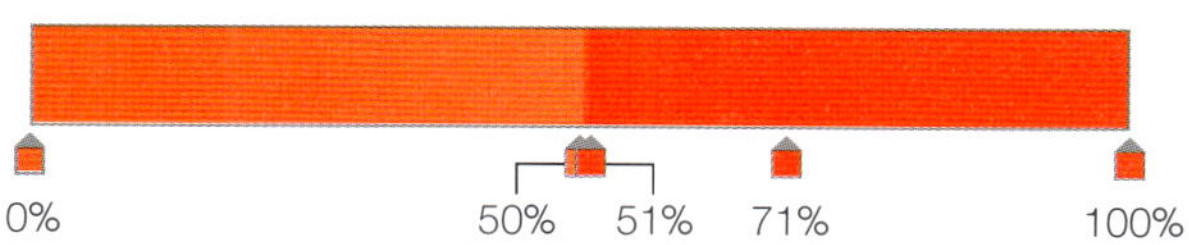

그림 6-24 그레이디언트

원형 그레이디언트를 생성할 때는 radial-gradient( ) 함수를 사용합니다. 하지만 내용이 너무 복잡하고, 직접 입력해서 생성할 것이 아니므로 설명은 생략합니다.

요약

01 (　　　　　)에는 margin 속성, border 속성, padding 속성, width 속성, height 속성이 포함됩니다.

02 테두리 굵기는 (　　　　　)으로 입력하고, 테두리 형태는 (　　　　　)으로 입력하며, 테두리 색상은 (　　　　　)으로 입력합니다.

03 (　　　　　)을 사용하면 박스의 테두리를 둥글게 만들 수 있습니다.

04 (　　　　　)에 none 키워드를 적용하면 태그가 화면에서 보이지 않습니다.

05 background-(　　　　　) 속성은 배경 이미지를 넣을 때 사용합니다.

06 background-(　　　　　) 속성은 배경 이미지 크기를 지정합니다.

07 background-(　　　　　) 속성은 배경 이미지의 반복 형태를 지정합니다.

08 background-(　　　　　) 속성은 배경 이미지를 화면에 고정합니다.

09 font-(　　　　　) 속성은 글자 크기를 지정하고, font-(　　　) 속성은 글꼴을 지정합니다.

10 (　　　　　) 글꼴(명조체)은 모서리가 뾰족한 글자를 의미하고, (　　　　　) 글꼴(고딕체)은 모서가 네모진 글자를 의미합니다.

11 font-(　　　　　) 속성은 글자 스타일(기울기 등)을 지정하고, font-(　　　　　) 속성은 글자 굵기를 지정합니다.

12 (　　　　　) 속성은 글자 정렬을 지정하고, (　　　　　) 속성은 글자 높이를 지정합니다.

13 (　　　　　) 속성은 요소의 위치 지정 형식을 설정할 때 사용합니다.

14 (　　　　　) 속성은 내용이 요소 크기를 벗어나 모두 보여 주기 힘들 때 어떻게 보여 줄지를 지정합니다.

15 (　　　　　) 속성은 박스에 그림자를 부여하고, (　　) 속성은 글자에 그림자를 부여합니다.

연습문제

01 다음 문장에 ○×를 표시하시오.

(1) inline 형식의 태그에는 width 속성과 height 속성이 적용되지 않으며, margin 속성과 padding 속성은 좌우로만 적용됩니다. (　　　)

(2) inline-block 형식의 태그는 width 속성과 height 속성이 지정되며, margin 속성과 padding 속성이 상하좌우로 적용됩니다. (　　　)

(3) block 형식의 태그는 width 속성과 height 속성이 지정되며, margin 속성과 padding 속성이 상하좌우로 적용됩니다. (　　　)

(4) background-image 속성에는 이미지를 하나만 지정할 수 있습니다. (　　　)

(5) font-family 속성에 글꼴을 여러 개 지정하는 것은 아무런 의미가 없습니다. (　　　)

(6) 일반적으로 웹 브라우저의 글자 기본 크기는 16px입니다. (　　　)

(7) 기본적인 글꼴 굵기 값은 400입니다. (　　　)

(8) inline 형식의 태그에는 text-align 속성을 지정해도 의미가 없습니다. (　　　)

(9) 요소들은 기본적으로 절대 좌표계를 사용합니다. (　　　)

(10) z-index 속성의 숫자가 클수록 앞에 위치합니다. (　　　)

(11) overflow 속성을 hidden으로 지정하면 영역을 넘은 부분을 보이지 않게 만듭니다. 이때 스크롤을 사용해 보이지 않게 된 부분을 볼 수 있습니다. (　　　)

02 다음 중 요소의 배경색을 변경하는 속성은?

① color　② background-color

③ bgcolor　④ background

03 다음 중 텍스트와 요소 테두리 사이의 간격을 조절하는 속성은?

① margin　② border

③ padding　④ spacing

04 다음 중 요소의 너비를 설정하는 속성은?

① width ② size

③ element-width ④ w

05 다음 중 텍스트를 굵게 표시하는 속성은?

① text-weight ② font-style

③ font-weight ④ bold-text

06 다음 중 글자 색상을 지정하는 속성은?

① font-color ② text-color

③ color ④ background-color

07 다음 속성 중 박스와 관련한 속성이 아닌 것은?

① border ② margin

③ padding ④ direction

08 다음 중 배경 이미지로 background.png를 올바르게 지정한 것은?

① background: url('background.png')

② background: image('background.png')

③ background: png('background')

④ background: background as png

09 다음 중 position 속성을 absolute로 지정한 절대 좌표계에서 위치를 지정할 때 사용하는 속성이 아닌 것은?

① top ② lower

③ left ④ right

10 다음 스타일이 적용되는 태그 너비를 구하시오.

```
.box {
    width: 100px; height: 100px;
    margin: 0 20px;
    padding: 10px 0px;
    border: 5px solid black;
}
```

11 다음 코드와 같이 background-image 속성을 적용했을 때, 이미지 A와 이미지 B 중 어떤 이미지가 위쪽에 위치하는가?

```
<style>
    body {
        background-image: 이미지 A, 이미지 B;
    }
</style>
```

12 다음 코드의 실행 결과를 그리시오.

```
<!DOCTYPE html>
<html>
<head>
    <title>Question</title>
    <style>
        .box {
            width: 100px;
            height: 100px;
            background-color: red;
            float: right;
            margin: 10px;
        }
    </style>
</head>
<body>
    <div class="box"><h1>1</h1></div>
    <div class="box"><h1>2</h1></div>
    <div class="box"><h1>3</h1></div>
</body>
</html>
```

13 다음과 같이 HTML을 구성하고 스타일을 적용하시오.

Hint 입력 양식의 테두리는 border 관련 속성으로 조정할 수 있습니다.

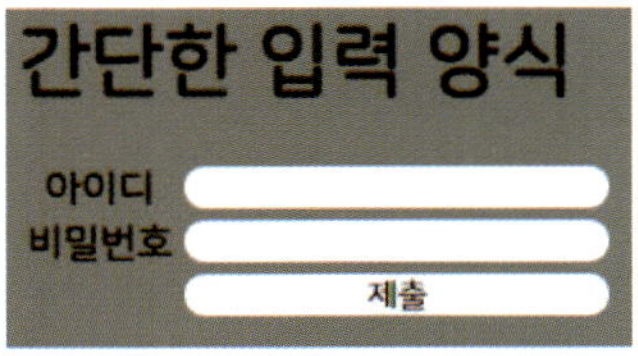

14 다음과 같이 HTML을 구성하고 스타일을 적용하시오.

(1) 이미지를 원형으로 만들 때는 border-radius: 50%를 사용합니다.

(2) 이미지의 오른쪽과 아래쪽 부분에만 여백이 있습니다.

(3) 고양이 이미지는 http://placekitten.com/150/150을 img 태그의 src 속성에 넣어 구했습니다.

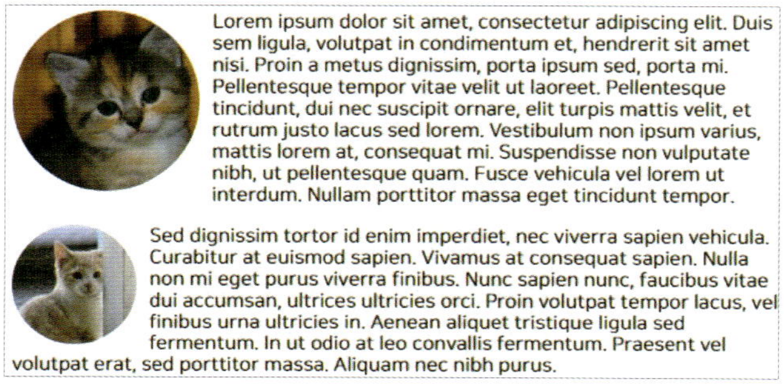

15 다음과 같이 HTML을 구성하고 스타일을 적용하시오.

(1) 카드는 div 태그 등으로 HTML을 구현하고, 박스 속성을 주어 크기를 조정합니다.

(2) 글자가 모두 중앙 정렬되어 있습니다. 어떤 속성을 사용해야 할까요?

CHAPTER 07

다양한 레이아웃의 구성과 기능

학습목표

- CSS3를 사용해 수평 정렬하는 방법을 알아봅니다.
- CSS3를 사용해 중앙 정렬하는 방법을 알아봅니다.
- CSS3를 사용해 One True 레이아웃을 구성하는 방법을 알아봅니다.
- CSS3의 절대 좌표를 활용하는 방법을 알아봅니다.

PREVIEW

이 장에서는 웹 페이지 개발에 사용하는 주요 레이아웃을 구성하는 방법을 연습합니다. 간단하지만 응용할 수 있는 분야가 많으므로 이 책에서 가장 중요한 내용입니다. 따라서 이번 장의 내용은 반드시 학습하길 바라며 차근차근 살펴보고 여러 번 연습하기 바랍니다.

이 장은 응용 예제로만 구성되어 있습니다. 한 번씩 따라 한 후 필요한 기능을 찾아 용도에 맞게 변형해 사용하기 바랍니다. 이해하기 어려운 부분이 있다면 4~6장에서 다룬 기본 내용을 참고합니다.

01 수평, 중앙, One True 정렬 레이아웃

1 수평 정렬 레이아웃

6장에서 배운 float와 overflow 속성을 사용해 레이아웃을 만드는 방법을 살펴보겠습니다.

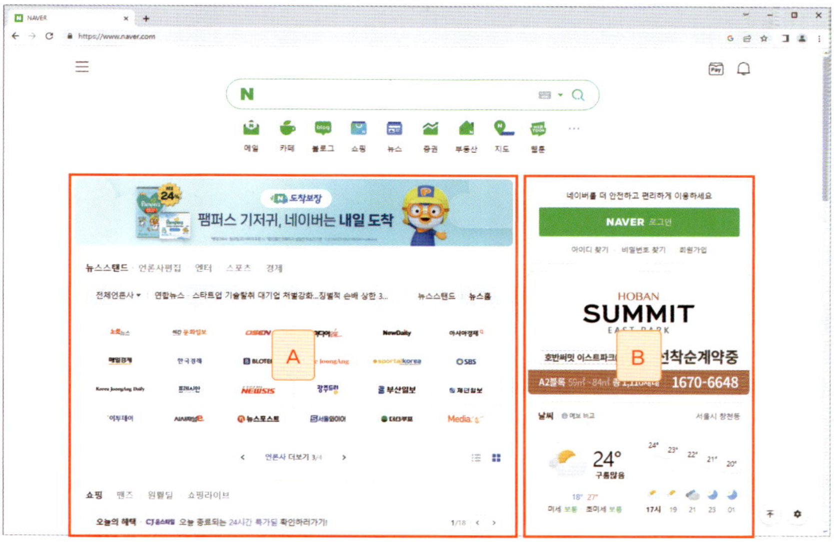

그림 7-1 수평 정렬 레이아웃 활용 예(A와 B가 수평 정렬되어 있음)

수평으로 요소를 정렬할 때는 반드시 다음 규칙을 기억해 주세요. 특별한 경우를 제외하면 대부분 이러한 규칙을 사용해서 요소를 수평으로 정렬합니다.

"자손에게 float 속성을 지정하고, 부모의 overflow 속성에는 hidden 키워드를 적용합니다."

응용 예제 7-1 수평 정렬 레이아웃

[코드 7-1]은 div.item 태그에 float 속성을 left로 적용하고, 부모의 overflow 속성을 hidden으로 적용해 요소를 수평으로 정렬합니다. 코드를 실행하면 div.item 태그가 수평으로 정렬됩니다.

코드 7-1 floatWithOverflow_1.html

```
<!DOCTYPE html>
<html>
<head>
    <title>Float With Overflow</title>
    <style>
        div.container {
            overflow: hidden;
        }

        div.item {
            float: left;
            margin: 0 3px;
            padding: 10px;
            border: 1px solid black;
        }
    </style>
</head>
<body>
    <p>Lorem ipsum dolor sit amet, consectetur adipiscing elit.</p>
    <div class="container">
        <div class="item">메뉴 - 1</div>
        <div class="item">메뉴 - 2</div>
        <div class="item">메뉴 - 3</div>
        <div class="item">메뉴 - 4</div>
    </div>
    <p>Lorem ipsum dolor sit amet, consectetur adipiscing elit.</p>
</body>
</html>
```

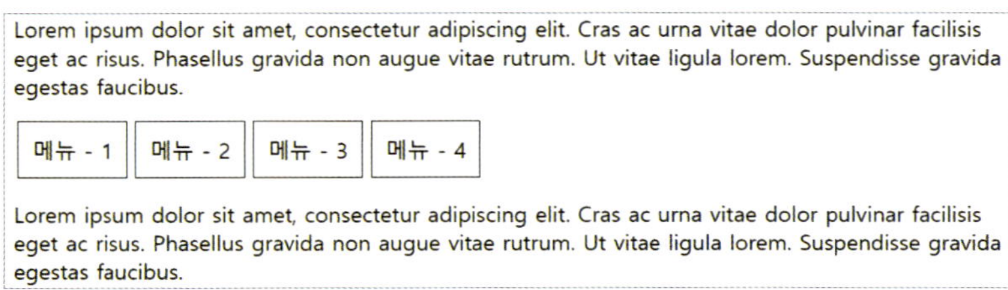

overflow 속성을 왜 지정해야 하는지 간단히 비교해서 알아보겠습니다. [코드 7-1]에서처럼 width 속성과 height 속성을 입력하지 않고 overflow 속성을 적용하면 자손이 차지하

는 너비를 모두 감싸므로 요소 위쪽과 아래쪽에 글자가 출력됩니다. 반면 [코드 7-2]와 같이 overflow 속성을 적용하지 않고 실행하면 실행 결과처럼 요소가 떠다닙니다.

코드 7-2 floatWithoutOverflow.html

```
<!DOCTYPE html>
<html>
<head>
<title>Float Without Overflow</title>
<style>
div.container {
}

div.item {
float: left;
margin: 0 3px;
padding: 10px;
border: 1px solid black;
}
</style>
</head>
<body>
    <p>Lorem ipsum dolor sit amet, consectetur adipiscing elit.</p>
    <div class="container">
        <div class="item">메뉴 - 1</div>
        <div class="item">메뉴 - 2</div>
        <div class="item">메뉴 - 3</div>
        <div class="item">메뉴 - 4</div>
    </div>
    <p>Lorem ipsum dolor sit amet, consectetur adipiscing elit.</p>
</body>
</html>
```

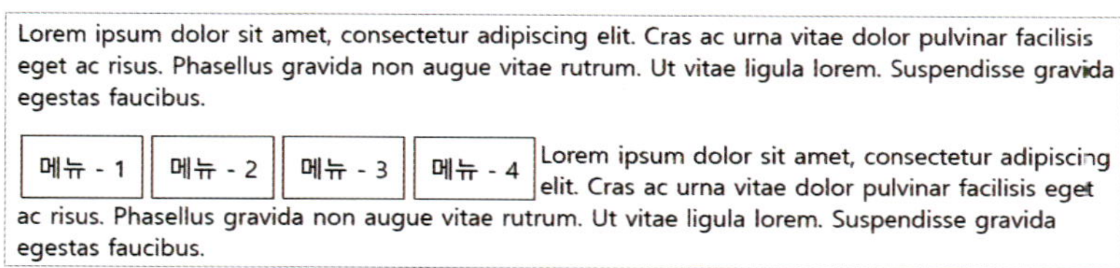

NOTE clear: both를 사용한 수평 정렬 레이아웃

overflow 속성 이외에도 clear 속성을 활용할 수 있습니다. 수평 정렬하고 싶은 대상의 양쪽 아래에 div 태그를 배치하고, 이 div 태그의 clear 속성을 both로 지정하는 방법입니다. 이렇게 해도 이전과 같은 형태로 출력됩니다.

HTML

```
<body>
    <p>Lorem ipsum dolor sit amet.</p>
    <div class="clear"></div>
    <div>
        <div class="item">메뉴 - 1</div>
        <div class="item">메뉴 - 2</div>
        <div class="item">메뉴 - 3</div>
        <div class="item">메뉴 - 4</div>
    </div>
    <div class="clear"></div>
    <p>Lorem ipsum dolor sit amet.</p>
</body>
```

수평 정렬하고 싶은 대상 아래에 div 태그를 배치합니다.

CSS

```
<style>
    div.item {
        float: left;
        margin: 0 3px;
        padding: 10px;
        border: 1px solid black;
    }

    div.clear {
        clear: both;
    }
</style>
```

clear 속성을 지정합니다.

2 중앙 정렬 레이아웃

중앙 정렬은 최근에 가장 많이 사용하는 레이아웃 구성 방법입니다. 포털을 비롯한 다른 웹사이트를 살펴보면 [그림 7-2]와 같이 특정한 너비의 중앙에 내용이 위치합니다. 이러한 구성을 중앙 정렬 레이아웃이라고 합니다.

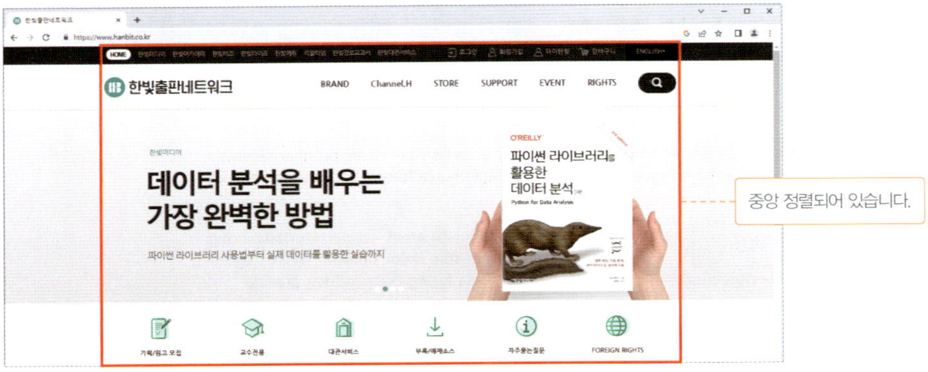

그림 7-2 중앙 정렬 레이아웃 예

응용 예제 7-2 중앙 정렬 레이아웃

중앙 정렬 레이아웃을 만드는 방법은 간단합니다. [코드 7-3]과 같이 중앙 정렬하고 싶은 태그에 width 속성을 부여하고 margin 속성을 '0 auto'로 입력합니다. 코드를 실행하면 body 태그에 해당하는 제목과 본문이 중앙에 위치합니다. 간단한 내용이지만 웹 페이지 전체나 제목 요소에 적용할 수 있는 중요한 내용이므로 반드시 기억하기 바랍니다.

코드 7-3 marginWidth.html

```
<!DOCTYPE html>
<html>
<head>
    <title>Margin Width</title>
    <style>
        /* 초기화 */
        * { margin: 0; padding: 0; }

        /* 주제 */
        body {
            margin: 0 auto;
            width: 960px;
        }
    </style>
</head>
<body>
    <h1>Lorem ipsum</h1>
    <h2>Neque porro quisquam est qui...</h2>
    <p>Lorem ipsum dolor sit amet, consectetur adipiscing elit.</p>
    <p>Proin ut quam feugiat, tincidunt dolor nec, iaculis dui.</p>
</body>
</html>
```

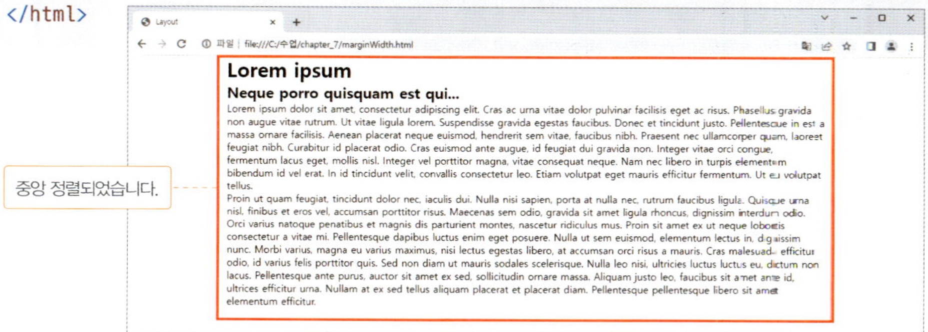

NOTE 그리드 시스템

다음 그림과 같이 화면을 쪼개서 레이아웃을 구성하는 것을 그리드 시스템이라고 합니다. 일반적으로 중앙 정렬 레이아웃은 그리드 시스템과 함께 사용합니다. 이때 너비는 일반적으로 880px, 960px, 980px을 많이 사용합니다. 공간을 쉽게 나눌 수 있기 때문입니다. 예를 들어 960px은 1, 2, 3, 4, 5, 6, 8, 10, 12로 나누어 떨어지므로 레이아웃을 구성하기 쉽습니다.

그림 7-3 그리드 시스템 예

3 One True 레이아웃

One True 레이아웃의 형태는 [그림 7-4]와 같습니다. 국내 모든 포털 사이트의 메인 페이지는 One True 레이아웃을 사용합니다.

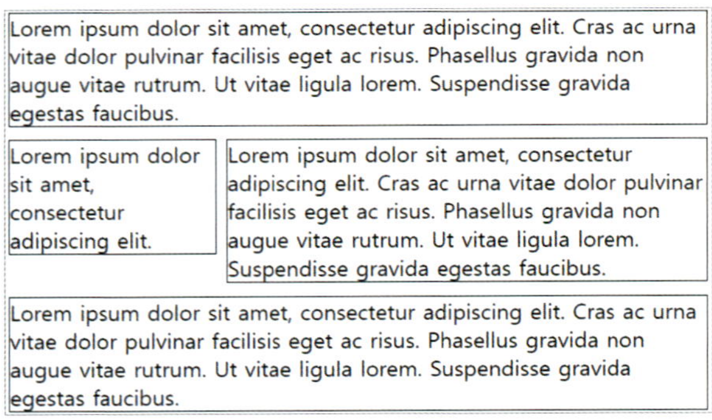

그림 7-4 One True 레이아웃 예

One True 레이아웃을 사용하는 방법은 〈종합 예제〉에서 다루고 여기서는 단순한 형태로 구성하는 방법을 살펴보겠습니다. One True 레이아웃의 기본 원리는 굉장히 쉽습니다. 행을 독립적으로 생각해서 공간을 나눈다는 원리만 따르면 됩니다.

응용 예제 7-3 One True 레이아웃

여기서는 [그림 7-4]의 예와 같이 단순한 형태의 One True 레이아웃을 구성해 보겠습니다.

1 행 구성하기 [그림 7-4]는 행 3개로 구분되므로 공간도 3개로 분할합니다. 그리고 각 공간을 #top, #middle, #bottom으로 칭합니다.

```
<body>
    <div id="top"></div>
    <div id="middle"></div>
    <div id="bottom"></div>
</body>
```

2 열 구성하기 열을 구분합니다. 중간의 #middle 공간을 공간 분할 태그 2개로 나눕니다.

```
<body>
    <div id="top"></div>
    <div id="middle">
        <div id="left"></div>
        <div id="right"></div>
    </div>
    <div id="bottom"></div>
</body>
```

3 레이아웃 구성하기 이렇게 공간을 분할한 후 다음 과정을 거쳐 레이아웃을 구성합니다.

❶ 부모 태그에 고정된 너비를 지정합니다.

❷ 수평 정렬하는 부모 태그의 overflow 속성에 hidden을 적용합니다.

❸ 자손 태그에 적당한 너비를 입력하고 float 속성을 적용합니다.

이 과정을 거쳐 [코드 7-4]와 같이 작성할 수 있습니다. 중앙 정렬 레이아웃을 사용해 body 태그에 고정된 너비를 설정하고, 요소를 수평으로 정렬해야 하는 #middle의 overflow 속성에 hidden을 적용합니다. 마지막으로 #left와 #right에 적당한 너비를 설정하고 float 속성을 적용합니다. 또 실행 결과를 효과적으로 살펴보기 위해 배경 색상도 넣습니다.

코드 7-4 oneTrueLayout.html

```
<!DOCTYPE html>
<html>
<head>
    <title>One True Layout</title>
    <style>
        body {
            width: 500px;
            margin: 10px auto;
        }
        #middle { overflow: hidden; }
        #left { float: left; width: 150px; background: red; }
        #right { float: right; width: 350px; background: blue; }

        #top { background: green; }
        #bottom { background: purple; }
    </style>
</head>
<body>
    <div id="top">Lorem ipsum dolor sit amet, consectetur.</div>
    <div id="middle">
        <div id="left">Lorem ipsum dolor sit amet, consectetur.</div>
        <div id="right">Lorem ipsum dolor sit amet, consectetur.</div>
    </div>
    <div id="bottom">Lorem ipsum dolor sit amet, consectetur.</div>
</body>
</html>
```

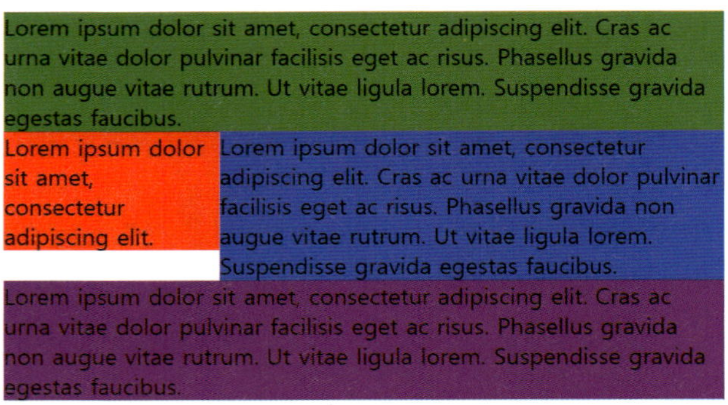

각 태그가 적당한 위치를 찾아 들어가죠? 자손 태그의 너비 총합이 부모 너비가 될 대 가장 좋습니다. [코드 7-4]에서 부모는 너비가 500px입니다. 따라서 #left와 #right의 너비 총합(150px + 350px)이 500px이 되도록 구성했습니다.

One True 레이아웃의 핵심은 각 행을 독립적으로 구성한다는 것입니다. 이를 구현하려면 다음 규칙을 적용해 스타일시트를 작성합니다.

❶ 자손에 float 속성을 적용합니다.

❷ 부모의 overflow 속성에 hidden을 적용합니다.

width 속성과 height 속성을 지정하지 않고 overflow 속성에 hidden을 적용하면 유동 영역을 감쌉니다. [코드 7-4]에서 overflow 속성을 지정하지 않으면 [그림 7-5]와 같이 float 속성을 적용한 자손이 있는 행을 다른 행이 침범합니다.

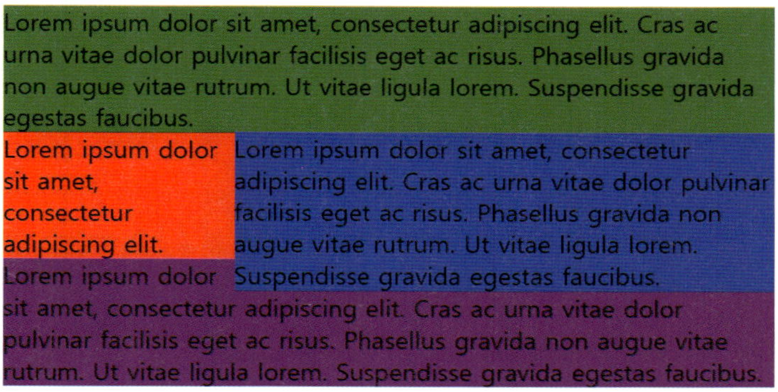

그림 7-5 잘못된 One True 레이아웃

One True 레이아웃의 두 가지 규칙을 기억하고 있으면 어떤 레이아웃이든 개발할 수 있습니다. 중요한 내용이므로 꼭 기억하기 바랍니다.

NOTE Flex 레이아웃

Flex 레이아웃은 HTML5부터 추가된 레이아웃 구성 방법입니다. 인터넷 익스플로러에서는 사용할 수 없지만, 2023년을 기준으로 국내에서 인터넷 익스플로러의 사용 비율이 많이 줄었으므로 개발에 활용해도 문제없습니다.

Flex 레이아웃과 관련된 설명만으로도 책 한 권이 나오므로, 간단하게 [응용 예제 7-3]에서 만든 One True 레이아웃을 Flex 레이아웃으로 바꾸는 방법을 소개하겠습니다.

❶ 부모 태그에 고정된 너비를 지정합니다.
❷ 수평 정렬하는 부모 태그의 display 속성에 flex를 적용합니다.
❸ 자손 태그에 적당한 너비를 입력합니다.

변경한 코드는 다음과 같습니다.

코드 7-5 note_flex.html

```
<!DOCTYPE html>
<html>
<head>
    <title>Layout</title>
    <style>
        body {
            width: 500px;
            margin: 10px auto;
        }
        #middle { display: flex;     }
        #left { width: 150px; background: red; }
        #right { width: 350px; background: blue; }
        #top { background: green; }
        #bottom { background: purple; }
    </style>
</head>
<body>
    <div id="top">Lorem ipsum dolor sit amet, consectetur.</div>
    <div id="middle">
        <div id="left">Lorem ipsum dolor sit amet, consectetur.</div>
        <div id="right">Lorem ipsum dolor sit amet, consectetur.</div>
    </div>
    <div id="bottom">Lorem ipsum dolor sit amet, consectetur.</div>
</body>
</html>
```

Flex 레이아웃으로 다양한 레이아웃을 간단하게 구현할 수 있습니다. 관심이 있다면 추가로 HTML을 공부하면서 다양한 레이아웃을 공부해 보기 바랍니다.

02 요소 배치

요소를 원하는 위치에 배치하는 다양한 방법을 알아보겠습니다.

1 절대 위치를 사용한 요소 배치

절대 위치를 사용한 요소 배치는 6장에서 다루었습니다. "자손의 position 속성에 absolute를 적용하려면 부모의 position 속성에 relative를 적용합니다."라는 규칙이었습니다. 이를 적용한 대표적인 예는 애플 웹 사이트의 제품 소개 페이지입니다.

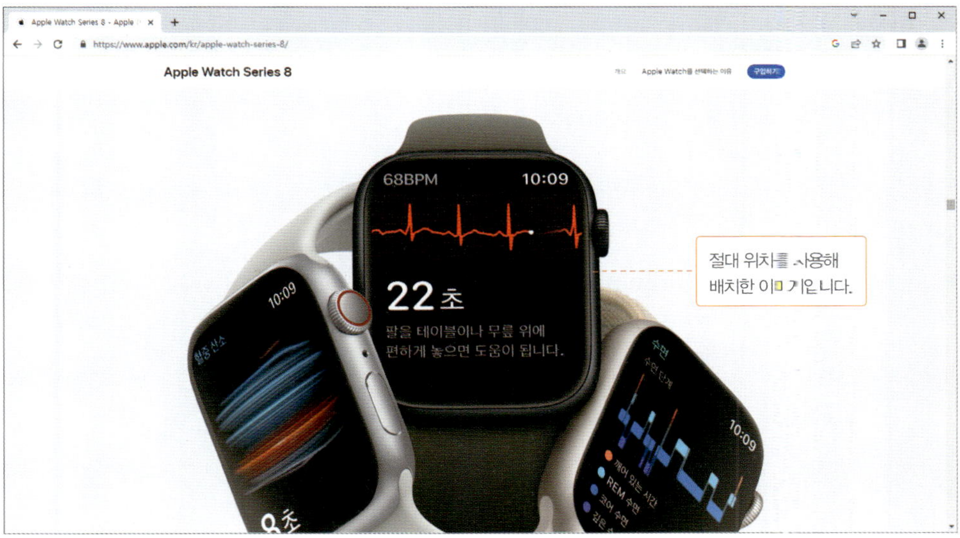

그림 7-6 절대 위치를 사용한 예

응용 예제 7-4 절대 위치를 사용해 요소 배치

이전 장에서 배운 내용을 기반으로 절대 위치를 사용해서 요소를 배치해 보겠습니다. 참고로 원은 div 태그에 border-radius 속성을 적용해 만듭니다.

6장에서 다룬 다음 내용만 기억하고 있다면 손쉽게 만들 수 있습니다.

"자손의 position 속성에 absolute 키워드를 적용하려면 부모에 height 속성을 입력합니다."

이 내용을 적용해 [코드 7-6]과 같이 작성합니다. 자주 사용하는 내용이므로 반드시 기억하세요. 그 외의 부분은 어렵지 않으므로 추가 설명을 생략합니다.

코드 7-6 absolutePosition.html

```
<!DOCTYPE html>
<html>
<head>
    <title>Absolute Position</title>

    <style>
        #container {
            width: 500px; height: 300px;
            border: 3px solid black;
            overflow: hidden;
            position: relative;
        }
        .circle {
            position: absolute;
            width: 100px; height: 100px;
            border-radius: 50% 50%;
        }
        #red {
            background: red;
            left: 20px; top: 20px;
        }
        #green {
            background: green;
            right: 20px; top: 20px;
        }
        #blue {
            background: blue;
            right: 20px; bottom: 20px;
        }
```

```
        #yellow {
            background: yellow;
            left: 20px; bottom: 20px;
        }
    </style>
</head>
<body>
    <h1>Dummy Text</h1>
    <div id="container">
        <div id="red" class="circle"></div>
        <div id="green" class="circle"></div>
        <div id="blue" class="circle"></div>
        <div id="yellow" class="circle"></div>
    </div>
    <h1>Dummy Text</h1>
</body>
</html>
```

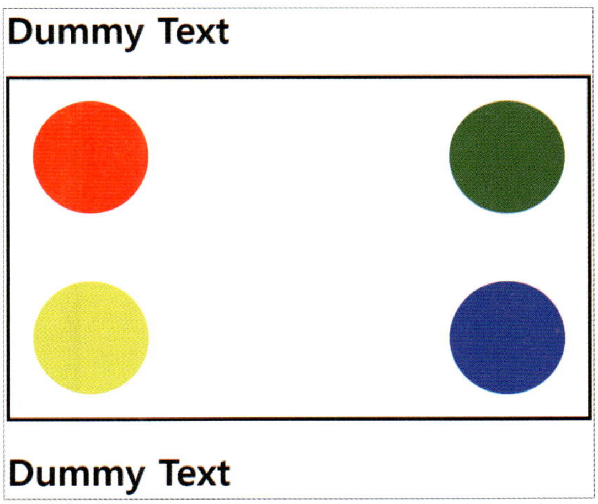

2 요소를 중앙에 배치

다음 과정을 거쳐 요소를 화면 중앙에 배치할 수 있습니다.

❶ 중앙 정렬하려는 div 태그의 position 속성을 absolute로 지정합니다.

❷ left 속성과 top 속성을 모두 50%로 지정합니다.

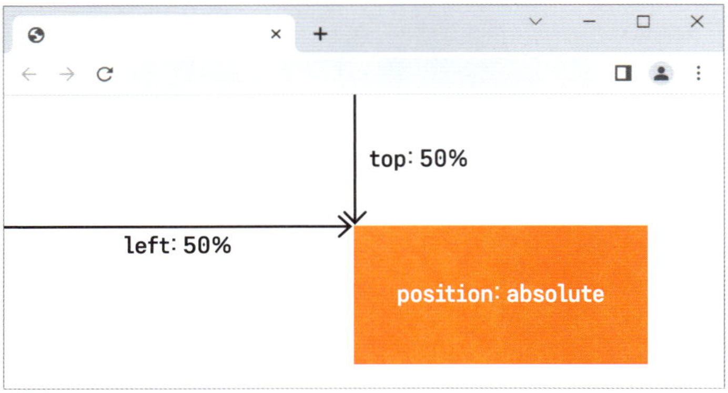

그림 7-7 중앙 배치(1)

❸ 중앙에 정렬하려는 div 태그의 margin-left 속성과 margin-top 속성에 음수를 입력합니다. 그러면 요소가 왼쪽 위로 끌어당겨지면서 요소 중심이 페이지 중앙에 위치합니다. 이때 입력하는 값은 div 태그 너비와 높이의 정확히 절반이어야 합니다.

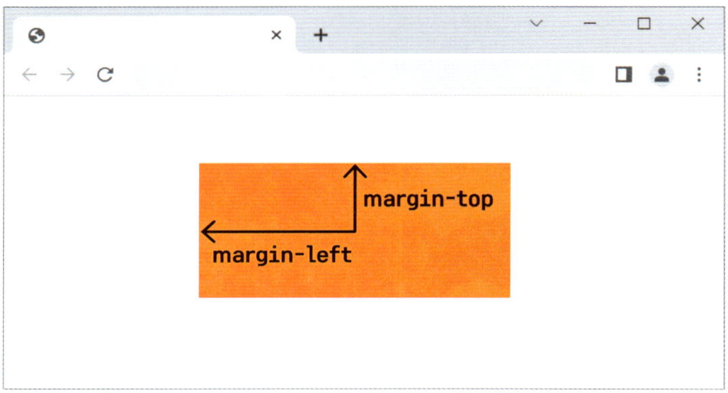

그림 7-8 중앙 배치(2)

응용 예제 7-5 요소의 중앙 배치

앞서 설명한 요소를 중앙에 배치하는 과정을 구현하면 [코드 7-7]과 같습니다.

코드 7-7 absolutePosition_align.html

```
<!DOCTYPE html>
<html>
<head>
    <title>Absolute Position</title>
    <style>
        /* 초기화 */
        * { margin: 0; padding: 0; }

        /* 주제 */
        body { background: red; }

        #container {
            /* 색상 및 크기 적용 */
            width: 500px; height: 250px;
            background: orange;

            /* 위치 설정 */
            position: absolute;
            left: 50%; top: 50%;
            margin-left: -250px;
            margin-top: -125px;
        }
    </style>
</head>
<body>
    <div id="container">
        <h1>요소의 중앙 배치</h1>
    </div>
</body>
</html>
```

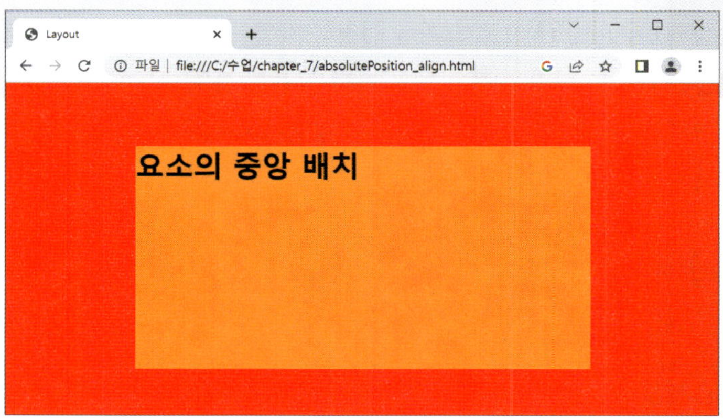

3 요소를 고정 위치에 배치

고정 바는 웹 페이지의 상하좌우에 붙어서 사용자를 따라다니는 요소로, 인터넷 쇼핑몰이나 웹 응용 프로그램에서 많이 사용합니다. [그림 7-9]의 쿠팡 웹 사이트는 아래쪽에 다른 페이지로 이동할 수 있는 버튼이 고정되어 있습니다.

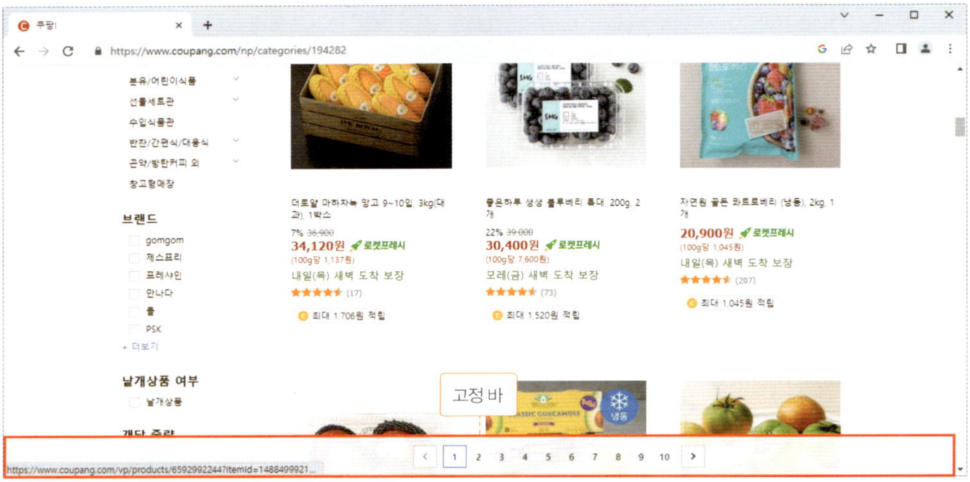

그림 7-9 고정 바 사용 예

응용 예제 7-6 고정 바 배치

고정된 바를 만드는 방법은 간단합니다. 우선 position 스타일 속성에 fixed를 적용하고 left 속성, top 속성, right 속성, bottom 속성에 값을 입력해 위치를 설정합니다. 이어서 width 속성과 height 속성으로 크기를 설정하면 됩니다. [코드 7-8]과 같이 작성한 후 실행하면 스크롤을 내려도 바가 고정된 채로 따라옵니다. 쉬운 코드이므로 조금만 살펴보면 금세 이해할 수 있을 것입니다. 고정 바를 만드는 방법을 이해한 후에는 요소를 넣어 보거나 오른쪽과 아래쪽에 고정 바를 만들어 보세요.

코드 7-8 fixedBar.html

```
<!DOCTYPE html>
<html>
<head>
```

```
    <title>Fixed Bar</title>
    <style>
        .container {
            margin-top: 50px;
            margin-left: 50px;
        }

        .top_bar {
            background: red;
            position: fixed;
            left: 0; top: 0; right: 0;
            height: 50px;
        }

        .left_bar {
            background: blue;
            position: fixed;
            left: 0; top: 50px; bottom: 0;
            width: 50px;
        }
    </style>
</head>
<body>
    <div class="top_bar"></div>
    <div class="left_bar"></div>
    <div class="container">
        <p>Lorem ipsum dolor sit amet.</p>
        <p>Proin ut quam feugiat, tincidunt dolor nec.</p>
        <p>Fusce elementum pretium diam vitae facilisis.</p>
        <p>Mauris non lobortis lectus.</p>
    </div>
</body>
</html>
```

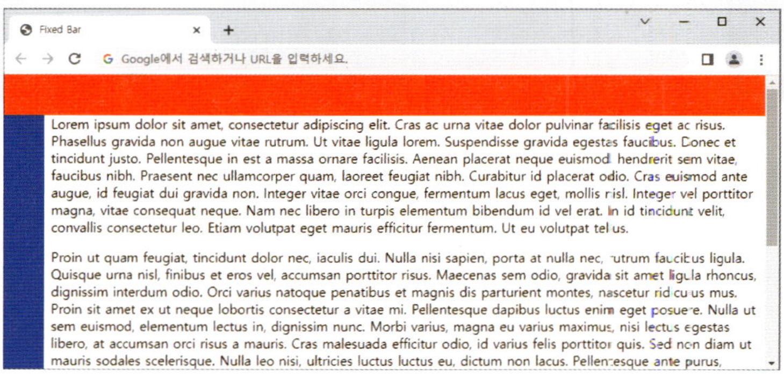

03 글자 생략

인터넷을 돌아다니다 보면 게시판의 목록 페이지나 [그림 7-10]과 같이 모바일 페이지에서 글자가 생략된 모습을 자주 볼 수 있습니다. 이는 한 행을 넘어가는 글자를 자동으로 생략하는 기능입니다.

그림 7-10 글자 생략 예

응용 예제 7-7 글자 생략

글자를 생략하는 기능은 [코드 7-9]와 같이 ellipsis 클래스를 만들면 쉽게 구현할 수 있습니다. 너비가 300px을 넘어가는 글자는 '...'으로 처리되어 생략됩니다.

코드 7-9 ellipsis.html

```
<!DOCTYPE html>
<html>
<head>
```

```
    <title>Ellipsis</title>
    <style>
        h1, p {
            width: 300px;
        }

        .ellipsis {
            white-space: nowrap;
            overflow: hidden;
            text-overflow: ellipsis;
        }
    </style>
</head>
<body>
    <h1 class="ellipsis">Lorem ipsum dolor sit amet, consectetur</h1>
    <p class="ellipsis">Lorem ipsum dolor sit amet, consectetur</p>
</body>
</html>
```

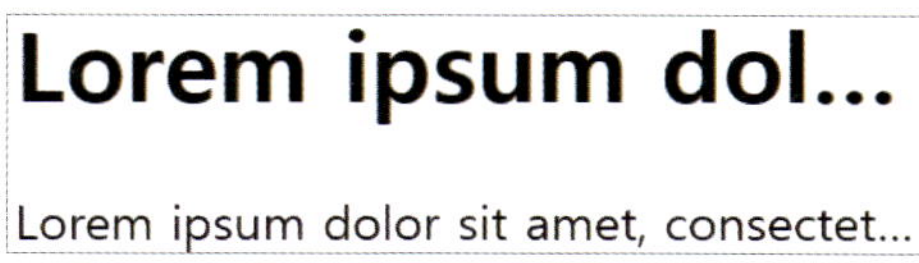

요약

01 요소를 수평으로 정렬할 때, 자손에게는 float 속성을 지정하고 부모의 (   ) 속성에 hidden을 적용합니다.

02 요소를 너비의 중앙에 배치할 때, width 속성을 부여하고 (   ) 속성을 '0 auto'로 입력합니다.

03 (   ) 레이아웃은 행을 독립적으로 생각해서 공간을 나누는 레이아웃입니다. 국내 모든 포털 사이트의 메인 페이지는 이 레이아웃을 사용합니다.

04 자손의 position 속성에 absolute를 적용하여 절대 위치를 사용하려면 부모에 (   ) 속성을 입력하고, 부모의 position 속성에 (   )를 적용합니다.

05 div 요소를 화면 중앙에 배치하려면, position 속성을 (   )로 지정하고 left 속성과 top 속성을 모두 (   )로 지정합니다. 그런 다음, (   ) 속성과 margin-top 속성에 음수를 입력하여 요소 중심이 페이지 중앙에 위치하도록 끌어당깁니다.

06 고정 바를 만들 때 position 속성에 (   )를 적용하고 위치를 설정합니다.

07 특정한 너비를 넘어가는 글자를 자동으로 생략하려면 (   ) 클래스를 만듭니다.

01 다음 문장에 ○×를 표시하시오.

(1) 어떤 요소를 수평으로 정렬할 때는 자손에게 float 속성을 지정하고, 부모의 overflow 속성은 hidden으로 적용합니다. (　　　)

(2) 어떤 요소를 화면 중앙에 정렬하고 싶을 때는 { margin: auto }를 사용합니다. (　　　)

(3) 절대 위치로 요소를 배치할 때는 { position: absolute }를 사용합니다. (　　　)

(4) 요소를 고정 위치에 배치할 때는 { position: fixed }를 사용합니다. (　　　)

02 다음과 같은 포털 사이트 메인 페이지의 기본 형태를 단계별로 구현하시오.

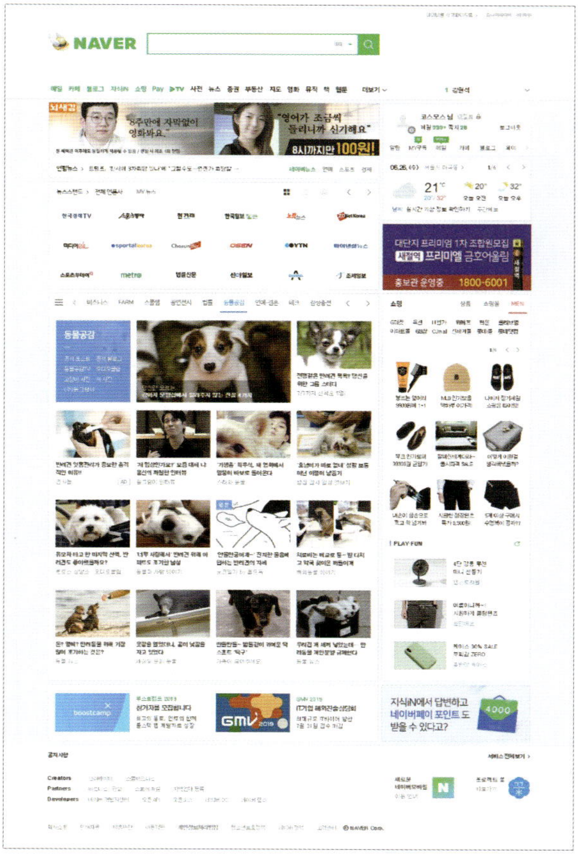

연습문제

(1) 다음 코드에 스타일을 적용해 그림과 같이 레이아웃을 구성합니다(색상은 원하는 대로 지정합니다). 처음 레이아웃을 구성하면 조금 어려울 수 있으므로, 간단하게 지시 사항 1~7을 붙여 나타냈습니다. 차근차근 만들어 보세요.

```
<!-- 1. 너비 1080px의 컨테이너를 만듭니다. -->
<!-- 2. 컨테이너를 중앙 정렬합니다. -->
<!-- 3. 아래 margin을 8px로 줍니다. -->
<div class="container">
    <!-- 4. div.left를 왼쪽에 붙이고 -->
    <!-- 5. 너비 740px, 높이 428px로 크기를 잡습니다. -->
    <div class="left"></div>
    <!-- 6. div.right를 오른쪽에 붙이고 -->
    <!-- 7. 너비 332px, 높이 428px로 크기를 잡습니다. -->
    <div class="right"></div>
</div>
```

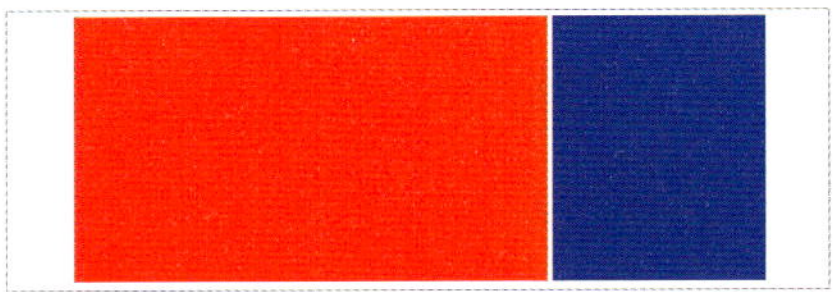

(2) 다음 코드에 스타일을 적용해 그림과 같이 레이아웃을 구성합니다(색상은 원하는 대로 지정합니다). 처음 레이아웃을 구성하면 조금 어려울 수 있으므로, 간단하게 지시 사항 1~11을 붙여 나타냈습니다. 차근차근 만들어 보세요.

```
<!-- 1. div.container는 이전 문제와 같습니다. -->
<div class="container">
    <!-- 2. ul.gnb 태그를 왼쪽에 붙입니다. -->
    <!-- 3. 위아래 padding을 8px로 줍니다. -->
    <!-- 4. 왼쪽 오른쪽 padding을 0px로 줍니다. -->
    <ul class="gnb">
        <!-- 5. 내부의 li 태그들은 list-style-type을 none으로 지정합니다. -->
        <!-- 6. 내부의 li 태그들은 왼쪽으로 붙여서 나란하게 만듭니다. -->
        <!-- 7. 내부의 li 태그들은 왼쪽 padding을 16px로 줍니다. -->
        <!-- 8. 첫 번째 요소는 왼쪽 padding을 0px로 줍니다. -->
        <li>메일</li>
```

```
            <li>카페</li>
            <li>블로그</li>
            <li>쇼핑</li>
            <li>사전</li>
            <li>뉴스</li>
            <li>증권</li>
            <li>부동산</li>
            <li>지도</li>
        </ul>
        <!-- 9. ul.rank 태그는 오른쪽에 붙입니다. -->
        <!-- 10. 위아래 padding을 8px로 줍니다. -->
        <ul class="rank">
            <!-- 11. 내부의 li 태그들은 list-style-type을 none으로 지정합니다. -->
            <li>실시간 검색 순위</li>
        </ul>
    </div>
```

(3) (1)번 문제와 (2)번 문제를 결합한 후 위아래에 헤더(머리말)와 푸터(꼬리말)를 추가해 그림과 같이 레이아웃을 구성합니다. 처음 레이아웃을 구성하면 조금 어려울 수 있으므로, 간단하게 지시 사항을 붙였습니다. 차근차근 만들어 보세요.

```
    <!-- 추가합니다. -->
    <!-- 별다른 스타일 처리는 없습니다. -->
    <div class="container">
        <h1>Logo</h1>
    </div>
    <!-- (2)번 문제와 같습니다. -->
    <div class="container">
        <ul class="gnb">
            <li>메일</li>
            ...생략...
           <li>지도</li>
        </ul>
        <ul class="rank">
```

```
            <li>실시간 검색 순위</li>
        </ul>
    </div>
    <!-- (1)번 문제와 같습니다. -->
    <div class="container">
        <div class="left"></div>
        <div class="right"></div>
    </div>
    <!-- (1)번 문제와 같습니다: 2개 배치했습니다. -->
    <div class="container">
        <div class="left"></div>
        <div class="right"></div>
    </div>
    <!-- 추가합니다. -->
    <div class="container">
        <!-- 높이를 80px로 지정했습니다. -->
        <div class="footer"></div>
    </div>
```

(4) 굉장히 간단하게 기본 형태를 구현해 보았습니다. 실제 네이버 웹 사이트를 보면, 사각형들의 높이가 조금 다를 것입니다. 최대한 비슷하게 맞춘 후 다른 웹 사이트의 디자인도 분석해서 이러한 형태로 레이아웃을 구성해 보세요. 빨간색 사각형의 너비(740px)와 파란색 사각형의 너비(332px)를 합치면 1072px이 됩니다. 여기에 마진으로 지정했던 8px을 더하면, 1080px이 되어 div.container 태그의 너비와 같게 됩니다. 이러한 형태로 숫자를 조금씩 계산해 가면서 여백을 맞추어 보세요.

03 구글 검색이나 ChatGPT 등을 활용해서 다음 내용을 직접 찾아보시오.

(1) CSS Flexbox 레이아웃

(2) CSS Grid 레이아웃

CHAPTER 08
반응형 웹

학습목표

- 미디어 쿼리가 무엇인지 살펴봅니다.
- 반응형 웹을 구현하는 방법을 이해합니다.

PREVIEW

현대 웹 브라우저는 '미디어 쿼리media query' 기능을 지원합니다. 미디어 쿼리는 미디어 타입media type에 따라 CSS를 달리 적용할 수 있는 기능입니다. 미디어 쿼리를 사용하면 프린터, 데스크톱, 스마트폰, 태블릿PC, 시청각 장애인용 웹 브라우저에 적합한 웹 사이트를 구축할 수 있습니다.

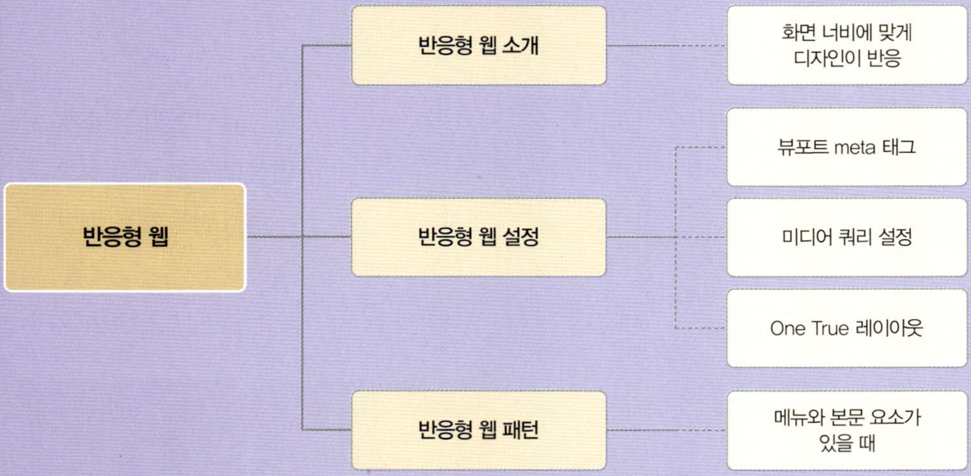

01 반응형 웹 소개

반응형 웹은 웹 페이지 하나로도 데스크톱, 태블릿PC, 스마트폰에 맞게 디자인이 자동으로 반응해서 변경되는 웹 페이지를 의미합니다. 예를 들어 http://d2.naver.com/home을 접속하면 [그림 8-1]과 같이 화면 너비에 따라 웹 페이지의 레이아웃이 변경되어 출력됩니다.

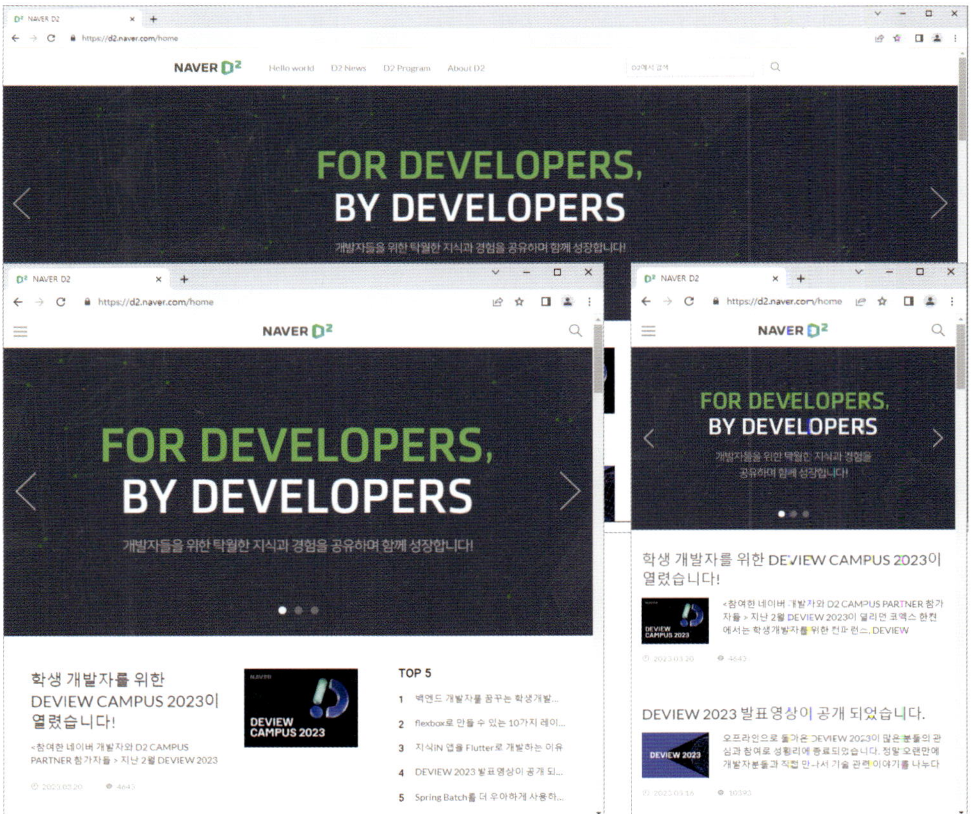

그림 8-1 화면 너비에 따라 레이아웃이 변경되는 반응형 웹

스마트폰 등장 이후 장치가 굉장히 다양해져 해상도 크기 및 비율이 제각각 다른 경우가 생겼습니다. 페이지를 하나만 개발해도 여러 장치(예: 데스크톱, 스마트폰, 태블릿PC)에 대응할 수 있다면 개발 효율성은 물론 유지 보수적 측면에서 큰 장점이 됩니다. 일반적으로 사용자에게 정보를 보여 주는 신문사 웹 사이트, 블로그 웹 사이트, 메일 웹 사이트 등은 반응형 웹으로 만들어집니다.

이러한 반응형 웹 페이지는 미디어 쿼리media query를 사용해 개발합니다. 미디어 쿼리를 사용하면 스마트폰의 방향 파악은 물론 시각 장애인 전용 웹 페이지 개발 등에 활용할 수 있습니다.

02 반응형 웹을 위한 설정

1 meta 태그

meta 태그는 웹 페이지에 추가 정보를 제공할 때 사용합니다. 예를 들어 국내 블로그 웹 사이트인 티스토리에서는 글의 소스 보기를 누르면 title 태그 바로 아래쪽에 [그림 8-2]의 (a)와 같이 meta 태그가 있습니다. 검색 엔진이 이 웹 페이지를 읽을 때 제목과 내용을 뽑아 (b)가 검색되게 합니다.

(a)

```
<meta name="title" content="ITCookbook HTML5 프로그래밍을 위한 페이지">
<meta name="description" content="meta 태그의 title 속성과 description 속성입니다.">
```

(b)

ITCookbook HTML5 프로그래밍을 위한 페이지
http://test.test.test.co.kr ▾
2017.12.09 meta 태그의 title 속성과 description 속성입니다.

그림 8-2 meta 태그를 읽은 검색 엔진

meta 태그에는 이 외에도 다양한 기능이 있지만, 대부분 서버와 연동해서 처리하는 경우가 많으므로 자세한 내용은 생략합니다. 책에서는 뷰포트와 관련한 meta 태그 설정만 알아보겠습니다.

2 뷰포트 태그

페이스북 모바일 페이지, 트위터 모바일 페이지, 네이버 모바일 페이지, 다음 모바일 페이지 등을 보면 title 태그 아래쪽에 meta 태그가 있습니다. 이처럼 name 속성에 viewport가 입력된 meta 태그를 viewport meta 태그라고 합니다.

```
<meta name="viewport" content="user-scalable=no,initial-scale=1,maximum-scale=1">
```

viewport meta 태그의 content 속성에는 [표 8-1]과 같은 값을 입력할 수 있습니다.

표 8-1 viewport meta 태그에 입력할 수 있는 값

값	설명	예
width	화면 너비	width=240
height	화면 높이	height=800
initial-scale	초기 확대 비율	initial-scale=2.0
user-scalable	확대 및 축소 가능 여부	user-scalable=no
minimum-scale	최소 축소 비율	minimum-scale=1.0
maximum-scale	최대 확대 비율	maximum-scale=2.0
target-densitydpi	DPI 지정	target-densitydpi=medium-dpi

기본 예제 8-1 뷰포트 설정

1 viewport meta 태그 사용하지 않기 먼저 [코드 8-1]과 같이 viewport meta 태그를 입력하지 않고 웹 페이지를 만들어 실행합니다. 스마트폰으로 인터넷을 돌아다니다가 접할 수 있는 정상적이지 않은 페이지 형태입니다.

코드 8-1 without_meta.html

```
<!DOCTYPE html>
<html>
<head>
    <title>Viewport Meta</title>
</head>
<body>
    <h1>Lorem ipsum dolor sit amet</h1>
    <p>Lorem ipsum dolor sit amet, consectetur adipiscing elit.</p>
</body>
</html>
```

2 viewport meta 태그 사용하기 viewport meta 태그를 추가합니다. 이제 스마트폰에서도 정상적인 크기로 볼 수 있습니다. user-scalable을 no로 입력했으므로 확대·축소를 할 수 없습니다. 그런데 해당 웹 페이지에서 과거에 확대·축소한 기록이 있다면, 스마트폰의 웹 브라우저가 이를 기록해서 확대·축소된 상태로 웹 페이지를 출력할 수 있습니다. 이때도 user-scalable을 no로 입력했기에 확대·축소가 되지 않으므로, initial-scale을 1로 지정해서 초기 출력 크기를 기본 값으로 설정했습니다.

코드 8-2 with_meta.html

```
<!DOCTYPE html>
<html>
<head>
    <title>Viewport Meta</title>
    <meta name="viewport" content="user-scalable=no,initial-scale=1">
</head>
<body>
    <h1>Lorem ipsum dolor sit amet</h1>
    <p>Lorem ipsum dolor sit amet, consectetur adipiscing elit.</p>
</body>
</html>
```

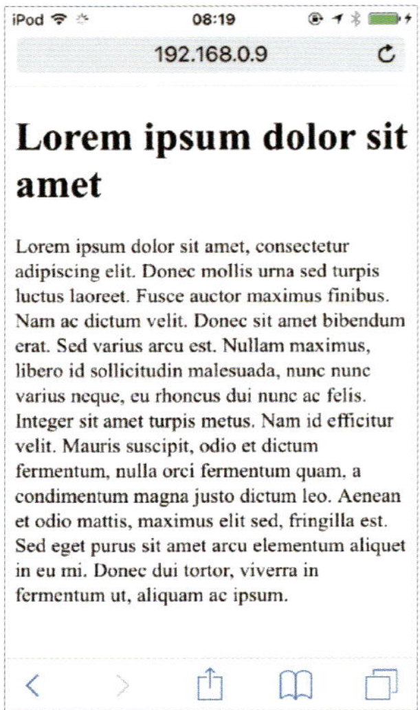

NOTE 지원하지 않는 스마트폰의 웹 브라우저

251쪽의 viewport meta 태그는 페이스북 모바일 페이지에 적혀 있는 viewport meta 태그입니다. 굉장히 단순합니다. 네이버 모바일 페이지에는 다음 코드와 같이 viewport meta 태그가 입력되어 있습니다.

```
<meta name="viewport" content="width=device-width,initial-scale=1.0,minimum-
scale=1.0,maximum-scale=1.0,user-scalable=no">
```

네이버의 viewport meta 태그는 조금 복잡합니다. 읽다 보면 다음과 같이 생각할 수 있습니다.

"확대 및 축소 가능 여부가 no인데 왜 최소 축소 비율과 최대 확대 비율을 또 적나요?"

사실 맞는 말입니다. 표준에 따르면 user-scalable과 initial-scale만 입력하면 사용자는 기본 비율에서 확대·축소하지 못하는 웹 페이지를 제공받아야 합니다. 하지만 실제로는 그렇지 못합니다. 웹 브라우저에 따라 HTML 페이지를 제대로 읽고 구현하지 못할 때가 있기 때문입니다.

과거 프로젝트를 진행할 때, 테스트 장비가 나오기 전이라서 필자에게 있는 스마트폰으로 테스트한 적이 있습니다. 그런데 user-scalable을 no로 입력했는데도 웹 페이지가 확대·축소되었습니다. 무언가 잘못한 것이 있는지 서버 캐시 설정부터 3일 넘게 살펴보았습니다.

여러 장비로 테스트하다가 깨달은 것은 '내 스마트폰에서만 안 된다'는 것이었습니다. 결국 minimum-scale과 maximum-scale을 1.0으로 지정해서 문제를 해결했습니다.

이 스마트폰을 제작한 회사의 개발자가 웹 브라우저를 만들 때 user-scalable 속성을 깜빡한 것입니다. 웹 브라우저 개발자의 실수이기에 해당 개발자에게 "문제가 있으니 빨리 대처해 주세요." 하고 말했습니다. 하지만 곧바로 대처할 수 없고 사용자가 업데이트하지 않으면 소용없으므로 meta 태그에 잔뜩 적어 두는 임시방편만 취했습니다.

2015년 이후로는 모든 안드로이드 스마트폰이 구글에서 제공하는 웹 브라우저를 사용하므로, 이러한 문제가 줄어들기는 했습니다. 그러나 자동차와 게임기 등에 탑재되어 있는 웹 브라우저는 아직도 불완전한 부분이 많습니다. 따라서 차라리 잔뜩 적어 두는 것이 더 마음 편합니다.

참고로 필자도 viewport meta 태그의 모든 속성을 외우지는 못합니다. 개발할 때 페이스북 모바일 페이지 등을 열어 [소스 보기]를 선택하고 복사해서 사용합니다. 그래도 눈으로 봤을 때 '이것은 이러한 의미이다'라고 알 수 있을 정도로는 기억하기 바랍니다.

3 미디어 쿼리 설정

웹 페이지가 표시되는 장치에 '반응'하도록 하여 반응형 웹을 구현할 수 있는데, 이때 미디어 쿼리를 사용합니다. 미디어 쿼리는 두 가지 방법으로 사용할 수 있습니다. 바로 @media 규칙과 media 속성입니다. 여기서 @media 규칙은 @-규칙의 일종입니다(at-rule이라 읽습니다).

@-규칙이란 스타일시트 내부에서 특정한 규칙을 표현하는 데 사용하고, @로 시작합니다. 외부 스타일을 가져오는 @import 규칙, 글꼴을 추가로 정의하는 @font-face 규칙 등이 있습니다.

```
@media (<미디어 쿼리>) {
    <CSS 코드>
}
```

media 속성은 link 태그에 입력해서 해당 미디어 쿼리 조건에 맞는 장치에서만 CSS 파일을 불러올 때 사용합니다.

```
<link rel="stylesheet" href="<파일 이름>" media="<미디어 쿼리>">
```

기본 예제 8-2 모니터와 프린터 구별

모니터를 나타내는 'screen'과 프린터를 나타내는 'print'를 구별해서 사용해 봅시다.

1 @media 규칙을 사용한 미디어 쿼리 사용하기 [코드 8-3]은 @media 규칙을 사용해 화면에서는 빨간색 배경을 출력하고, 인쇄할 때는 초록색 배경을 출력합니다. 초록색 배경은 웹 브라우저에서 Ctrl+P를 눌러 미리보기 화면에서도 확인할 수 있습니다(잉크를 절약하려고 '배경 그래픽' 옵션을 미지정했으면 보이지 않습니다).

코드 8-3 at_media_rule.html

```html
<!DOCTYPE html>
<html>
<head>
    <title>Media Type</title>
    <style>
        @media screen {
            body { background-color: red; }
        }

        @media print {
            body { background-color: green; }
        }
    </style>
</head>
<body>
    <h1>Lorem ipsum dolor sit amet</h1>
    <p>Lorem ipsum dolor sit amet, consectetur adipiscing elit.</p>
</body>
</html>
```

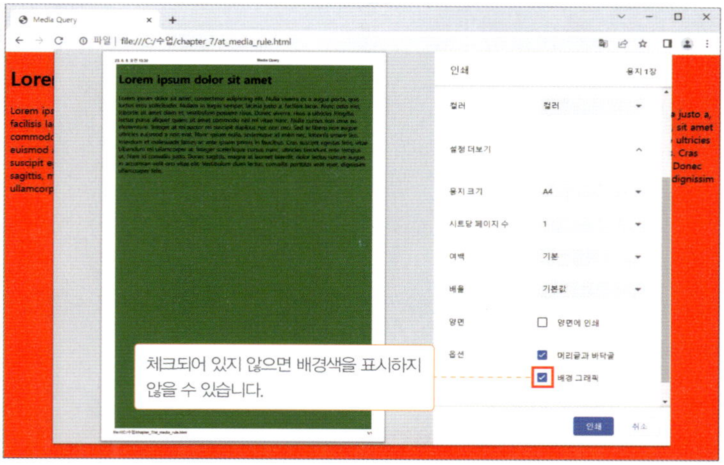

2 media 속성을 사용한 미디어 쿼리 사용하기 [코드 8-3]을 media 속성으로 구현하면 [코드 8-4]와 같습니다. 물론 이때 href 속성에 입력하는 파일은 별도로 구성해야 합니다. 실행 결과는 [코드 8-3]의 실행 결과와 동일합니다.

코드 8-4 media_attribute.html

```
<!DOCTYPE html>
<html>
<head>
    <title>Media Type</title>
    <link rel="stylesheet" href="screen.css" media="screen">
    <link rel="stylesheet" href="print.css" media="print">
</head>
<body>
    <h1>Lorem ipsum dolor sit amet</h1>
    <p>Lorem ipsum dolor sit amet, consectetur adipiscing elit.</p>
</body>
</html>
```

코드 8-5 screen.css

```
@media screen {
    body {
        background-color: red;
    }
}
```

코드 8-6 print.css

```
@media print {
    body {
        background-color: green;
    }
}
```

[기본 예제 8-2]에서 screen과 print 미디어 타입을 사용해 보았습니다. HTML은 이전부터 [표 8-2]와 같이 다양한 미디어 타입을 지원했습니다.

표 8-2 지원하는 미디어 타입

미디어 타입	설명
all	모든 장치
aural	음성 장치
braille	표시 전용 점자 장치
handheld	손으로 들고 다니는 작은 장치
print	프린터
projection	프로젝터
screen	화면
tty	터미널 등 그림을 띄울 수 없는 장치
tv	텔레비전
embossed	인쇄 전용 점자 장치

이러한 미디어 타입은 [표 8-3]과 같이 only 연산자, not 연산자와 함께 사용할 수 있습니다.

표 8-3 미디어 타입 연산자

연산자	설명
only	'해당 장치에서만'을 나타냄
not	'해당 장치를 제외한'을 나타냄

연산자를 입력하지 않으면 기본적으로 only가 적용되므로 딱히 입력할 필요는 없습니다. 추가로 미디어 타입 자체는 그렇게 많이 사용하지 않습니다. [표 8-2]를 보면 알겠지만 screen과 handheld를 제외하면 대부분 특수한 사용자 전용입니다. 시장성이 없다고 판단해서 추가 비용을 들이지 않는 것입니다.

다만 수익성과 시장성에만 너무 주목하면 소수자를 배제한 웹 사이트를 만들게 됩니다. 예를 들어 장애인이 함께 사용하는 웹 사이트를 개발하려면 음성 장치, 점자 장치 등 스타일시트도 살펴보세요. 규칙이 많이 다르므로 이 책에서는 설명을 생략합니다.

미디어 타입 이외에도 미디어 특징media feature을 사용할 수 있습니다. [표 8-4]와 같은 미디어 특징이 있습니다.

표 8-4 미디어 특징

미디어 특징	설명
width	화면 너비
height	화면 높이
device-width	장치 너비
device-height	장치 높이
orientation	장치 방향
device-aspect-ratio	화면 비율
color	장치 색상 비트
color-index	장치에서 표현 가능한 최대 색상 개수
monochrome	흑백 장치의 픽셀당 비트 개수
resolution	장치 해상도

[표 8-4]에서 언급한 속성 중에 orientation을 제외한 모든 속성에 min 접두사와 max 접두사를 붙일 수 있으며, and 연산자를 사용해 조건을 합칠 수도 있습니다. 그리고 이를 사용하면 반응형 웹도 구축할 수 있습니다. 말로는 어려울 수 있으니 간단한 예제를 살펴봅시다.

다음은 미디어 특징을 사용해 장치를 구분하는 몇 가지 예입니다. 여기서 768px과 960px은 태블릿PC 너비 기준입니다. 대부분의 장치가 이러한 너비를 지키므로 웹 페이지도 이 규칙에 맞게 미디어 쿼리를 사용합니다.

1 다음 link 태그는 화면이면서 최대 너비가 767px일 때 phone.css 파일을 불러옵니다.

```
<link rel="stylesheet" href="phone.css" media="screen and (max-width: 767px)">
```

2 다음 link 태그는 화면이면서 최소 너비가 768px, 최대 너비가 959px일 때 tablet.css 파일을 불러옵니다.

```
<link rel="stylesheet" href="tablet.css" media="screen and (min-width: 768px)
and (max-width: 959px)">
```

3 다음 link 태그는 화면이면서 최소 너비가 960px일 때 desktop.css 파일을 불러옵니다.

```
<link rel="stylesheet" href="desktop.css" media="screen and (min-width: 960px)">
```

기본 예제 8-3 스마트폰, 태블릿PC, 데스크톱 구분

[코드 8-7]은 스마트폰에서는 빨간색 배경을 적용하고, 태블릿PC 세로 화면에서는 초록색 배경을 적용하며, 태블릿PC 가로 화면과 데스크톱에서는 파란색 배경을 적용합니다.

코드 8-7 media_feature.html

```
<!DOCTYPE html>
<html>
<head>
    <title>Media Feature</title>
    <meta name="viewport" content="user-scalable=no,initial-scale=1,maximum-
scale=1">
    <style>
        /* 스마트폰 */
        @media screen and (max-width: 767px) {
            body { background-color: red; }
        }

        /* 태블릿PC */
```

```
        @media screen and (min-width: 768px) and (max-width: 959px) {
            body { background-color: green; }
        }
        /* 데스크톱 */
        @media screen and (min-width: 960px) {
            body { background-color: blue; }
        }
    </style>
</head>
<body>
    <h1>Lorem ipsum dolor sit amet</h1>
    <p>Lorem ipsum dolor sit amet, consectetur adipiscing elit.</p>
</body>
</html>
```

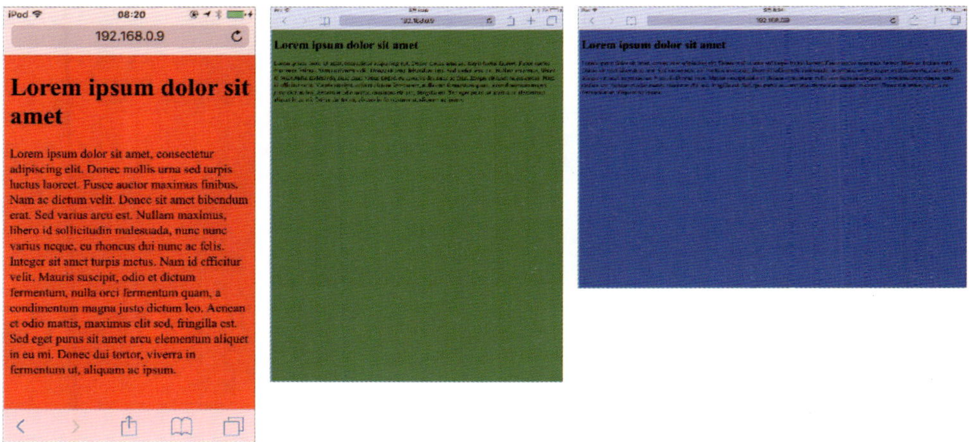

기본 예제 8-4 화면 방향 전환

[코드 8-8]은 orientation 속성을 사용해 화면 방향에 따라 다른 배경 색상을 적용합니다.

코드 8-8 orientation.html

```
<!DOCTYPE html>
<html>
<head>
```

```
        <title>Media Feature</title>
        <meta name="viewport" content="user-scalable=no,initial-scale=1,maximum-scale=1">
        <style>
            @media screen and (orientation: portrait) {
                body { background-color: red; }
            }
            @media screen and (orientation: landscape) {
                body { background-color: green; }
            }
        </style>
    </head>
    <body>
        <h1>Lorem ipsum dolor sit amet</h1>
        <p>Lorem ipsum dolor sit amet, consectetur adipiscing elit.</p>
    </body>
    </html>
```

NOTE 일반적인 미디어 쿼리 작성 순서

미디어 특징은 HTML5와 CSS3부터 적용할 수 있습니다. 따라서 구 버전의 웹 브라우저에서는 미디어 특징을 제대로 인식하지 못합니다. 보통 웹 페이지는 일단 '데스크톱 전용'으로 만들고, 미디어 쿼리에 스마트폰과 태블릿PC에 적용하는 스타일을 입력합니다.

```
<style>
    /* 데스크톱 */
    body {
        background-color: blue;
    }

    /* 스마트폰 */
    @media screen and (max-width: 767px) {
        body {
            background-color: red;
        }
    }

    /* 태블릿PC */
    @media screen and (min-width: 768px) and (max-width: 959px) {
        body {
            background-color: green;
        }
    }
</style>
```

03 반응형 웹 패턴

지금까지 반응형 웹을 만드는 기본 요소를 살펴보았습니다. 이 절에서는 이러한 요소를 조합해 어떻게 반응형 웹을 구축할 수 있는지 살펴보겠습니다.

일단 블로그와 뉴스, 정보 전달 웹 페이지는 메뉴와 본문이라는 요소가 존재합니다. 일반적으로 왼쪽에 메뉴, 오른쪽에 본문이 있거나 왼쪽에 본문, 오른쪽에 메뉴가 있는 형태로 출력됩니다. 그리고 화면이 작아졌을 때는 반응형 웹을 사용해서 메뉴가 위쪽 또는 아래쪽으로 들어갑니다.

다음 두 예를 살펴봅시다. [그림 8-3]의 부트스트랩 웹 사이트는 메뉴가 왼쪽에 있다 화면을 좁게 했을 때는 위쪽으로 이동합니다. [그림 8-4]의 네이버D2 웹 사이트는 메뉴가 오른쪽에 있다가 화면을 좁게 했을 때는 아래쪽으로 이동합니다.

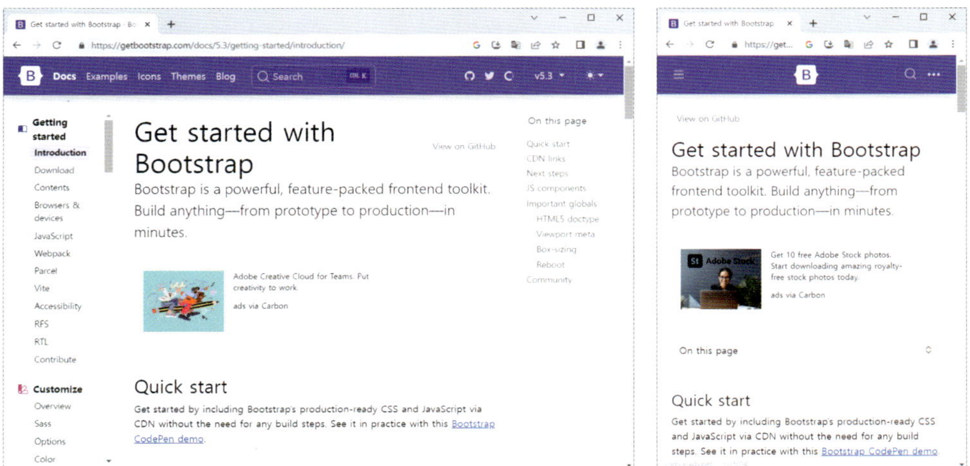

그림 8-3 화면이 작아졌을 때 왼쪽 메뉴가 위쪽으로 이동(http://getbootstrap.com/docs)

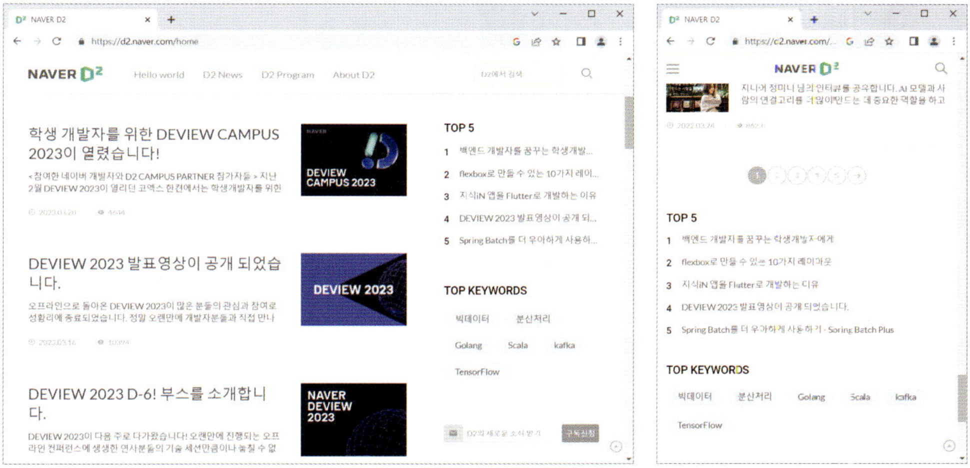

그림 8-4 화면이 작아졌을 때 오른쪽 메뉴가 아래쪽으로 이동(http://d2.naver.com/home)

이러한 결과를 생각하면, 다음과 같이 반응형 웹 패턴을 4개 만들 수 있을 것입니다.

❶ 너비가 넓은 화면(데스크톱)에서는 메뉴가 왼쪽, 너비가 좁은 화면(모바일 장치)에서는 메뉴가 위쪽

❷ 너비가 넓은 화면(데스크톱)에서는 메뉴가 오른쪽, 너비가 좁은 화면(모바일 장치)에서는 메뉴가 위쪽

❸ 너비가 넓은 화면(데스크톱)에서는 메뉴가 왼쪽, 너비가 좁은 화면(모바일 장치)에서는 메뉴가 아래쪽

❹ 너비가 넓은 화면(데스크톱)에서는 메뉴가 오른쪽, 너비가 좁은 화면(모바일 장치)에서는 메뉴가 아래쪽

이를 직접 하나하나 구현해 봅시다. 일단 위치를 잡을 때는 다음 규칙을 생각해 주세요.

- HTML 태그 구성은 모바일 장치를 기준으로 합니다(이를 '모바일 퍼스트'라 부르기도 합니다).
- float 태그의 left와 right를 활용해 적당한 위치에 놓아둡니다.

반응형 웹을 구축할 때 가장 중요한 속성은 바로 float입니다. float 속성을 제대로 사용해야 각 요소를 원하는 위치에 놓을 수 있습니다. 그럼 간단한 패턴을 몇 가지 살펴봅시다.

기본 예제 8-5 반응형 웹 패턴 ❶

데스크톱에서는 메뉴가 왼쪽에 있고, 모바일 장치에서는 메뉴가 위쪽에 있는 패턴의 페이지입니다.

코드 8-9 pattern1.html

```
<!DOCTYPE html>
<html>
<head>
    <title>패턴1</title>
    <meta name="viewport" content="user-scalable=no,initial-scale=1,maximum-
scale=1">
    <style>
        * {
            margin: 0;
            padding: 0;
        }

        body {
            width: 960px;
            margin: 0 auto;
            overflow: hidden;
        }

        #menu {
            width: 260px;
            float: left;
        }

        #section {
            width: 700px;
            float: right; /* left로 입력해도 상관없습니다. */
        }

        li { list-style: none; }

        @media screen and (max-width: 767px) {
            /* 스마트폰 사이즈에서는 전부 해제합니다. */
            body { width: auto }
            #menu { width: auto; float: none; }
```

```
            #section { width: auto; float: none; }
        }
    </style>
</head>
<body>
    <div id="menu">
        <ul>
            <li>메뉴A</li>
            <li>메뉴B</li>
            <li>메뉴C</li>
        </ul>
    </div>
    <div id="section">
        <h1>Lorem ipsum</h1>
        <p>Lorem ipsum dolor sit amet, consectetur adipiscing elit.</p>
    </div>
</body>
</html>
```

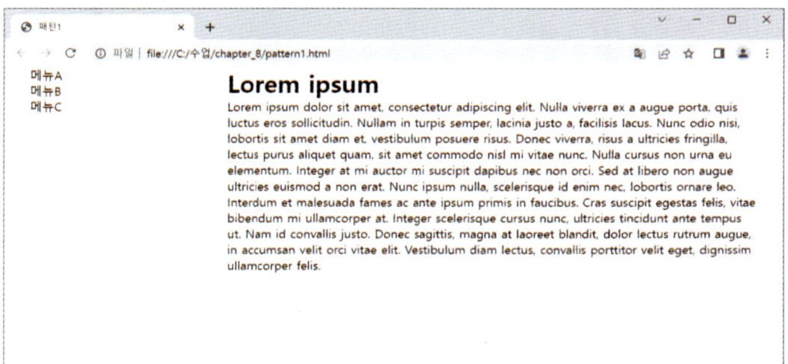

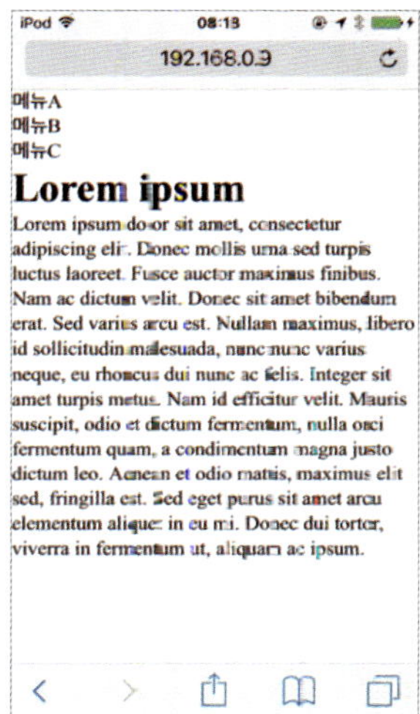

기본 예제 8-6 반응형 웹 패턴 ②

데스크톱에서는 메뉴가 오른쪽에 있고, 모바일 장치에서는 메뉴가 위쪽에 있는 패턴의 페이지입니다.

코드 8-10 pattern2.html

```
<!DOCTYPE html>
<html>
<head>
    <title>패턴2</title>
    <meta name="viewport" content="user-scalable=no,initial-scale=1,maximum-scale=1">
    <style>
        * {
            margin: 0;
            padding: 0;
        }

        body {
            width: 960px;
            margin: 0 auto;
            overflow: hidden;
        }

        #menu {
            width: 260px;
            float: right;
        }

        #section {
            width: 700px;
            float: left;
        }

        li { list-style: none; }

        @media screen and (max-width: 767px) {
            /* 스마트폰 사이즈에서는 전부 해제합니다. */
            body { width: auto }
            #menu { width: auto; float: none; }
            #section { width: auto; float: none; }
        }
    </style>
</head>
<body>
    <div id="menu">
        <ul>
```

```
            <li>메뉴A</li>
            <li>메뉴B</li>
            <li>메뉴C</li>
        </ul>
    </div>
    <div id="section">
        <h1>Lorem ipsum</h1>
        <p>Lorem ipsum dolor sit amet, consectetur adipiscing elit.</p>
    </div>
</body>
</html>
```

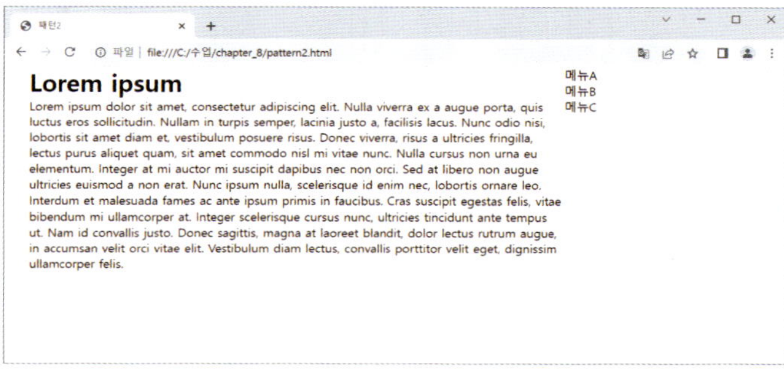

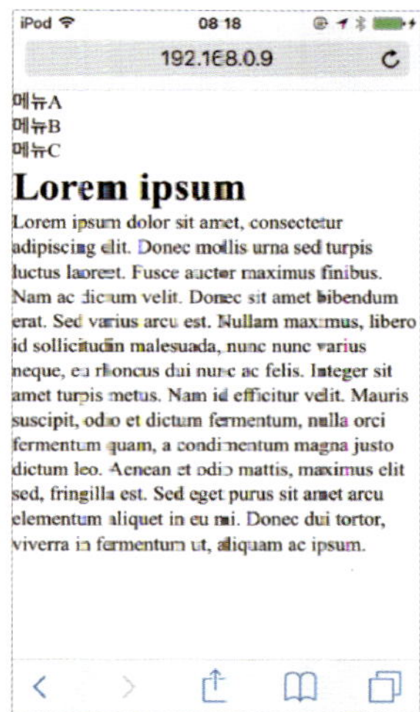

기본 예제 8-7 반응형 웹 패턴 ❸

데스크톱에서는 메뉴가 왼쪽에 있고, 모바일 장치에서는 메뉴가 아래쪽에 있는 패턴의 페이지입니다.

코드 8-11 pattern3.html

```
<!DOCTYPE html>
<html>
<head>
    <title>패턴3</title>
```

```
    <meta name="viewport" content="user-scalable=no,initial-scale=1,maximum-scale=1">
    <style>
        * {
            margin: 0;
            padding: 0;
        }

        body {
            width: 960px;
            margin: 0 auto;
            overflow: hidden;
        }

        #menu {
            width: 260px;
            float: left;
        }

        #section {
            width: 700px;
            float: right; /* left로 입력해도 상관없습니다. */
        }

        li { list-style: none; }

        @media screen and (max-width: 767px) {
            /* 스마트폰 사이즈에서는 전부 해제합니다. */
            body { width: auto }
            #menu { width: auto; float: none; }
            #section { width: auto; float: none; }
        }
    </style>
</head>
<body>
    <div id="section">
        <h1>Lorem ipsum</h1>
        <p>Lorem ipsum dolor sit amet, consectetur adipiscing elit.</p>
    </div>
    <div id="menu">
        <ul>
            <li>메뉴A</li>
```

```
            <li>메뉴B</li>
            <li>메뉴C</li>
        </ul>
    </div>
</body>
</html>
```

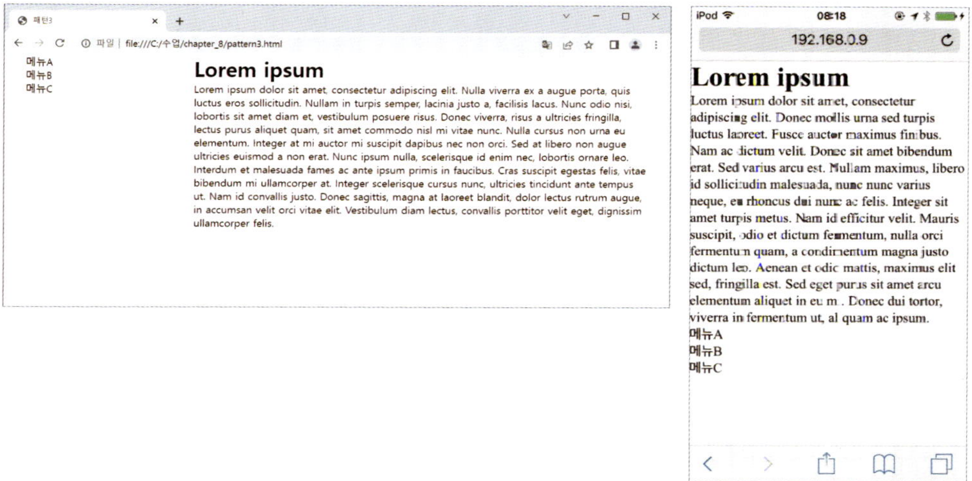

기본 예제 8-8 반응형 웹 패턴 ❹

데스크톱에서는 메뉴가 오른쪽에 있고, 모바일 장치에서는 메뉴가 아래쪽에 있는 패턴의 페이지입니다.

코드 8-12 pattern4.html

```
<!DOCTYPE html>
<html>
<head>
    <title>패턴4</title>
    <meta name="viewport" content="user-scalable=no,initial-scale=1,maximum-scale=1">
    <style>
        * {
            margin: 0;
            padding: 0;
        }
```

```
        body {
            width: 960px;
            margin: 0 auto;
            overflow: hidden;
        }

        #menu {
            width: 260px;
            float: right;
        }

        #section {
            width: 700px;
            float: left;
        }

        li { list-style: none; }

        @media screen and (max-width: 767px) {
            /* 스마트폰 사이즈에서는 전부 해제합니다. */
            body { width: auto }
            #menu { width: auto; float: none; }
            #section { width: auto; float: none; }
        }
    </style>
</head>
<body>
    <div id="section">
        <h1>Lorem ipsum</h1>
        <p>Lorem ipsum dolor sit amet, consectetur adipiscing elit.</p>
    </div>
    <div id="menu">
        <ul>
            <li>메뉴A</li>
            <li>메뉴B</li>
            <li>메뉴C</li>
        </ul>
    </div>
</body>
</html>
```

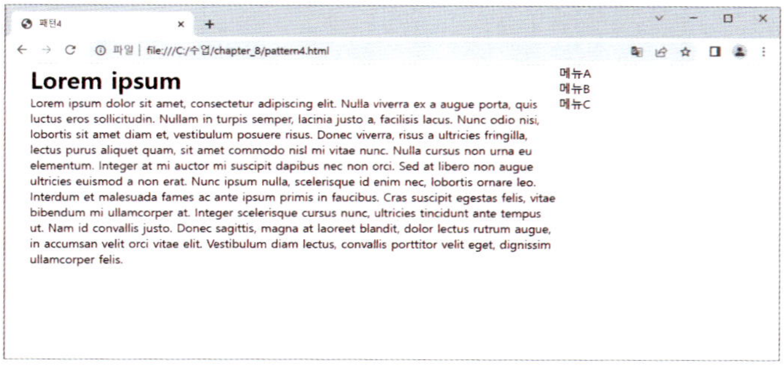

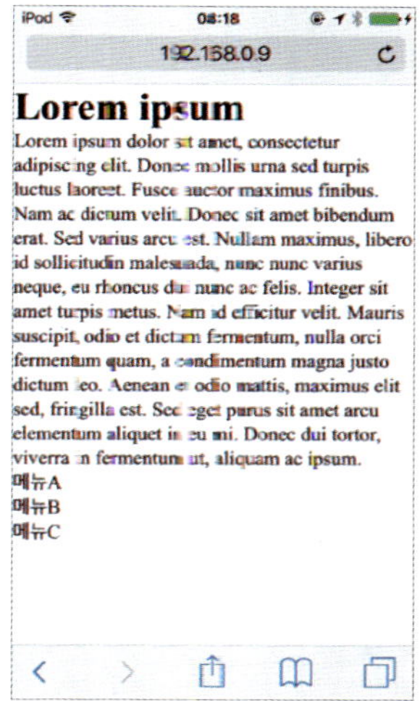

본문과 메뉴 두 가지로 구성할 때 활용하는 기본적인 반응형 웹 패턴 4개를 모두 살펴보았습니다. 모두 모바일 사이트에서 width 속성과 float 속성 등 스타일을 해제하는 형태입니다. 코드가 길지만 실질적인 차이는 'HTML 태그의 순서'와 'float 속성에 들어가는 값'입니다. 이 것을 주목해서 살펴보면 쉽게 이해할 수 있을 것입니다.

참고로 반응형 웹responsive web과 반대되는 개념으로 적응형 웹adaptive web이 있습니다. 블로그 글쓰기를 예로 들어 봅시다. 데스크톱에서 글을 쓸 때는 마우스, 키보드, 커다란 화면을 이용할 수 있습니다. 그런데 스마트폰의 작은 화면으로도 이것을 쉽게 할 수 있을까요? 글쓰기, 직원 관리, 상품 관리 등은 데스크톱에서 해야 편리합니다.

이처럼 데스크톱에서 할 수 있는 것과 모바일 장치에서 할 수 있는 것이 명확하게 구분되어 있을 때는 아예 서버에서 다른 웹 페이지를 제공하는 것이 좋습니다. 이것을 적응형 웹이라고 합니다.

예를 들어 페이스북도 https://facebook.com과 https://m.facebook.com으로 데스크톱 사이트와 모바일 사이트를 나누어서 제공합니다. 대표적인 적응형 웹의 예라고 할 수 있습니다. 어떤 것을 사용할지는 자신이 개발하는 대상에 맞추어 생각하기 바랍니다.

요약

01 반응형 웹 페이지는 (   )를 사용해 개발합니다.

02 (   ) 태그는 웹 페이지에 추가 정보를 제공할 때 사용하는 태그입니다.

03 name 속성에 viewport가 입력된 meta 태그를 (   ) 태그라고 합니다.

04 (   )이란 스타일시트 내부에서 특정한 규칙을 표현하는 데 사용합니다.

05 link 태그에 (   ) 속성을 입력하면 특정 장치에서만 CSS 파일을 불러옵니다.

06 미디어 타입 중 print는 (   )를 지원합니다.

07 화면 방향에 따라 CSS 속성을 다르게 적용할 때는 미디어 특징 중 (   ) 속성을 사용합니다.

08 반응형 웹의 기본적인 패턴 4개에서 다른 점은 '(   ) 속성에 들어가는 값'과 'HTML 태그의 순서'입니다.

01 다음 문장에 ○×를 표시하시오.

(1) 미디어 쿼리는 link 태그의 media 속성 또는 style 태그 내부의 @media 규칙에 입력할 수 있습니다. (　　　)

(2) 미디어 쿼리를 사용하면 웹 브라우저에서 인쇄를 할 때만 적용할 스타일을 지정할 수 있습니다. (　　　)

(3) 미디어 속성을 사용해 방향을 지정할 때는 어떤 모서리가 아래에 있는지에 따라 네 가지로 나누어 지정할 수 있습니다. (　　　)

02 반응형 웹 디자인의 목적은 무엇인가?

① 웹 사이트의 로딩 속도를 높인다.

② 웹 사이트에 더 많은 멀티미디어 콘텐츠를 추가한다.

③ 웹 사이트의 보안을 강화한다.

④ 다양한 디바이스와 화면 크기에 적응하는 웹 사이트를 제작한다.

03 다음 중 반응형 웹 디자인에서 사용되는 CSS 기술로, 뷰포트의 크기에 따라 스타일을 조건적으로 적용하는 것은?

① 미디어 그룹　　② 스타일 어댑터

③ 미디어 쿼리　　④ 뷰포트 스타일

04 다음 중 @-규칙으로 알맞지 않은 것은?

① @import　　② @font-face

③ @media　　④ @scale

05 다음 중 미디어 특징 중 장치 방향을 지정할 때 사용하는 속성은?

① direction　　② orientation

③ way　　④ shift

06 스마트폰 회전을 사용한 레이아웃을 만들어 봅시다. 아이폰의 기본 메시지 앱은 다음과 같이 세로 상태에서는 메시지 목록과 내용이 별도의 페이지로 되어 있습니다. 반면 가로 상태에서는 메시지 목록과 내용이 한 화면에 들어옵니다. 자바스크립트를 아직 배우지 않아 화면 이동을 구현할 수 없으므로 그냥 세로 화면에서는 내용을 출력하고, 가로 화면에서는 목록과 내용을 함께 출력하는 형태의 간단한 웹 페이지를 모방해 봅시다.

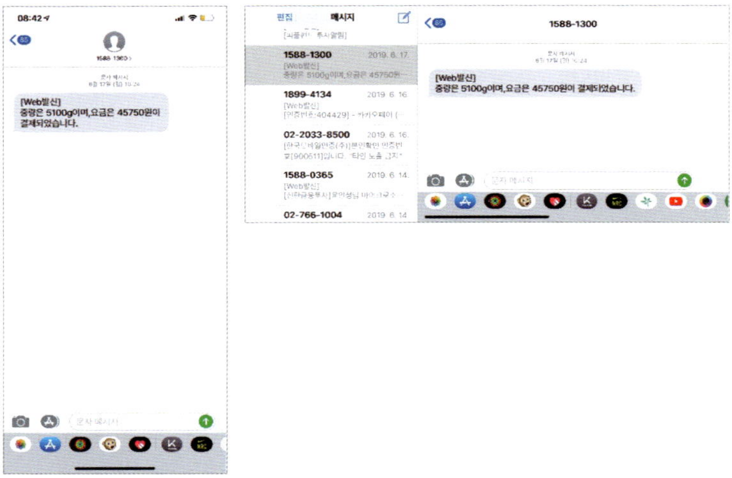

(1) 크롬에서 스마트폰을 시뮬레이션하는 간단한 방법을 살펴봅시다. ❶ 크롬 웹 브라우저로 http://m.naver.com에 들어갑니다. ❷ F12(또는 Ctrl+Shift+I)를 눌러 개발자 도구를 띄웁니다. ❸ 개발자 도구의 왼쪽 위에 있는 (Toggle device toolbar)를 클릭합니다. ❹ 장치를 iPhone 12 Pro로 설정합니다. (Rotate)를 눌러서 화면을 회전할 수도 있습니다.

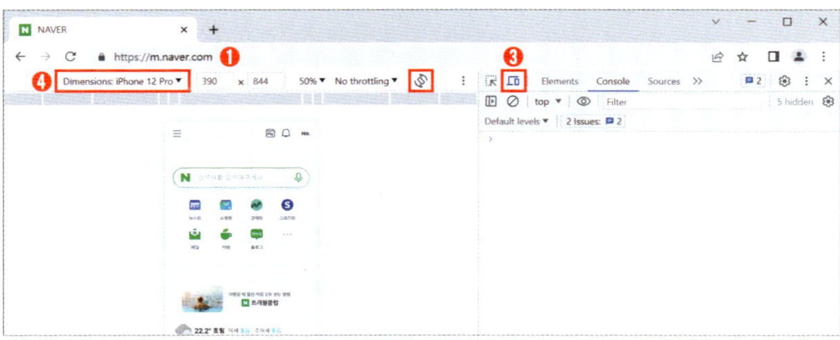

(2) 다음 코드를 입력해 기본 웹 페이지를 구성합니다. div.right 태그 내부의 p 태그에는 글자를 많이 입력해 주세요.

```
<!DOCTYPE html>
<html>
<head>
    <meta name="viewport" content="width=device-width,initial-scale=1.0">
    <title>Document</title>
    <style></style>
</head>
<body>
    <div>
        <div class="left">
            <div class="content">
                <h1>List</h1>
                <ul>
                    <li>Velit ipsum ullamco</li>
                    <li>Nulla qui officia anim</li>
                    <li>quis proident tempor ipsum</li>
                    <li>et sunt sit culpa ad</li>
                    <li>fugiat reprehenderit sint mollit.</li>
                </ul>
            </div>
        </div>
        <div class="right">
            <div classs="content">
                <h1>Lorem ipsum</h1>
                <p>Sunt nostrud consequat</p>
                <p>Aute do et ullamco</p>
                <p>Deserunt irure Lorem</p>
                <p>Velit ipsum ullamco et</p>
            </div>
        </div>
    </div>
</body>
</html>
```

연습문제

(3) 다음 순서로 스타일을 적용해 그림과 같이 레이아웃을 구성합니다.

초기화	❶ 모든 태그(*)의 margin 속성과 padding 속성을 0으로 지정합니다. ❷ li 태그의 list-style-type을 none으로 지정합니다.
반응형 웹	❶ 세로 상태에서는 div.left 태그가 보이지 않게 만듭니다. ❷ 가로 상태에서는 div.left 태그가 너비의 30%를 차지하고, 왼쪽에 붙게 만듭니다. ❸ 가로 상태에서는 div.right 태그가 너비의 70%를 차지하고 오른쪽에 붙게 만듭니다.
기본 콘텐츠 구성	❶ div.content 태그의 padding을 16px로 지정합니다. ❷ li 태그의 위아래 padding 속성을 24px로 지정합니다. ❸ li 태그의 아래쪽 테두리를 1px solid #c7c7c7로 지정합니다.

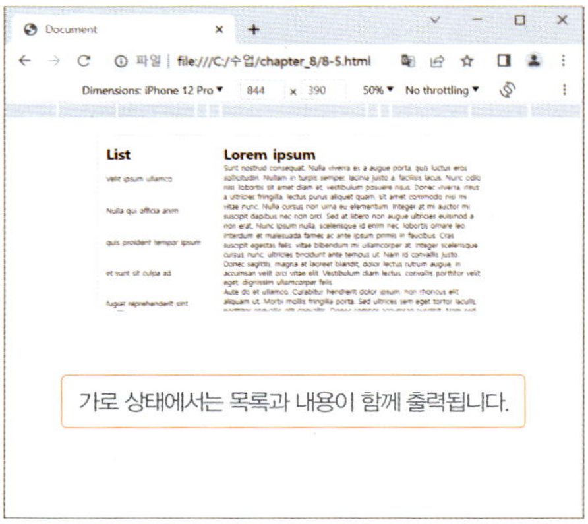

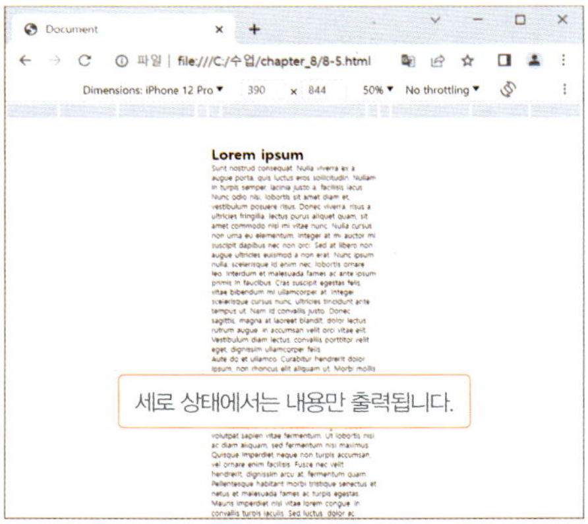

07 구글 검색이나 ChatGPT 등을 활용해서 다음 내용을 직접 찾아보시오.

(1) 현재 많이 사용되는 반응형 웹 너비의 구분 기준

(2) 현재 많이 사용되는 뷰포트 메타 태그

블로그에 스타일시트 적용

〈종합 예제 1〉에서 HTML로 요소를 배치했던 페이지에 지금까지 배운 내용을 토대로 스타일을 적용해 봅니다. 지금까지 배운 내용을 모두 합쳐서 응용하므로 어렵지 않지만, 코드가 길기 때문에 우선 전체 코드를 보여 주고 세부 내용을 차근차근 분석해 보겠습니다. 〈종합 예제 1〉에서 만든 HTML.html 파일에 이 장에서 작성하는 스타일시트를 적용하면 다음 그림과 같이 블로그가 바뀝니다.

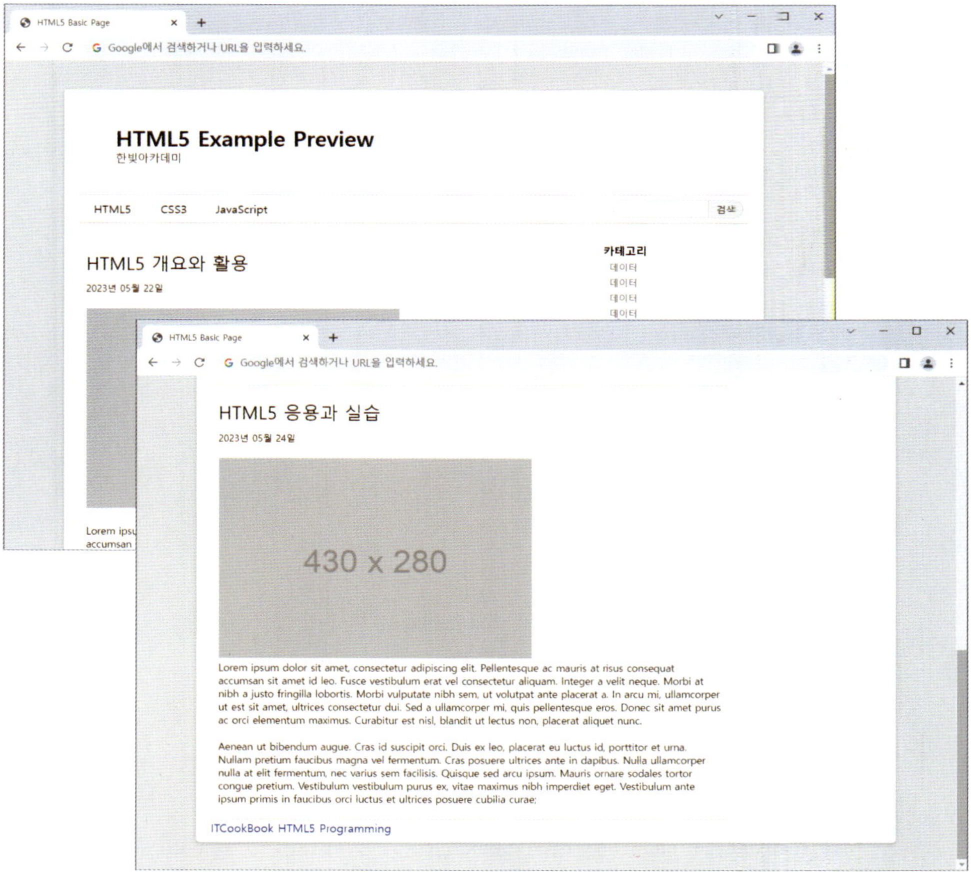

[완성 페이지]

[스타일 적용 전체 코드(CSS.html)]

```
<head>
    <title>HTML5 Basic Page</title>
    <!-- 1. 초기화 -->
    <style>
        * {
            margin: 0; padding: 0;
            font-family: '맑은 고딕', 'Malgun Gothic', Gothic, sans-serif;
        }

        a { text-decoration: none; }

        li { list-style: none; }
    </style>
    <!-- 기본 클래스 -->
    <style>
        .pull-left { float: left; }
        .pull-right { float: right; }
    </style>
    <!-- 2. 페이지 구성 -->
    <style>
        body {
            width: 960px; margin: 0 auto;
            background: #E6E6E6;
        }

        #page-wrapper {
            background: white;
            margin: 40px 0; padding: 10px 20px;
            border-radius: 5px;
            box-shadow: 0 2px 6px rgba(100, 100, 100, 0.3);
        }
    </style>
    <!-- 3. 헤더 구성 -->
    <style>
        #main-header { padding: 40px 50px; }

        .master-title {
            font-size: 30px;
```

```
        color: #181818;
    }
    .master-description {
        font-size: 15px; font-weight: 500;
        color: #383838;
    }
</style>
<!-- 4. 내비게이션 및 풀다운 메뉴 구성 -->
<style>
    #main-navigation {
        border-top: 1px solid #C8C8C8;
        border-bottom: 1px solid #C8C8C8;
        margin-bottom: 20px;
        height: 40px;
    }

    .outer-menu-item {
        float: left;
        position: relative;
    }
    .outer-menu-item:hover {
        background: black;
        color: white;
    }

    .menu-title {
        display: block;
        height: 30px; line-height: 30px;
        text-align: center;
        padding: 5px 20px;
    }

    .inner-menu {
        display: none;
        position: absolute;
        top: 40px; left: 0;
        width: 100%;
        background: white;
        box-shadow: 0 2px 6px rgba(5, 5, 5, 0.9);
        z-index: 1000;
```

```
            text-align: center;
        }
        .inner-menu-item > a {
            display: block;
            padding: 5px 10px;
            color: black;
        }
        .inner-menu-item > a:hover {
            background: black;
            color: white;
        }
    </style>
    <!-- 5. 검색 양식 추가(내비게이션 내부 검색) -->
    <style>
        .search-bar {
            height: 26px;
            padding: 7px;
        }

        .input-search {
            display: block;
            float: left;
            background-color: #FFFFFF;
            border: 1px solid #CCCCCC;
            border-radius: 15px 0 0 15px;
            box-shadow: inset 0 1px 1px rgba(0, 0, 0, 0.05);
            width: 120px; height: 24px;
            padding: 0 0 0 10px;
            font-size: 12px;
            color: #555555;
        }
        .input-search:focus {
            border-color: rgba(82, 168, 236, 0.8);
            outline: 0;
            box-shadow: inset 0 1px 1px rgba(0, 0, 0, 0.05);
        }
        .input-search-submit {
            display: block;
            float: left;
```

```
        width: 50px; height: 26px;
        border-radius: 0 15px 15px 0;
        border: 1px solid #CCCCCC;
        margin-left: -1px;
        vertical-align: top;
        display: inline-block;
    }
</style>
<!-- 6. 본문 추가(중앙 내용) -->
<style>
    /* body 태그의 너비: 960px */
    /* #page-wrapper 태그의 padding 속성으로 내용물 너비는 920px */
    #content { overflow: hidden; }

    #main-section {
        float: left;
        width: 710px;
    }
    #main-aside {
        float: right;
        width: 200px;
    }
</style>
<!-- 6. 본문 추가(본문 포스트 위쪽) -->
<style>
    article {
        padding: 0 10px 20px 10px;
        border-bottom: 1px solid #C8C8C8;
    }

    .article-header { padding: 20px 0; }
    .article-title {
        font-size: 25px;
        font-weight: 500;
        padding-bottom: 10px;
    }
    .article-date { font-size: 13px; }
    .article-body {
```

```
            font-size: 14px;
        }
    </style>
    <!-- 6. 본문 추가(사이드 메뉴) -->
    <style>
        .aside-list { padding: 10px 0 30px 0; }
        .aside-list > h3 {
            font-size: 15px;
            font-weight: 600;
        }
        .aside-list li a {
            margin-left: 8px;
        }
        .aside-list li a {
            margin-left: 8px;
            font-size: 13px;
            color: #6C6C6C;
        }
    </style>
<script></script>
<script></script>
</head>
```

1 초기화

태그에 적용되는 기본 스타일은 웹 브라우저마다 조금씩 다릅니다. 예를 들어 종합 예제 1에서 완성한 파일을 크롬과 사파리에서 실행하면 다음 그림과 같이 서로 다르게 출력합니다. 이 문제를 해결하려면 스타일을 강제로 지정해야 합니다. 이때 사용하는 스타일 코드를 초기화 코드라고 합니다.

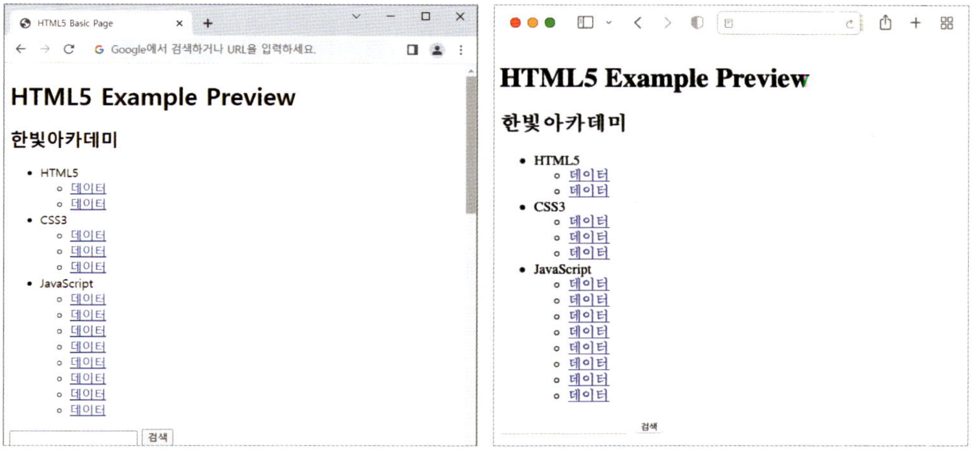

[웹 브라우저마다 다른 기본 스타일]

```
<!-- 1. 초기화 -->
<style>
    * {
        margin: 0; padding: 0;
        font-family: '맑은 고딕', 'Malgun Gothic', Gothic, sans-serif;
    }

    a { text-decoration: none; }

    li { list-style: none; }
</style>
```

2 페이지 구성

다음 코드와 같이 작성해 웹 페이지 배경을 회색으로 처리하고 내부에는 흰색을 적용합니다.

```
<!-- 2. 페이지 구성 -->
<style>
    body {
        width: 960px; margin: 0 auto;   ← 중앙 정렬합니다.
```

```
        background: #E6E6E6;
    }

    #page-wrapper {
        background: white;
        margin: 40px 0; padding: 10px 20px;
        border-radius: 5px;
        box-shadow: 0 2px 6px rgba(100, 100, 100, 0.3);
    }
</style>
```

3 헤더 구성

다음 코드와 같이 헤더 스타일을 입력합니다. 글꼴과 색상을 지정하는 간단한 코드입니다.

```
<!-- 3. 헤더 구성 -->
<style>
    #main-header { padding: 40px 50px; }

    .master-title {
        font-size: 30px;
        color: #181818;
    }
    .master-description {
        font-size: 15px; font-weight: 500;
        color: #383838;
    }
</style>
```

4 내비게이션 및 풀다운 메뉴 구성

HTML5, CSS3, 자바스크립트 같은 내비게이션 목록은 수평 정렬합니다. 다음 코드와 같이 float 속성을 사용해 수평 정렬하고 요소에 스타일을 부여합니다.

```
<!-- 4. 내비게이션 및 풀다운 메뉴 구성 -->
<style>
    #main-navigation {
        border-top: 1px solid #C8C8C8;
        border-bottom: 1px solid #C8C8C8;
        margin-bottom: 20px;
        height: 40px;    높이를 강제로 지정합니다.
    }

    .outer-menu-item {
        float: left;    수평 정렬합니다.
        position: relative;
    }
    .outer-menu-item:hover {
        background: black;
        color: white;
    }

    .menu-title {
        display: block;
        height: 30px; line-height: 30px;
        text-align: center;
        padding: 5px 20px;
    }

    .inner-menu {
        display: none;
        position: absolute;
        top: 40px; left: 0;
        width: 100%;
        background: white;
        box-shadow: 0 2px 6px rgba(5, 5, 5, 0.9);
        z-index: 1000;
        text-align: center;
    }
    .inner-menu-item > a {
        display: block;
        padding: 5px 10px;
        color: black
```

```
    }
    .inner-menu-item > a:hover {
        background: black;
        color: white;
    }
</style>
```

이 코드는 이전에 배운 내용과 한 가지 다른 점이 있습니다. 자손에게는 float 속성을 부여했지만, 부모에게는 overflow 속성을 적용하지 않았습니다. 그 이유는 다음과 같습니다.

❶ 이후에 자바스크립트를 활용해 메뉴를 풀다운 메뉴로 구성할 것입니다. overflow 속성을 hidden으로 지정하면 풀다운 메뉴가 보이지 않으므로 사용할 수 없습니다.

❷ overflow 속성을 지정하지 않으면 메뉴가 공간을 차지하지 못합니다. 따라서 height 속성을 적용해서 공간을 강제로 차지하게 했습니다.

5 검색 양식 추가

내비게이션 맨 오른쪽 있는 검색 창에는 다음 코드와 같이 적용합니다.

```
<!-- 5. 검색 양식 추가(내비게이션 내부 검색) -->
<style>
    .search-bar {
        height: 26px;
        padding: 7px;
    }

    .input-search {
        display: block;
        float: left;
        background-color: #FFFFFF;
        border: 1px solid #CCCCCC;
        border-radius: 15px 0 0 15px;
        box-shadow: inset 0 1px 1px rgba(0, 0, 0, 0.05);
        width: 120px; height: 24px;
```

```
        padding: 0 0 0 10px;
        font-size: 12px;
        color: #555555;
    }
    .input-search:focus {
        border-color: rgba(82, 168, 236, 0.8);
        outline: 0;
        box-shadow: inset 0 1px 1px rgba(0, 0, 0, 0.05);
    }
    .input-search-submit {
        display: block;
        float: left;
        width: 50px; height: 26px;
        border-radius: 0 15px 15px 0;
        border: 1px solid #CCCCCC;
        margin-left: -1px;
        vertical-align: top;
        display: inline-block;
    }
</style>
```

6 본문 추가

본문은 One True 레이아웃을 사용해 구성합니다.

```
<!-- 6. 본문 추가(중앙 내용) -->
<style>
    /* body 태그의 너비: 960px */
    /* #page-wrapper 태그의 padding 속성으로 내용물 너비는 920px */
    #content { overflow: hidden; }

    #main-section {
        float: left;
        width: 710px;
    }
    #main-aside {
        float: right;
```

자손에게 float 속성을 지정하고, 부모의 overflow 속성은 hidden으로 적용합니다.

```
        width: 200px;
    }
</style>
```

본문 포스트 위쪽과 사이드 메뉴는 다음 코드와 같이 위치를 맞추고 글꼴을 지정합니다.

```
<!-- 6. 본문 추가(본문 포스트 위쪽) -->
<style>
    article {
        padding: 0 10px 20px 10px;
        border-bottom: 1px solid #C8C8C8;
    }

    .article-header { padding: 20px 0; }
    .article-title {
        font-size: 25px;
        font-weight: 500;
        padding-bottom: 10px;
    }
    .article-date { font-size: 13px; }
    .article-body {
        font-size: 14px;
    }
</style>
<!-- 6. 본문 추가(사이드 메뉴) -->
<style>
    .aside-list { padding: 10px 0 30px 0; }
    .aside-list > h3 {
        font-size: 15px;
        font-weight: 600;
    }
    .aside-list li a {
        margin-left: 8px;
        font-size: 13px;
        color: #6C6C6C;
    }
</style>
```

CHAPTER 09

자바스크립트 기본 문법

학습목표

- 자바스크립트의 기본 용어를 이해합니다.
- 자바스크립트 기본 자료형과 연산자를 사용하는 방법을 익힙니다.
- 조건문과 반복문을 사용해 자바스크립트 프로그램 흐름을 제어하는 방법을 익힙니다.
- 함수를 선언하고 호출하는 방법을 이해합니다.
- 객체의 기본 개념을 이해하고 속성과 메서드를 구분할 수 있습니다.

PREVIEW

이번 장에서는 자바스크립트에서 사용하는 기본 용어를 알아본 후 자바스크립트의 주요 기능을 중심으로 살펴보겠습니다. 특히 용어는 앞으로도 계속 나오므로 주의 깊게 살펴보세요.

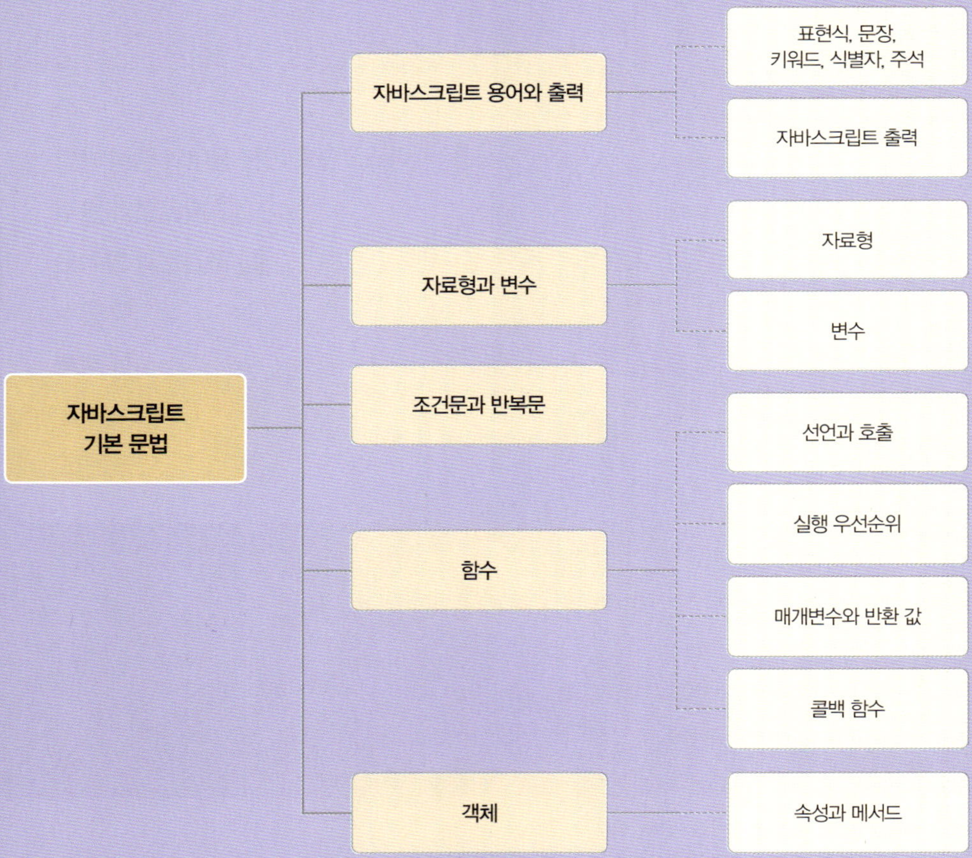

01 자바스크립트 기본 용어와 출력 방법

자바스크립트는 자유롭고 기능과 기술이 다양한 프로그래밍 언어이지만, 자바스크립트 기능과 실제 사용하는 기능 사이의 괴리가 매우 큽니다. [그림 9-1]은 '자바스크립트는 기능이 굉장히 많은데 좋은 점은 굉장히 적다'고 놀릴 때 많이 사용하는 그림입니다.

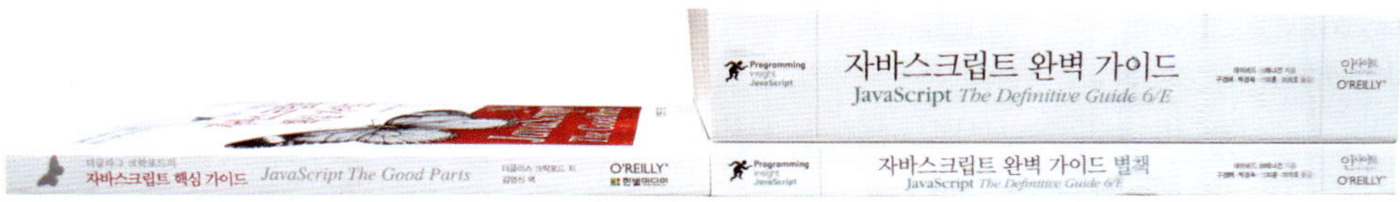

그림 9-1 자바스크립트 가이드 도서

1 자바스크립트 기본 용어

표현식과 문장

표현식expression은 값을 만들어 내는 간단한 코드입니다. 문장statement은 프로그래밍 언어에 실행할 수 있는 코드의 최소 단위입니다. [그림 9-2]에서 (a)는 문장의 예이고, (b)는 표현식의 예입니다. 한국어도 문장 끝에 마침표를 찍듯 자바스크립트에서도 문장 마지막에 세미콜론(;) 또는 줄 바꿈을 넣어 종결을 나타냅니다. 표현식 하나도 세미콜론을 찍으면 문장이 되고, 문장이 모이면 프로그램이 됩니다. 즉, 표현식이 모여 문장, 문장이 모여 프로그램이 됩니다.

```
273;
10 + 20 + 30 * 2;
var name = '윤' + '인' + '성';
alert('Hello JavaScript');
```

(a) 문장 예

```
273
10 + 20 + 30 * 2
'JavaScript'
```

(b) 표현식 예

그림 9-2 문장과 표현식 예

키워드

키워드는 자바스크립트를 처음 만들 때 정해진 특별한 의미가 부여된 단어입니다. 자바스크립트는 웹 브라우저에 따라 구현이 조금씩 다르지만, 현재 대부분의 웹 브라우저에서는 [표 9-1]과 같이 30가지의 자바스크립트 키워드를 지원합니다.

표 9-1 자바스크립트 키워드

break	else	instanceof	true	case	false
new	try	catch	finally	null	typeof
continue	for	return	var	default	function
switch	void	delete	if	this	while
debugger	import	export	extends	super	yield
do	in	throw	with	const	class

"제시된 키워드를 모두 기억해야 하나요?"

자바스크립트를 시작하자마자 낯선 단어가 많이 등장해 당황스러울 수 있습니다. 앞으로 내용을 학습하다 보면 저절로 익힐 수 있으므로 지금은 키워드가 무엇인지만 알고 넘어갑시다.

식별자

식별자는 자바스크립트에서 변수나 함수 등에 이름을 붙일 때 사용하는 단어입니다. 다음 규칙에 맞게 생성합니다. 예와 함께 살펴보세요.

- 키워드를 사용하면 안 됩니다.
- 특수 문자는 _과 $만 허용합니다.
- 숫자로 시작하면 안 됩니다.
- 공백은 입력하면 안 됩니다.

사용할 수 있는 예	사용할 수 없는 예
alpha	break
alpha10	273alpha
_alpha	has space
$alpha	
AlPha	
ALPHA	

그림 9-3 식별자 예

식별자를 만들 때는 한글, 한자, 일어 등 전 세계 언어를 모두 사용할 수 있지만, 알파벳을 사용하는 것이 개발자 관례입니다. 또 alpha, beta보다 input, output처럼 의미를 알 수 있는 단어를 사용하면 좋습니다. 식별자는 의미를 더 명확하게 표시하려고 다음 관례를 따릅니다.

❶ 클래스 외 생성자 함수 이름은 항상 대문자로 시작합니다.

❷ 변수, 인스턴스, 함수, 메서드의 이름은 항상 소문자로 시작합니다.

❸ 여러 단어로 된 식별자는 각 단어의 첫 글자를 대문자로 합니다.

❶은 책 범위를 넘어가는 규칙이고, ❷는 앞으로 알아야 할 규칙입니다. ❸은 식별자 의미를 쉽게 파악하려고 만들어진 규칙입니다. 식별자에 공백을 넣으면 안 되므로 이 규칙을 사용합니다.

```
i love you → iLoveYou
i am a boy → iAmABoy
create server → createServer
```

글자가 모두 붙어 있지만 대소문자로 구분했으므로 쉽게 끊어서 읽을 수 있습니다.

그림 9-4 식별자 생성 관례

자바스크립트에서 사용하는 식별자는 [표 9-2]와 같이 변수, 속성, 함수, 메서드로 나눌 수 있습니다.

표 9-2 자바스크립트의 식별자 종류

구분	단독으로 사용	다른 식별자와 함께 사용
식별자 뒤에 괄호 없음	변수	속성
식별자 뒤에 괄호 있음	함수	메서드

[표 9-2]의 특징으로 다음 표현식에서 식별자를 구분할 수 있습니다.

```
alert('Hello World')          → 함수
Array.length                  → 속성
input                         → 변수
prompt('Message', 'Defstr')   → 함수
Math.PI                       → 속성
Math.abs(-273)                → 메서드
```

그림 9-5 식별자 구분

주석

주석은 프로그램 진행에 전혀 영향을 주지 않는 코드로, 프로그램을 설명하는 데 사용합니다. HTML5를 배울 때 다루었으므로 쉽게 이해할 수 있을 것입니다.

자바스크립트에서 행을 주석으로 처리하는 방법은 두 가지입니다. 방법 ❶은 //를 사용해 한 행만 주석으로 처리하므로 // 뒤의 문장은 실행되지 않습니다. 방법 ❷는 /*와 */를 사용해 여러 행을 주석으로 처리하므로 /*와 */ 사이의 문장이 모두 실행되지 않습니다.

표 9-3 주석 처리 방법

방법	형태
❶ 한 행 주석 처리	// 주석문
❷ 여러 행 주석 처리	/* 주석문 주석문 */

다음 코드는 자바스크립트에서 주석을 사용한 예입니다. alert( ) 함수를 입력했지만, 주석으로 처리했으므로 모두 무시됩니다.

```
<script>
    // 주석은 코드 실행에 영향을 주지 않습니다.
    /*
    alert('Hello JavaScript .. !');
    alert('Hello JavaScript .. !');
    alert('Hello JavaScript .. !');
    */
</script>
```

간단하게 자바스크립트에서 사용하는 용어를 살펴보았습니다. 여기서 설명한 용어를 얼마나 잘 이해하고 있는지에 따라 앞으로 공부할 내용을 습득하는 속도가 다릅니다. 표현식, 문장, 키워드, 식별자는 꼭 정리하고 넘어가기 바랍니다. 변수, 함수, 속성, 메서드는 뒤에서 자세하게 다룰 테니 아직은 형태만 구분할 수 있으면 됩니다.

2 자바스크립트 출력

자바스크립트의 가장 기본적인 출력 방법은 alert( ) 함수를 사용해 웹 브라우저에 경고 창을 띄우는 것입니다. alert( ) 함수는 [그림 9-6]과 같이 함수 괄호 안에 문자열을 입력해서 사용합니다.

```
alert("메시지")
```

그림 9-6 alert() 함수 형태

기본 예제 9-1 자바스크립트를 이용한 메시지 출력

alert( ) 함수를 사용해 경고 창에 문자열 'Hello JavaScript .. !'를 출력해 봅시다. 함수 내부에 입력한 문자열을 확인할 수 있습니다.

코드 9-1 output_alert.html

```
<!DOCTYPE html>
<html>
<head>
    <title>JavaScript Basic</title>
    <script>
        alert('Hello JavaScript .. !');
    </script>
</head>
<body>

</body>
</html>
```

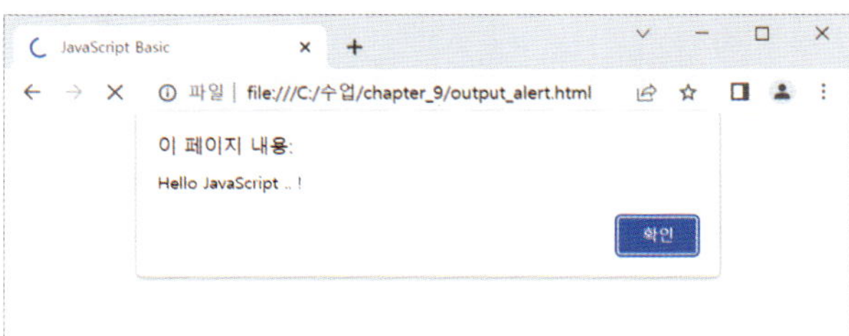

NOTE 크롬 개발자 도구를 이용한 실행 결과 확인

간단한 내용을 살펴볼 때 파일을 일일이 만드는 것은 비효율적입니다. 더 간단하게 자바스크립트 실행 결과를 확인할 수 있는 방법을 살펴보겠습니다. 크롬 웹 브라우저에서 F12를 누릅니다. 개발자 도구가 실행되면 [Console(콘솔)] 탭을 클릭합니다. 이곳에 자바스크립트 코드를 입력하고 Enter를 누르면 실행 결과를 바로 확인할 수 있습니다. 글자가 작거나 크다면 Ctrl+＋ 또는 Ctrl+－를 눌러 확대·축소해서 사용해 주세요.

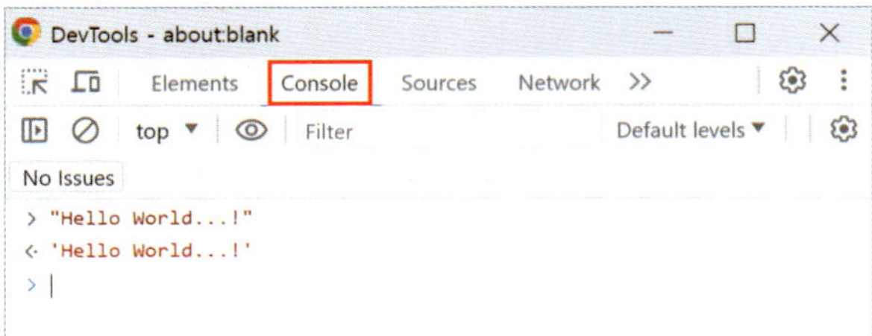

그림 9-7 크롬 개발자 도구 [Console] 탭

02 자료형과 변수

1 자료형

프로그래밍 언어는 자료를 손쉽게 다루려고 만들었습니다. 따라서 어떤 프로그래밍 언어를 공부하든 해당 프로그래밍 언어에서 사용하는 자료형(자료 형식)을 먼저 알아야 합니다. 자바스크립트는 자료형으로 숫자, 문자열, 불, 함수, 객체, 정의되지 않은 자료형undefined 등을 제공합니다. 기본 자료형에 속하는 숫자, 문자열, 불, 함수를 알아본 후 함수와 객체를 살펴보겠습니다. 간단한 내용이므로 크롬 개발자 도구를 사용해 확인합니다.

숫자

가장 기본적인 자료형은 숫자입니다. 자바스크립트는 정수와 실수를 구분하지 않으므로 숫자를 쉽게 다룰 수 있습니다. 숫자는 크롬 웹 브라우저에서 F12를 눌러 개발자 도구를 실행한 후 [Console] 탭에 입력하면 자동으로 생성됩니다.

자바스크립트에서는 숫자와 [표 9-4]의 사칙 연산자를 이용해 연산을 수행할 수 있습니다. 사칙 연산은 초등학교 때부터 배운 내용이므로 무리 없이 사용할 수 있을 것입니다.

표 9-4 사칙 연산자

연산자	설명	예
+	덧셈	> 52 + 273 325 > 52.273 + 103.57 155.843
-	뺄셈	> 52 - 273 -221 > 52.273 - 103.57 -51.29699999999999
*	곱셈	> 52 * 273 14196 > 52.273 * 103.57 5413.91461

자바스크립트는 부동소수점(소수점을 포함한 숫자)을 계산할 때 약간의 오차를 발생시킵니다.

연산자	설명	예
/	나눗셈	> 52 / 273 0.19047619047619047 > 52.273 / 103.57 0.504711789128126 > 1 / 0 Infinity

자바스크립트는 어떤 숫자를 0으로 나누었을 때, 무한을 나타내는 값Infinity이 됩니다.

연산할 때는 연산자 우선순위를 고려합니다. 다음 표현식의 결과를 예측해 봅시다.

$$5 + 3 * 2$$

16이라고 답했다면 연산자 우선순위를 적용하지 않은 것입니다. 곱셈이 덧셈보다 우선순위가 높으므로 곱셈을 먼저 계산해야 합니다. 앞의 두 수를 먼저 더하고 싶으면 '(5 + 3) * 2'처럼 괄호를 사용합니다. 연산자 우선순위가 헷갈린다면 괄호를 꼭 사용하기 바랍니다. 숫자를 사용해 나머지 연산도 할 수 있습니다. 나머지 연산자는 익숙하지 않을 텐데, 좌변을 우변으로 나눈 나머지를 표시합니다. [표 9-5]의 예를 직접 입력하고 실행 결과를 확인해 봅시다. 10을 5로 나눈 나머지는 0입니다. 또 7을 3으로 나누면 나머지가 1입니다. 쉽게 이해할 수 있겠죠?

표 9-5 나머지 연산자

연산자	설명	예
%	나머지	> 10 % 5 0 > 7 % 3 1

문자열

문자열은 문자 집합을 의미합니다. 예를 들어 'abcdefg', 'Hello World', '안녕하세요.'가 문자열에 해당합니다.

자바스크립트는 두 가지 방법으로 문자열을 생성합니다. 첫 번째는 큰따옴표 안에 문자를 넣는 방법이고, 두 번째는 작은따옴표 안에 문자를 넣는 방법입니다. 어떤 방법을 사용하든 상관없지만, 자바스크립트에서는 문자열 내부에 큰따옴표(" ")를 자주 넣으므로 작은따옴표(' ')를 사용해 문자열을 생성하는 방법을 추천합니다.

문자열 안에 따옴표를 넣고 싶으면 [표 9-6]의 예와 같이 서로 다른 따옴표로 문자열을 감쌉니다. 즉, 작은따옴표를 넣으려면 큰따옴표로 감싸고, 큰따옴표를 넣으려면 작은따옴표로 감쌉니다.

표 9-6 문자열 생성

방법	예
작은따옴표 사용	> 'Hello JavaScript .. !' "Hello JavaScript .. !" > '"문자열"입니다.' ""문자열"입니다."
큰따옴표 사용	> "Hello JavaScript .. !" "Hello JavaScript .. !" > "'문자열'입니다." "'문자열'입니다."

문자열 안에 문자열을 감싼 따옴표와 동일한 따옴표를 사용하고 싶을 때는 문자열 안에 \' 또는 \"를 사용합니다. 이를 이스케이프 문자라고 하는데 특수한 기능을 수행합니다. 이스케이프 문자의 종류는 매우 다양하지만, 보통은 [표 9-7]과 같은 문자를 사용합니다.

표 9-7 이스케이프 문자

이스케이프 문자	설명	예
\t	수평 탭	> '한빛\t아카데미' "한빛 아카데미"
\n	행 바꿈	> '한빛\n아카데미' "한빛 아카데미"
\\	역 슬래시	> '\\\\' \\
\'	작은따옴표	> '\'\'' "''"
\"	큰따옴표	> "\"\"" """"""

문자열은 [표 9-8]과 같이 문자열 연결 연산자를 사용해 합칠 수도 있습니다.

표 9-8 문자열 연결 연산자

연산자	설명	예
+	문자열 연결	> '가나다' + '라마' + '바사아' + '자차카타' + '파하' "가나다라마바사아자차카타파하"

불

불bool은 참과 거짓을 표현할 때 사용하는 자료입니다. 정의만 보면 이해하기 어려우므로 바로 예제로 살펴보겠습니다. 다음 두 식의 참과 거짓을 구분할 수 있나요?

$$52 < 273$$
$$52 > 273$$

[Console(콘솔)] 탭에 이 수식을 입력하면 실행 결과가 true 또는 false로 출력됩니다. 이것이 바로 불입니다. 숫자와 문자열은 생성하는 방법에 따라 수많은 종류를 만들 수 있지만, 불은 true와 false 두 가지만 만들 수 있습니다.

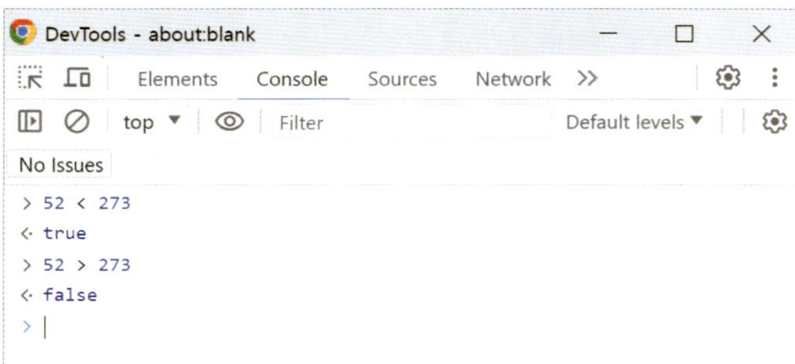

그림 9-8 불 사용 예

두 대상을 비교할 수 있는 연산자를 비교 연산자라고 합니다. 자바스크립트는 [표 9-9]와 같이 비교 연산자를 지원합니다. 비교 연산자를 사용해 숫자는 물론 문자열도 비교할 수 있습니다. 문자열은 국어사전의 앞쪽에 위치할수록 값이 작습니다. >= 연산자의 예에서 가방이 하마보다 앞쪽에 있으므로 false입니다.

표 9-9 비교 연산자

연산자	설명	예
>=	좌변이 우변보다 크거나 같음	> 10 >= 20 false > '가방' >= '하마' false
<=	우변이 좌변보다 크거나 같음	> 10 <= 20 true
>	좌변이 우변보다 큼	> 10 > 20 false
<	우변이 좌변보다 큼	> 10 < 20 true
==	좌변과 우변이 같음	> 10 == 20 false
!=	좌변과 우변이 다름	> 10 != 20 true

문자열 순서도 비교 가능합니다.

유니코드 문자를 사용해 전 세계 모든 언어를 비교할 수 있고, 앞서 살펴본 비교 연산자를 사용하면 불을 만들 수도 있습니다. 불끼리는 논리 연산자를 사용해 연산합니다.

자바스크립트는 [표 9-10]과 같이 세 가지 논리 연산자를 제공합니다. 논리 부정 연산자는 단순히 참을 거짓으로 바꾸고, 거짓을 참으로 바꿉니다. 논리합 연산자는 좌변과 우변이 모두 거짓일 때만 거짓입니다. 반면 논리곱 연산자는 좌변과 우변이 모두 참일 때만 참입니다. 불을 처음 접한 독자라면 논리합과 논리곱이 어려울 수 있습니다. 너무 어렵게 느껴진다면 읽고만 넘어가세요. 예제를 따라 하다 보면 자연히 익힐 수 있을 것입니다.

표 9-10 논리 연산자

연산자	설명	예
!	논리 부정(참이면 거짓, 거짓이면 참)	> !true false > !(10 == 10) false

<table>
<tr><th>연산자</th><th>설명</th><th>예</th></tr>
<tr><td>&&</td><td>논리곱(둘 다 참이어야 참)</td><td>> true && true
true (둘 다 참일 때만 참입니다.)
> true && false
false
> false && true
false
> false && false
false
> (10 < 20) && (20 < 30)
true (20이 10~30 사이에 있다는 것을 나타낼 때는 이러한 형태로 표현해야 합니다.)</td></tr>
<tr><td>||</td><td>논리합(둘 중 하나만 참이어도 참)</td><td>> true || true
true
> true || false
true
> false || true
true (둘 중 하나만 참이어도 참입니다.)
> false || false
false</td></tr>
</table>

2 변수

변수는 값을 저장할 때 사용하는 식별자입니다. 이름은 변수이지만 숫자뿐만 아니라 모든 자료형을 저장할 수 있습니다. 수학자들이 3.14159265……인 원주율 값을 π라고 간단히 표시하는 것과 비슷합니다. 변수는 다음 두 단계를 거쳐 사용할 수 있습니다.

❶ 변수를 선언합니다.

❷ 변수를 초기화합니다.

변수를 만드는 것을 '변수를 선언한다'고 표현합니다. 변수는 let 키워드 뒤에 식별자를 입력하는 방법으로 선언합니다. pi 변수를 ❶처럼 선언합니다. 변수에 값을 저장하는 것을 '변수에 값을 할당한다'고 표현합니다. ❷처럼 pi 변수에 값을 할당합니다.

```
❶ > let pi;              // 변수 선언
  undefined
❷ > pi = 3.14159265;     // 값 할당
  undefined
```

변수를 선언한 후 처음 값을 할당하는 것을 '변수를 초기화한다'고 표현합니다. 일반적으로 변수의 선언과 초기화를 다음 코드와 같이 한 번에 처리합니다.

```
> let pi = 3.14159265;
undefined
```

변수에 값이 저장되면 변수를 사용해 저장된 값을 활용할 수 있습니다. 다음 코드와 같이 입력하면 pi 변수에 저장된 값이 출력됩니다.

```
> let pi = 3.14159265;
undefined
> alert(pi);
undefined
```

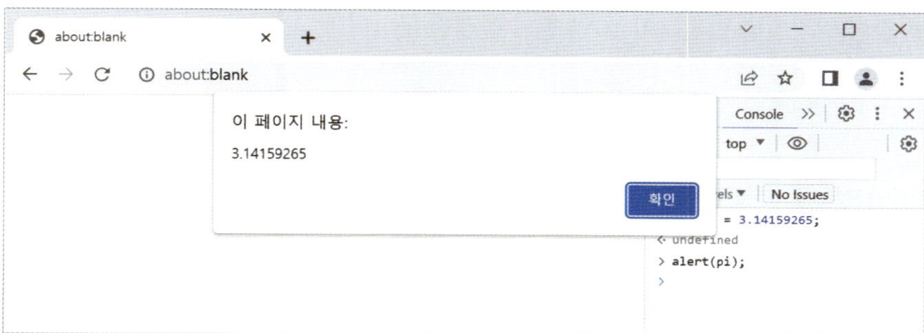

그림 9-9 변수에 저장된 값 출력

숫자가 저장된 변수는 산술 연산자처럼 숫자 연산자를 사용하고, 문자열이 저장된 변수는 문자열 연결 연산자처럼 문자열 연산자를 사용할 수 있습니다.

기본 예제 9-2 변수의 선언과 초기화

1 HTML 페이지 만들기 먼저 자바스크립트를 실행할 수 있는 기본 HTML 페이지를 만듭니다. 이후 예제에서는 다른 태그를 별도로 수정하지 않은 이상 script 태그 부분만 표시합니다.

코드 9-2 HTMLPage.html

```
<!DOCTYPE html>
<html>
<head>
    <title>JavaScript Basic</title>
    <script>

    </script>
</head>
<body>

</body>
</html>
```

2 변수 사용하기 변수를 사용하는 자바스크립트 코드를 script 태그 사이에 입력합니다. 코드를 실행하면 출력 결과처럼 반지름이 10인 원의 둘레를 구합니다.

코드 9-3 variable_use.html

```
<script>
    // 변수를 선언 및 초기화합니다.
    let radius = 10;
    let pi = 3.14159265;

    // 출력합니다.
    alert(2 * radius * pi);
</script>
```

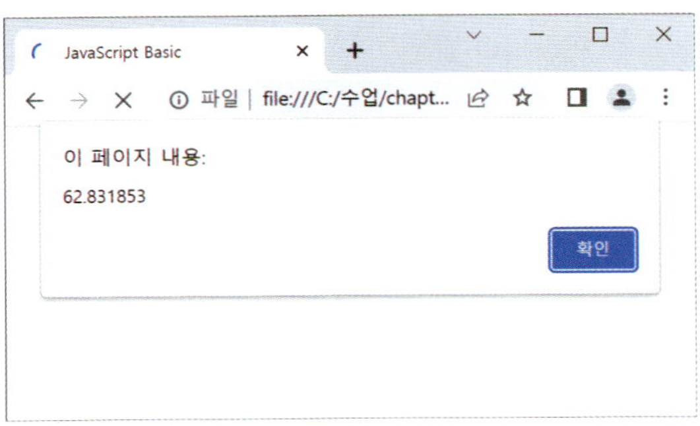

NOTE const 키워드

자바스크립트에는 식별자에 자료를 담기 위한 방법으로 let 외에도 const라는 키워드를 제공합니다.

```
let a = 10
const b = 10
```

기본적으로 let을 붙인 식별자는 변수, const를 붙인 식별자를 상수라고 부릅니다. 단순하게 둘 다 변수라고 표현할 수도 있습니다. 변수는 계속해서 값을 바꿀 수 있고, 상수는 한 번 설정한 값을 바꿀 수 없습니다.

"확장성이 있으니 변수가 더 좋은 것 아닌가요?"

확장성이 좋다는 것은 성능 면에서 좋지 않고 오히려 위험할 수 있습니다. 그래서 상수를 적극적으로 활용하는 것이 좋습니다. 이 책은 기본 단계의 책이므로 let만으로 변수를 선언합니다. 하지만 코드를 보면서 "이 변수는 이후로 바뀌지 않네?"라는 생각이 들면 let을 const로 바꾸어서 코드를 입력해 보기 바랍니다. 이러한 코드가 더 빠르고 안전합니다.

예를 들어 [코드 9-3]을 다음과 같이 변경할 수 있습니다.

```
<script>
    // radius와 pi가 이후로 바뀌지 않으므로
    // let을 const로 변경합니다.
    const radius = 10;
    const pi = 3.14159265;

    alert(2 * radius * pi)
</script>
```

03 조건문과 반복문

프로그램은 기본적으로 위쪽에서 아래쪽으로 진행되는데, 제어문을 사용해 이 흐름을 변화시킬 수 있습니다. 대표적인 제어문으로 조건문과 반복문이 있습니다.

1 조건문

영화 〈매트릭스〉에서 모피어스는 네오에게 빨간색과 파란색 알약 중 하나를 선택하라고 합니다. 파란색 알약을 먹으면 매트릭스 세계로 돌아가지만 빨간색 알약을 먹으면 다시는 원래 세계로 돌아갈 수 없습니다. 프로그램에서도 이렇듯 선택의 순간이 있는데, 바로 조건문을 만날 때입니다. 이번에는 프로그램 흐름을 변화시킬 수 있는 요소인 조건문을 살펴봅니다.

if 조건문

if 조건문은 가장 기본적인 조건문입니다. 조건이 true이면 문장을 실행하고 false이면 문장을 무시합니다. 조건문을 만족해 실행되는 문장이 한 행이라면 중괄호({ })를 생략할 수 있지만, 문장이 여러 행이라면 중괄호로 감싸야 합니다.

```
if (조건) {
    문장
}
```

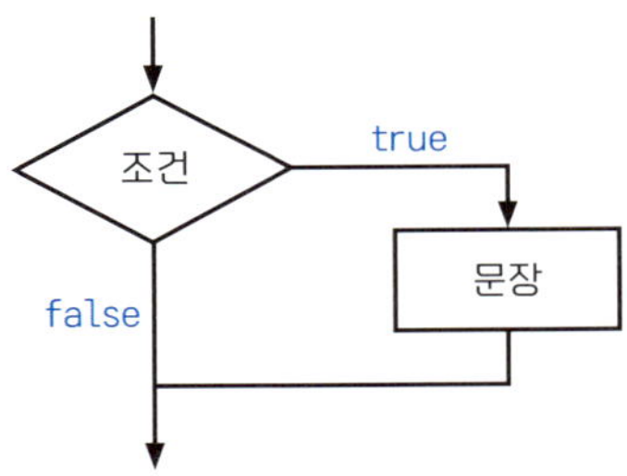

그림 9-10 if 조건문 기본 형태와 순서도

기본 예제 9-3 if 조건문으로 참과 거짓 판별

[코드 9-4]에서 if 조건문의 표현식이 거짓이므로 내부 문장을 실행하지 않습니다.

"당연히 거짓인데 왜 사용하나요?"

이것은 이해를 도우려고 임의로 만든 예제입니다. 이렇게 당연한 조건은 사용하지 않습니다.

코드 9-4 output_alert.html

```
<script>
    // 조건문
    if (273 < 52) {
        // 표현식 "273 < 52"가 참일 때 실행합니다.
        alert('273 < 52 => true');
    }
    // 프로그램 종료
    alert('프로그램 종료');
</script>
```

기본 예제 9-4 if 조건문으로 오전과 오후 판별

1 현재 시간 구하기 오전과 오후를 판별하려면 우선 현재 시간을 구하는 방법을 알아야겠죠? 자바스크립트는 [코드 9-5]를 사용해 현재 시간을 구합니다.

코드 9-5 condition_getDate.html

```
<script>
    // Date 객체를 선언합니다.
    let date = new Date();

    // 요소를 추출합니다.
    let year = date.getFullYear();
```

```
    let month = date.getMonth() + 1;
    let day = date.getDay();
    let hours = date.getHours();
    let minutes = date.getMinutes();
    let seconds = date.getSeconds();
</script>
```

프로그래밍에서는 일반적으로 1월을 0로 표시하고 12월을 11로 표시합니다. 우리에게 익숙한 월 표현으로 변경하기 위해 1씩 더했습니다.

2 오전과 오후 구분하기 현재 시간을 알면 쉽게 오전과 오후를 구분할 수 있습니다. 앞의 방법을 사용해 현재 시간을 구하고 오전과 오후를 판단하는 조건문 2개와 경고 창으로 메시지를 표시하는 코드를 추가합니다. 결과 메시지는 프로그램을 실행하는 시간에 따라 달라질 수 있습니다.

코드 9-6 condition_date.html

```
<script>
    // 변수를 선언합니다.
    let date = new Date();
    let hours = date.getHours();

    // 조건문
    if (hours < 12) {
        // 표현식 "hours < 12"가 참일 때 실행합니다.
        alert('오전입니다.');
    }

    if (12 <= hours) {
        // 표현식 "12 <= hours"가 참일 때 실행합니다.
        alert('오후입니다.');
    }
</script>
```

조건문은 무척 쉽지만 다양한 곳에 사용되므로 잘 기억해 두기 바랍니다.

if else 조건문

현실은 물론이고 컴퓨터에서도 앞서 다룬 오전과 오후처럼 조건에 따라 두 가지로 나뉘는 상황이 아주 많습니다. 자바스크립트는 이렇게 두 가지로 분명하게 나뉘는 상황에서 편리하게 사용할 수 있는 if else 조건문을 제공합니다. if 조건문처럼 실행되는 문장이 한 행이라면 중괄호를 생략할 수 있지만, 문장이 여러 행이라면 중괄호로 감싸야 합니다.

```
if (조건) {
    문장 1
} else {
    문장 2
}
```

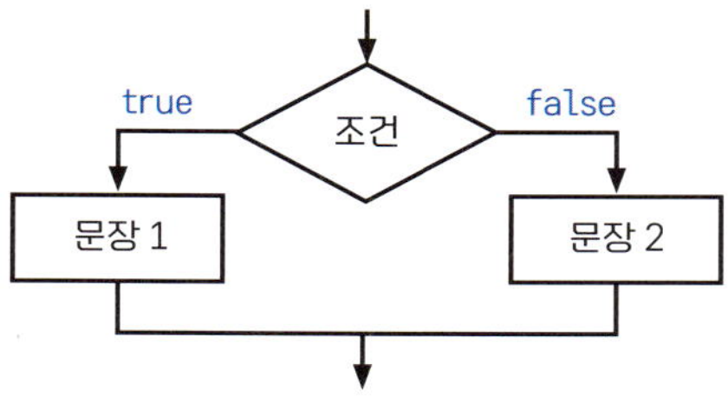

그림 9-11 if else 조건문 기본 형태와 순서도

기본 예제 9-5 if else 조건문으로 오전과 오후 판별

[기본 예제 9-4]를 if else 조건문으로 변경해 보겠습니다. 실행 결과는 [기본 예제 9-4]와 같습니다. if 조건문을 사용할 때는 조건을 두 번 비교했지만, if else 조건문을 사용하면 한 번만 비교하므로 효율적입니다. 이 코드의 결과 메시지도 프로그램을 실행하는 시간에 따라 달라질 수 있습니다.

코드 9-7 condition_else.html

```
<script>
    // 변수를 선언합니다.
    let date = new Date();
    let hours = date.getHours();

    // 조건문
    if (hours < 12) {
        // 표현식 "hours < 12"가 참일 때 실행합니다.
        alert('오전입니다.');
    } else {
        // 표현식 "hours < 12"가 거짓일 때 실행합니다.
        alert('오후입니다.');
    }
</script>
```

조건을 한 번만 비교해서 두 가지 경우를 처리할 수 있으므로 [코드 9-6]보다 2배 효율적입니다.

중첩 조건문과 if else if 조건문

조건문은 중첩해서 사용할 수 있습니다. 여러 번 중첩해도 상관없으며, 기본 형태는 [그림 9-12]와 같습니다.

```
if (조건) {
    if (조건) {
        문장
    } else {
        문장
    }
} else {
    if (조건) {
        문장
    } else {
        문장
    }
}
```

그림 9-12 중첩 조건문 형태

기본 예제 9-6 중첩 조건문으로 하루 일정 표현

오전과 오후가 아니라 하루 일정을 표현하려면 [코드 9-8]과 같이 중첩 조건문을 사용합니다. 코드가 복잡해 보이지만 간단한 내용이므로 이해하기 어렵지 않을 것입니다. 이 코드의 결과 메시지도 프로그램을 실행하는 시간에 따라 달라질 수 있습니다.

코드 9-8 condition_duplication.html

```
<script>
    // Date 객체를 선언합니다: 현재 시간 측정
    let date = new Date();
    let hours = date.getHours();

    // 조건문
    if (hours < 5) {
        alert('잠을 자렴....');
```

```
    } else {
        if (hours < 7) {
            alert('준비');
        } else {
            if (hours < 9) {
                alert('출근');
            } else {
                if (hours < 12) {
                    alert('빈둥빈둥');
                } else {
                    if (hours < 14) {
                        alert('식사');
                    } else {
                        // 여러 가지 업무를 수행합니다.
                    }
                }
            }
        }
    }
</script>
```

앞서 조건에 따라 실행되는 문장이 한 행이라면 중괄호를 생략해도 된다고 했습니다. [코드 9-8]에서 중첩 조건문의 중괄호를 생략했을 때 if else if 조건문이 만들어집니다. if else if 조건문은 중복되지 않는 조건 세 가지 이상을 구분할 때 사용합니다.

```
if (조건) {
    문장
} else if (조건) {
    문장
} else if (조건) {
    문장
} else {
    문장
}
```

그림 9-13 if else if 조건문 형태

기본 예제 9-7 if else if 조건문으로 하루 일정 표현

[코드 9-8]의 중첩 조건문을 if else if 조건문으로 변경해 보겠습니다. 이 코드의 결과 메시지도 프로그램을 실행하는 시간에 따라 달라질 수 있습니다.

코드 9-9 condition_ifelseif.html

```
<script>
    // Date 객체를 선언합니다: 현재 시간 측정
    let date = new Date();
    let hours = date.getHours();

    // 조건문
    if (hours < 5) {
        alert('잠을 자렴....');
    } else if (hours < 7) {
        alert('준비');
    } else if (hours < 9) {
        alert('출근');
    } else if (hours < 12) {
        alert('빈둥빈둥');
    } else if (hours < 14) {
        alert('식사');
    } else {
        // 여러 가지 업무를 수행합니다.
    }
</script>
```

NOTE 논리 연산자와 조건문

논리 연산자도 조건문에서 사용할 수 있습니다. 예를 들어 조건문을 [코드 9-10]과 같이 작성하면 현재 계절을 출력합니다. 이렇게 논리 연산자와 조건문을 함께 사용할 때가 많으므로 여러 번 연습하기 바랍니다.

코드 9-10 note_logic.html

```
<script>
    // Date 객체를 선언합니다: 현재 시간 측정
    let date = new Date();
    let month = date.getMonth() + 1;

    // 조건문
    if (3 <= month && month <= 5) {
        alert('봄입니다.');
    } else if (6 <= month && month <= 8) {
        alert('여름입니다.');
    } else if (9 <= month && month <= 11) {
        alert('가을입니다.');
    } else {
        alert('겨울입니다.');
    }
</script>
```

2 반복문

컴퓨터는 인간보다 연산 능력이 뛰어나므로 작업을 빠르게 반복할 수 있습니다. 자바스크립트로 컴퓨터에 반복을 명령하는 방법은 아주 간단합니다. 프로그래머 최후의 무기인 복사해서 붙여 넣기 기술을 사용하면 됩니다. 예를 들어 다음 코드는 '출력'을 다섯 번 출력합니다.

```
<script>
    alert('출력');
    alert('출력');
    alert('출력');
    alert('출력');
    alert('출력');
</script>
```

하지만 복사해서 붙여 넣기를 사용해 경고 창을 1000번 출력하는 것은 무리입니다.

"저는 할 수 있습니다!"

물론 할 수는 있겠지만, 반복문을 사용하면 훨씬 쉽게 출력할 수 있습니다. 다음 코드는 경고 창을 1000번 출력합니다. 단 구 버전의 인터넷 익스플로러 등 일부 웹 브라우저는 경고 창 출력을 중간에 종료할 수 없는데, 이런 웹 브라우저에서 다음 코드를 실행하면 무서운 현실과 마주할 수 있으므로 주의하기 바랍니다.

```
<script>
    for (let i = 0; i < 1000; i++) {
        alert('출력');
    }
</script>
```

이렇게 여러 번 반복하는 일을 간편하게 처리할 수 있는 반복문은 배열과 함께 사용하면 효과적입니다.

배열

배열은 변수 여러 개를 한꺼번에 다룰 수 있는 자료형입니다. 자바스크립트에는 숫자, 문자열, 불, 함수, 객체, 정의되지 않은 자료형 등이 있다고 했습니다. 배열은 객체의 일종이며, 다음 코드와 같이 대괄호([ ])를 사용해 생성합니다. 대괄호 내부의 각 자료는 쉼표로 구분합니다.

```
// 변수를 선언합니다.
let array = [273, 32, 103, 57, 52];
```

배열 내부에 입력된 자료 하나하나를 요소라고 합니다. [코드 9-11]의 배열은 요소가 총 6개입니다. 배열 내부에 다양한 자료형을 입력할 수 있고, 배열 전체를 출력하면 요소가 순서대로 표시됩니다.

코드 9-11 array_basic.html

```
<script>
    // 변수를 선언합니다.
    let array = [273, '문자열', true, function () { }, {}, [32, 103]];
    alert(array);
</script>
```

이 페이지 내용:

273,문자열,true,function () { },[object Object],32,103

확인

배열의 각 요소에 접근하려면 배열 이름 뒤에 대괄호([ ])를 사용해 순번을 입력합니다. 예를 들어 앞의 코드에서 true에 접근하려면 array[2]를 입력합니다. 배열 요소에 접근하는 데 사용하는 대괄호 안 숫자를 인덱스index라고 하며 0부터 시작합니다. 인덱스라는 이름은 자주 등장하므로 꼭 기억해 주세요.

기본 예제 9-8 배열 생성과 배열 요소 접근

[코드 9-12]는 배열을 생성하고 인덱스를 사용해 요소에 접근합니다. 인덱스의 시작 숫자를 주의해서 봅니다.

코드 9-12 array_index.html

```
<script>
    // 변수를 선언합니다.
    let array = ['가', '나', '다', '라'];

    // 배열 요소를 변경합니다.
    array[0] = '윤';
    // 요소를 출력합니다.
```

```
    alert(array[0]);
    alert(array[1]);
    alert(array[2]);
    alert(array[3]);
</script>
```

NOTE 배열 요소의 개수

배열 변수의 length 속성을 사용하면 배열 요소의 개수를 간단하게 알 수 있습니다. [코드 9-13]을 실행하면 배열 요소의 개수인 5를 출력합니다. 사실 객체를 배운 이후에 다루어야 하는 내용이지만, 간단하므로 지금 다루었습니다. 어려운 내용이 아니므로 기억하기 바랍니다.

코드 9-13 note_arrayLength.html

```
<script>
    // 변수를 선언합니다.
    let array = [10, 20, 30, 40, 50];

    // 출력합니다.
    alert(array.length);
</script>
```

while 반복문

while 반복문은 가장 기본적인 반복문입니다. if 조건문과 형식이 비슷하지만, if 조건문과 달리 불 표현식이 참이면 중괄호 안 문장을 계속 실행합니다.

```
while (조건) {
    문장
}
```

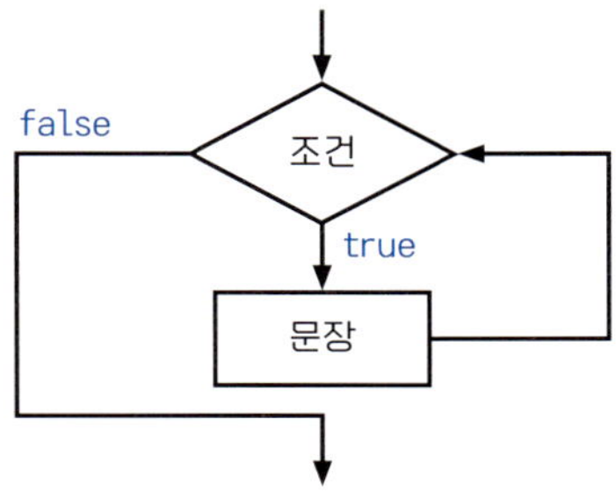

그림 9-14 while 반복문 기본 형태와 순서도

조건이 변하지 않으면 무한 반복하므로 반드시 조건을 거짓으로 만들 수 있는 문장을 포함해야 합니다. 다음 코드를 작성하면 조건이 항상 참이므로 경고 창을 계속 출력합니다. 일부 웹 브라우저에서 이 예제를 실행하면 또다시 웹 브라우저를 종료할 수 없는 무서운 현실과 마주할 수 있습니다. 이때는 작업 관리자에서 강제로 웹 브라우저를 종료해야 합니다.

```
<script>
    // 반복을 수행합니다.
    while (true) {
        alert('무한 반복');
    }
</script>
```

기본 예제 9-9 while 반복문

[코드 9-14]는 특정한 숫자를 증가시켜 불 표현식을 거짓으로 만들어서 반복문을 벗어납니다.

코드 9-14 loop_while.html

```
<script>
    // 변수를 선언합니다.
    let i = 0;
    let array = ['가', '나', '다'];
```

```
    // 반복을 수행합니다. i가 배열 원소 개수인 3보다 작을 때 반복합니다.
    while (i < array.length) {
        // 출력합니다.
        alert(i + '번째 출력: ' + array[i]);

        // 탈출하려고 변수를 더합니다.
        i++;
    }
</script>
```

for 반복문

while 반복문 외에도 for 반복문이 있습니다. for 반복문은 원하는 횟수만큼 반복하고 싶을 때 사용합니다. 처음 접한다면 굉장히 어려운 반복문이므로 그림으로 설명하겠습니다.

for 반복문은 먼저 초기식을 실행하고 조건식을 확인합니다. 이때 조건식이 거짓이면 반복문을 빠져나가고, 참이면 문장과 종결식을 차례로 실행한 후 다시 조건식이 참인지 확인합니다. for 반복문은 이러한 일을 계속 반복합니다.

```
for (초기식; 조건식; 종결식) {
    문장
}
```

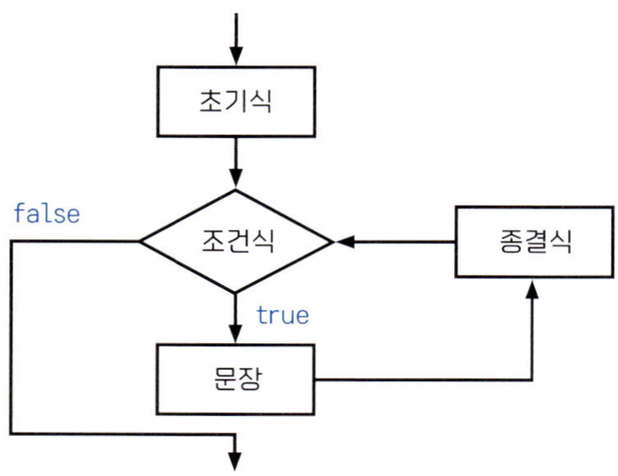

그림 9-15 for 반복문 기본 형태와 순서도

for 반복문을 각 단계별로 설명하면 다음과 같습니다. 한두 번 직접 사용해 보면 쉽게 이해할 수 있을 것입니다.

❶ 초기식을 비교합니다.

❷ 조건식을 비교합니다. 조건이 거짓이면 반복문을 종료합니다.

❸ 문장을 실행합니다.

❹ 종결식을 실행합니다.

❺ 앞의 ❷ 단계로 이동합니다.

어렵게 설명했지만, for 반복문은 일반적으로 다음 코드 형태로 특정 횟수만큼 반복합니다.

```
for (let i = 0; i < 반복 횟수; i++) {

}
```

기본 예제 9-10 for 반복문

[코드 9-15]는 [코드 9-14]의 while 반복문과 같은 동작을 수행합니다.

코드 9-15 loop_for.html

```
<script>
    // 변수를 선언합니다.
    let array = ['가', '나', '다'];

    // 반복을 수행합니다.
    for (let i = 0; i < 3; i++) {
        // 출력합니다.
        alert(i + '번째 출력: ' + array[i]);
    }
</script>
```

NOTE 반복문 조건을 외부 요인으로 변경

"언제 while 반복문을 사용하고, 언제 for 반복문을 사용해야 하나요?"

정해진 횟수만큼 반복해야 할 때는 for 반복문을 많이 사용합니다. 이 외에는 while 반복문을 많이 사용하는데, 그 예로 외부 요인으로 인한 조건 변경이 있습니다. 외부 요인으로 조건이 변경된다는 것이 어떤 의미인지 예제로 살펴보겠습니다. [코드 9-16]과 Date 객체의 getTime( ) 메서드를 사용하면 1970년 1월 1일 자정부터 밀리초 간격을 알 수 있습니다. 코드를 실행하면 웹 페이지를 띄우고 1초(1000밀리초)가 지난 이후에 반복 횟수를 출력합니다. 시간이 지나면서 외부 요인으로 조건이 변경되어 반복문을 빠져나갑니다.

코드 9-16 note_changeConditionFromOuterSpace.html

```
<script>
    // 변수를 선언합니다.
    let start = new Date().getTime();
    let count = 0;

    // 반복을 수행합니다.
    while (start + 1000 > new Date().getTime()) {
        count++;
    }

    // 출력합니다.
    alert(count + '만큼 반복했습니다.');
</script>
```

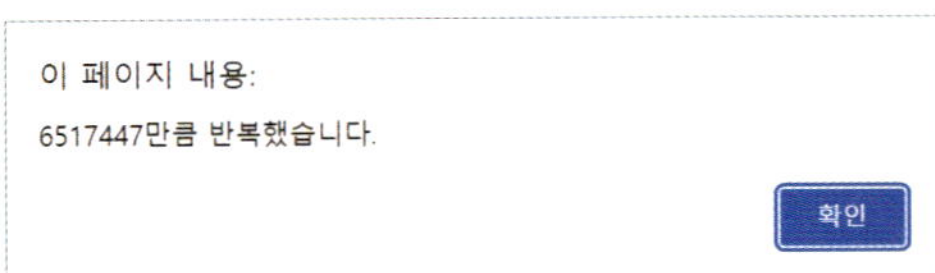

기본 예제 9-11 for 반복문을 사용한 0부터 100까지 합 계산

0부터 100까지 더하는 예제를 만들어 보겠습니다. 먼저 스스로 생각해 보고 코드를 살펴보세요. for 반복문을 처음 접하면 굉장히 어렵습니다. 반드시 직접 사용해 보면서 익히기 바랍니다.

코드 9-17 loop_forSum.html

```
<script>
    // 변수를 선언합니다.
    let output = 0;

    // 반복을 수행합니다.
    for (let i = 0; i <= 100; i++) {
        output += i;
    }

    // 출력합니다.
    alert(output);
</script>
```

100까지 더해야 하므로 <= 연산자를 사용합니다.

04 함수

함수는 코드의 집합입니다. 지금까지는 함수를 사용하는 방법만 살펴보았습니다. 이제 함수를 직접 만드는 방법을 알아보겠습니다.

1 선언과 호출, 실행 우선순위

선언과 호출

함수는 코드 집합을 나타내는 자료형입니다. 생성하는 방법에는 함수 이름을 입력하지 않고 만드는 익명 함수 생성과 함수 이름을 입력해서 만드는 선언적 함수 생성이 있습니다.

표 9-11 함수 생성 방법

방법	표현
익명 함수	`function () { }`

선언적 함수	`function 함수() {`
	
	`}`

기본 예제 9-12 함수 선언

1 익명 함수 선언하기 [코드 9-18]은 두 문장을 포함하는 함수를 생성하고 출력합니다.

코드 9-18 function_noname.html

```
<script>
    // 함수를 선언합니다.
    let 함수 = function () {
        alert('함수_01');
        alert('함수_02');
    };
```

```
    // 출력합니다.
    alert(typeof (함수) + ' : ' + 함수);
</script>
```

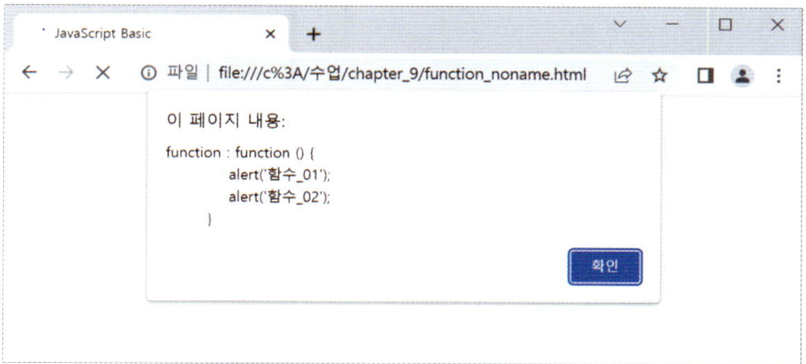

2 선언적 함수 선언하기 [코드 9-19]는 [코드 9-18]의 익명 함수를 선언적 함수로 바꾼 것입니다. 이번 실행 결과에서는 함수에 이름이 붙어 있습니다.

코드 9-19 function_name.html

```
<script>
    // 함수를 선언합니다.
    function 함수() {
        alert('함수_01');
        alert('함수_02');
    };

    // 출력합니다.
    alert(typeof (함수) + ' : ' + 함수);
</script>
```

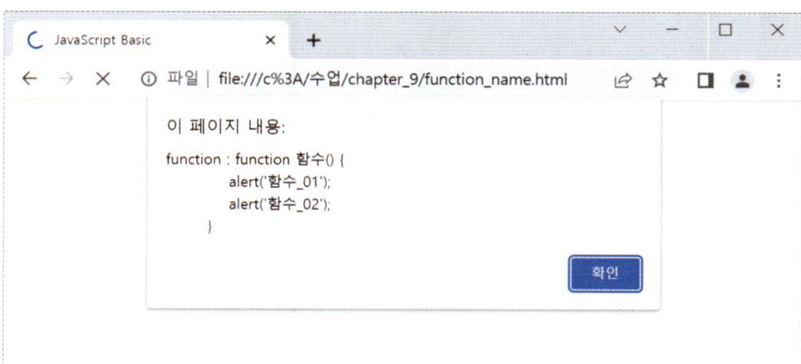

익명 함수와 선언적 함수 모두 많이 사용하므로 용어와 생성 방법을 꼭 기억해 두세요. 이렇게 만든 함수는 alert() 함수를 사용했던 것처럼 함수 이름 뒤에 괄호를 사용해 실행할 수 있습니다. 함수 실행을 '함수를 호출한다'고 표현합니다.

```
// 함수를 호출합니다.
함수();
```

실행 우선순위

함수도 변수이므로 [코드 9-20]과 같이 사용하면 가장 마지막에 입력된 값이 저장됩니다. 따라서 코드를 실행하면 문자열 '함수_B'를 출력합니다.

코드 9-20 function_priorityBetweenNoname.html

```
<script>
    // 함수를 선언합니다.
    함수 = function () { alert('함수_A'); };
    함수 = function () { alert('함수_B'); };

    // 함수를 호출합니다.
    함수();
</script>
```

하지만 선언적 함수와 익명 함수를 함께 사용할 때는 실행 순서가 다릅니다. 자바스크립트는 모든 코드를 읽기 전에 선언적 함수를 먼저 읽습니다. 따라서 선언적 함수가 익명 함수 뒤에 있지만 먼저 읽기 때문에 [코드 9-21]을 실행하면 나중에 읽은 익명 함수를 실행합니다.

코드 9-21 function_priority.html

```
<script>
    // 함수를 선언합니다.
    함수 = function () { alert('함수_A'); };
```

```
    function 함수(){ alert('함수_B'); };

    // 함수를 호출합니다.
    함수();
</script>
```

간단한 내용이지만 프로그램 실행에 문제를 일으킬 수 있는 부분이므로 주의합니다.

2 매개변수와 반환 값

지금까지 예제를 따라 하면서 alert() 함수의 괄호 안에 문자열 또는 숫자 등을 집어넣었습니다. 이렇게 함수의 괄호 안에 집어넣어 함수 쪽에 추가적인 정보를 전달하는 것을 매개변수라고 합니다.

```
// 함수를 호출합니다.
alert('매개변수');
```

시간 정보를 추출할 때는 다음과 같이 함수 실행 결과를 변수에 입력했습니다. 이렇게 함수를 실행한 결과를 반환 값(리턴 값)이라고 합니다.

```
let minutes = date.getMinutes();
let seconds = date.getSeconds();
```

매개변수와 반환 값을 가지는 함수는 다음 형식으로 작성합니다. 단 모든 함수에 매개변수와 반환 값을 사용해야 하는 것이 아니라 필요할 때만 선택적으로 사용합니다.

```
function 함수 이름(매개변수, 매개변수, 매개변수) {
    // 함수 코드
    // 함수 코드
    // 함수 코드
    return 반환 값;
}
```

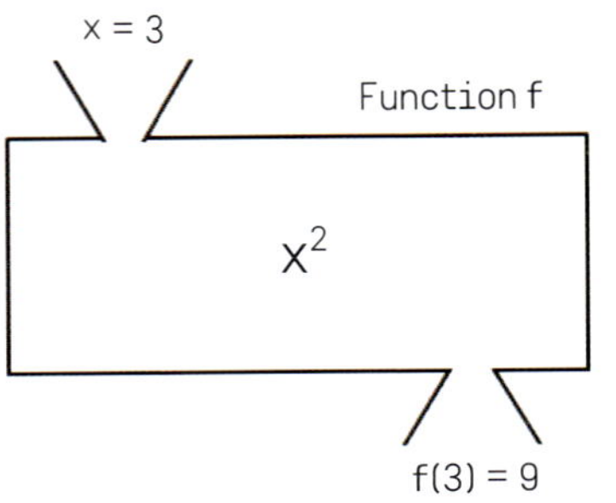

그림 9-16 함수

함수를 [그림 9-16]과 같이 상자로 표현하면 함수 상자 안에 넣는 3이 매개변수고, 함수 결과 9는 반환 값이라고 할 수 있습니다.

기본 예제 9-13 매개변수와 반환 값이 있는 함수

[그림 9-16]의 함수를 코드로 작성해 보겠습니다. 매개변수로 x를 넣으면 제곱해서 반환하는 함수입니다.

코드 9-22 function_return.html

```
<script>
    // 함수를 선언합니다.
    function f(x) {
        return x * x;
    }

    // 함수를 호출합니다.
    alert(f(3));
</script>
```

```
이 페이지 내용:
9
확인
```

쉽지요? 연습 삼아 다음 수식을 함수로 만들어 보세요.

$$f(x) = 2x + 1$$

$$f(x) = 3x^2 + 52x + 273$$

이 함수를 만들 수 있다면 함수를 만드는 기본적인 방법을 알고 있다고 말할 수 있습니다. 프로그래밍 언어에서 함수는 수식을 계산하는 것 이외에도 단순한 작업을 묶어서 처리한다는 의미도 있습니다. 이러한 내용은 앞으로 공부하면서 차근차근 알아보겠습니다.

3 콜백 함수

매개변수로 전달되는 함수를 콜백 함수라고 합니다. 다른 프로그래밍 언어에서 잘 사용하지 않는 개념이므로 처음 접한다면 어렵게 느낄 수 있습니다. 바로 예제를 살펴보겠습니다.

기본 예제 9-14 콜백 함수

[코드 9-23]에서는 callTenTimes() 함수와 fun 변수를 선언했습니다. callback() 함수는 간단하게 문자열 '함수 호출'을 출력할 수 있습니다. callTenTimes() 함수는 매개변수로 전달된 함수를 열 번 호출합니다. 다음 장부터 많이 다루는 내용이므로 반드시 어떤 방식으로 실행되는지 이해하고 넘어갑니다.

코드 9-23 function_callback.html

```
<script>
    // 함수를 선언합니다.
    function callTenTimes(callback) {
        // 10회 반복합니다.
        for (let i = 0; i < 10; i++) {
            callback(); // 매개변수로 전달된 함수를 호출합니다.
        }
    }

    // 변수를 선언합니다.
    let fun = function () {
        alert('함수 호출');
    };
```

열 번 출력됩니다.

```
    // 함수를 호출합니다.
    callTenTimes(fun);
</script>
```

매개변수 callback으로 fun을 전달합니다.

콜백 함수는 익명 함수로 사용할 때가 많습니다. [코드 9-24]의 동작은 앞서 실행한 [코드 9-23]과 같습니다. 매개변수에 익명 함수를 곧바로 입력할 수도 있다는 것을 기억하기 바랍니다.

코드 9-24 function_nonameCallback.html

```
<script>
    // 함수를 선언합니다.
    function callTenTimes(callback) {
        for (let i = 0; i < 10; i++) {
            callback();
        }
    }

    // 함수를 호출합니다.
    callTenTimes(function () {
        alert('함수 호출');
    });
</script>
```

05 객체

객체는 자료형 여러 개를 한 번에 저장합니다.

"배열과 같네요?"

배열은 인덱스를 기반으로 자료를 저장하지만, 객체는 키를 기반으로 자료를 저장합니다. 하나하나 자세하게 살펴보겠습니다.

1 객체 개요

객체를 살펴보기 전에 배열과 관련한 기본 내용을 다시 정리해 보겠습니다. 배열은 [그림 9-17]의 (a)와 같은 방법으로 생성합니다. 배열에는 인덱스와 요소가 있는데 각 배열 요소를 사용하려면 (b)와 같이 배열 이름 뒤에 인덱스를 입력해 요소에 접근합니다.

```
<script>
    // 배열을 선언합니다.
    let array = ['사과', '바나나', '망고', '딸기'];
</script>
```

(a) 배열 선언

```
array[0] → '사과'
array[2] → '망고'
```

(b) 배열 요소 접근

그림 9-17 배열 선언과 요소 접근 예

[그림 9-17]의 (a)에서 선언한 배열의 인덱스와 요소는 다음과 같습니다.

인덱스	요소
0	사과
1	바나나
2	망고
3	딸기

배열은 객체를 기반으로 만들었습니다. 따라서 배열과 객체는 상당히 유사합니다. 다른 점이 있다면 배열은 요소에 접근할 때 인덱스를 사용하지만, 객체는 키를 사용한다는 것입니다. 객체를 생성하는 예와 이렇게 생성한 객체의 키와 속성은 [그림 9-18]과 같이 배열과 비슷합니다.

코드 9-25 object_create.html

```
<script>
  // 객체를 선언합니다.
  let product = {
    제품명: '7D 건조 망고',
    유형: '당절임',
    성분: '망고, 설탕, 메타중아황산나트륨, 치자황색소',
    원산지: '필리핀'
  };
</script>
```

키	속성
제품명	7D 건조 망고
유형	당절임
성분	망고, 설탕, 메타중아황산나트륨, 치자황색소
원산지	필리핀

그림 9-18 객체 생성 예

객체 뒤에 대괄호를 사용해 키를 입력하면 객체 속성에 접근할 수 있습니다.

```
product['제품명'] → '7D 건조 망고'
product['유형']   → '당절임'
product['성분']   → '망고, 설탕, 메타중아황산나트륨, 치자황색소'
product['원산지'] → '필리핀'
```

객체 뒤에 '.'을 입력하는 방법으로도 객체 속성에 접근할 수 있습니다. 보기에 깔끔하고 입력하기 쉽기 때문에 이 방법을 더 많이 사용합니다.

```
product.제품명   → '7D 건조 망고'
product.유형     → '당절임'
product.성분     → '망고, 설탕, 메타중아황산나트륨, 치자황색소'
product.원산지   → '필리핀'
```

NOTE 식별자로 사용할 수 없는 키

[코드 9-26]과 같이 식별자 생성 규칙에 어긋나는 문자를 키로 사용할 때는 반드시 대괄호로 감싸야 객체 요소에 접근할 수 있습니다. 대괄호가 아니라 점을 찍어 사용하면 자바스크립트 문법 오류가 발생합니다. 식별자 생성 규칙은 294쪽을 참고하세요.

코드 9-26 note_objectWithoutIdentifier.html

```
<script>
    // 객체를 선언합니다.
    let object = {
        'with space': 273,
        'with ~!@#$%^&*()_+': 52
    };

    // 출력합니다.
    alert(object['with space']);
    alert(object['with ~!@#$%^&*()_+']);
</script>
```

for in 반복문이나 for of 반복문을 사용하면 객체 요소를 하나씩 살펴볼 수 있습니다. 다음과 같은 형식으로 for in 반복문을 작성해 객체를 순환합니다.

```
for (let 키 in 객체) {
    문장
}
```

"키"가 들어갑니다.

예를 들어 [코드 9-27]을 실행하면 객체 요소가 하나씩 차례로 출력됩니다.

코드 9-27 object_withForIn.html

```
<script>
    // 객체를 선언합니다.
    let product = {
        제품명: '7D 건조 망고',
        유형: '당절임',
        성분: '망고, 설탕, 메타중아황산나트륨, 치자황색소',
        원산지: '필리핀'
    };

    // 출력합니다.
    for (let i in product) {
        alert(i + ':' + product[i]);
    }
</script>
```

2 속성과 메서드

배열에 있는 값 하나하나를 요소element라고 하며, 객체에 있는 값 하나하나를 속성property이라고 합니다. 다른 프로그래밍 언어는 요소와 속성이 다르지만 자바스크립트는 요소와 속성이 같아 사실 구분하는 것이 큰 의미가 없습니다. 다만 관례적으로 다른 프로그래밍 언어의 용어 습관이 넘어와서 구분해 부릅니다.

객체 속성에도 배열 요소처럼 다양한 자료형을 입력할 수 있습니다.

```
// 객체를 선언합니다.
let object = {
    number: 273,
    string: 'rintiantta',
    boolean: true,
    array: [52, 273, 103, 32],
    method: function () {
    }
};
```

객체 속성 중 자료형이 함수인 속성을 특별히 메서드method라고 합니다. 예를 들어 다음 코드에서 person 객체에는 name 속성과 eat 속성이 있습니다. 이 중 eat 속성의 자료형이 함수이므로 eat() 메서드라고 합니다.

```
// 객체를 선언합니다.
let person = {
    name: '윤인성',
    eat: function (food) {
        alert(food + '을/를 먹습니다.');
    }
};

// 메서드를 호출합니다.
person.eat('밥');
```

객체에 있는 속성을 메서드에서 사용하고 싶을 때는 자신이 가진 속성임을 분명하게 표시해야 합니다. 이때 this 키워드를 사용합니다. [코드 9-28]은 객체를 생성한 후 해당 객체의 속성을 메서드에서 사용하는 것을 모두 보여 줍니다. 예를 들어 eat() 메서드와 name 속성은 person 객체 내부에 있으므로 this 키워드를 사용했습니다.

코드 9-28 object_this.html

```
<script>
    // 객체를 선언합니다.
    let person = {
        name: '윤인성',
        eat: function (food) {
            alert(this.name + '이 ' + food + '을/를 먹습니다.');
        }
    };

    // 메서드를 호출합니다.
    person.eat('밥');
</script>
```

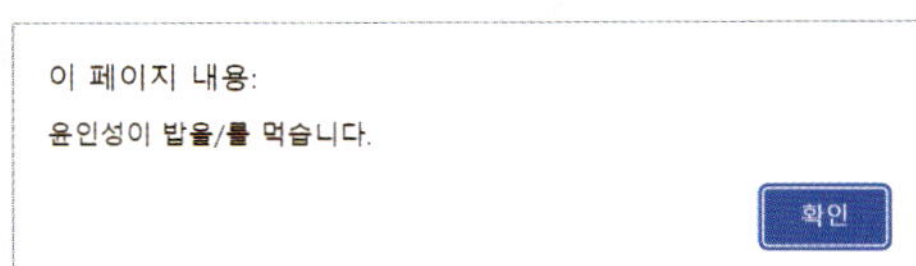

NOTE C++, 자바, C# 등 프로그래밍 언어에서는 this 키워드를 생략할 수 있습니다. 하지만 자바스크립트에서는 this 키워드를 사용하지 않으면 오류가 발생합니다. 반드시 this 키워드를 사용해야 한다는 점을 기억해 주세요.

요약

01 (   )은 값을 만들어 내는 간단한 코드입니다.

02 (   )은 프로그래밍 언어에 실행할 수 있는 코드의 최소 단위입니다.

03 문장의 마지막에 (   ) 또는 (   )을 넣어 종결을 나타냅니다.

04 (   )는 자바스크립트를 처음 만들 때 정해진 특별한 의미가 부여된 단어입니다.

05 (   )는 자바스크립트에서 변수나 함수 등에 이름을 붙일 때 사용하는 단어입니다.

06 (   )는 프로그램 진행에 전혀 영향을 주지 않는 코드로, 프로그램을 설명하는 데 사용합니다.

07 (   )은 문자 집합을 의미합니다.

08 (   )은 참과 거짓을 표현할 때 사용하는 자료입니다.

09 (   )는 값을 저장할 때 사용하는 식별자입니다.

10 변수를 만드는 것을 '변수를 (   )한다'고 표현하며, 변수에 값을 저장하는 것을 '변수에 값을 (   )한다'고 표현합니다.

11 변수를 선언한 후 처음 값을 할당하는 것을 '변수를 (   )한다'고 표현합니다.

12 (   )는 코드 집합입니다.

13 (　　　　　)는 변수 여러 개를 순서(인덱스)로 한꺼번에 다룰 수 있는 자료형입니다. 값 하나하나를 (　　　　　)라고 합니다.

14 (　　　　　)는 매개변수로 전달되는 함수입니다.

15 (　　　　　)는 자료형 여러 개를 이름(키)으로 한꺼번에 저장하는 자료형입니다. 값 하나하나를 (　　　　　)이라고 합니다.

연습문제

01 다음 문장에 ○×를 표시하시오.

(1) 식별자에 사용할 수 있는 특수 문자는 @, $, _가 있습니다. (　　　)

(2) 배열에 들어 있는 요소 개수를 확인할 때는 length 속성을 사용합니다. (　　　)

(3) 자바스크립트는 한 줄 주석으로 # 기호를 사용합니다. (　　　)

(4) 자바스크립트는 숫자를 0으로 나누었을 때 오류가 발생합니다. (　　　)

(5) 자바스크립트는 10/3을 하면, 정수 나눗셈이 실행되어 3을 결과로 출력합니다. (　　　)

(6) 불 자료형의 값은 true와 false밖에 없습니다. (　　　)

(7) 자바스크립트는 문자열이나 불 연산도 가능하며, 한글을 예로 들면 사전 순서로 앞에 있는 값이 작은 값을 가집니다. (　　　)

(8) 배열은 대괄호([ ])를 사용해서 생성하고, 객체는 중괄호({ })를 사용해서 생성합니다. (　　　)

(9) 배열을 array = ['가', '나', '다']로 만들었다면, '가'를 선택할 때는 array[1] 형태의 코드를 사용합니다. (　　　)

(10) 배열 값은 한 번 정해지면 변경할 수 없습니다. (　　　)

(11) 선언적 함수는 익명 함수보다 먼저 선언됩니다. (　　　)

(12) 함수를 선언할 때는 매개변수와 리턴 값을 반드시 넣어야 합니다. (　　　)

(13) 함수의 매개변수로 익명 함수를 전달할 경우 오류가 발생합니다. (　　　)

(14) 객체 속성으로 함수를 지정할 경우 메서드라고도 합니다. (　　　)

(15) 메서드 내부에서 해당 객체가 가진 객체를 나타낼 때는 this 키워드를 사용하지만, 어차피 자기 자신이 갖고 있는 속성이므로 속성에 접근할 때는 this 키워드를 사용하지 않아도 됩니다. (　　　)

02 다음 중에서 식별자로 사용할 수 있는 것은?

① downloaded data　　② $

③ 2nd_test　　④ for

03 다음 중에서 키워드가 아닌 것은?

① alert　　② for
③ if　　④ while

04 다음 중에서 false로 변환되는 것은?

① '1'　　② 'false'
③ ' '　　④ 20

05 자바스크립트 함수를 정의할 때 사용하는 키워드는?

① func　　② method
③ function　　④ define

06 자바스크립트에서 배열의 첫 번째 요소에 접근할 때 사용하는 인덱스는?

① 0　　② 1　　③ −1　　④ first

07 자바스크립트에서 반복문을 수행할 때 사용하는 키워드는?

① repeat　　② for　　③ loop　　④ iterate

08 자바스크립트에서 조건문을 작성할 때 사용하는 키워드는?

① condition　　② if
③ check　　④ test

09 자바스크립트에서 함수를 호출할 때 함수 이름 뒤에 사용하는 기호는?

① [ ]　　② { }　　③ ( )　　④ 〈 〉

연습문제

10 자바스크립트에서 함수를 만들 때 함수 코드를 감싸는 데 사용되는 기호는?

① [ ]　　② { }　　③ ( )　　④ 〈 〉

11 다음 코드의 실행 결과를 예측하시오.

(1)

```
alert(10 + 20 + '!!!!')
```

(2)

```
// 변수를 선언합니다.
let number = 10;

// 출력합니다.
alert(++number);
alert(++number);
alert(++number);
```

(3)

```
let test = function () { return 10 }
function test() { return 20 }

// 출력합니다.
alert(test)
```

12 연산자 =과 ==의 차이점을 적으시오.

13 다음 if 조건문을 논리 연산자를 사용해 하나의 if 조건문으로 작성하시오.

```
if (x > 10) {
    if (x < 20) {
        alert(x);
    }
}
```

14 다음 for 반복문을 while 반복문으로 변경하시오.

```
for (let i = 1; i <= 10; i++) {
    if (i % 5 == 0) {
        alert(i);
    }
}
```

15 다음 while 반복문을 for 반복문으로 변경하시오.

```
let i = 10;
while (i >= 0) {
    alert(i);
    i -= 3;
}
```

16 센티미터cm를 입력하면 피트feet와 인치inch로 변환하는 프로그램을 작성하시오.

Hint 1feet=12inch, 1inch=2.54cm

17 원기둥 밑면의 반지름과 높이를 입력받아 부피를 계산하는 프로그램을 작성하시오.

Hint 원기둥의 부피 = 밑면의 넓이 × 높이 = (반지름 × 반지름 × π) × 높이

18 네 자리 정수를 입력받아 천, 백, 십, 일의 자리로 분리해 출력하는 프로그램을 작성하시오.

Hint 천의 자리는 parseInt(num/1000), 백의 자리는 parseInt(num%1000/100)으로 구할 수 있습니다. 사용자에게 값을 입력받는 부분은 다음과 같이 prompt( ) 함수를 사용합니다.

```
let input = prompt("입력해주세요", "입력")
```

연습문제

19 사용자에게 태어난 연도를 입력받아 그 해의 띠를 출력하는 프로그램을 작성하시오.

Hint 입력받은 연도를 12로 나눈 나머지를 사용합니다. 나머지가 0, 1, 2, 3, 4, 5, 6, 7, 8, 9, 10, 11일 때는 각각 원숭이띠, 닭띠, 개띠, 돼지띠, 쥐띠, 소띠, 범띠, 토끼띠, 용띠, 뱀띠, 말띠, 양띠입니다.

20 반복문을 사용해 다음 그림과 같이 패턴을 출력하는 프로그램을 작성하시오.

Hint 반복문을 이중으로 사용합니다.

```
*
**
***
****
*****
******
*******
********
*********
**********
```

21 매개변수로 n을 입력받아 $n!$factorial을 반환하는 함수를 만드시오.

22 다음 속성을 가지는 대상을 자바스크립트 객체로 만드시오.

속성	값
이름	C# 프로그래밍(2판)
초판 발행	2021년 1월 5일
지은이	윤인성
펴낸이	전태호
펴낸곳	한빛아카데미(주)
책임편집	김성무
기획	김성무
편집	정서린
디자인	최연희, 이아란

CHAPTER 10 문서 객체 모델

학습목표

- 문서 객체와 문서 객체 모델의 개념을 이해합니다.
- 문서 객체를 선택하고 조작할 수 있습니다.
- 이벤트 종류를 알아보고 문서 객체에 이벤트를 연결합니다.

PREVIEW

HTML 태그를 자바스크립트에서 이용할 수 있게 객체로 만든 것을 문서 객체라고 합니다. 자바스크립트에서 문서 객체를 사용하면 HTML 태그를 생성하고 제거하거나 조작할 수 있습니다. 또 문서 객체를 사용해 마우스를 클릭하거나 키보드를 누르는 이벤트에 반응할 수 있습니다.

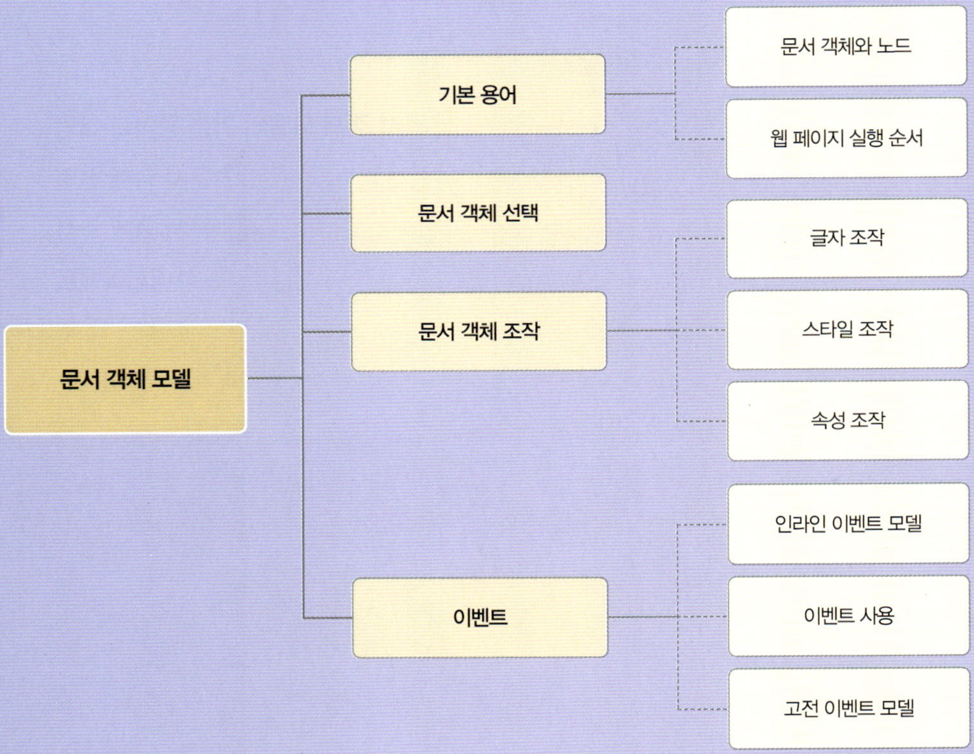

01 문서 객체 모델의 기본 용어와 개념

1 문서 객체 모델 기본 용어

문서 객체 모델을 살펴보려면 먼저 몇 가지 용어를 알아야 합니다. 문서 객체document object와 노드node라는 용어를 간단한 HTML 페이지 코드를 보면서 이해해 봅시다.

[코드 10-1]에서 h1이나 p는 태그인데, 이런 HTML 태그를 자바스크립트에서 사용할 수 있는 객체로 만든 것이 문서 객체입니다. 즉, HTML에서 요소라고 하던 것을 자바스크립트에서는 문서 객체라고 합니다. 따라서 자바스크립트에서 문서 객체를 조작한다는 말은 결국 태그를 조작한다는 의미입니다.

코드 10-1 dom_basic.html

```
<!DOCTYPE html>
<html>
<head>
    <title>Document Object Model</title>
    <script>

    </script>
</head>
<body>
    <h1>Header</h1>
    <p>Lorem ipsum dolor amet</p>
</body>
</html>
```

자바스크립트를 사용해 문서 객체를 조작해서 태그를 추가·수정·제거할 수 있습니다. 즉, HTML 태그의 내용을 바꿀 수도 있고 출력되는 모양이나 색상을 동적으로 변경할 수도 있습니다.

"어떻게 자바스크립트에서 문서 객체를 조작하나요?"

이것이 이 장에서 배울 내용입니다. 일단은 계속해서 용어를 살펴보겠습니다. 웹 브라우저는 HTML 페이지를 읽으면서 태그의 포함 관계에 따라 문서 객체를 트리 형태로 만듭니다. 예를 들어 [코드 10-1]을 트리 형태로 나타내면 [그림 10-1]과 같습니다. 트리의 각 요소가 노드이고, 노드는 요소 노드element node와 텍스트 노드text node로 구분합니다. h1 태그와 script 태그처럼 요소를 생성하는 노드가 요소 노드이고, "Lorem ipsum dolor amet" 등 화면에 출력되는 문자열이 텍스트 노드입니다.

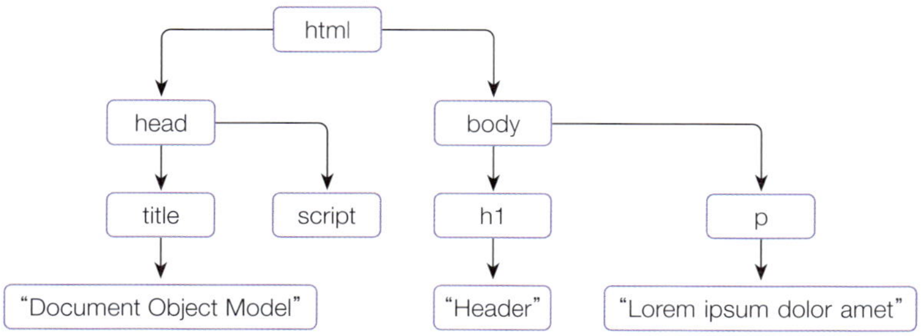

그림 10-1 노드

h1처럼 텍스트 노드를 가진 태그도 있지만, 다음과 같이 텍스트 노드를 갖지 않는 태그도 있습니다.

```
<br>
<hr>
<img src="rintiantta.png">
```

웹 브라우저는 웹 페이지를 실행할 때 먼저 HTML 파일을 분석한 후 화면에 표시합니다. 웹 페이지를 처음 실행할 때 HTML 태그로 적힌 문서 객체를 생성하는 것을 정적 생성이라고 하며, 웹 페이지를 실행 중에 자바스크립트를 사용해 문서 객체를 생성하는 것을 동적 생성이라고 합니다. 그리고 웹 브라우저가 HTML 파일을 분석하고 출력하는 방식을 문서 객체 모델Document Object Model, DOM이라고 합니다. 문서 객체 모델은 웹 브라우저마다 미세한 차이가 있습니다. 웹 브라우저별로 다루면 너무 복잡하므로 최신 웹 브라우저(인터넷 익스플로러 8 이하 제외)를 기준으로 알아보겠습니다.

2 웹 페이지 실행 순서

문서 객체를 잘 사용하려면 먼저 웹 브라우저가 웹 페이지를 어떤 순서로 실행하는지 반드시 이해해야 합니다. 이 순서가 왜 중요한지는 [기본 예제 10-1]에서 알아보는데, 먼저 웹 페이지 실행 순서부터 살펴보겠습니다. 결론부터 말하면 웹 브라우저는 HTML 코드를 위쪽에서 아래쪽으로 실행합니다.

기본 예제 10-1 실행 순서에 따른 문서 객체 사용 오류

1 문서 객체 사용 오류 웹 페이지 코드를 [코드 10-2]와 같이 작성한다고 합시다. 아직 배우지 않은 코드도 있지만 주석을 보면 기능을 짐작할 수 있겠죠?

코드 10-2 dom_fault.html

```
<!DOCTYPE html>
<html>
<head>
    <title>Document Object Model</title>
    <script>
        // h1 태그의 배경 색상을 변경합니다.
        document.querySelector('h1').style.backgroundColor = 'red';
        // h2 태그의 글자 색상을 변경합니다.
        document.querySelector('h2').style.color = 'red';
    </script>
</head>
<body>
    <h1>Process - 1</h1>
    <h2>Process - 2</h2>
</body>
</html>
```

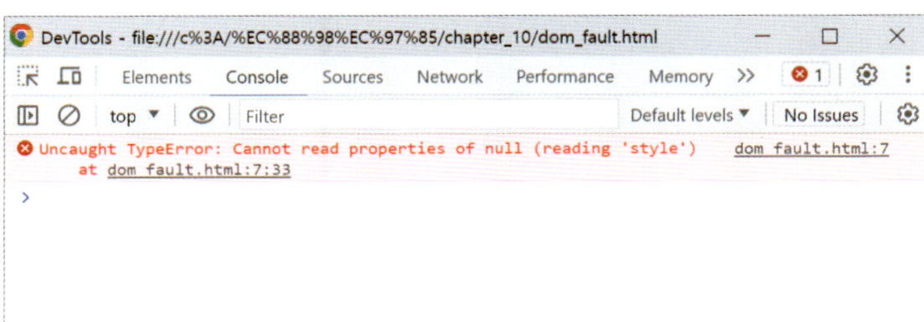

그런데 코드를 실행하면 오류가 발생합니다. null(존재하지 않는 것)에서 style이라는 속성을 읽을 수 없다는 의미입니다. 이는 웹 브라우저가 위쪽에서 아래쪽으로 코드를 차근차근 실행하기 때문에 script 태그를 읽을 때는 h1 태그와 h2 태그가 생성되어 있지 않아서 발생하는 문제입니다. 오류는 크롬 개발자 도구에서 확인할 수 있습니다.

2 해결 방법 1: script 태그 위치 옮기기 가장 간단한 해결 방법은 [코드 10-3]과 같이 script 태그를 h1 태그와 h2 태그 아래에 삽입하는 것입니다.

코드 10-3 dom_correct.html

```
<!DOCTYPE html>
<html>
<head>
    <title>Document Object Model</title>
</head>
<body>
    <h1>Process - 1</h1>
    <h2>Process - 2</h2>
    <script>
        // h1 태그의 배경 색상을 변경합니다.
        document.querySelector('h1').style.backgroundColor = 'red';
        // h2 태그의 글자 색상을 변경합니다.
        document.querySelector('h2').style.color = 'red';
    </script>
</body>
</html>
```

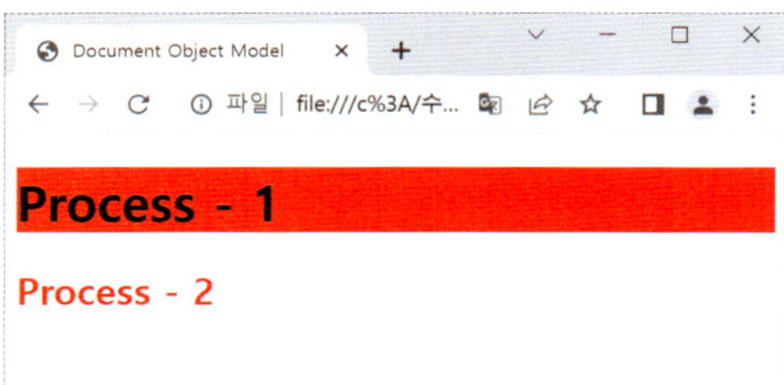

NOTE script 태그 위치

script 태그를 head 태그 내부에 삽입하는 것과 body 태그 아래쪽에 삽입하는 것에 논쟁이 뜨겁습니다. head 태그 내부에 넣으면 코드를 보기 쉬워 유지 보수가 용이합니다. 반면 body 태그 아래에 넣으면 HTML 페이지가 빠르게 나타나는 것처럼 보일 수 있습니다.

"왜 빨리 불러오는 것처럼 보이나요?"

예를 들어 [코드 10-4]와 같이 head 태그 내부에 있다면 위쪽부터 script 태그를 차근차근 읽기 시작합니다. 각각의 외부 스크립트 파일 용량이 크거나 사용자의 인터넷 속도가 느리다면 흰 화면 상태로 몇 초 정도 있다 글자가 나타납니다.

코드 10-4 note_scriptFirst.html

```
<!DOCTYPE html>
<html>
<head>
    <title>Document Object Model</title>
    <script src="jquery.js"></script>
    <script src="jquery.masonry.js"></script>
    <script src="jquery.rint.js"></script>
    <script src="jquery.rint.graphics.js"></script>
    <script src="jquery.rint.util.js"></script>
    <script>
        window.onload = function () { };
    </script>
</head>
<body>
    <h1>Header - 1</h1>
    <h2>Header - 2</h2>
</body>
</html>
```

반면 script 태그를 [코드 10-3]과 같이 body 태그의 맨 아래쪽에 넣는다면 script 태그 실행 전에 화면이 먼저 구성됩니다. 따라서 사용자는 웹 페이지를 실행하자마자 빠르게 요소가 표시되는 것을 볼 수 있습니다. 가끔 스마트폰에서 웹 페이지로 접속하면 분명 화면은 모두 떴는데 '로딩 중'이라는 메시지가 계속 나타날 때가 있습니다. 이는 script 태그를 아래쪽에 삽입해 다른 요소를 모두 출력한 후에야 읽어서 발생하는 현상입니다. 현재는 AMDAsynchronous Module Definition 기술을 사용해 head 태그 내부에 script 태그를 입력해도 웹 페이지를 빠르게 표시할 수 있습니다(CPU 회사가 아닙니다).

3 해결 방법 2: 이벤트 활용하기 다음 절에서 배울 이벤트 기능을 사용합니다. 이벤트가 무엇인지 잘 몰라도 '이러한 이유로 뒤에서 이벤트를 배우는구나' 하고 생각하기 바랍니다.

코드 10-5 dom_event.html

```
<!DOCTYPE html>
<html>
<head>
    <title>Document Object Model</title>
    <script>
        window.onload = function () {
            // h1 태그의 배경 색상을 변경합니다.
            document.querySelector('h1').style.backgroundColor = 'red';
            // h2 태그의 글자 색상을 변경합니다.
            document.querySelector('h2').style.color = 'red';
        };
    </script>
</head>
<body>
    <h1>Process - 1</h1>
    <h2>Process - 2</h2>
</body>
</html>
```

02 문서 객체 선택

이미 존재하는 HTML 태그를 자바스크립트에서 문서 객체로 변환하는 것을 '문서 객체를 선택한다'고 표현합니다. 문서 객체를 조작하려면 먼저 문서 객체를 선택해야 합니다.

문서 객체는 1개 또는 여러 개 선택할 수 있습니다. 문서 객체를 여러 개 선택하는 메서드를 사용하면 문서 객체가 배열 형태로 반환됩니다.

표 10-1 문서 객체를 선택하는 메서드

구분	메서드	설명
1개 선택	document.getElementById(아이디)	아이디로 1개 선택
	document.querySelector(선택자)	선택자로 1개 선택
여러 개 선택	document.getElementsByName(이름)	name 속성으로 여러 개 선택
	document.getElementsByClassName(클래스)	class 속성으로 여러 개 선택
	document.querySelectorAll(선택자)	선택자로 여러 개 선택

각 메서드의 사용법을 예제로 살펴보겠습니다.

NOTE 이전에 스타일시트를 다루면서 '스타일시트를 사용할 때는 id 속성이 중복되어도 문제가 없지만 자바스크립트에서는 문제가 생긴다'고 했습니다. 자바스크립트에서 id 속성을 중복했을 때 문제가 되는 부분이 바로 getElementById( ) 메서드입니다.

기본 예제 10-2 문서 객체 선택

1 getElementById( ) 메서드를 사용해 문서 객체 1개 선택하기 [코드 10-6]과 같이 id 속성을 사용해 문서 객체를 선택하고 스타일과 내부 글자를 조작합니다.

코드 10-6 select_id.html

```
<!DOCTYPE html>
<html>
<head>
    <title>DOM Basic</title>
    <script>
        // 이벤트를 연결합니다.
        window.onload = function () {
            // 문서 객체를 선택합니다.
            let header = document.getElementById('header');

            // 문서 객체를 조작합니다.
            header.style.color = 'orange';
            header.style.background = 'red';
            header.innerHTML = 'From JavaScript';
        };
    </script>
</head>
<body>
    <h1 id="header">Header</h1>
</body>
</html>
```

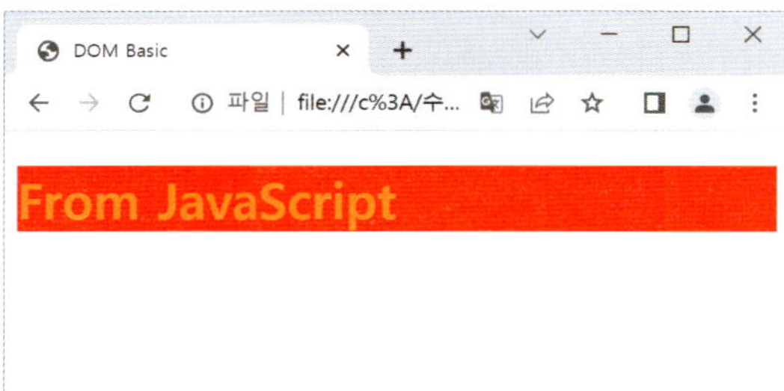

2 querySelector( ) 메서드를 사용해 문서 객체 1개 선택하기 id 속성 대신 선택자를 사용하는 점만 다르고 getElementById( ) 메서드와 사용 방법은 같습니다. 단 querySelector( ) 메서드는 문서 객체 하나를 선택하므로 이름이 같은 선택자가 여러 개라면 가장 먼저 등장하는 것을 선택합니다.

코드 10-7 select_query.html

```
<!DOCTYPE html>
<html>
<head>
    <title>DOM Basic</title>
    <script>
        // 이벤트를 연결합니다.
        window.onload = function () {
            // 문서 객체를 선택합니다.
            let header = document.querySelector('h1');

            // 문서 객체를 조작합니다.
            header.style.color = 'orange';
            header.style.background = 'red';
            header.innerHTML = 'From JavaScript';
        };
    </script>
</head>
<body>
    <h1>Header</h1>
    <h1>Header</h1>
    <h1>Header</h1>
</body>
</html>
```

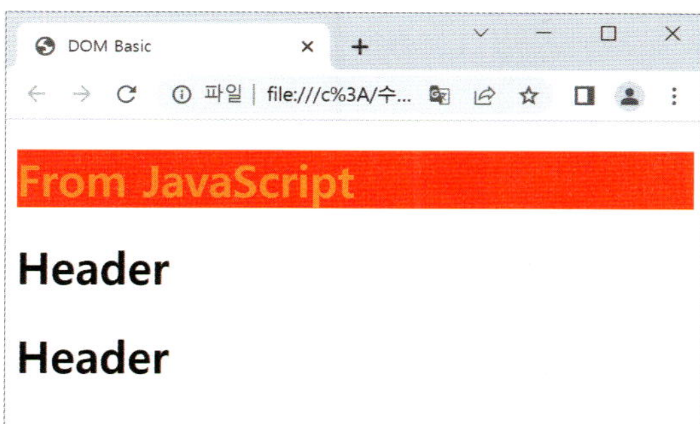

3 querySelectorAll( ) 메서드를 사용해 문서 객체 여러 개 선택하기 querySelectorAll( ) 메서드는 [코드 10-8]과 같이 문서 객체를 여러 개 선택해 조작할 수 있습니다. 문서 객체 여러 개를 어떤 속성으로 선택하느냐만 다르지 사용 방법은 모두 같습니다.

코드 10-8 select_all.html

```
<!DOCTYPE html>
<html>
<head>
    <title>DOM Basic</title>
    <script>
        // 이벤트를 연결합니다.
        window.onload = function () {
            // 문서 객체를 선택합니다.
            let headers = document.querySelectorAll('h1');

            for (let i = 0; i < headers.length; i++) {
                // 변수를 선언합니다.
                let header = headers[i];
                // 문서 객체를 조작합니다.
                header.style.color = 'orange';
                header.style.background = 'red';
                header.innerHTML = 'From JavaScript';
            }
        };
    </script>
</head>
<body>
    <h1>Header</h1>
    <h1>Header</h1>
    <h1>Header</h1>
</body>
</html>
```

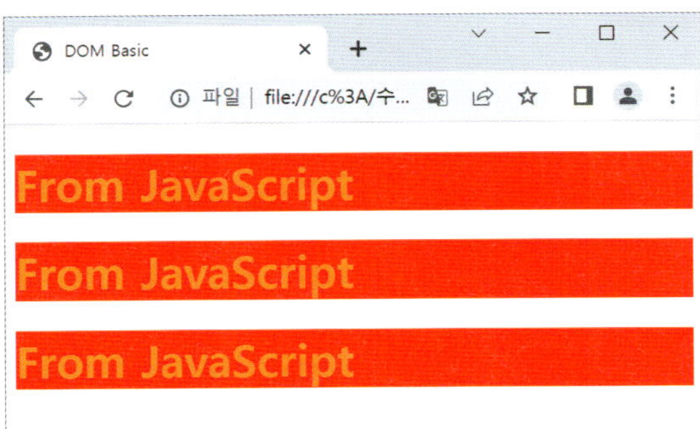

03 문서 객체 조작

유튜브와 같은 최신 웹 페이지 소스 코드를 보면, HTML 태그에 어떤 내용도 입력되어 있지 않은 것을 볼 수 있습니다. 유튜브 사이트의 소스 코드를 보면 약 700줄인데, 약 350줄 정도가 다음과 같이 어떤 내용도 입력되지 않은 틀만 잡는 태그입니다.

[유튜브 소스 코드 예 1]

```
<div class="video-skeleton">
    <div class="video-details">
        <div class="thumbnail skeleton-bg-color"></div>
        <div class="details">
            <div class="video-title text-shell skeleton-bg-color"></div>
            <div class="video-meta text-shell skeleton-bg-color"></div>
        </div>
    </div>
</div>
```

또 대부분의 나머지 줄들도 다음과 같이 전혀 내용이 들어 있지 않습니다.

[유튜브 소스 코드 예 2]

```
<div id="info-container">
    <div id="primary-info" class="skeleton-light-border-bottom">
        <div id="title" class="text-shell skeleton-bg-color"></div>
        <div id="info">
            <div id="count" class="text-shell skeleton-bg-color"></div>
            <div class="flex-1"></div>
            <div id="menu">
                <div class="menu-button skeleton-bg-color"></div>
                <div class="menu-button skeleton-bg-color"></div>
                <div class="menu-button skeleton-bg-color"></div>
                <div class="menu-button skeleton-bg-color"></div>
                <div class="menu-button skeleton-bg-color"></div>
            </div>
```

```
            </div>
        </div>
        <div id="secondary-info" class="skeleton-light-border-bottom">
            <div id="top-row">
                <div id="video-owner" class="flex-1">
                    <div id="channel-icon" class="skeleton-bg-color"></div>
                    <div id="upload-info" class="flex-1">
                        <div id="owner-name" class="text-shell skeleton-bg-color">
                        </div>
                        <div id="published-date" class="text-shell skeleton-bg-color">
                        </div>
                    </div>
                </div>
                <div id="subscribe-button" class="skeleton-bg-color"></div>
            </div>
        </div>
    </div>
```

이는 유튜브가 SPA 사이트라서 처음에는 웹 페이지를 읽어 들일 때 틀만 읽어 들이고, 이후에 자바스크립트 문서 객체를 조작해서 모든 내용을 집어넣기 때문입니다. SPA Single Page Application는 웹 페이지를 한 번만 읽어 들이고, 사용자가 조작할 때 웹 페이지 내용을 자바스크립트를 사용해 바꾸는 형태의 웹 페이지를 의미합니다.

이렇게 하면 웹 페이지를 여러 번 요청하지 않아도 되어 서버 부담도 줄고, 사용자가 웹 페이지를 이동할 때 새로 웹 페이지를 읽어 들이며 발생하는 깜빡임도 없어집니다. 현대에는 이러한 웹 페이지 개발을 위해 React, Vue 등 다양한 자바스크립트 프레임워크가 등장했습니다.

이러한 웹 페이지는 학습할 양이 방대하고 어려우므로 책에서는 다루지 않고, 기본적인 방법만 살펴보겠습니다. 이번 절에서는 선택한 문서 객체의 글자, 스타일, 속성 등을 조작하는 방법을 하나씩 알아봅니다.

1 글자 조작

문서 객체 내부에 있는 글자를 조작할 때는 [표 10-2]와 같은 속성을 사용합니다.

표 10-2 글자 속성

속성	설명
textContent	문서 객체 내부 글자를 순수 텍스트 형식으로 가져오도록 변경
innerHTML	문서 객체 내부 글자의 HTML 태그를 반영해 가져오도록 변경

기본 예제 10-3 내부 글자 변경

[코드 10-9]의 ❶과 같이 textContent 속성을 사용해 문서 객체 내부의 글자를 변경하면 입력한 글자가 body 태그 내부에 바로 들어갑니다. 반면 ❷와 같이 innerHTML 속성을 사용하면 textContent 속성과 달리 HTML 태그를 적용해 내부 글자를 변경합니다.

코드 10-9 control_text.html

```
<!DOCTYPE html>
<html>
<head>
    <title>DOM Basic</title>
    <script>
        // 이벤트를 연결합니다.
        window.onload = function () {
            // 변수를 선언합니다.
            let output = '';
            for (let i = 0; i < 10; i++) {
                output += '<h1>Header - ' + i + '</h1>';
            }

            // 문서 객체 내부의 글자를 변경합니다. ❶
            document.body.textContent = output;
            // innerHTML 속성을 사용합니다.
            // document.body.innerHTML = output; ❷
        };
    </script>
</head>
<body>

</body>
</html>
```

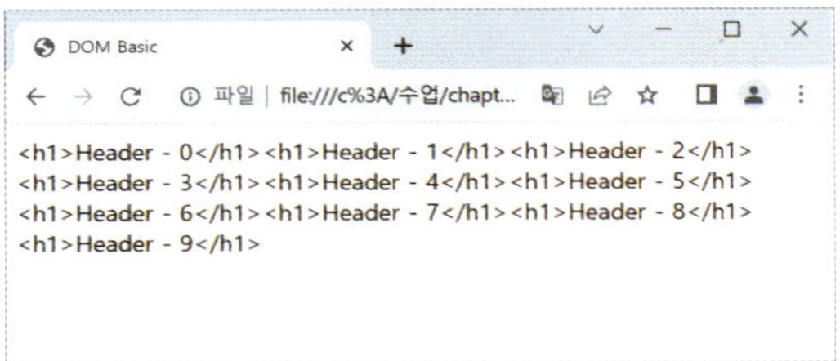

❶ textContent를 사용한 경우

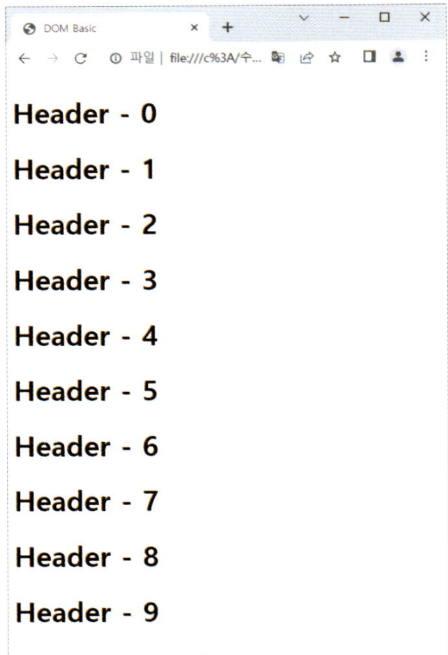

❷ innerHTML을 사용한 경우

NOTE 구 버전의 인터넷 익스플로러에서는 textContent 속성을 지원하지 않으므로 대개 innerHTML 속성을 사용합니다. 이때 HTML 태그로 사용하는 글자를 넣고 싶다면 글자 태그를 배우면서 살펴본   등 특수 문자를 씁니다.

2 스타일 조작

자바스크립트로 CSS 속성 값을 추가·제거·변경할 수 있습니다. 문서 객체의 style 속성을 변경하면 됩니다. 스타일시트에서 사용하던 스타일 속성 이름을 그대로 입력하면 된다고 생각할 수 있습니다. 하지만 자바스크립트는 특수 문자 '–'을 식별자에 사용할 수 없으므로 ❶처럼 입력하면 오류를 출력합니다. 따라서 –으로 연결된 속성은 ❷처럼 –로 연결된 단어의 첫 글자를 대문자로 변경해야 합니다.

❶
```
let header = document.getElementById('header');
header.style.backgroundColor-color = 'red';
```

```
❷ let header = document.getElementById('header');
  header.style.backgroundColor = 'red';
```

이 방법으로 스타일시트의 스타일 속성을 자바스크립트의 스타일 식별자로 변환하면 [표 10-3]과 같습니다.

표 10-3 스타일 식별자 변환

스타일시트의 스타일 속성	자바스크립트의 스타일 식별자
background-image	backgroundImage
background-color	backgroundColor
box-sizing	boxSizing
list-style	listStyle

NOTE 문자열을 사용한 스타일 속성 접근

문자열을 사용해 스타일 속성에 접근할 때는 다음 두 가지 방법을 모두 사용할 수 있습니다.

```
❶ document.body.style['backgroundColor'] = 'red';
❷ document.body.style['background-color'] = 'red';
```

기본 예제 10-4 스타일 조작

간단한 내용이므로 예제 코드를 조금만 살펴보면 쉽게 이해할 수 있을 것입니다. [코드 10-10]은 div 태그 256개가 위쪽에서 아래쪽으로 그레이디언트를 형성합니다.

코드 10-10 control_style.html

```
<!DOCTYPE html>
<html>
<head>
    <title>DOM Basic</title>
    <script>
        // 이벤트를 연결합니다.
```

```
        window.onload = function () {
            // 문서 객체를 추가합니다.
            let output = '';
            for (let i = 0; i < 256; i++) {
                output += '<div></div>';
            }
            document.body.innerHTML = output;

            // 문서 객체를 선택합니다.
            let divs = document.querySelectorAll('div');
            for (let i = 0; i < divs.length; i++) {
                // 변수를 선언합니다.
                let div = divs[i];

                // 스타일을 적용합니다.
                div.style.height = '2px';
                div.style.background = 'rgb(' + i + ',' + i + ',' + i + ')';
            }
        };
    </script>
</head>
<body>

</body>
</html>
```

3 속성 조작

문서 객체의 속성을 조작할 때는 [표 10-4]와 같은 메서드를 사용합니다.

표 10-4 문서 객체의 속성 조작 메서드

메서드	설명
setAttribute(속성 이름, 속성 값)	속성 지정
getAttribute(속성 이름)	속성 추출

웹 표준에서 지정한 속성은 다음 방법으로 곧바로 접근할 수도 있습니다. 웹 표준에서 지원하지만 웹 브라우저 제조사가 구현하지 않았다면 접근하지 못할 수도 있습니다.

```
image.src = 'rint.png'
alert(image.src)
```

웹 표준에서 지정하지 않은 속성에 접근할 때는 setAttribute() 메서드와 getAttribute() 메서드를 사용합니다. 웹 표준에서 지정하지 않은 속성이 있다는 것에 의문이 생길 수 있습니다. 예를 들어 [그림 10-2]는 jQuery Mobile 코드의 일부입니다. 여기서 data-role은 웹 표준에서 지정하는 속성이 아닙니다. 문자열 'data-'로 시작하는 것을 사용자 지정 속성이라고 하는데, 반드시 속성 조작 메서드를 사용해서 접근해야 합니다.

```
<body>
    <div data-role="page">
        <div data-role="header"></div>
        <div data-role="content"></div>
        </div>
        <div data-role="footer"></div>
    </div>
</body>
```

그림 10-2 jQuery Mobile 코드

기본 예제 10-5 문서 객체 속성 조작

1 img 태그 속성 조작하기 [코드 10-11]은 img 태그의 src 속성, width 속성, height 속성을 변경합니다. img 태그에는 id 속성을 제외한 다른 속성은 부여하지 않았습니다. 하지만 자바스크립트의 문서 객체 코드에서 src 속성 등을 지정하므로 출력 결과처럼 이미지가 나타납니다.

코드 10-11 control_attribute.html

```
<!DOCTYPE html>
<html>
<head>
    <title>DOM Basic</title>
    <script>
        // 이벤트를 연결합니다.
        window.onload = function () {
            // 변수를 선언합니다.
            let image = document.getElementById('image');

            // 속성을 변경합니다.
            image.src = 'http://via.placeholder.com/300x200';
            image.width = 300;
            image.height = 200;
        };
    </script>
</head>
<body>
    <img id="image">
</body>
</html>
```

2 body 태그 속성 조작하기 [코드 10-12]는 body 태그에 data-custom 속성을 지정한 후 속성을 다시 추출해서 출력합니다. 웹 표준에서 지정하고 있지 않은 속성이므로 속성 조작 메서드를 사용합니다.

코드 10-12 control_body.html

```
<!DOCTYPE html>
<html>
<head>
    <title>DOM Basic</title>
    <script>
        // 이벤트를 연결합니다.
        window.onload = function () {
            // 속성을 지정합니다.
            document.body.setAttribute('data-custom', 'value');

            // 속성을 추출합니다.
            let dataCustom = document.body.getAttribute('data-custom');
            alert(dataCustom);
        };
    </script>
</head>
<body>

</body>
</html>
```

[코드 10-12]를 실행하고 검사를 사용해서 살펴보면 [그림 10-3]과 같이 body 태그에 data-custom 속성이 추가되어 있습니다. 다른 속성도 이 방법으로 지정하고 추출합니다.

```
<!DOCTYPE html>
<html>
▶ <head> … </head>
  <body data-custom="value"> </body> == $0
</html>
```

그림 10-3 검사로 속성 조작 확인

기본 예제 10-6 문서 객체를 사용한 시간 표시

문서 객체를 정리하는 의미로 1초 단위로 현재 시간을 표시하는 시계를 만들어 보겠습니다. 간단한 예제이지만, 왜 문서 객체를 사용하는지 알 수 있습니다. setInterval() 함수를 사용해 1초마다 clock 문서 객체의 innerHTML 속성을 현재 시간으로 변경합니다. setInterval() 함수는 12장에서 자세히 다룹니다. 지금은 단위 시간마다 함수를 실행한다고 이해하면 됩니다.

코드 10-13 dom_clock.html

```
<!DOCTYPE html>
<html>
<head>
    <title>Clock</title>
    <script>
        // 이벤트를 연결합니다.
        window.onload = function () {
            // 문서 객체를 선택합니다.
            let clock = document.getElementById('clock');
            // 1초마다 함수를 실행합니다.
            setInterval(function () {
                let now = new Date();
                clock.innerHTML = now.toString();
            }, 1000);
        };
    </script>
</head>
<body>
    <h1 id="clock"></h1>
</body>
</html>
```

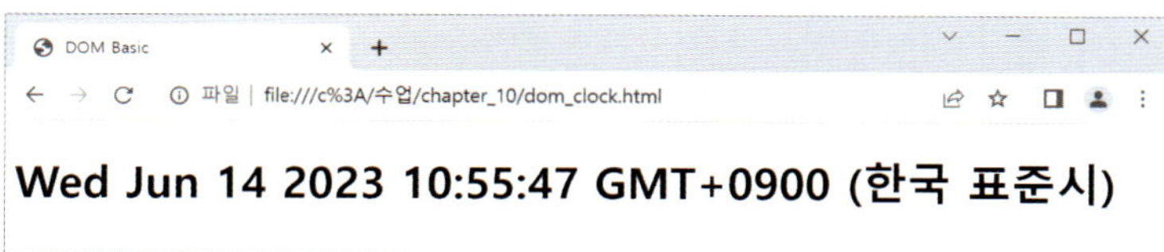

04 이벤트

이벤트는 키보드를 누르거나 마우스를 클릭하는 것처럼 어떤 현상이 프로그램에 영향을 미치는 것을 의미합니다. 이벤트는 사용자가 직접 발생시킬 수도 있고 응용 프로그램에서 자체적으로 발생시킬 수도 있습니다. 자바스크립트는 다음 이벤트를 기본으로 지원합니다.

- 마우스 이벤트
- 키보드 이벤트
- HTML 프레임 이벤트
- HTML 입력 양식 이벤트
- 사용자 인터페이스 이벤트
- 구조 변화 이벤트
- 터치 이벤트

이벤트 용어를 정리하고 이벤트와 관련된 내용을 살펴보겠습니다. 지금까지 문서 객체를 조작하면서 다음 코드를 계속 사용해 왔습니다.

```
window.onload = function () { };
```

코드에서 onload를 이벤트 속성event property이라고 합니다. on을 제외한 load를 이벤트 이름event name 또는 이벤트 타입event type이라고 합니다. 그리고 이벤트 속성에 넣는 함수를 이벤트 리스너event listener 또는 이벤트 핸들러event handler라고 합니다.

이벤트 속성은 이름만 보아도 어떤 이벤트인지 대충 알 수 있는데다가, 그 종류가 매우 방대하므로 절대 외우지 마세요. 실무에서 통합 개발 환경을 사용하면 [그림 10-4]와 같이 어떤 이벤트가 있는지 한눈에 볼 수 있습니다.

```
onblur  onfocus  onfocusin  onfocusout
onload  onresize  onscroll  onunload
onclick  ondbclick  onmousedown
onmouseup  onmousemove  onmouseover
onmouseout  onmouseenter
onmouseleave  onchange  onselect
onsubmit  onkeydown  onkeypress
onkeyup  onerror
```

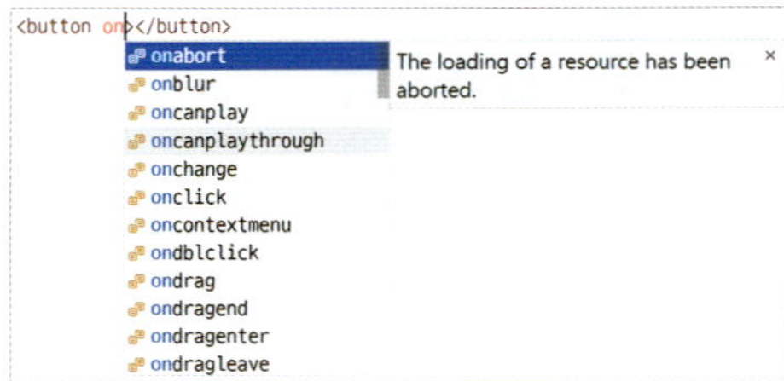

그림 10-4 이벤트 속성 종류와 통합 개발 환경의 속성 자동 완성

1 이벤트 연결

문서 객체에 이벤트를 연결하는 방식을 이벤트 모델event model이라고 합니다. 이벤트 모델은 [표 10-5]와 같이 DOM 레벨에 따라서 구분할 수 있으며, 각각 두 가지로 또 나눕니다.

표 10-5 이벤트 모델 종류(이벤트 연결 방식)

구분	종류
DOM 레벨 0	• 인라인 이벤트 모델 • 고전 이벤트 모델
DOM 레벨 2	• 마이크로소프트 인터넷 익스플로러 이벤트 모델 • 표준 이벤트 모델

DOM 레벨 0의 이벤트 연결 방식은 사용하기 쉬워서 널리 사용합니다. 하지만 이벤트를 중복해서 연결할 수 없다는 단점이 있습니다. 반면 DOM 레벨 2의 이벤트 연결 방식은 이벤트를 중복해서 연결할 수 있지만, 웹 브라우저 종류에 따라 연결하는 방식이 달라 문제가 됩니다.

이는 jQuery 라이브러리 등을 사용해 극복할 수 있습니다. 이 책에서는 DOM 레벨 0에 해당하는 인라인 이벤트 모델과 고전 이벤트 모델만 간단히 살펴봅니다.

인라인 이벤트 모델

인라인 이벤트 모델은 HTML 태그 내부에 자바스크립트 코드를 넣어 이벤트를 연결하는 방식입니다. 전 세계 추세로 보면 거의 사용하지 않지만, 국내에는 아직 사용하는 웹 사이트가 굉장히 많으므로 예제로 간단히 살펴보겠습니다.

기본 예제 10-7 이벤트 연결

1 인라인 이벤트 모델 사용하기 button 태그 내부에 onclick 속성을 사용해 자바스크립트 코드를 입력하고 실행합니다. 그러면 button 태그에 해당하는 〈버튼〉을 누를 때 경고 창을 출력합니다.

코드 10-14 event_inline.html

```
<!DOCTYPE html>
<html>
<head>
    <title>Event Basic</title>
</head>
<body>
    <button onclick="alert('click')">버튼</button>
</body>
</html>
```

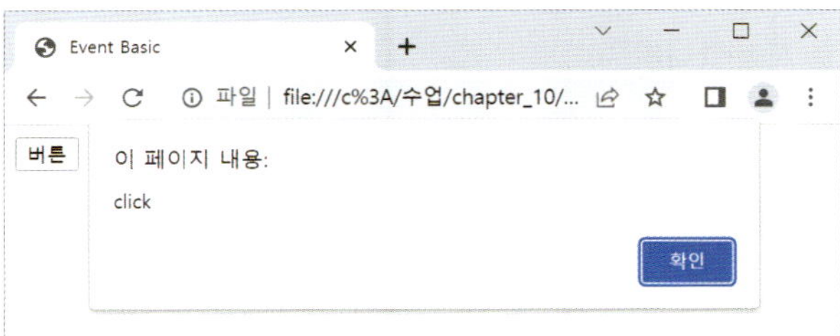

2 script 태그에 인라인 이벤트 모델 사용하기 인라인 코드 내부에서 세미콜론으로 문장을 구분하면 여러 행을 입력할 수 있지만 너무 지저분합니다. 그래서 인라인 이벤트 모델을 사용할 때는 [코드 10-15]와 같이 script 태그 내부에 함수를 선언한 후 인라인 이벤트 속성 내부에서 해당 함수를 실행하는 형태를 취합니다.

코드 10-15 event_inlineWithScript.html

```
<!DOCTYPE html>
<html>
<head>
    <title>Inline Event</title>
    <script>
```

```
        function buttonClick() {
            alert('click');
        }
    </script>
</head>
<body>
    <button onclick="buttonClick()">버튼</button>
</body>
</html>
```

고전 이벤트 모델

고전 이벤트 모델은 과거에 표준으로 정의되어 많이 사용하던 이벤트 모델입니다. 이름은 고전이지만 현대에도 많이 사용되는 방식입니다. 인라인 이벤트 모델을 확실하게 이해했다면 고전 이벤트 모델도 쉽게 파악할 수 있을 것입니다.

이전 절에서 문서 객체 속성을 조작했는데 HTML 표준에 속한 속성은 모두 이렇게 사용할 수 있으므로 이벤트 속성도 같은 방법으로 사용합니다.

기본 예제 10-8 고전 이벤트 모델

문서 객체의 이벤트 속성에 함수를 지정해 [코드 10-15]를 고전 이벤트 모델로 변경할 수 있습니다. 이때 지정된 함수를 이벤트 핸들러 또는 이벤트 리스너라고 합니다. 실행 결과는 [코드 10-14]와 같습니다. 어려운 내용이 아니므로 쉽게 이해할 수 있을 것입니다.

코드 10-16 event_tradition.html

```
<!DOCTYPE html>
<html>
<head>
    <title>Traditional Event</title>
    <script>
        // 이벤트를 연결합니다.
        window.onload = function () {
            // 문서 객체를 선택합니다.
            let button = document.getElementById('button');
```

```
            // 이벤트를 연결합니다.
            button.onclick = function () {
                alert('click');
            };
        };
    </script>
</head>
<body>
    <button id="button">버튼</button>
</body>
</html>
```

이벤트 리스너

NOTE 이벤트 발생 객체

이벤트 리스너 내부에서 this 키워드를 사용하면 이벤트를 발생한 자기 자신을 의미합니다. 따라서 [코드 10-17]과 같이 이벤트 리스너와 내부에서 this 키워드의 textContent 속성을 사용하면 자기 자신의 글자를 변경합니다. 코드를 실행하면 버튼을 클릭할 때마다 별이 하나씩 추가되는 것을 확인할 수 있습니다.

코드 10-17 note_eventOrigin.html

```
<!DOCTYPE html>
<html>
<head>
    <title>Traditional Event</title>
</head>
<body>
    <button id="button">버튼 - </button>
    <script>
        // 이벤트를 연결합니다.
        document.getElementById('button').onclick = function () {
            this.textContent = this.textContent + '★';
        };
    </script>
</body>
</html>
```

[코드 10-17]은 지금까지 살펴본 예제와 다르게 script 태그를 body 태그의 아래쪽 부분에 삽입했습니다. 이렇게 하면 script 태그를 읽기 전에 다른 태그들이 먼저 화면에 표시되므로 window.onload 이벤트를 사용하지 않아도 됩니다.

2 이벤트 사용

현실 세계에서는 사건(이벤트)이 발생하면 누가, 언제, 어디서, 무엇을, 어떻게, 왜에 해당하는 정보를 알 수 있습니다. 이벤트가 발생하면 웹 브라우저는 이벤트 정보가 담긴 이벤트 객체를 만들어 이벤트 리스너에 전달합니다. 따라서 **이벤트 객체를 사용하면 이벤트와 관련한 정보를 알아낼 수 있습니다.**

기본 예제 10-9 이벤트 정보

[코드 10-18]을 보면 이벤트 리스너의 첫 번째 매개변수로 이벤트 객체가 들어옵니다.

코드 10-18 event_object.html

```
<!DOCTYPE html>
<html>
<head>
    <title>Event Object</title>
    <script>
        window.onload = function (event) {
            alert(event);
        };
    </script>
</head>
<body>

</body>
</html>
```

이벤트 객체

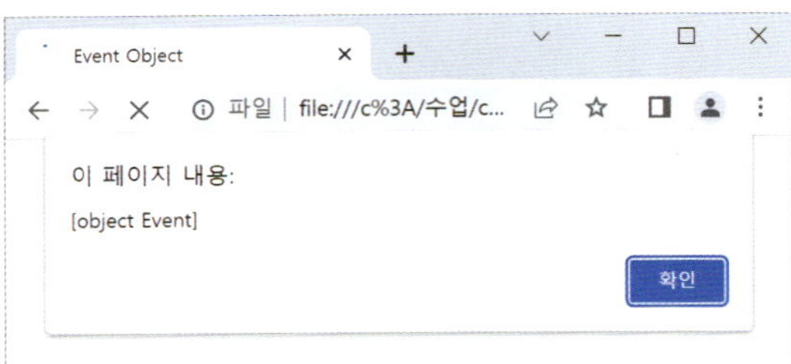

HTML 태그에는 기본적으로 몇 가지 이벤트가 있습니다. 예를 들어 a 태그를 클릭하면 href 속성에 입력한 위치로 이동하고, form 태그로 생성한 〈제출〉 버튼을 누르면 자동으로 입력 양식을 제출합니다. 이처럼 특정 태그가 가진 기본적인 이벤트를 기본 이벤트default event라고 합니다.

가끔 기본 이벤트를 막아야 할 때가 있습니다. 예를 들어 [그림 10-5]와 같이 로그인 페이지에서 〈로그인〉 버튼을 누르면 우선 사용자가 정확하게 정보를 입력했는지 확인한 후 이동해야 합니다. 아이디와 비밀번호를 입력하지 않은 상태에서는 다음 페이지로 이동하면 안 됩니다. 이러한 상황에서는 HTML 태그가 가지는 기본 이벤트를 제거해야 합니다.

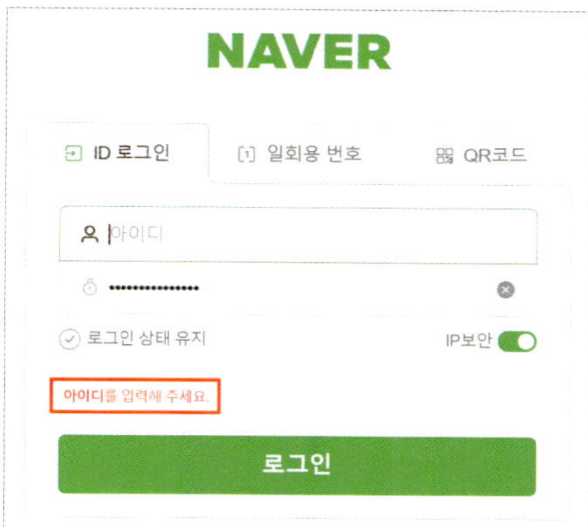

그림 10-5 기본 이벤트 제거를 사용한 유효성 검사

기본 예제 10-10 기본 이벤트 제거

고전 이벤트 모델에서 기본 이벤트를 제거하려면 이벤트 리스너의 반환 값을 false로 입력합니다. [코드 10-19]와 같이 a 태그의 click 이벤트 리스너 반환 값에 false를 입력합니다. 코드를 실행하고 a 태그에 해당하는 '버튼' 링크를 클릭해 보세요. 연결된 웹 페이지로 이동하지 않습니다. 이러한 기본 이벤트 제거는 a 태그와 form 태그에 자주 사용합니다.

코드 10-19 event_default.html

```
<!DOCTYPE html>
<html>
<head>
    <title>Traditional Event - Default Event</title>
    <script>
        // 이벤트를 연결합니다.
        window.onload = function () {
            // 문서 객체를 선택합니다.
            let button = document.getElementById('button');

            // 이벤트를 연결합니다.
            button.onclick = function () {
                // 기본 이벤트를 제거합니다.
                return false;
            };
        };
    </script>
</head>
<body>
    <a id="button" href="http://hanbit.co.kr">버튼</a>
</body>
</html>
```

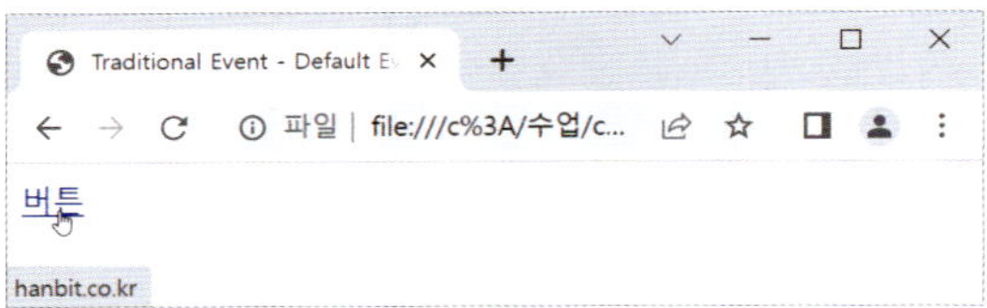

이 장의 내용이 모두 끝났습니다. 지금까지 실행 결과를 살펴보면 웹 브라우저에 따라 조금씩 결과가 다릅니다. 그래서 다음 장에서 배우는 jQuery 라이브러리가 등장했습니다. jQuery는 자바스크립트 라이브러리로 자바스크립트를 더욱 손쉽게 활용할 수 있게 합니다. 일부 미세한 부분을 제외하면 jQuery 라이브러리를 사용해 모든 웹 브라우저에서 같은 형태로 웹 페이지를 표시할 수 있습니다.

01 태그를 자바스크립트에서 사용할 수 있는 객체로 만든 것을 (　　　　　)라고 합니다.

02 웹 페이지를 처음 실행할 때 HTML 태그로 적힌 문서 객체를 생성하는 것을 (　　　　　)이라고 합니다.

03 웹 페이지를 실행 중에 자바스크립트를 사용해 문서 객체를 생성하는 것을 (　　　　　)이라고 합니다.

04 웹 브라우저가 HTML 파일을 분석하고 출력하는 방식을 (　　　　　)이라고 합니다.

05 (　　　　　)은 문서 객체에 이벤트를 연결하는 방법을 의미합니다.

06 (　　　　　)은 HTML 태그 내부에 자바스크립트 코드를 넣어 이벤트를 연결하는 방식입니다.

07 (　　　　　)은 과거에 표준으로 정의되어 많이 사용하던 이벤트 모델입니다.

08 이벤트 모델로 연결된 함수를 (　　　　　) 또는 (　　　　　)라고 합니다.

09 (　　　　　)는 특정 태그가 가진 기본적인 이벤트를 의미합니다.

연습문제

01 다음 문장에 ○×를 표시하시오.

(1) 웹 페이지에 적혀 있는 HTML 태그가 여러 개일 때 위쪽에서 아래쪽으로 차례대로 실행합니다. (　　　)

(2) script 태그는 반드시 head 태그 안에 위치해야 합니다. (　　　)

(3) querySelector() 메서드는 선택자로 요소를 여러 개 선택할 가능성이 있으므로, 배열로 문서 객체를 리턴합니다. (　　　)

(4) 이벤트 리스너 내부에서 this 키워드를 사용하면 이벤트를 발생시킨 문서 객체를 확인할 수 있습니다. (　　　)

(5) 이벤트 객체를 사용하면 이벤트와 관련한 정보를 알아낼 수 있습니다. (　　　)

(6) a 태그를 클릭했을 때 발생하는 웹 페이지 이동 등 기본 이벤트는 제거할 수 없습니다. (　　　)

02 DOM은 무엇의 약자인가?

① Document Object Model

② Dynamic Object Model

③ Document Orientation Model

④ Data Object Model

03 다음 중 DOM에서 특정 요소의 속성 값을 가져오거나 설정하는 메서드를 모두 고르시오.

① querySelectorAll　　② getAttribute

③ setAttribute　　④ getElementById

04 다음 태그 중에서 텍스트 노드를 갖지 않는 태그는?

① h1 태그　　② title 태그

③ br 태그　　④ a 태그

05 다음 중 문서 객체를 하나만 리턴하는 함수는?

① document.getElementById()

② document.getElementsByName()

③ document.getElementsByClassName()

④ document.querySelectorAll()

06 다음 중 querySelector 메소드를 사용하여 문서에서 첫 번째 h1 태그를 선택하는 코드는?

① document.querySelector("h1")

② document.getElementById("h1")}

③ document.query("h1")

④ document.getFirst("h1")

07 다음 어떤 문서 객체의 background-image 스타일 속성을 선택하는 코드 중 오류가 발생하는 코드는?

① tag.style['background-image']

② tag.style['backgroundImage']

③ tag.style.background-image

④ tag.style.backgroundImage

08 다음 코드에서 h1 태그를 선택할 수 있는 자바스크립트 코드를 작성하시오.

```
<body>
    <h1 id="element" class="header">Lorem ipsum dolor amet</h1>
</body>
```

연습문제

09 다음 코드의 문제와 해결 방법을 설명하시오.

```
<!DOCTYPE html>
<html>
<head>
    <title>Document Object Model</title>
    <script>
        let element = document.getElementById('element');
        element.style.color = 'red';
        element.innerHTML = 'From JavaScript';
    </script>
</head>
<body>
    <h1 id="element">Lorem ipsum dolor amet</h1>
</body>
</html>
```

10 다음 코드의 실행 결과를 그리시오.

```
<!DOCTYPE html>
<html>
<head>
    <title>Query Selector</title>
</head>
<body>
    <h1>Header - 1</h1>
    <h1>Header - 2</h1>
    <h1>Header - 3</h1>
    <script>
        let header = document.querySelector('h1');
        header.style.color = 'white';
        header.style.backgroundColor = 'black';
    </script>
</body>
</html>
```

CHAPTER 11

jQuery 라이브러리

학습목표

- HTML 페이지에 jQuery 라이브러리를 추가합니다.
- jQuery 라이브러리를 사용해 문서 객체를 조작할 수 있습니다.
- jQuery 라이브러리를 사용해 문서 객체에 효과를 부여합니다.
- jQuery 플러그인을 활용합니다.

PREVIEW

jQuery 라이브러리는 모든 웹 브라우저에서 동작하는 클라이언트용 자바스크립트 라이브러리입니다. 2006년 존 레식John Resig이 BarCamp NYC에서 발표했습니다. 많은 개발자가 jQuery는 너무 오래된 라이브러리라고 말하기도 하지만 일반적인 웹 페이지 개발에는 아직도 jQuery가 많이 활용됩니다. 2023년 현재에도 삼성전자, LG전자, SKT, KT 등의 메인 웹 페이지와 제품 홍보 페이지에 jQuery가 적극적으로 사용되고 있습니다. 또 서울특별시 웹 사이트를 포함한 워드프레스WordPress로 개발되는 웹 사이트들도 jQuery를 활용합니다.

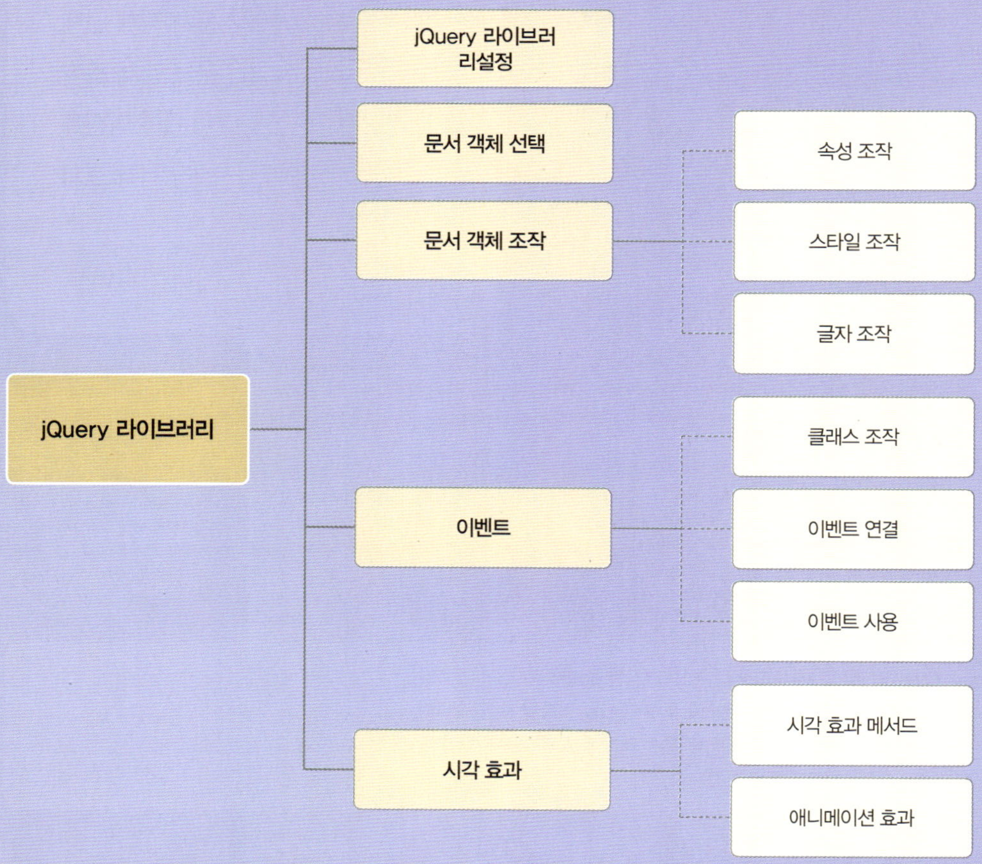

01 jQuery 라이브러리 설정

jQuery는 무료로 사용 가능한 오픈 소스 라이브러리이며, 사용 목적은 다음과 같습니다.

- 쉬운 문서 객체 모델과 관련한 처리 구현
- 쉽고 일관된 이벤트 연결 구현
- 쉬운 시각적 효과 구현
- 쉬운 Ajax 응용 프로그램 개발

이 장에서 배우는 내용은 매우 쉬우므로 반드시 하나하나 짚고 넘어가기 바랍니다.

jQuery 라이브러리는 두 가지 방법으로 구할 수 있습니다. 첫 번째는 파일을 다운로드해 외부 자바스크립트 파일로 추가하는 방법입니다. http://jquery.com에 접속해 메인 페이지에서 〈Download jQuery〉 버튼을 누르면 다운로드 페이지로 이동합니다. 여기서 jQuery를 다운로드할 수 있습니다.

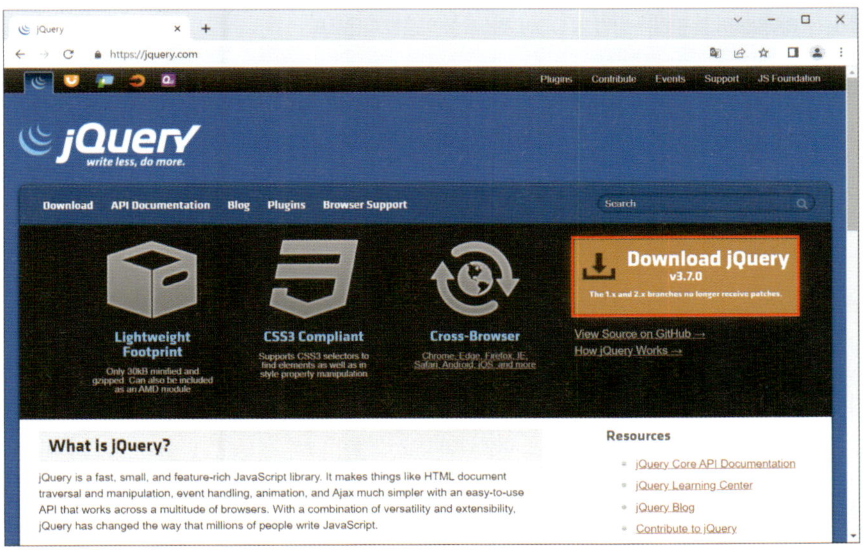

그림 11-1 jQuery 라이브러리를 구하는 방법 1: http://jquery.com 메인 페이지에서 다운로드

두 번째 방법은 CDN 호스트를 사용하는 것입니다. CDNContent Delivery Network은 파일을 여러 서버에 분산시키고 사용자가 접속하는 지역과 가장 가까운 곳의 서버에서 파일을 전송하는 기술입니다. CDN을 사용하면 트래픽이 특정 서버에 집중되지 않고 각각의 지역 서버에 분산됩니다. https://code.jquery.com에 접속해 원하는 jQuery 파일(책에서는 uncompressed 사용) 링크에서 마우스 오른쪽 버튼을 누르고 링크 주소를 복사해서 사용합니다.

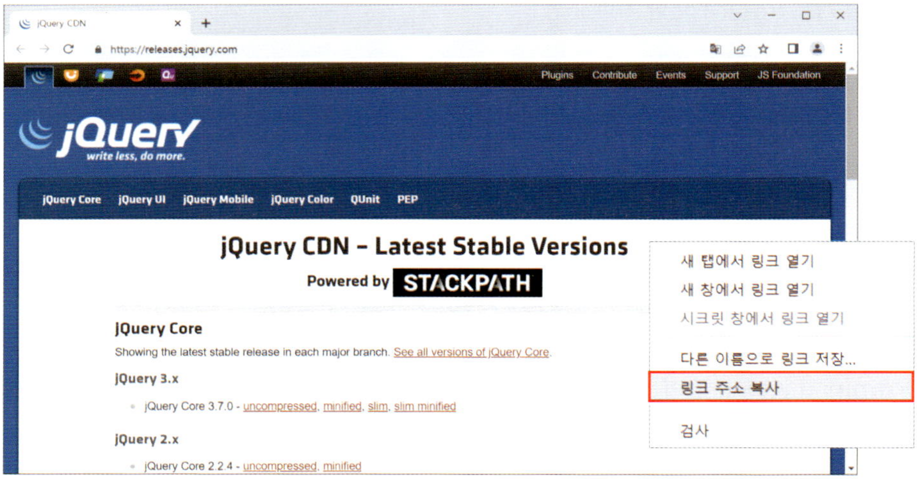

그림 11-2 jQuery 라이브러리를 구하는 방법 2: CDN 호스트를 이용한 다운로드

CDN은 jQuery를 비롯해 구글, 마이크로소프트 등에서도 제공합니다. [코드 11-1]과 같이 원하는 회사의 링크를 복사해서 HTML 페이지를 작성합니다. 책에서는 jQuery 웹 사이트에서 기본으로 제공하는 CDN을 사용합니다.

코드 11-1 jquery_basic.html

```
<!DOCTYPE html>
<html>
<head>
    <title>jQuery Basic</title>
    <script src="https://code.jquery.com/jquery-3.6.4.js"></script>
    <script>
        $(document).ready(function () {
```

링크를 붙여 넣어 사용합니다.

```
        });
    </script>
</head>
<body>

</body>
</html>
```

window.onload 이벤트와 같은 기능을 수행합니다. 자세한 설명은 이벤트 부분에서 다룹니다.

NOTE uncompressed 버전과 minified 버전

jQuery CDN 링크에 uncompressed와 minified가 있습니다. 기본적으로 개발 단계에서는 uncompressed를 사용합니다. uncompressed 버전은 개발자를 위해 오류를 빠짐없이 출력해 줍니다.

반면 minified 버전은 오류 출력을 생략하며, 코드를 다음과 같이 한 줄로 압축시켜서 용량을 최대한 줄인 버전입니다. 일반적으로 개발을 완료하고 사용자에게 배포할 때 사용합니다.

```
/*! jQuery v3.6.4 | (c) OpenJS Foundation and other contributors | jquery.org/
license */
!function(e,t){"use strict";"object"==typeof module&&"object"==typeof module
.exports?module.exports=e.document?t(e,!0):function(e){if(!e.document)throw new
Error("jQuery requires a window with a document");return t(e)}:t(e)}("undefined"
!=typeof window?window:this,function(C,e){"use strict";var t=
```

uncompressed와 minified는 자바스크립트 라이브러리를 활용할 때 굉장히 많이 볼 수 있는 명칭이므로 꼭 기억하기 바랍니다.

추가로 jQuery는 slim 버전과 slim minified 버전을 제공합니다. slim 버전은 jQuery가 아닌 다른 라이브러리로 대체하는 경우가 많은 일부 기능을 제외한 버전입니다.

02 문서 객체 선택

jQuery 라이브러리는 다음 형태로 사용합니다.

$(선택자). 메서드(매개변수, 매개변수)

그림 11-3 jQuery 라이브러리 메서드의 기본 형태

[그림 11-3] 왼쪽에 있는 $( ) 함수가 익숙하지 않을 수 있습니다. 자바스크립트는 식별자에 특수 문자로 _와 $를 사용할 수 있습니다. 그래서 $( ) 함수는 특별한 기능이 있는 것이 아니라 단순한 식별자일 뿐입니다. 참고로 lodash와 underscore 등의 라이브러리는 _( ) 함수를 사용합니다.

실제로 jQuery 라이브러리의 코드를 보면 다음과 같이 식별자를 할당하는 모습을 확인할 수 있습니다.

```
// Expose jQuery to the global object
window.jQuery = window.$ = jQuery;
```

기본 예제 11-1 문서 객체 선택

jQuery 라이브러리를 사용하면 이전 장에서 살펴본 방법보다 훨씬 쉽게 문서 객체를 선택할 수 있습니다. [코드 11-2]는 문서 객체를 선택해 스타일을 지정합니다. querySelector( ) 메서드와 달리 문서 객체 여러 개를 한 번에 선택합니다. 또 document.querySelectorAll( ) 메서드와 달리 반복문을 사용하지 않아도 됩니다.

코드 11-2 jquery_select.html

```
<!DOCTYPE html>
<html>
<head>
    <title>jQuery Basic</title>
    <script src="https://code.jquery.com/jquery-3.6.4.js"></script>
    <script>
        // 이벤트를 연결합니다.
        $(document).ready(function () {
            // 스타일 속성을 변경합니다.
            $('h1').css('color', 'red');
            $('h1').css('background', 'black');
        });
    </script>
</head>
<body>
    <h1>Header</h1>
    <h1>Header</h1>
    <h1>Header</h1>
</body>
</html>
```

03 문서 객체 조작

jQuery 라이브러리를 사용하면 문서 객체 조작도 쉬워집니다. 문서 객체를 조작하는 메서드의 사용 방법은 비슷하므로 빠르게 예제를 살펴보겠습니다. 속성 조작 내용을 주의 깊게 살펴보기 바랍니다.

1 속성 조작

jQuery 라이브러리를 사용해서 문서 객체 속성을 조작할 때는 attr( ) 메서드를 사용합니다. attr() 메서드는 매개변수를 넣는 방법에 따라 속성을 지정하거나 추출할 수 있습니다.

표 11-1 문서 객체의 속성 조작 메서드

메서드	설명
attr()	문서 객체의 속성 조작

속성 추출

다음 코드와 같이 attr( ) 메서드에 매개변수를 하나 입력하면 해당 속성을 추출합니다. 앞서 설명했듯이 jQuery 라이브러리는 문서 객체 여러 개를 한 번에 선택합니다. 문서 객체 여러 개를 선택하고 속성을 추출하면, 첫 번째 문서 객체 속성을 추출합니다.

```
// img 태그의 src 속성을 추출합니다.
let src = $('img').attr('src');
```

기본 예제 11-2 문서 객체 속성 추출

[코드 11-3]은 jQuery 라이브러리를 사용해 script 태그를 선택하고 src 속성을 추출합니다. script 태그가 2개 있으므로 문서 객체 속성을 추출하면 먼저 등장하는 script 태그 속성을 추출합니다. 따라서 jQuery 라이브러리의 경로가 출력됩니다.

코드 11-3 jqControl_attrGet.html

```html
<!DOCTYPE html>
<html>
<head>
    <title>jQuery Basic</title>
    <script src="https://code.jquery.com/jquery-3.6.4.js"></script>
    <script>
        // 이벤트를 연결합니다.
        $(document).ready(function () {
            // 속성을 추출합니다.
            let src = $('script').attr('src');

            // 출력합니다.
            alert(src);
        });
    </script>
</head>
<body>

</body>
</html>
```

속성 지정

문서 객체 속성은 세 가지 방법으로 지정할 수 있습니다. 다음은 img 태그의 src 속성을 세 가지 방법으로 지정하는 예입니다. ❶은 속성 값을 입력해 지정하는 방법으로, attr( ) 메서드의 첫 번째 매개변수에 속성 이름을 입력하고 두 번째 매개변수에 속성 값을 입력합니다. ❷는 객체를 입력해 속성을 지정하는 방법으로, attr( ) 메서드의 매개변수에 객체를 넣습니다. ❸은 함수를 이용해 속성을 지정하는 방법으로, attr( ) 메서드의 첫 번째 매개변수에는 속성 이름을 입력하고 두 번째 매개변수에는 함수를 입력하는 것입니다. 두 번째 매개변수에 함수를 입력하면 해당 콜백 함수의 매개변수로 문서 객체의 인덱스를 차례대로 전달합니다.

```
❶ // 속성 값을 입력해 속성 지정
$('img').attr('src', 'http://via.placeholder.com/300x200');

❷ // 객체를 입력해 속성 지정
$('img').attr({
    src: 'http://via.placeholder.com/300x200',
    width: 300,
    height: 200
});

❸ // 함수를 이용해 속성 지정
$('img').attr('src', function (index) {
    // 변수를 선언합니다.
    var size = (index + 1) * 100;

    // 반환합니다.
    return 'http://via.placeholder.com/' + size + 'x100';
});
```

기본 예제 11-3 문서 객체 속성 조작

1 속성 값을 입력해 속성 지정하기 [코드 11-4]는 jQuery 라이브러리를 사용해 img 태그를 선택하고 alt 속성, src 속성, width 속성을 변경합니다. jQuery 라이브러리를 사용해 문서 객체를 선택하고 메서드를 실행하면 모든 문서 객체에 한 번에 적용된다는 것을 기억합니다.

코드 11-4 jqControl_attrSetBasic.html

```
<!DOCTYPE html>
<html>
<head>
    <title>jQuery Basic</title>
    <script src="https://code.jquery.com/jquery-3.6.4.js"></script>
    <script>
        // 이벤트를 연결합니다.
        $(document).ready(function () {
            // 속성을 지정합니다.
```

```
            $('img').attr('alt', 'jQuery 라이브러리를 사용한 속성 지정');
            $('img').attr('src', 'http://via.placeholder.com/100x100');
            $('img').attr('width', '100');
        });
    </script>
</head>
<body>
    <img>
    <img>
    <img>
</body>
</html>
```

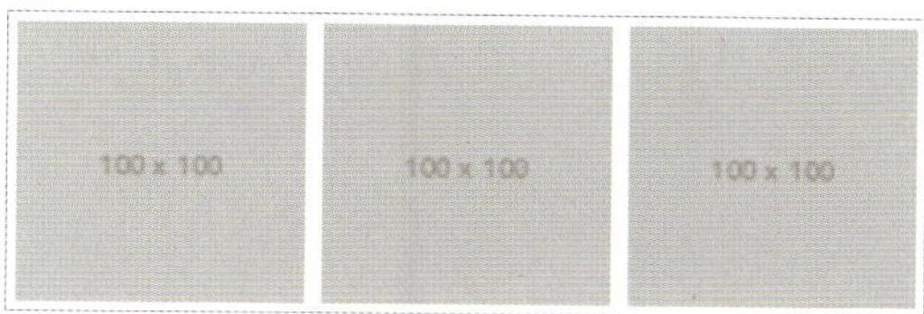

2 객체를 입력해 속성 지정하기 [코드 11-5]를 실행하면 [코드 11-4]와 같은 결과가 출력됩니다.

코드 11-5 jqControl_attrSetObject.html

```
<script>
    // 이벤트를 연결합니다.
    $(document).ready(function () {
        // 속성을 지정합니다.
        $('img').attr({
            alt: 'jQuery 라이브러리를 사용한 속성 지정',
            src: 'http://via.placeholder.com/100x100',
            width: 100
        });
    });
</script>
```

3 함수를 이용해 속성 지정하기 [코드 11-6]에서 src 속성에 함수를 지정하면 콜백 함수에 index 객체가 순서대로 지정되고, 반환 값을 속성에 적용합니다. 콜백 함수가 호출될수록 가로 길이가 깁니다.

코드 11-6 jqControl_attrSetFunction.html

```
<script>
    // 이벤트를 연결합니다.
    $(document).ready(function () {
        // 속성을 지정합니다.
        $('img').attr({
            alt: 'jQuery 라이브러리를 사용한 속성 지정',
            src: function (index) {
                // 변수를 선언합니다.
                let size = (index + 1) * 100;

                // 반환합니다.
                return 'http://via.placeholder.com/' + size + 'x100';
            }
        });
    });
</script>
```

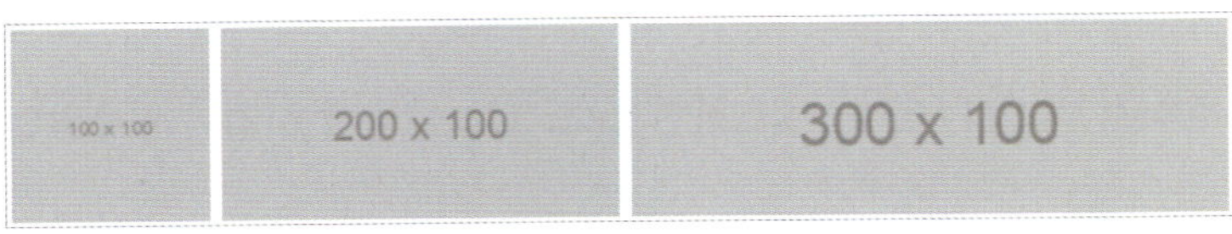

NOTE 메서드 체이닝

jQuery 라이브러리에서 문서 객체를 조작하는 메서드는 호출 이후에 자기 자신을 다시 반환합니다. 따라서 $( ) 함수를 여러 번 사용할 필요 없이 [코드 11-7]과 같이 메서드를 연속해서 사용할 수 있습니다. 이렇게 메서드를 사용하는 것을 메서드 체이닝method chaining이라고 합니다. 메서드 체이닝은 jQuery 라이브러리뿐만 아니라 다양한 곳에서 활용되므로 기억하기 바랍니다.

코드 11-7 note_chain.html

```
<script>
    // 이벤트를 연결합니다.
    $(document).ready(function () {
        // 속성을 지정합니다.
        $('img').attr('alt', 'jQuery 라이브러리를 사용한 속성 지정')
        .attr('src', 'http://via.placeholder.com/100x100').attr('width', '100');
    });
</script>
```

2 스타일 조작

jQuery 라이브러리를 사용해 스타일을 조작할 때는 css() 메서드를 사용합니다. css() 메서드는 attr() 메서드와 같은 방법으로 사용합니다. 하지만 속성과 달리 하이픈(-)이 들어가는 스타일 속성은 다음 두 가지 방법으로 입력할 수 있습니다.

❶ `$('body').css('backgroundColor');`

❷ `$('body').css('background-color');`

기본 예제 11-4 문서 객체 스타일 조작

1 속성 값을 입력해 스타일 속성 지정하기 css() 메서드의 두 번째 매개변수에 속성 값을 입력해서 태그의 스타일 속성을 조작해 봅시다. 실행하면 모든 .box 태그에 스타일이 적용됩니다.

코드 11-8 jqControl_styleSetBasic.html

```
<!DOCTYPE html>
<html>
<head>
    <title>jQuery Basic</title>
    <script src="https://code.jquery.com/jquery-3.6.4.js"></script>
    <script>
        $(document).ready(function () {
            // 스타일을 적용합니다.
            $('.box').css('float', 'left');
            $('.box').css('margin', 10);
            $('.box').css('width', 100);
            $('.box').css('height', 100);
            $('.box').css('backgroundColor', 'red');
        });
    </script>
</head>
<body>
    <div class="box"></div>
    <div class="box"></div>
    <div class="box"></div>
</body>
</html>
```

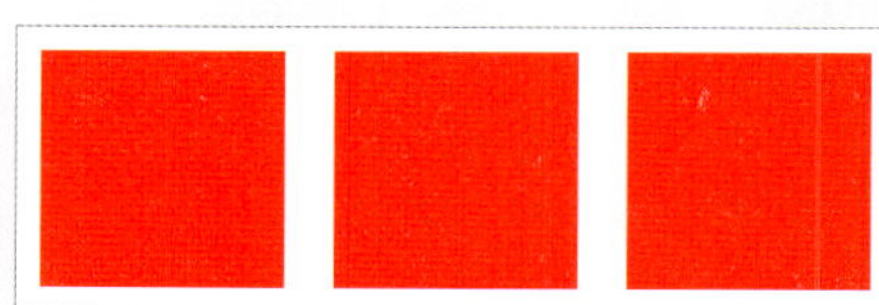

2 객체를 입력해 스타일 속성 지정하기 css() 메서드의 매개변수에 객체를 넣은 후 코드 형태로도 스타일을 조작할 수 있습니다. 실행 결과는 [코드 11-8]과 같습니다.

코드 11-9 jqControl_styleSetObject.html

```
<!DOCTYPE html>
<html>
<head>
    <title>jQuery Basic</title>
    <script src="https://code.jquery.com/jquery-3.6.4.js"></script>
    <script>
        $(document).ready(function () {
            // 스타일을 적용합니다.
            $('.box').css({
                float: 'left',
                margin: 10,
                width: 100,
                height: 100,
                backgroundColor: 'red'
            });
        });
    </script>
</head>
<body>
    <div class="box"></div>
    <div class="box"></div>
    <div class="box"></div>
</body>
</html>
```

3 함수를 이용해 스타일 속성 지정하기 [코드 11-6]과 같은 방법으로 함수를 지정해 스타일을 조작할 수 있습니다.

코드 11-10 jqControl_styleSetFunction.html

```
<!DOCTYPE html>
<html>
<head>
    <title>jQuery Basic</title>
    <script src="https://code.jquery.com/jquery-3.6.4.js"></script>
```

```
    <script>
        $(document).ready(function () {
            // 문서 객체를 추가합니다.
            let output = '';
            for (let i = 0; i < 256; i++) {
                output += '<div></div>';
            }
            document.body.innerHTML = output;

            // 스타일을 적용합니다.
            $('div').css({
                height: 2,
                backgroundColor: function (i) {
                    return 'rgb(' + i + ',' + i + ',' + i + ')';
                }
            });
        });
    </script>
</head>
<body>

</body>
</html>
```

3 글자 조작

jQuery 라이브러리로 문서 객체 내부의 글자를 조작할 때는 [표 11-2]와 같은 메서드를 사용합니다.

표 11-2 문서 객체 내부 글자 조작 메서드

메서드	설명
html()	문서 객체 내부의 HTML 태그 조작
text()	문서 객체 내부의 글자 조작

이전 장에서 배운 innerHTML 속성과 textContent 속성을 기억한다면 메서드가 왜 2개인지 이해할 수 있을 것입니다.

기본 예제 11-5 문서 객체 글자 조작

1 text() 메서드로 내부 글자 조작하기 [코드 11-11]을 실행하기 전에 실행 결과를 미리 예측해 보세요. text() 메서드를 사용하면 일반 글자처럼 출력되지만, html() 메서드를 사용하면 태그로 만들어집니다.

코드 11-11 jqControl_textHtmlSet.html

```
<!DOCTYPE html>
<html>
<head>
    <title>jQuery Basic</title>
    <script src="https://code.jquery.com/jquery-3.6.4.js"></script>
    <script>
        $(document).ready(function () {
            // 내부 글자를 변경합니다.
            $('h1:nth-child(1)').text('<a href="#">text()</a>');
            $('h1:nth-child(2)').html('<a href="#">html()</a>');
        });
    </script>
</head>
<body>
    <h1>Header - 0</h1>
    <h1>Header - 1</h1>
</body>
</html>
```

<a href="#">text()</a>

[html()]

2 html( ) 메서드로 내부 글자 조작하기 [코드 11-12]의 실행 결과를 보면, text( ) 메서드를 사용해 선택된 모든 문서 객체의 글자를 추출합니다. 반면 html( ) 메서드는 지금까지 살펴본 메서드처럼 첫 번째에 위치한 문서 객체의 글자를 추출합니다.

코드 11-12 jqControl_textHtmlGet.html

```
<!DOCTYPE html>
<html>
<head>
    <title>jQuery Basic</title>
    <script src="https://code.jquery.com/jquery-3.6.4.js"></script>
    <script>
        $(document).ready(function () {
            // 변수를 선언합니다.
            let text = $('h1').text();
            let html = $('h1').html();

            // 출력합니다.
            alert("text: " + text);
            alert("html: " + html);
        });
    </script>
</head>
<body>
    <h1>Header - 0</h1>
    <h1>Header - 1</h1>
</body>
</html>
```

4 클래스 조작

문서 객체의 class 속성 값을 다음 코드와 같이 띄어쓰기로 구분해 여러 개 입력할 수 있습니다.

```
<p class="bold big italic">Lorem ipsum dolor amet</p>
```

클래스 하나를 추가하고 제거하는 데 attr() 메서드를 사용한다면 문자열 연산을 수행해야 하므로 번거롭습니다. jQuery 라이브러리는 이러한 귀찮은 일을 줄이고자 클래스 조작 메서드를 별도로 제공합니다. 클래스를 조작할 때는 [표 11-3]과 같은 메서드를 사용합니다.

표 11-3 클래스 조작 메서드

메서드	설명
addClass()	클래스 추가
removeClass()	클래스 제거
toggleClass()	클래스 전환

기본 예제 11-6 클래스 조작

간단한 메서드이므로 바로 코드를 작성해 보겠습니다. [코드 11-13]에서는 아직 배우지 않은 hover() 메서드를 사용했습니다. hover() 메서드는 첫 번째 매개변수에 마우스 커서를 올렸을 때 실행할 것을 입력하고, 두 번째 매개변수에 마우스 커서를 내렸을 때 실행할 것을 입력합니다. 코드를 실행하고 마우스 커서를 div 태그로 만든 도형 위에 올리거나 내리면 class 속성이 바뀌어 모양이 변형됩니다.

코드 11-13 jqControl_classSet.html

```
<!DOCTYPE html>
<html>
<head>
    <title>jQuery Basic</title>
    <style>
        #box {
            width: 100px; height: 100px;
```

```
            background-color: red;
        }

        #box.hover {
            background-color: blue;
            border-radius: 50px;
        }
    </style>
    <script src="https://code.jquery.com/jquery-3.6.4.js"></script>
    <script>
        $(document).ready(function () {
            $('#box').hover(function () {
                // 스타일을 변경합니다.
                $('#box').addClass('hover');
            }, function () {
                // 스타일을 변경합니다.
                $('#box').removeClass('hover');
            });
        });
    </script>
</head>
<body>
    <div id="box"></div>
</body>
</html>
```

04 이벤트

이전 장에서는 순수하게 자바스크립트만 사용해 이벤트를 연결하는 방법을 살펴보았습니다. 웹 브라우저마다 조금씩 차이가 있으므로 어렵게 느꼈을 수도 있습니다. 하지만 jQuery 라이브러리를 사용하면 손쉽게 모든 웹 브라우저에서 동작하는 이벤트를 생성할 수 있습니다.

1 이벤트 연결

지금까지 jQuery 라이브러리로 웹 페이지를 작성할 때는 다음 코드를 사용했습니다.

```
// 이벤트를 연결합니다.
$(document).ready(function () {

});
```

여기서 ready()는 간단한 이벤트 연결 메서드입니다. ready() 메서드를 사용하면 ready 이벤트(문서 객체 준비 완료 이벤트)가 연결됩니다. ready 이벤트 외에도 jQuery 라이브러리는 [표 11-4]와 같이 간단한 이벤트 연결 메서드를 제공합니다.

표 11-4 간단한 이벤트 연결 메서드

blur	focus	focusin	focusout	load
resize	scroll	unload	click	dbclick
mousedown	mouseup	mousemove	mouseover	mouseout
mouseenter	mouseleave	change	select	submit
keydown	keypress	keyup	error	ready

간단한 방식으로 이벤트를 연결할 때는 다음 코드를 사용합니다.

```
$(selector).method(function (event) { });
```

기본 예제 11-7 click 이벤트 연결

[표 11-5]의 click 이벤트를 연결하고 싶다면 [코드 11-14]와 같이 작성합니다. 코드를 실행하고 h1 태그로 생성한 Click을 누르면 경고 창이 출력됩니다.

코드 11-14 jqEvent_click.html

```
<!DOCTYPE html>
<html>
<head>
    <title>jQuery Basic</title>
    <script src="https://code.jquery.com/jquery-3.6.4.js"></script>
    <script>
        // 이벤트를 연결합니다.
        $(document).ready(function () {
            // 이벤트를 연결합니다.
            $('h1').click(function () {
                alert('클릭!');
            });
        });
    </script>
</head>
<body>
    <h1>Click</h1>
</body>
</html>
```

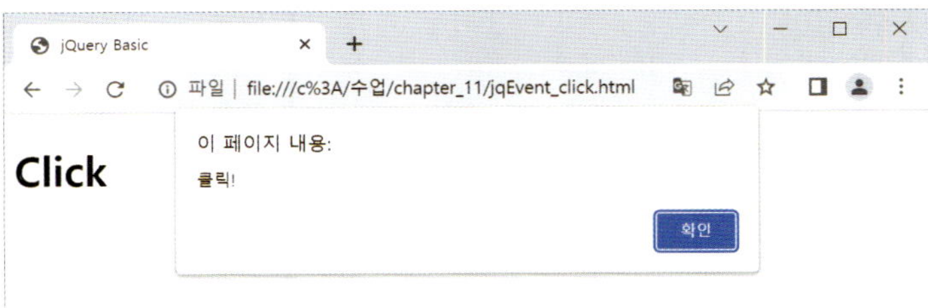

이렇게 간단한 이벤트 연결 방식에서 한 단계 더 나아가 jQuery 라이브러리는 mouseenter 이벤트와 mouseleave 이벤트를 동시 연결하는 hover()라는 이벤트 연결 메서드도 제공합니다.

기본 예제 11-8 복합 이벤트 연결 메서드

hover() 메서드는 클래스를 조작하는 [코드 11-13]에서 사용해 보았습니다. hover() 메서드의 첫 번째 매개변수에는 mouseenter 이벤트 리스너를 입력하고, 두 번째 매개변수에는 mouseleave 이벤트 리스너를 입력합니다. 코드를 실행하고 글자 위에 마우스 커서를 올리거나 내리면 색상이 변경됩니다.

코드 11-15 jqEvent_hover.html

```
<!DOCTYPE html>
<html>
<head>
    <title>jQuery Basic</title>
    <script src="https://code.jquery.com/jquery-3.6.4.js"></script>
    <script>
        // 이벤트를 연결합니다.
        $(document).ready(function () {
            // 이벤트를 연결합니다.
            $('h1').hover(function () {
                // 색상을 변경합니다.
                $(this).css({
                    background: 'red',
                    color: 'white'
                });
            }, function () {
                // 색상을 제거합니다.
                $(this).css({
                    background: '',
                    color: ''
                });
            });
        });
    </script>
</head>
<body>
    <h1>Click</h1>
</body>
</html>
```

2 이벤트 사용

jQuery 라이브러리로 일반 이벤트를 연결할 때는 on() 메서드를 사용하고, 이벤트를 제거할 때는 off() 메서드를 사용합니다.

표 11-5 이벤트 연결과 제거 메서드

메서드	설명
on()	이벤트 연결
off()	이벤트 제거

사용자 정의 이벤트 또는 새로 나왔지만 아직 업데이트를 하지 못한 이벤트는 396쪽의 [표 11-4]에서 다룬 간단한 이벤트 연결 메서드를 쓸 수 없습니다. 이러한 이벤트는 반드시 on() 메서드를 사용해 연결해야 합니다. on() 메서드는 두 가지 방법으로 이벤트를 연결합니다.

```
❶ $(selector).on(eventName, eventHandler);

❷ $(selector).on({
     eventName_0: eventHandler_0,
     eventName_1: eventHandler_1,
     eventName_2: eventHandler_2
   });
```

기본 예제 11-9 일반 이벤트 연결

1 방법 ❶로 이벤트를 연결해 보겠습니다. [코드 11-16]은 메서드 체이닝을 사용해 문서 객체에 이벤트 여러 개를 적용합니다. 코드를 실행하고 사각형에 이벤트를 적용하면 색상이 변경됩니다. 도형을 클릭하거나 마우스 커서를 움직여 보세요.

코드 11-16 jqEvent_on.html

```
<!DOCTYPE html>
<html>
<head>
    <title>jQuery Basic</title>
    <script src="https://code.jquery.com/jquery-3.6.4.js"></script>
    <script>
```

```
        $(document).ready(function () {
            // 스타일 변경 및 이벤트 연결
            $('#box').css({
                width: 100,
                height: 100,
                background: 'orange'
            }).on('click', function () {
                $(this).css('background', 'red');
            }).on('mouseenter', function () {
                $(this).css('background', 'blue');
            }).on('mouseleave', function () {
                $(this).css('background', 'orange');
            });
        });
    </script>
</head>
<body>
    <div id="box"></div>
</body>
</html>
```

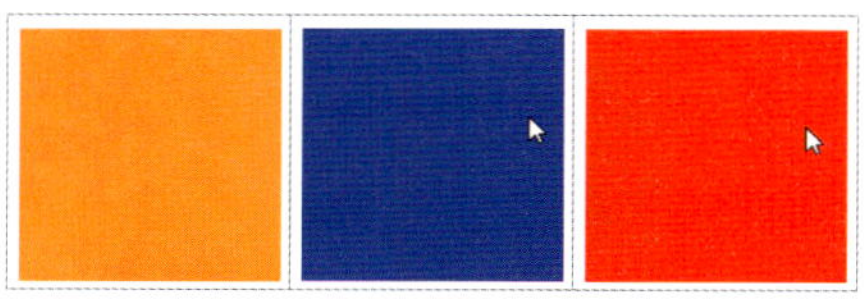

2 방법 ❷로 이벤트를 연결합니다. 문서 객체를 조작하는 방법과 비슷하므로 쉽게 이해할 수 있을 것입니다. 실행 결과는 [코드 11-16]과 같습니다.

코드 11-17 jqEvent_withObject.html

```
<script>
    $(document).ready(function () {
        // 스타일 변경 및 이벤트 연결
        $('#box').css({
            width: 100,
            height: 100,
            background: 'orange'
        }).on({
            click: function () {
```

```
                $(this).css('background', 'red');
            },
            mouseenter: function () {
                $(this).css('background', 'blue');
            },
            mouseleave: function () {
                $(this).css('background', 'orange');
            }
        });
    });
</script>
```

jQuery 라이브러리를 이용하면 모든 웹 브라우저에서 같은 방법으로 이벤트 객체를 사용할 수 있습니다. jQuery 라이브러리는 다음 코드와 같이 이벤트 리스너의 매개변수를 사용해 이벤트 객체를 전달합니다.

```
$('h1').click(function (event) {

});
```

jQuery 웹 사이트에서 jQuery 라이브러리의 이벤트 객체가 어떤 속성을 가졌는지 확인할 수 있습니다. 직접 하나씩 살펴보세요.

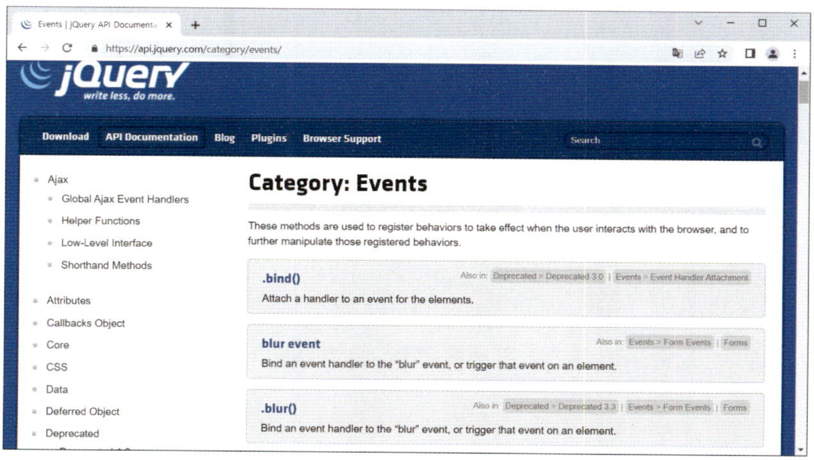

그림 11-4 jQuery Event API(http://api.jquery.com/category/events/)

이벤트 객체의 preventDefault() 메서드를 사용하면 문서 객체의 기본 이벤트를 제거합니다. 예를 들어 회원 가입 페이지에서 사용자가 정보를 정확히 입력했는지 확인한 후 페이지를 이동하려고 기본 이벤트를 제거하는 상황에서 사용합니다.

기본 예제 11-10 기본 이벤트 제거

이전 장에서 설명한 내용이므로 바로 코드를 살펴보겠습니다. [코드 11-18]을 실행하고 a 태그로 생성한 링크를 클릭하면 경고 창이 출력됩니다. 하지만 a 태그의 기본 이벤트를 제거했으므로 페이지는 이동하지 않습니다.

코드 11-18 jqEvent_preventDefault.html

```
<!DOCTYPE html>
<html>
<head>
    <title>jQuery Basic</title>
    <script src="https://code.jquery.com/jquery-3.6.4.js"></script>
    <script>
        // 이벤트를 연결합니다.
        $(document).ready(function () {
            // 이벤트를 연결합니다.
            $('a').click(function (event) {
                // 출력합니다.
                alert('click');

                // 기본 이벤트를 제거합니다.
                event.preventDefault();
            });
        });
    </script>
</head>
<body>
    <a href="http://hanbit.co.kr">Hanbit Publishing</a>
</body>
</html>
```

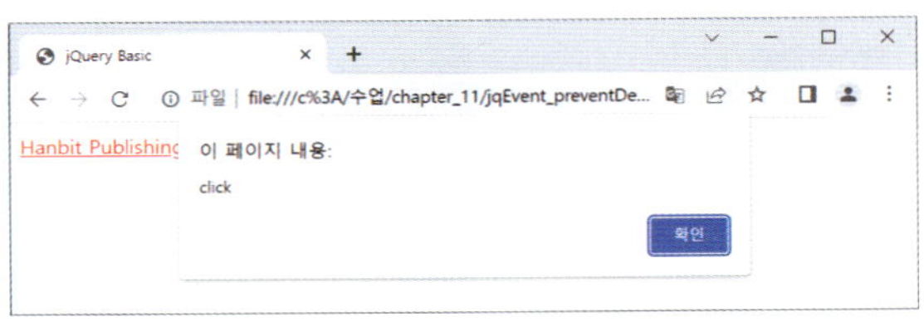

NOTE 기본 이벤트 제거를 활용한 유효성 검사

이전 장에서 똑같은 예제를 실습했지만 좀 더 살펴보겠습니다. 일반적으로 입력 양식의 유효성을 검사하려고 기본 이벤트를 제거합니다. 유효성을 검사하는 방법을 살펴보겠습니다.

[코드 11-19]는 사용자가 입력 양식에 한글 이름을 입력했는지 여부를 확인합니다. 한글 이름을 입력했으면 입력 양식을 제출하고, 한글이 아니라면 기본 이벤트를 제거해서 입력 양식을 제출하지 않게 합니다.

코드 11-19 note_validate.html

```
<!DOCTYPE html>
<html>
<head>
    <title>jQuery Basic</title>
    <script src="https://code.jquery.com/jquery-3.6.4.js"></script>
    <script>
        // 이벤트를 연결합니다.
        $(document).ready(function () {
            // 이벤트를 연결합니다.
            $('form').submit(function (event) {
                // input 태그의 값을 추출합니다.
                let value = $('input').val();

                // 유효성을 검사합니다.
                if (value.replace(/[가-힣]/g, '').length == 0) {
                    // 유효성 검사 통과
                    alert('과정을 진행합니다.');
                } else {
                    // 유효성 검사 실패
                    alert('한글 이름을 입력해주세요.');
                    event.preventDefault();
                }
            });
        });
    </script>
</head>
<body>
    <form>
        <label>이름</label>
        <input type="text">
        <input type="submit">
    </form>
</body>
</html>
```

코드 실행 결과를 확인하기 전에 본문에서 다루지 않은 내용을 잠시 살펴보겠습니다. 우선 다음 코드와 같이 input 태그의 값을 추출하거나 조작하는 val() 메서드를 사용했습니다. 따라서 다음 코드는 사용자가 입력한 값을 추출합니다.

```
// input 태그의 값을 추출합니다.
let value = $('input').val();
```

이어서 다음 코드로 입력한 값이 유효한지 검사합니다.

```
// 유효성을 검사합니다.
if (value.replace(/[가-힣]/g, '').length == 0) {
    // 유효성 검사 통과
    alert('과정을 진행합니다.');
} else {
    // 유효성 검사 실패
    alert('한글 이름을 입력해주세요.');
    event.preventDefault();
}
```

정규 표현식

따라서 코드를 실행한 후 이름으로 한글이 아닌 값을 입력하고 입력 양식을 제출하면 다음과 같이 오류를 출력합니다. 그리고 기본 이벤트를 제거했으므로 입력 양식이 제출되지 않습니다.

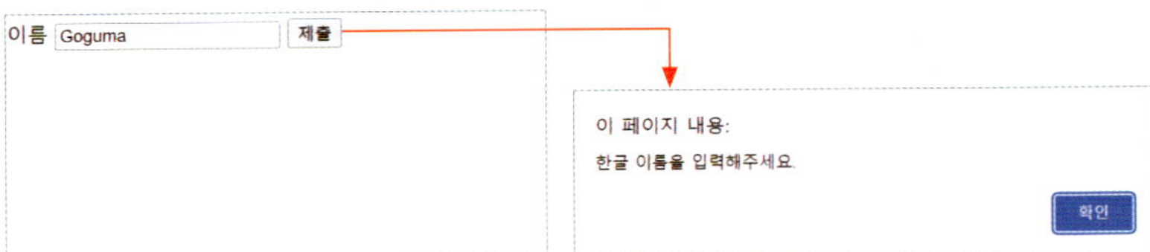

참고로 살펴본 내용이므로 어렵다고 생각하지 말고 '이러한 것이 있구나!' 하고 알아 두세요. 정규 표현식은 특정한 규칙이 있는 문자열 집합을 표현하는 데 사용합니다. 정규 표현식과 관련한 내용은 책을 모두 읽고 난 후 별도로 살펴보기 바랍니다.

NOTE return false

이전 장에서는 return false를 사용해 순수하게 자바스크립트만으로 기본 이벤트를 제거했습니다. jQuery 라이브러리도 같은 방법으로 기본 이벤트를 제거합니다.

```
// 이벤트를 연결합니다.
$('a').click(function (event) {
    // 기본 이벤트와 이벤트 전달을 제거합니다.
    return false;
});
```

하지만 jQuery 라이브러리에서 return false를 사용하면 이벤트 전달도 함께 제거됩니다. 따라서 앞의 코드는 다음 코드와 의미가 같습니다.

```
// 이벤트를 연결합니다.
$('a').click(function (event) {
    // 기본 이벤트와 이벤트 전달을 제거합니다.
    event.preventDefault();
    event.stopPropagation();
});
```

이벤트 전달은 사용 가능성이 매우 적으므로 책에서는 다루지 않습니다. 이와 관련된 내용을 추가로 공부하고 싶다면 '이벤트 전달' 또는 '이벤트 버블링'을 찾아봅니다.

05 시각 효과

jQuery 라이브러리를 사용하면 손쉽게 문서 객체에 시각 효과를 줄 수 있습니다. 최근에는 CSS3를 사용해 애니메이션을 구현하는 방법도 등장했습니다. CSS3로 애니메이션 효과를 적용하면 성능은 좋지만, 작성하기 어렵고 구 버전의 웹 브라우저에서는 작동하지 않는다는 단점이 있습니다. 이번 절에서는 jQuery 라이브러리를 사용해 문서 객체에 시각 효과를 줍니다.

1 시각 효과 메서드

jQuery 라이브러리는 [표 11-6]과 같이 문서 객체를 보이거나 보이지 않게 만드는 간단한 효과 메서드를 제공합니다. slideDown() 메서드와 slideUp() 메서드는 다른 메서드와 달리 이름에 의미가 잘 드러나지 않으므로 주의하기 바랍니다.

표 11-6 jQuery 라이브러리의 시각 효과 메서드

메서드	설명
show(속도)	문서 객체가 커지며 표시됨
hide(속도)	문서 객체가 작아지며 사라짐
toggle(속도)	show( ) 메서드와 hide( ) 메서드를 번갈아 실행
slideDown(속도)	문서 객체가 슬라이드 효과와 함께 표시됨
slideUp(속도)	문서 객체가 슬라이드 효과와 함께 사라짐
slideToggle(속도)	slideDown( ) 메서드와 slideUp( ) 메서드를 번갈아 실행
fadeIn(속도)	문서 객체가 선명해지며 표시됨
fadeOut(속도)	문서 객체가 흐려지며 사라짐
fadeToggle(속도)	fadeIn( ) 메서드와 fadeOut( ) 메서드를 번갈아 실행

간단한 효과 메서드에는 속도를 매개변수로 입력할 수 있습니다. 속도를 입력하지 않으면 기본 값인 500밀리초가 적용됩니다. 속도에는 밀리초 숫자나 [표 11-7]과 같이 문자열을 입력할 수 있습니다.

표 11-7 속도 문자열

속도 문자열	설명
slow	600밀리초 속도
normal	500밀리초 속도
fast	400밀리초 속도

기본 예제 11-11 태그가 사라졌다가 나타나는 효과

fadeToggle() 메서드를 사용한 [코드 11-20]을 실행하고 버튼을 누르면 div 태그에 해당하는 내용이 서서히 사라집니다. 모두 사라진 후에 버튼을 누르면 다시 나타납니다.

코드 11-20 jqAnimate_fade.html

```
<!DOCTYPE html>
<html>
<head>
    <title>Event Basic</title>
    <script src="https://code.jquery.com/jquery-3.6.4.js"></script>
    <script>
        // 이벤트를 연결합니다.
        $(document).ready(function () {
            // 이벤트를 연결합니다.
            $('button').click(function () {
                // 간단한 효과를 적용합니다.
                $('.page').fadeToggle('slow');
            });
        });
    </script>
</head>
```

```html
<body>
    <button>Toggle Show</button>
    <div class="page">
        <h1>Lorem ipsum dolor sit amet</h1>
        <p>Lorem ipsum dolor sit amet, consectetur adipiscing elit.</p>
    </div>
</body>
</html>
```

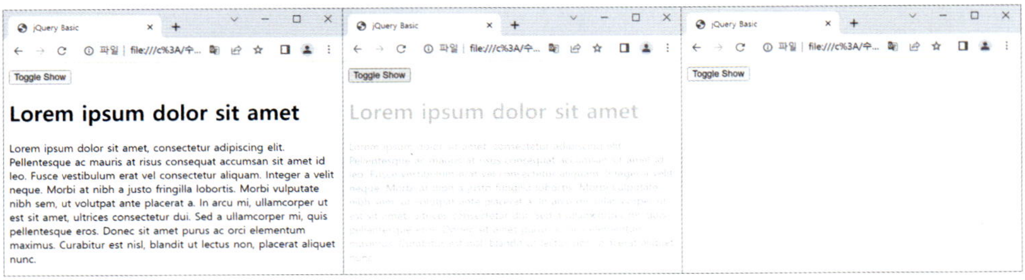

2 애니메이션 효과

문서 객체에 애니메이션을 부여할 때는 animate( ) 메서드를 다음 세 가지 형태로 사용합니다. jQuery(자바스크립트 라이브러리), CSS, HTML로 구현된 GUI 위젯, 애니메이션 시각 효과 묶음인 jQuery UI 플러그인에서 사용하는 Easing Function 속성까지 포함하면 더욱 다양한 형태로 사용할 수 있습니다. 하지만 기본 jQuery 라이브러리로는 거의 사용하지 않으므로 생략합니다.

```
❶ $(selector).animate(속성 객체);

❷ $(selector).animate(속성 객체, 시간);

❸ $(selector).animate(속성 객체, 시간, 콜백 함수);
```

기본 예제 11-12 애니메이션 효과

사각형 크기를 변경하는 간단한 예제를 만들면서 메서드를 익혀 보겠습니다. [코드 11-21]은 animate( ) 메서드를 사용해 div 태그의 width 속성과 height 속성을 변경합니다. 코드를 실행하면 사각형이 부드럽게 변형됩니다. left 속성, top 속성과 같은 위치 속성을 사용하려면 position 속성을 absolute 또는 relative로 지정해야 합니다. 잘 기억이 나지 않는다면 6장을 참고하세요.

코드 11-21 jqAnimate_animate.html

```
<!DOCTYPE html>
<html>
<head>
    <title>Animate Basic</title>
    <script src="https://code.jquery.com/jquery-3.6.4.js"></script>
    <script>
        $(document).ready(function () {
            // 스타일을 변경합니다.
            $('#box').css({
                width: 100,
                height: 100,
                background: 'red'
            }).animate({
                width: 300,
                opacity: 0.5,
            }, 500);
        });
    </script>
</head>
<body>
    <div id="box"></div>
</body>
</html>
```

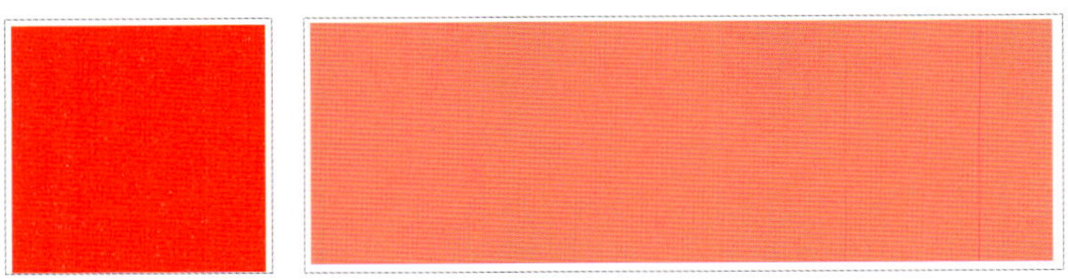

NOTE 메서드 체이닝을 사용한 애니메이션 실행

animate( ) 메서드는 메서드 체이닝을 사용하면 애니메이션이 종료된 후에도 새로운 애니메이션을 연속해서 실행할 수 있습니다.

코드 11-22 note_animateWithChain.html

```
<!DOCTYPE html>
<html>
<head>
    <title>Animate Basic</title>
    <script src="https://code.jquery.com/jquery-3.6.4.js"></script>
    <script>
        $(document).ready(function () {
            // 스타일을 변경합니다.
            $('#box').css({
                width: 100,
                height: 100,
                background: 'red',
                position: 'absolute',
                left: 10,
                top: 10
            }).animate({
                width: 300,
                opacity: 0.5
            }, 500).animate({
                opacity: 1,
                left: 100,
                top: 200
            }, 500);
        });
    </script>
</head>
<body>
    <div id="box"></div>
</body>
</html>
```

빨간색 직사각형을 만드는 첫 번째 animate( ) 메서드가 500밀리초 동안 실행됩니다. 이어서 도형을 이동시키는 두 번째 animate( ) 메서드가 500밀리초 동안 실행됩니다. 따라서 최종적으로 1초(1000밀리초) 동안 애니메이션이 실행됩니다. 움직이는 동작을 지면에 표현하기가 어려우므로 코드를 직접 실행해 결과를 확인하기 바랍니다.

NOTE 상대적 증가

jQuery 라이브러리의 animate( ) 메서드에는 조금 재미있는 기능이 있습니다. 정확한 숫자가 아니라 [코드 11-23]과 같이 '+=〈숫자〉' 형태의 문자열을 입력하면 현재 속성에서 위치 또는 크기를 상대적으로 변환합니다. 실행해서 확인해 보세요.

코드 11-23 note_animateWithRelative.html

```
<script>
    $(document).ready(function () {
        // 스타일을 변경합니다.
        $('#box').css({
            width: 100,
            height: 100,
            background: 'red',
            position: 'absolute',
            left: 10,
            top: 10
        }).animate({
            height: '+=300',
            width: '-=50',
            left: '+=300',
            opacity: 0.5
        }, 500);
    });
</script>
```

jQuery 라이브러리는 animate( ) 메서드 또는 delay( ) 메서드를 사용해 [그림 11-5]와 같이 애니메이션을 예약합니다. 애니메이션 큐에 차곡차곡 들어간 애니메이션은 동시에 실행되는 것이 아니라 차례대로 실행됩니다.

그림 11-5 애니메이션 큐

[표 11-8]의 애니메이션 정지 메서드를 사용하면 애니메이션을 잠시 멈추거나 중지시킬 수 있습니다.

표 11-8 애니메이션 정지 메서드

메서드	설명
delay( )	애니메이션을 특정 시간만큼 정지
stop( )	애니메이션을 완전히 정지

예를 들어 ❶처럼 delay( ) 메서드를 animate( ) 메서드 사이에 입력하면 애니메이션을 특정 시간만큼 정지시킬 수 있습니다. 다른 곳에도 입력할 수 있지만 효과가 없습니다. ❷의 stop( ) 메서드는 매개변수로 숫자를 입력한 delay( ) 메서드와 달리 불을 입력합니다.

```
❶ $('h1').animate({ }).delay(1000).animate({ });

❷ $('h1').stop(clearQueue, goToEnd);
```

clearQueue 매개변수의 기본 값은 false로 현재 실행 중인 애니메이션만 멈추지만, true를 입력하면 예약된 모든 애니메이션을 제거합니다. goToEnd 매개변수는 애니메이션을 중지할 때 어떤 상태로 종료할지 지정합니다. 예를 들어 다음 코드와 같이 애니메이션을 만들었다고 가정합시다.

```
$('#box').css({
    width: 100,
}).animate({
    width: 200
});
```

goToEnd 매개변수를 사용하지 않고 애니메이션 진행 중에 stop( ) 메서드를 사용하면 그 시점에서 애니메이션이 멈춥니다. 코드에서는 width 속성을 200px까지 증가시키라고 했지만, 현재 상태에서 멈추기 때문에 100px과 200px 사이에 있습니다. 하지만 goToEnd 매개변수를 사용하면 애니메이션이 멈추었을 때 animate( ) 메서드에서 지정한 최종 수치로 변경해서 정지합니다. 말이 조금 어려우므로 예제를 살펴보겠습니다.

기본 예제 11-13 애니메이션 효과 정지

[코드 11-24]는 간단한 입력 양식을 사용해 각 매개변수를 조절할 수 있게 합니다. 코드를 실행하면 빨간색 상자의 길이가 변하는 애니메이션을 3초 주기로 반복합니다. 애니메이션이 실행되는 동안 clearQueue 매개변수와 goToEnd 매개변수를 조절하고 버튼을 눌러 어떤 방식으로 작동하는지 직접 확인합니다.

코드 11-24 jqAnimate_stop.html

```
<!DOCTYPE html>
<html>
<head>
    <title>Animation Basic</title>
    <script src="https://code.jquery.com/jquery-3.6.4.js"></script>
    <script>
        $(document).ready(function () {
            // 변수를 선언합니다.
            let clearQueue = false;
            let goToEnd = false;

            // 이벤트를 연결합니다.
            $('#clearQueue').change(function () {
                clearQueue = $(this).prop('checked')
            });

            $('#goToEnd').change(function () {
                goToEnd = $(this).prop('checked');
            });

            $('#stopButton').click(function () {
                $('#box').stop(clearQueue, goToEnd);
            });

            // 스타일을 변경합니다.
            $('#box').css({
                width: 100,
                height: 100,
                background: 'red'
            })

            // 타이머를 연결합니다.
```

현재 체크박스가 표시되었는지 확인하는 코드입니다.

```
            setInterval(function () {
                $('#box').animate({
                    width: 200
                }, 1000).delay(1000).animate({
                    width: 100,
                    height: 100
                }, 1000);
            }, 3000);
        });
    </script>
</head>
<body>
    <!-- 입력 양식 -->
    <label>clearQueue</label>
    <input id="clearQueue" type="checkbox">
    <br>
    <label>goToEnd</label>
    <input id="goToEnd" type="checkbox">
    <br>
    <button id="stopButton">Stop</button>
    <!-- 애니메이션 -->
    <div id="box"></div>
</body>
</html>
```

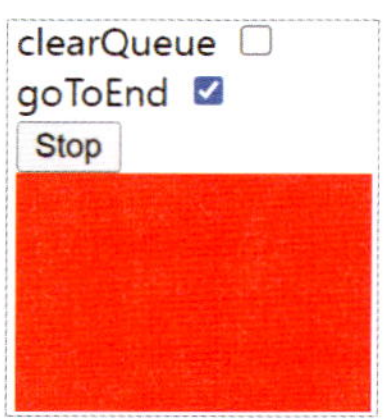

01 (   )은 파일을 여러 서버에 분산시키고 사용자가 접속하는 지역과 가장 가까운 곳의 서버에서 파일을 전송하는 기술입니다.

02 jQuery를 사용할 때 가장 기본적으로 활용하는 함수는 (   )입니다.

03 jQuery로 속성을 조작할 때는 (   ) 메서드를 사용합니다.

04 jQuery로 스타일 속성을 조작할 때는 (   ) 메서드를 사용합니다.

05 jQuery로 내부의 글자를 조작할 때는 (   ) 메서드와 (   ) 메서드를 사용합니다.

06 jQuery로 클래스를 조작할 때는 (   ) 메서드를 사용합니다.

07 jQuery로 이벤트를 사용할 때 사용할 수 있는 범용적인 메서드는 (   )입니다.

08 jQuery로 이벤트를 연결할 때, 기본 이벤트 제거는 (   ) 메서드를 사용합니다.

09 jQuery로 애니메이션 효과를 부여할 때는 (   ) 메서드를 사용합니다.

연습문제

01 다음 문장에 ○×를 표시하시오.

(1) $() 함수는 querySelector() 메서드처럼 한 번에 하나의 문서 객체만 선택합니다. (　　　)

(2) 문서 객체의 속성을 조작할 때는 attr() 메서드를 사용합니다. (　　　)

(3) 문서 객체의 class 속성을 조작할 때는 class() 메서드를 사용합니다. (　　　)

(4) jQuery를 사용할 때 이벤트 핸들러에서 return false를 하면, preventDefault() 메서드와 stopPropagation() 메서드를 호출하는 효과가 납니다. (　　　)

(5) animate() 메서드를 사용해서 상대적으로 요소를 이동시킬 때는 '+=〈숫자〉' 형태의 문자열을 사용합니다. (　　　)

02 다음 중 jQuery 라이브러리를 HTML 문서에 추가하는 표준적인 방법은?

① <script src="jquery.min.js"></script>를 HTML 문서의 맨 위에 추가한다.

② <link href="jquery.min.js" rel="script">를 HTML 문서의 맨 아래에 추가한다.

③ <script src="https://code.jquery.com/jquery-3.6.4.js"></script>를 HTML 문서의 <head> 내부 또는 맨 아래에 추가한다.

④ jQuery는 별도로 추가할 필요 없이 모든 브라우저에 기본적으로 포함되어 있다.

03 다음 중 jQuery를 사용하여 문서를 로드한 후에 코드를 실행할 때 사용하는 메서드는?

① $(document).onLoad(function() {...});

② $(document).ready(function() {...});

③ $(window).load(function() {...});

④ $(document).start(function() {...});

04 다음 중 jQuery를 사용하여 모든 <p> 태그의 텍스트 색상을 빨간색으로 변경하는 코드는?

① $("p").css("color", "red");

② $("p").style("color", "red");

③ $(p).change("color", "red");

④ $("p").setColor("red");

05 jQuery 라이브러리의 이벤트 관련 메서드가 아닌 것은?

① click() 메서드

② on() 메서드

③ bind() 메서드

④ link() 메서드

06 다음 중 attr() 메서드를 잘못 사용한 것은?

① $('img').attr('src', 'image.png')

② $('img').attr({ src: 'image.png' })

③ $('img').attr('src', function () { return 'image.png' })

④ $('*').attr(function () { return { 'src': 'image.png' }})

07 다음 중 이벤트를 연결하는 코드로 옳은 것은?

① $('h1').on('onclick', function () {})

② $('h1').onclick(function () {})

③ $('h1').on('click', function () {})

④ $('h1').on({ 'onclick': function () {} })

08 다음 코드의 실행 결과를 예측하시오.

```
<h1>Lorem</h1>
<h1>Ipsum</h1>
<script src="https://code.jquery.com/jquery-3.6.4.js"></script>
<script>
  alert($('h1').text())
</script>
```

① Lorem ② Ipsum

③ LoremIpsum ④ Lorem Ipsum

09 자바스크립트에서 다음과 같이 메서드를 연속해서 사용하는 것은?

```
$('h1').attr('data-index', function (index) {
   return index;
}).css('color', 'red').addClass('header')
```

① 메서드 체이닝

② 메서드 커넥션 콜

③ 메서드 오버라이딩

④ 메서드 오버로딩

10 간단한 효과 메서드에서 대상을 사라지게 하는 메서드는?

① show()

② slideDown()

③ slideUp()

④ fadeOut()

11 다음 빈칸을 채워서 버튼을 클릭할 때마다 색상이 빨간색, 녹색, 파란색으로 변경되게 하시오.

Hint 자기 자식의 색상을 변경하면 됩니다. 색상이 배열로 제공되므로, 이를 활용하세요. 나머지 연산자와 덧셈 연산자를 활용하면 colors에서 요소를 하나씩 번갈아 가며 꺼낼 수 있습니다.

```
<div>클릭</div>
<script src="https://code.jquery.com/jquery-3.6.4.js"></script>
<script>
    let colors = ['red', 'green', 'blue']
    let currentColor = 0
    $('div').css({
        backgroundColor: colors[currentColor]
    }).click(function () {
        ____________________
        ____________________
    })
</script>
<style>
    div {
        width: 100px;
        height: 50px;
        line-height: 50px;  /* 글자를 수직 중앙 정렬합니다. */
        text-align: center; /* 글자를 수평 중앙 정렬합니다. */
        color: white;
        border: none;
        border-radius: 10px;
    }
</style>
```

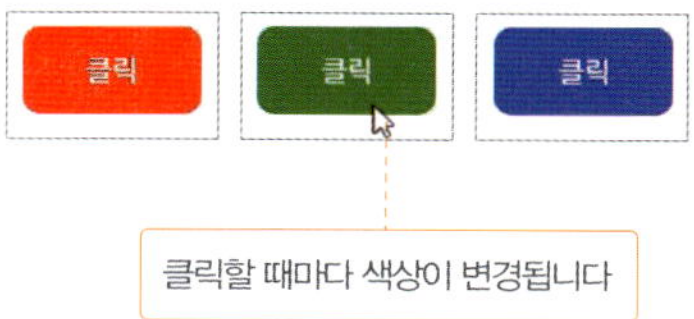

연습문제

12 다음 빈칸을 채워서 화면을 클릭할 때 div.drawer-menu 태그가 위아래로 슬라이드되면서 보이거나 보이지 않게 만드시오. 이를 활용하면 다양한 모바일 메뉴를 만들 수 있다.

```
<div class="drawer">
    <h1>Logo</h1>
    <div class="drawer-menu">
        <p>Esse pariatur</p>
    </div>
</div>
<div class="content">
    <h1>Lorem ipsum</h1>
    <p>Magna et excepteur minim</p>
    <p>Qui do proident consequat</p>
    <p>Aliquip eu qui ea ut</p>
    <p>Duis fugiat adipisicing</p>
</div>
<script src="https://code.jquery.com/jquery-3.6.4.js"></script>
<script>
    $('body').click(function () {
        
    })
</script>
<style>
    * {
        margin: 0;
        padding: 0;
    }

    p {
        margin: 10px 0;
    }

    .drawer {
        position: fixed;
        width: 100%;
```

```
        text-align: center;
        color: white;
        background-color: red;
    }
    .drawer h1 {
        height: 50px;
        line-height: 50px;
    }

    .drawer-menu {
        display: none;
    }

    .content {
        /* 글자가 양쪽에 붙지 않게 설정합니다. */
        padding: 10px;
        /* div.drawer에 의해 가려지지 않게 내립니다. */
        padding-top: 60px;
    }
</style>
```

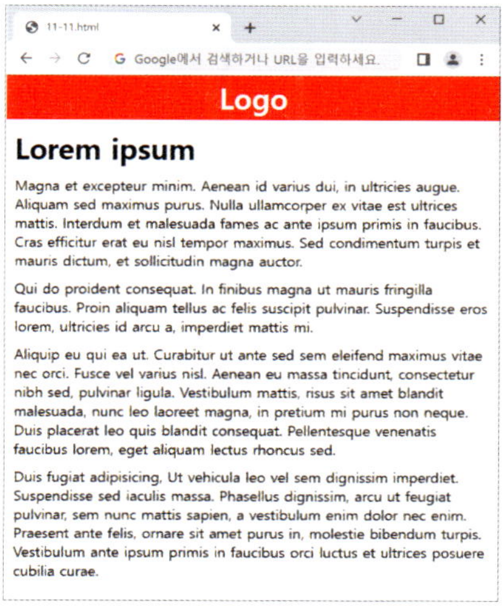

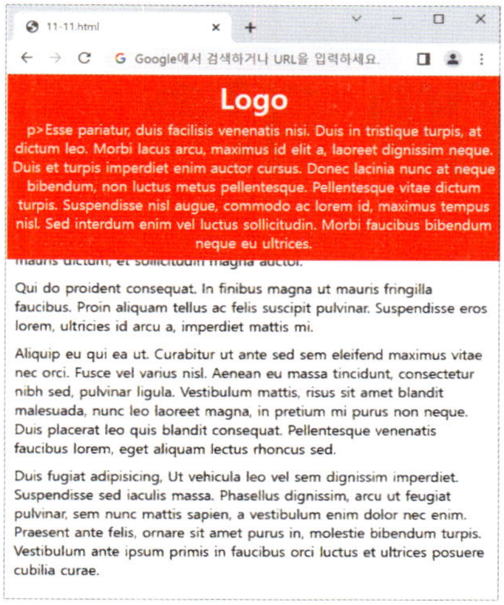

13 다음 빈칸을 채워서 마우스 커서를 올리면 반투명해지고, 마우스 커서를 내리면 불투명해지는 버튼을 만드시오.

Hint 본문에서 살펴본 hover() 메서드를 사용하면 쉽게 만들 수 있습니다.

```
<div>버튼</div>
<script src="https://code.jquery.com/jquery-3.6.4.js"></script>
<script>
    
    
</script>
<style>
    div {
        width: 100px;
        height: 50px;
        line-height: 50px;  /* 글자를 수직 중앙 정렬합니다. */
        text-align: center; /* 글자를 수평 중앙 정렬합니다. */
        color: white;
        background-color: teal;
        border-radius: 20px;
    }
</style>
```

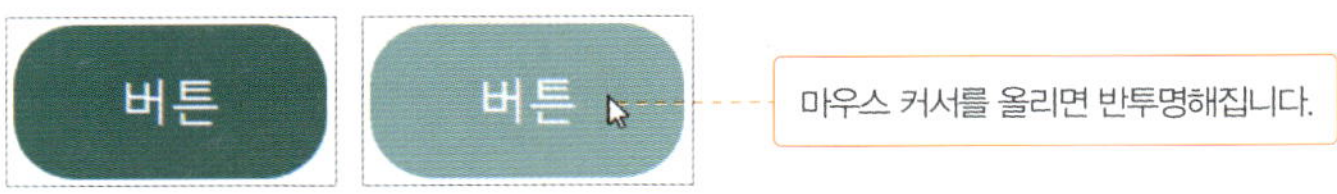

14 인터넷에서 다음 웹 페이지를 찾고 발표하시오.

(1) Awesome JavaScript 페이지(http://github.com/sorrycc/awesome-javascript)

– jQuery처럼 많이 사용되는 자바스크립트 라이브러리를 정리한 페이지입니다.

(2) Awesome React 페이지(http://github.com/enaqx/awesome-react)

– 현재 많이 활용되는 프런트엔드 라이브러리인 리액트React를 정리한 페이지입니다. 간단하게 살펴보면서, 이후에 어떤 것을 공부하게 될지 방향성을 느껴 보세요.

CHAPTER 12

자바스크립트와 jQuery 라이브러리 응용

학습목표

- 자바스크립트의 타이머 함수를 알아봅니다.
- 자바스크립트와 jQuery 라이브러리의 이벤트를 활용하는 방법을 알아봅니다.
- jQuery 플러그인을 사용하는 방법을 알아봅니다.
- jQuery 라이브러리를 사용해 슬라이더 갤러리를 만드는 방법을 알아봅니다.

PREVIEW

자바스크립트와 jQuery 라이브러리는 응용할 수 있는 분야가 많습니다. 이전 장에서는 기본적인 내용만 다루었다면 이 장에서는 실제 웹 페이지 개발에 바로 활용할 수 있는 기능을 살펴보겠습니다. 7장에서 CSS3를 어떻게 활용하는지 알아본 것처럼 자바스크립트와 jQuery 라이브러리의 활용 사례를 응용 예제로 살펴보겠습니다. 이해하지 못한 부분이 있다면 9~11장에서 다룬 내용을 참고합니다.

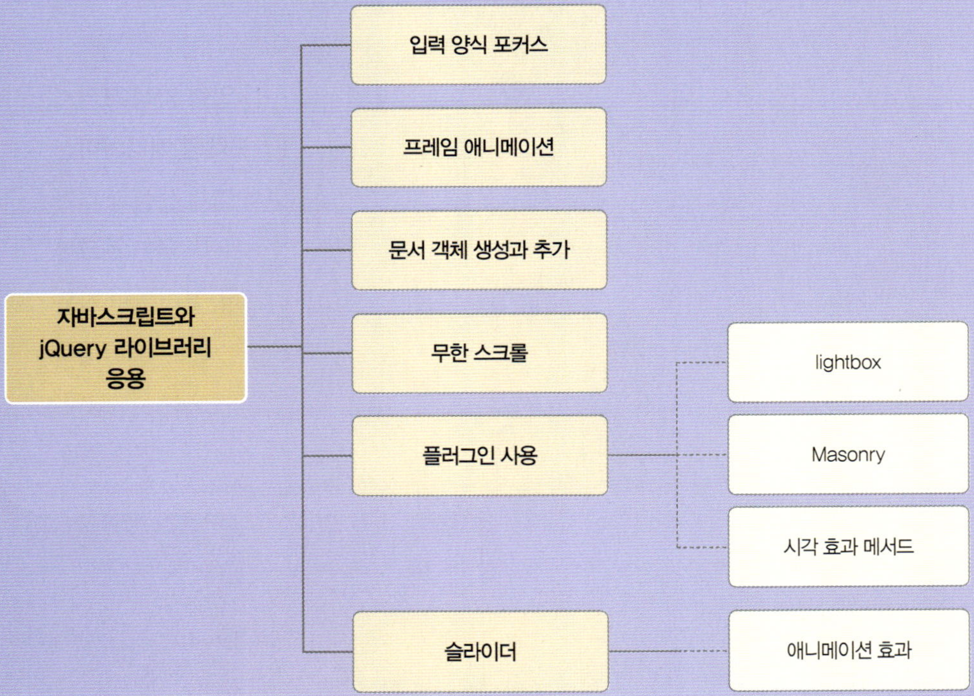

01 입력 양식 포커스

웹 사이트의 회원 가입 양식에서 주민등록번호 또는 전화번호를 입력할 때 앞자리를 입력하자마자 자동으로 뒷자리를 입력하는 칸으로 이동하는 것을 많이 보았죠? 이는 첫 번째 입력 양식에 여섯 번째 글자를 입력하면 자동으로 두 번째 입력 양식에 포커스가 맞추어지도록 자바스크립트를 사용했기 때문입니다.

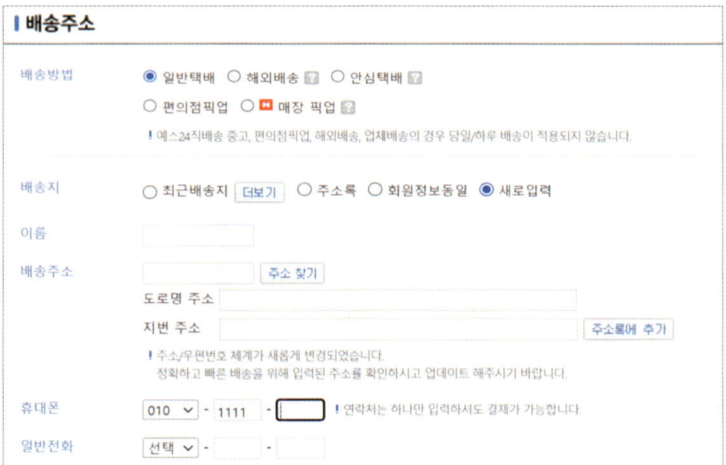

그림 12-1 Yes24 배송 주소 입력 화면

회원 가입 양식은 물론 제품키 입력, 결재 정보 입력 페이지 등에서 흔히 볼 수 있는 형태입니다.

"이렇게 간단한 것을 만드는 데도 자바스크립트를 사용하네요?"

간단한 것을 만들 때는 간단한 자바스크립트 코드를 사용합니다.

응용 예제 12-1 입력 양식 포커스 자동 설정

[코드 12-1]을 실행하면 주민등록번호를 입력할 수 있는 입력 양식이 나옵니다. 첫 번째 입력 칸을 선택하고 글자를 입력하다 보면 커서가 자동으로 두 번째 입력 칸으로 이동합니다. 또 두 번째 입력 칸에서 숫자를 지우다 보면 커서가 자동으로 첫 번째 입력 칸으로 넘어갑니다.

코드 12-1 autofocus.html

```
<!DOCTYPE html>
<html>
<head>
    <title>Event</title>
    <script>
        // 이벤트를 연결합니다.
        window.onload = function () {
            // 문서 객체를 선택합니다.
            let input_1 = document.querySelectorAll('input')[0];
            let input_2 = document.querySelectorAll('input')[1];

            // input_1
            input_1.onkeydown = function () {
                // 글자 개수가 6개 이상일 때
                if (6 <= input_1.value.length) {
                    // input_2 문서 객체로 포커스를 이동합니다.
                    input_2.focus();
                }
            };

            // input_2
            input_2.onkeydown = function (event) {
                // 이벤트 객체를 추출합니다.
                event = event || window.event;
                // 사용자의 입력이 '백 스페이스'이고 입력된 글자가 없을 때
                if (event.keyCode == 8 && input_2.value.length == 0) {
                    input_1.focus();
                }
            };
        };
    </script>
</head>
```

```
<body>
    <input type="text" maxlength="6">
    <span>-</span>
    <input type="text" maxlength="7">
</body>
</html>
```

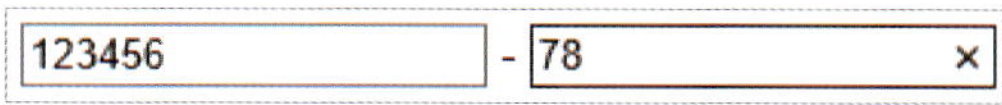

NOTE keyCode 확인

[코드 12-1]에서 백스페이스의 keyCode 속성을 8과 비교했습니다. keyCode 속성은 [코드 12-2]를 실행해 확인할 수 있습니다. 알고 싶은 키를 누르면 경고 창에 keyCode 값이 나타납니다.

코드 12-2 note_keyCode.html

```
window.onload = function () {
    window.onkeydown = function (event) {
        alert(event.keyCode);
    };
};
```

02 프레임 애니메이션

자바스크립트의 타이머 함수를 사용하면 특정 시간마다 코드를 실행시킬 수 있습니다.

표 12-1 타이머 함수

함수	설명
setInterval(함수, 시간)	특정한 시간마다 함수 실행
setTimeout(함수, 시간)	특정한 시간 후에 함수 실행
clearInterval(식별번호)	setInterval( ) 함수로 설정한 타이머 제거
clearTimeout(식별번호)	setTimeout( ) 함수로 설정한 타이머 제거

포털 사이트 줌(ZUM)의 메인 페이지에는 실시간 검색어 순위가 있습니다. 실시간 검색어는 일정 시간마다 서버에 데이터를 요청해 사용자에게 보여 주는데, 여기에 setInterval( ) 함수가 사용됩니다.

그림 12-2 setInterval( ) 함수 활용

이 setInterval( ) 함수를 사용해 프레임 애니메이션을 간단하게 만들어 보겠습니다.

참고로 책에서는 setInterval( ) 함수를 사용해서 프레임 애니메이션을 만들지만, 이를 다른 이벤트(마우스 스크롤 등)로 변경하면 [그림 12-3]과 같이 마우스를 드래그할 때마다 회전하는 자동차 애니메이션도 만들 수 있습니다.

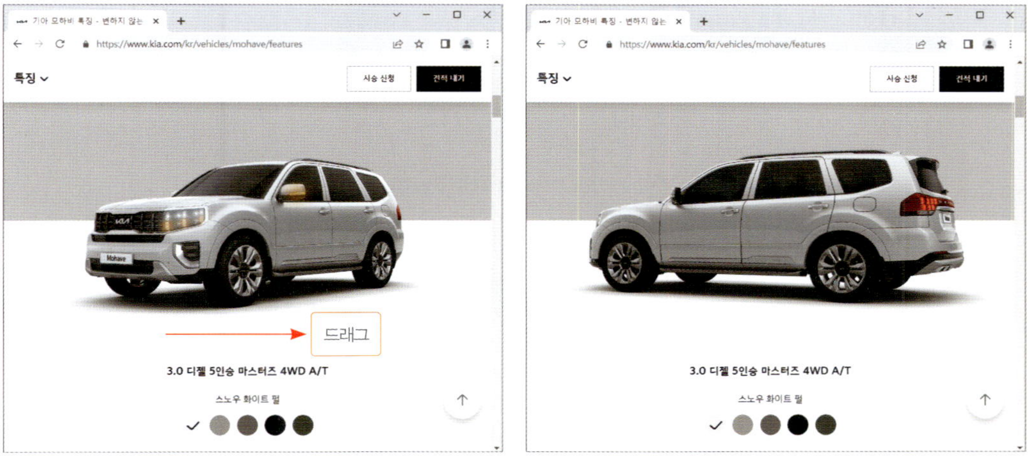

그림 12-3 기아자동차 웹 사이트의 마우스를 활용한 프레임 애니메이션

응용 예제 12-2 프레임 애니메이션

우선 폴더를 다음과 같이 구성한 후 [코드 12-3]과 같이 작성해 실행합니다. 이미지가 1초에 20번 전환되면서 사람이 달리는 애니메이션을 볼 수 있습니다.

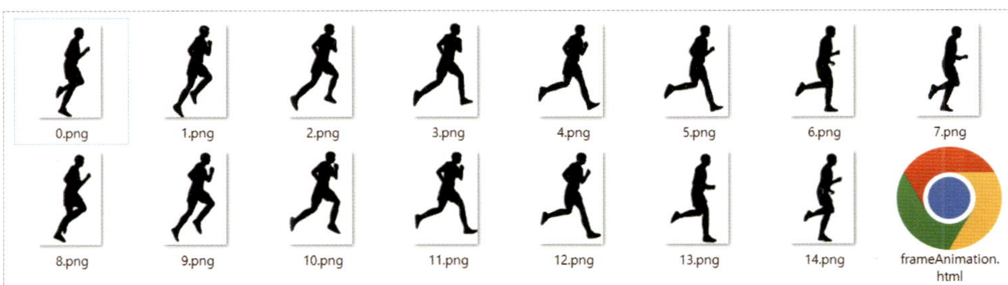

그림 12-4 프레임 애니메이션 폴더 구성

코드 12-3 frameAnimation.html

```html
<!DOCTYPE html>
<html>
<head>
    <title>Frame Animation</title>
    <script>
        window.onload = function () {
            // 변수를 선언합니다.
            let count = 0;
            let image = document.getElementById('image');
            let frames = [
                '0.png', '1.png', '2.png', '3.png', '4.png',
                '5.png', '6.png', '7.png', '8.png', '9.png',
                '10.png', '11.png', '12.png', '13.png', '14.png'
            ];
            // 타이머 반복을 시작합니다.
            setInterval(function () {
                image.src = frames[count % frames.length];
                count = count + 1;
            }, 1000 / 20);
        };
    </script>
</head>
<body>
    <img id="image">
</body>
</html>
```

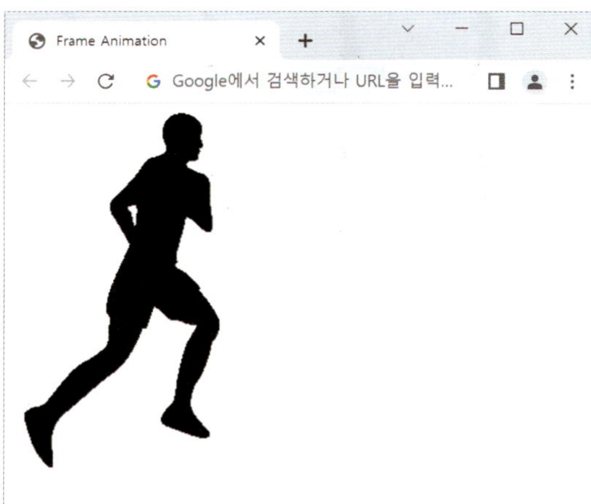

03 문서 객체 생성과 추가

순수하게 자바스크립트만 사용해 문서 객체를 생성하면 매우 복잡합니다. 하지만 jQuery 라이브러리를 사용하면 문서 객체를 쉽게 생성할 수 있습니다. 그리고 생성한 문서 객체는 [표 12-2]와 같은 메서드를 사용해 화면에 추가합니다. prependTo() 메서드와 appendTo() 메서드는 대상의 내부에 추가되며, beforeTo() 메서드와 afterTo() 메서드는 대상의 외부에 추가된다는 것에 유의하세요.

표 12-2 jQuery 문서 객체 추가 메서드

메서드	설명
$(객체).prependTo(대상)	객체를 대상의 앞부분에 추가
$(객체).appendTo(대상)	객체를 대상의 뒷부분에 추가
$(객체).beforeTo(대상)	객체를 대상의 앞쪽에 추가
$(객체).afterTo(대상)	객체를 대상의 뒤쪽에 추가

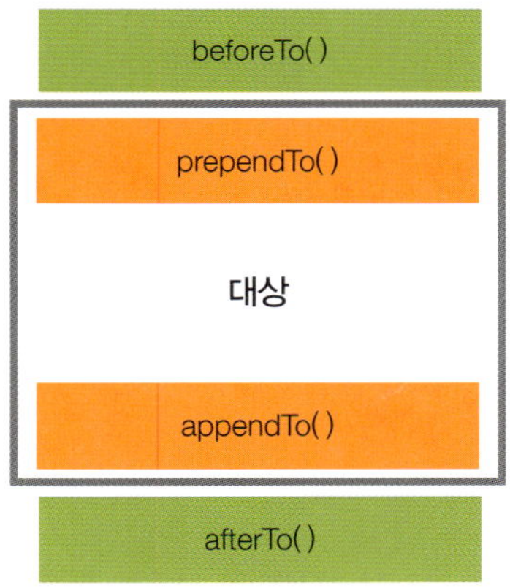

jQuery 라이브러리에는 이외에도 [표 12-3]과 같은 메서드가 있습니다. [표 12-2]에서 살펴본 메서드와 전후 관계가 다릅니다.

표 12-3 기타 jQuery 문서 객체 추가 메서드

메서드	설명
$(대상).prepend(객체)	객체를 대상의 앞부분에 추가
$(대상).append(객체)	객체를 대상의 뒷부분에 추가
$(대상).before(객체)	객체를 대상의 앞쪽에 추가
$(대상).after(객체)	객체를 대상의 뒤쪽에 추가

응용 예제 12-3 문서 객체 생성

1 문서 객체 생성하기 jQuery 라이브러리를 사용해 [코드 12-4]와 같이 문서 객체를 생성할 수 있습니다.

코드 12-4 jqueryCreate.html

```
<!DOCTYPE html>
<html>
<head>
    <title>jQuery Create</title>
    <script src="https://code.jquery.com/jquery-3.6.4.js"></script>
    <script>
        // 이벤트를 연결합니다.
        $(document).ready(function () {
            // 문서 객체를 생성합니다.
            $('<h1>Create Document Object By jQuery</h1>')
        });
    </script>
</head>
<body>

</body>
</html>
```

2 appendTo() 메서드를 사용해 문서 객체 추가하기 appendTo() 메서드를 사용해 문서 객체를 body 태그에 추가하면 생성된 문서 객체가 화면에 표시됩니다.

코드 12-5 jqueryCreateAppend_1.html

```
<!DOCTYPE html>
<html>
<head>
    <title>jQuery Create</title>
    <script src="https://code.jquery.com/jquery-3.6.4.js"></script>
```

```
    <script>
        // 이벤트를 연결합니다.
        $(document).ready(function () {
            // 10회 반복합니다.
            for (let i = 0; i < 10; i++) {
                // 문서 객체를 생성합니다.
                $('<h1>Create Document Object + ' + i + '</h1>').css({
                    backgroundColor: 'black',
                    color: 'red'
                }).appendTo('body');
            }
        });
    </script>
</head>
<body>

</body>
</html>
```

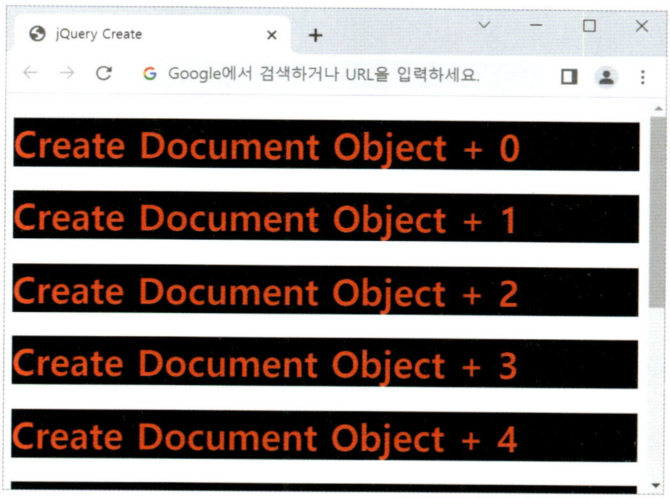

3 append() 메서드를 사용해 문서 객체 추가하기 append() 메서드를 사용한 [코드 12-6]을 실행한 결과는 [코드 12-5]와 같습니다. 그리고 $dynamic 형태의 변수를 사용했는데 일반적으로 jQuery 객체를 변수에 저장할 때는 변수 앞에 식별자 $를 붙여 사용합니다.

코드 12-6 jqueryCreateAppend_2.html

```
<script>
    // 이벤트를 연결합니다.
    $(document).ready(function () {
        // 10회 반복합니다.
        for (let i = 0; i < 10; i++) {
            // 문서 객체를 생성합니다.
            let $dynamic = $('<h1>Create Document Object + ' + i + '</h1>')
                .css({
                    backgroundColor: 'black',
                    color: 'red'
                });

            // 문서 객체를 추가합니다.
            $('body').append($dynamic);
        }
    });
</script>
```

04 무한 스크롤

페이스북, 핀터레스트, 쿠팡 등 웹 사이트를 살펴보면 스크롤을 맨 아래쪽까지 내려도 무한 스크롤을 활용해 정보를 계속 제공합니다. 무한 스크롤은 사용자가 스크롤을 끝까지 내리면 자동으로 데이터를 추가해 스크롤이 끝나지 않게 만들어 주는 기능으로 현대 웹 사이트에서 다양하게 활용됩니다.

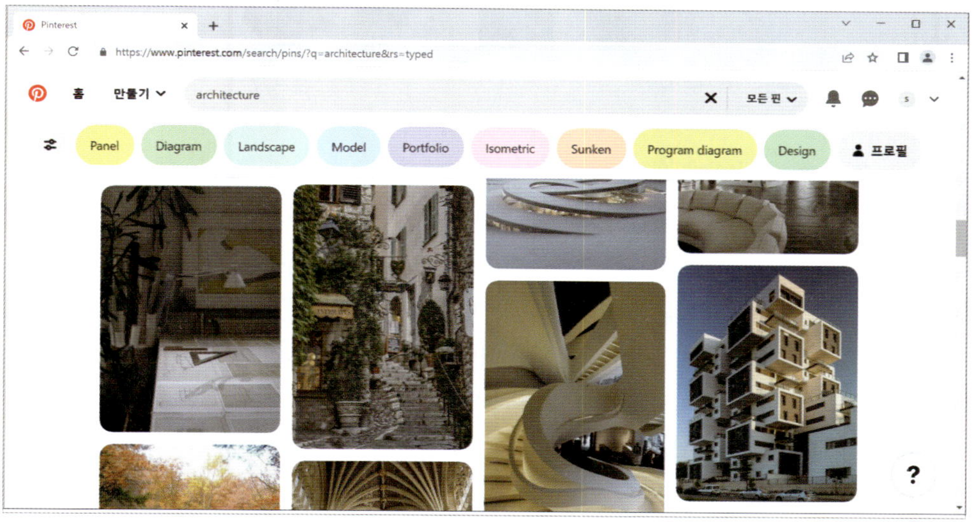

그림 12-5 무한 스크롤

스크롤 이벤트가 발생하면 [그림 12-6]과 같이 전체 문서의 높이가 스크롤 높이와 웹 브라우저 창의 높이를 더한 값과 같은지 조건을 확인합니다. 무한 스크롤은 이 조건을 충족할 때만 데이터를 추가하는 단순한 코드를 갖습니다.

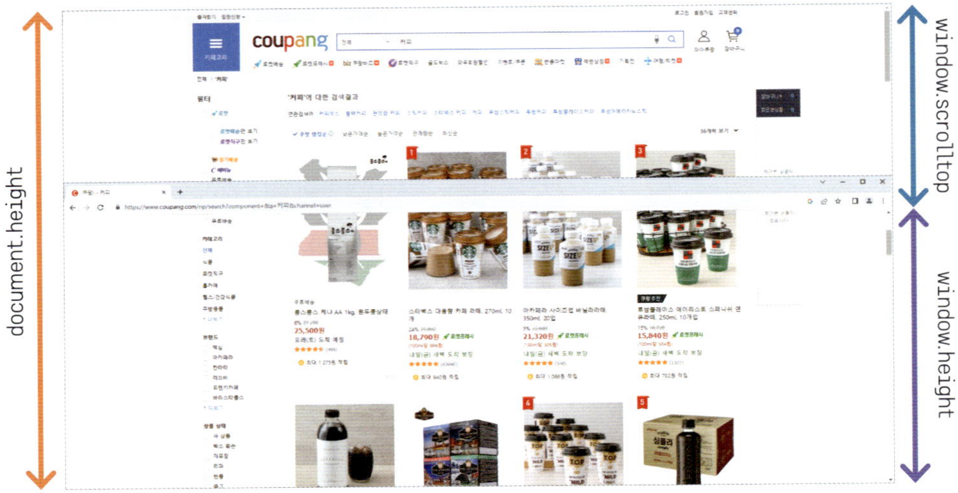

그림 12-6 무한 스크롤에 사용되는 변수

응용 예제 12-4 무한 스크롤

[그림 12-6]의 변수를 사용해 무한 스크롤을 [코드 12-7]과 같이 구현합니다. 코드를 실행하고 스크롤을 내려 보세요. 스크롤이 끝에 도달하는 순간 문서 객체가 새롭게 추가됩니다. 변수를 조금만 조작하면 끝에 도달하기 전에 데이터를 추가하는 기능도 만들 수 있습니다. 다양하게 활용할 수 있는 기능이므로 기억하기 바랍니다. 단 모바일 장치는 평균 60~200px의 오차가 발생하므로 반드시 테스트하고 적용하기 바랍니다.

코드 12-7 infinityScroll.html

```
<!DOCTYPE html>
<html>
<head>
    <title>Infinity Scroll</title>
    <script src="https://code.jquery.com/jquery-3.6.4.js"></script>
    <script>
        // 이벤트를 연결합니다.
        $(document).ready(function () {
            // 문서 객체 추가 함수
```

```
            let appendDocument = function () {
                for (var i = 0; i < 20; i++) {
                    // 문서 객체를 생성합니다.
                    $('<h1>Infinity Scroll</h1>').appendTo('body');
                }
            };

            // 초기에 문서 객체를 추가합니다.
            appendDocument();

            // 이벤트를 연결합니다.
            $(window).scroll(function () {
                // 변수를 선언합니다.
                let scrollHeight = $(window).scrollTop() + $(window).height();
                let documentHeight = $(document).height();

                // 검사합니다.
                if (scrollHeight == documentHeight) {
                    appendDocument();
                }
            });
        });
    </script>
</head>
<body>

</body>
</html>
```

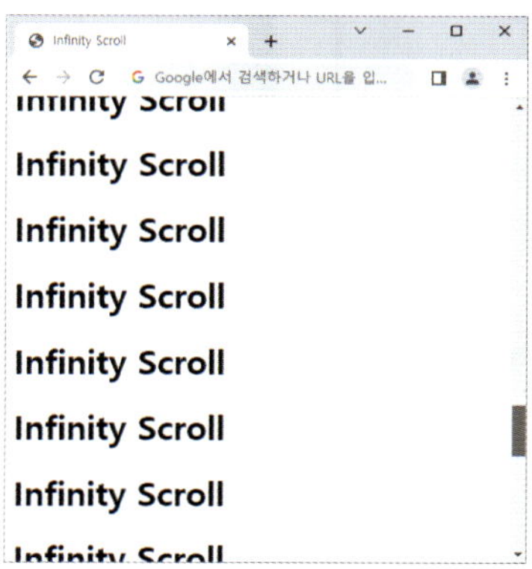

05 플러그인 사용

플러그인은 별도의 자바스크립트 파일로 jQuery에 기능을 추가합니다. jQuery 라이브러리는 사용자 수가 많고 플러그인을 만들기도 쉽습니다. 현재 jQuery 라이브러리에는 공식적으로 플러그인이 약 6천여 개 있으며, 비공식 플러그인은 헤아릴 수 없을 정도로 많습니다. 참고로 플러그인을 공부할 때는 절대 외우려고 하지 마세요. 플러그인마다 사용 방법이 모두 다르므로 각 플러그인 웹 사이트를 참고해서 만들어야 합니다.

1 라이트박스

라이트박스 기능과 관련한 플러그인을 사용해 보겠습니다. 라이트박스는 [그림 12-7]과 같이 웹 페이지 내부에서 특정한 정보를 강조해 보여 주려고 배경은 어둡게 하고 정보가 있는 사각형을 밝게 하는 기능으로 많은 웹 사이트에서 사용합니다.

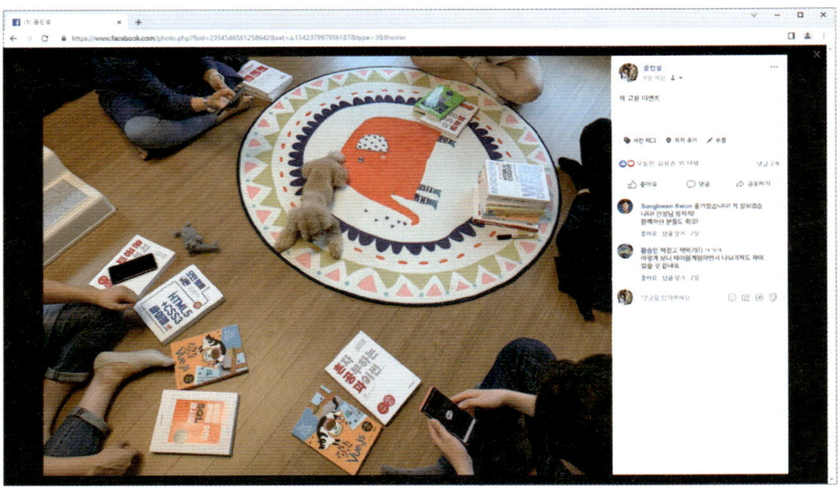

그림 12-7 라이트박스

라이트박스는 굉장히 유용한 기능으로 플러그인 수십 개가 널리 사용됩니다. 책에서는 라이트박스 플러그인 중에서 가장 간단한 jQuery LightBox 플러그인을 사용해 보겠습니다.

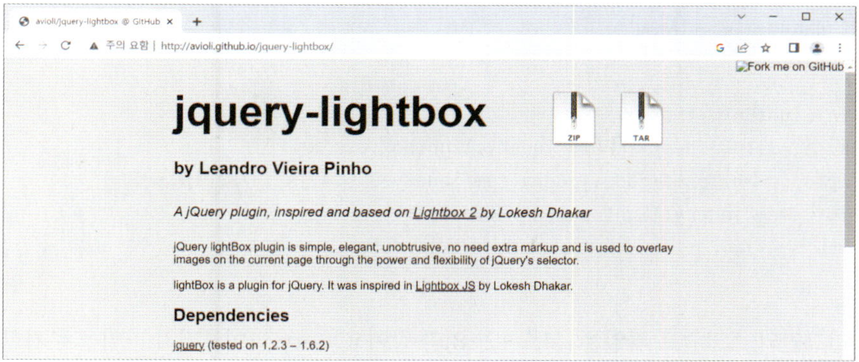

그림 12-8 jQuery LightBox 플러그인(http://avioli.github.io/jquery-lightbox)

응용 예제 12-5 LightBox 플러그인 사용

jQuery LightBox 플러그인 웹 사이트에서 플러그인 압축 파일을 다운로드합니다. 파일 압축을 풀면 [그림 12-9]의 (a)와 같이 폴더가 구성되어 있습니다. 여기서 CSS 폴더 내부의 CSS 파일, images 폴더, js 폴더 내부의 스크립트 파일, photos 폴더 내부의 이미지를 가져와 (b)와 같이 시작 폴더를 구성합니다.

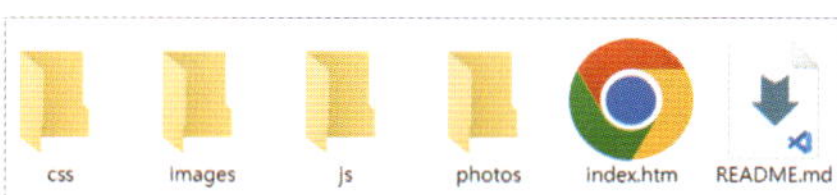

(a) jQuery LightBox 플러그인 압축 파일 구성

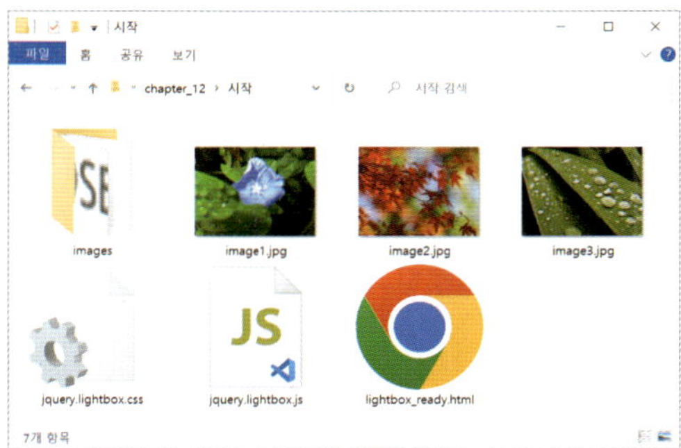

(b) 시작 폴더

그림 12-9 라이트박스 시작 폴더 구성

이것으로 jQuery LightBox 플러그인을 사용할 준비가 모두 끝났습니다. jQuery LightBox 플러그인 웹 사이트에 적혀 있는 대로 head 태그를 구성합니다.

코드 12-8 lightbox_ready.html

```
<head>
    <title>LightBox</title>
    <link rel="stylesheet" href="jquery.lightbox.css">
    <script src="https://code.jquery.com/jquery-3.6.4.js"></script>
    <script src="jquery.lightbox.js"></script>
</head>
```

jQuery 플러그인의 스크립트 파일은 [코드 12-8]과 같이 jQuery 라이브러리 파일을 추가한 후 입력해야 합니다. 이어서 [코드 12-9]와 같이 body 태그를 구성하고 script 태그를 작성합니다. 이러한 사용 방법은 해당 플러그인의 웹 사이트에서 확인할 수 있습니다.

모든 jQuery 플러그인은 사용 방법이 다르므로 일일이 외우려고 하지 마세요. 플러그인의 웹 사이트에서 친절하게 사용 방법을 알려 줍니다. 영어를 몰라도 코드만 보고 쓸 수 있습니다.

코드 12-9 lightbox.html

```
<!DOCTYPE html>
<html>
<head>
    <title>LightBox</title>
    <link rel="stylesheet" href="jquery.lightbox.css">
    <script src="https://code.jquery.com/jquery-3.6.4.js"></script>
    <script src="jquery.lightbox.js"></script>
    <script>
        // 이벤트를 연결합니다.
        $(document).ready(function () {
            $('a.light').lightBox();
        });
    </script>
</head>
<body>
    <a class="light" href="image1.jpg">LightBox</a>
    <a class="light" href="image2.jpg">LightBox</a>
    <a class="light" href="image3.jpg">LightBox</a>
</body>
</html>
```

NOTE 직접 라이트박스를 만드는 것도 어렵지 않습니다. 별도의 공간을 만들어 화면 중앙에 위치시키고 display 속성을 적당하게 조절해 문서 객체를 보여 주면 됩니다. LightBox 플러그인의 실행 결과를 살펴보면서 직접 만들어 보는 것도 좋은 연습이 될 것입니다.

2 카드 타일

Masonry 플러그인은 [그림 12-10]과 같은 타일형 웹 페이지를 만들 때 사용합니다. [그림 12-11]의 Masonry 플러그인 웹 사이트에서 플러그인을 다운로드할 수 있습니다.

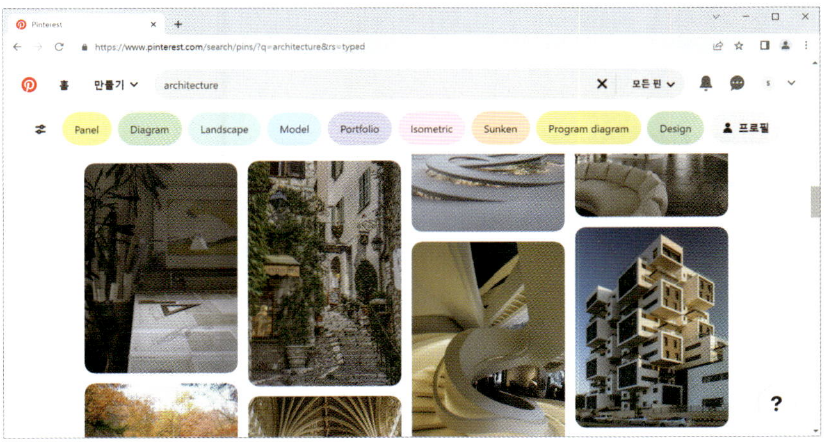

그림 12-10 핀터레스트(http://www.pinterest.co.kr)

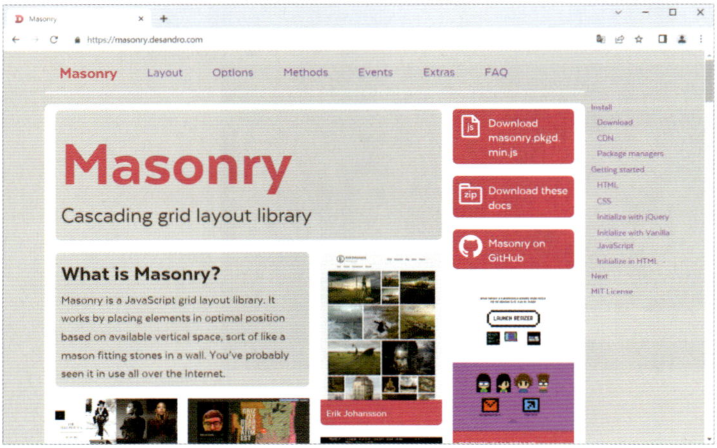

그림 12-11 Masonry 플러그인(http://masonry.desandro.com)

응용 예제 12-6 Masonry 플러그인 사용

Masonry 플러그인 웹 사이트에서 플러그인을 다운로드하고 HTML 페이지와 같은 폴더에 넣어 폴더를 구성합니다. 책에서는 간단하게 Masonry 플러그인의 CDN을 사용하겠습니다. [코드 12-10]과 같이 작성하고 실행하면 검은색 사각형 모양의 타일이 웹 페이지를 빈틈없이 채웁니다. 실질적으로 Masonry 플러그인과 관련한 코드는 3행밖에 없습니다. 다른 부분은 쉽게 이해할 수 있을 것입니다. Masonry 플러그인의 사용 방법도 역시 웹 사이트에서 확인할 수 있습니다.

코드 12-10 jqueryMasonry.html

```
<!DOCTYPE html>
<html>
<head>
    <title>Masonry</title>
    <style>
        * { margin: 0; padding: 0; }

        .box {
            background: black;
            margin: 5px;
        }
    </style>
```

```
    <script src="https://code.jquery.com/jquery-3.6.4.js"></script>
    <script src="https://masonry.desandro.com/masonry.pkgd.min.js"></script>
    <script>
        // 이벤트를 연결합니다.
        $(document).ready(function () {
            // 문서 객체를 생성합니다.
            for (let i = 0; i < 100; i++) {
                $('<div></div>').addClass('box').css({
                    width: 100,
                    height: Math.floor(Math.random() * 100) + 50
                }).appendTo('body');
            }

            // Masonry 플러그인을 적용합니다.
            $('body').masonry({
                columnWidth: 110
            });
        });
    </script>
</head>
<body>

</body>
</html>
```

링크를 붙여 넣어 사용합니다.

columnWidth 속성을 110px로 지정한 이유만 다루고 넘어가겠습니다. 현재 스타일시트에서는 .box 선택자의 margin 속성을 5px로 지정합니다. 그리고 script 내부에서 div 태그의 width 속성을 100px로 지정합니다. margin 속성은 사방에 적용되므로 '100+(5×2)'px이 사각형의 너비입니다. 따라서 columnWidth 속성에 110px을 적용했습니다.

플러그인 부분의 설명을 너무 대충 한다고 화를 내는 독자도 있을 것입니다. 하지만 플러그인을 잘 사용하는 방법은 책의 설명을 잘 읽는 것이 아니라 공식 사이트를 참고하는 능력을 기르는 것입니다. 공식 사이트에서 사용법을 직접 살펴보세요.

책에서는 두 가지 플러그인만 다루었습니다. 수많은 플러그인이 있으므로 직접 찾아보기 바랍니다. 구글에서 검색하면 '유용한 jQuery 플러그인 50가지' 같은 제목의 포스트가 많습니다.

06 슬라이더

슬라이더는 [그림 12-12]와 같이 왼쪽과 오른쪽에 있는 버튼을 이용해서 콘텐츠를 왼쪽과 오른쪽으로 이동할 수 있는 기능입니다. 제품 홍보 페이지나 쇼핑몰 등에 굉장히 많이 사용하는 요소입니다.

그림 12-12 삼성 갤럭시 홍보 페이지의 거대한 슬라이더 갤러리(http://www.samsung.com/global/galaxy)

응용 예제 12-7 jQuery 라이브러리를 사용한 슬라이더 갤러리 구현

이번 예제에서는 jQuery 라이브러리를 사용해 슬라이더 갤러리를 만들어 보겠습니다. 어떤 것을 만드는지 실행 결과를 미리 확인해 보세요.

1 HTML 페이지 만들기 [코드 12-11]과 같이 기본 HTML 페이지를 만듭니다. 코드를 분리해서 설명하려고 ready 이벤트를 2개로 나누었습니다.

코드 12-11 gallery_ready.html

```
<!DOCTYPE html>
<html>
<head>
    <title>Slider Gallery</title>
    <style>

    </style>
    <script src="https://code.jquery.com/jquery-3.6.4.js"></script>
    <script>
        // 첫 번째 ready 이벤트
        $(document).ready(function () {
        });

        // 두 번째 ready 이벤트
        $(document).ready(function () {
        });
    </script>
</head>
<body>

</body>
</html>
```

2 body 태그 구성하기 body 태그 내부에 [코드 12-12]와 같이 작성합니다.

코드 12-12 body 태그

```
<body>
    <div data-role="slider" data-width="500" data-height="300">
        <div class="container">
            <div class="item">
                <h1>Lorem ipsum dolor sit amet</h1>
                <p>Lorem ipsum dolor sit amet, consectetur</p>
            </div>
            <div class="item">
                <h1>Proin in urna turpis.</h1>
                <p>Lorem ipsum dolor sit amet, consectetur</p>
            </div>
            <div class="item">
                <h1>Duis malesuada lorem neque.</h1>
                <p>Lorem ipsum dolor sit amet, consectetur</p>
            </div>
        </div>
    </div>
    <button id="left-button">← </button>
    <button id="right-button">→</button>
</body>
```

ㅁ을 입력하고 한자를 누르면 특수 문자를 입력할 수 있습니다.

3 갤러리 구분 색상 적용하기 각 div.item 태그를 구분하려고 [코드 12-13]과 같이 스타일을 적용합니다.

코드 12-13 div.item 태그에 스타일 적용

```
<style>
    div.item:nth-child(1) { background: blueviolet; }
    div.item:nth-child(2) { background: pink; }
    div.item:nth-child(3) { background-color: burlywood; }
</style>
```

4 갤러리 스타일 적용하기 [코드 12-14]와 같이 첫 번째 ready 이벤트에 스타일 적용 코드를 작성합니다. data-width 속성과 data-height 속성, div.item 태그의 개수를 추출해 스타일을 적용합니다.

코드 12-14 첫 번째 ready 이벤트에 스타일 적용

```
// 첫 번째 ready 이벤트
$(document).ready(function () {
    // 변수를 선언합니다.
    let width = $('[data-role="slider"]').attr('data-width');
    let height = $('[data-role="slider"]').attr('data-height');
    let count = $('[data-role="slider"] div.item').length;

    // 스타일을 적용합니다.
    $('[data-role="slider"]').css({
        position: 'relative',
        overflow: 'hidden',
        width: width,
        height: height
    }).find('.container').css({
        position: 'absolute',
        width: count * width,
        overflow: 'hidden'
    }).find('.item').css({
        width: width,
        height: height,
        float: 'left'
    });
});
```

5 갤러리 이벤트 연결하기 두 번째 ready 이벤트에는 [코드 12-15]와 같이 작성합니다. 현재 위치를 저장할 currentPage 변수를 생성하고, 버튼에 click 이벤트를 적용합니다. changePage() 함수는 div.container 태그를 이동시켜 줍니다.

코드 12-15 두 번째 ready 이벤트

```
// 두 번째 ready 이벤트
$(document).ready(function () {
    // 변수를 선언합니다.
    let currentPage = 0;
    let changePage = function () {
        $('[data-role="slider"] > .container').animate({
            left: -currentPage * width
        }, 500);
    };

    // 이벤트를 연결합니다.
    $('#left-button').click(function () { });
    $('#right-button').click(function () { });
});
```

6 갤러리 클릭 이벤트 구현하기 버튼의 click 이벤트 리스너에 [코드 12-16]과 같이 작성합니다. 맨 왼쪽과 맨 오른쪽(시작과 끝)에서는 페이지를 이동하지 않게 만들어 줍니다.

코드 12-16 클릭 이벤트 구현

```
// 이벤트를 연결합니다.
$('#left-button').click(function () {
    if (currentPage > 0) {
        // 왼쪽으로 이동
        currentPage = currentPage - 1;
        changePage();
    }
});

$('#right-button').click(function () {
    if (currentPage < count - 1) {
        // 오른쪽으로 이동
        currentPage = currentPage + 1;
        changePage();
    }
});
```

7 실행하기 코드를 실행한 후 버튼을 누르면 갤러리가 자연스럽게 움직입니다.

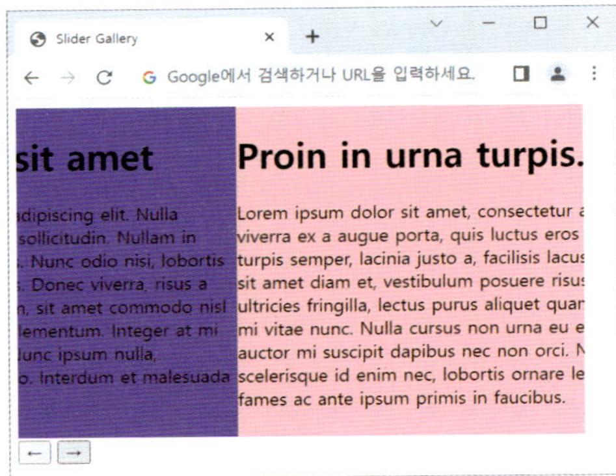

8 갤러리 전체 코드 확인하기 순수하게 자바스크립트만 사용해서 구현하기가 만만하지 않습니다. 하지만 jQuery 라이브러리를 사용하면 이러한 기능도 손쉽게 구현할 수 있습니다. [코드 12-17]은 앞에서 나누어 다룬 코드를 합친 것입니다. 코드를 읽으며 예제를 정리해 보세요.

코드 12-17 gallery.html

```
<!DOCTYPE html>
<html>
<head>
    <title>Slider Gallery</title>
    <style>
        div.item:nth-child(1) { background: blueviolet; }
        div.item:nth-child(2) { background: pink; }
        div.item:nth-child(3) { background-color: burlywood; }
    </style>
    <script src="https://code.jquery.com/jquery-3.6.4.js"></script>
    <script>
        $(document).ready(function () {
            // 변수를 선언합니다.
            let width = $('[data-role="slider"]').attr('data-width');
            let height = $('[data-role="slider"]').attr('data-height');
            let count = $('[data-role="slider"] div.item').length;
```

```
// 스타일을 적용합니다.
$('[data-role="slider"]').css({
    position: 'relative',
    overflow: 'hidden',
    width: width,
    height: height
}).find('.container').css({
    position: 'absolute',
    width: count * width,
    overflow: 'hidden'
}).find('.item').css({
    width: width,
    height: height,
    float: 'left'
});

// 변수를 선언합니다.
let currentPage = 0;
let changePage = function () {
    $('[data-role="slider"] > .container').animate({
        left: -currentPage * width
    }, 500);
};

// 이벤트를 연결합니다.
$('#left-button').click(function () {
    if (currentPage > 0) {
        // 왼쪽으로 이동
        currentPage = currentPage - 1;
        changePage();
    }
});

$('#right-button').click(function () {
    if (currentPage < count - 1) {
        // 오른쪽으로 이동
        currentPage = currentPage + 1;
        changePage();
    }
});
```

```
        });
    </script>
</head>
<body>
    <div data-role="slider" data-width="500" data-height="300">
        <div class="container">
            <div class="item">
                <h1>Lorem ipsum dolor sit amet</h1>
                <p>Lorem ipsum dolor sit amet, consectetur</p>
            </div>
            <div class="item">
                <h1>Proin in urna turpis.</h1>
                <p>Lorem ipsum dolor sit amet, consectetur</p>
            </div>
            <div class="item">
                <h1>Duis malesuada lorem neque.</h1>
                <p>Lorem ipsum dolor sit amet, consectetur</p>
            </div>
        </div>
    </div>
    <button id="left-button">←</button>
    <button id="right-button">→</button>
</body>
</html>
```

01 입력 양식에 포커스를 맞출 때는 (　　　　　　) 함수를 사용합니다.

02 사용자가 입력한 키가 무엇인지 (　　　　　　) 속성으로 알 수 있습니다.

03 특정 시간마다 어떤 코드를 반복해서 계속 호출하고 싶을 때는 자바스크립트의 타이머 함수 중에서 (　　　　　　)를 사용합니다.

04 jQuery 라이브러리에서 문서 객체를 대상의 내부 앞부분에 추가하는 메서드는 (　　　　　　) 입니다.

05 jQuery 라이브러리에서 문서 객체를 대상의 외부 뒷부분에 추가하는 메서드는 (　　　　　　) 입니다.

06 jQuery 라이브러리에서 문서 객체를 대상의 외부 앞쪽에 추가하는 메서드는 (　　　　　　)입니다.

07 jQuery 라이브러리에서 문서 객체를 대상의 외부 뒤쪽에 추가하는 메서드는 (　　　　　　)입니다.

08 (　　　　　　)은 사용자가 스크롤을 끝까지 내리면 자동으로 데이터를 추가해 스크롤이 끝나지 않게 만들어 주는 기능입니다. 스크롤 이벤트가 발생했을 때 전체 문서의 높이가 '스크롤 높이 + (　　　　　　)' 값과 같으면 데이터를 추가합니다.

09 (　　　　　　)는 웹 페이지 내부에서 배경을 어둡게 하고 정보가 있는 사각형을 밝게 하여 돋보이게 출력하는 플러그인입니다.

01 다음 문장에 ○×를 표시하시오.

(1) 입력 양식에 포커스를 맞출 때는 focus() 함수를 사용합니다. (　　　)

(2) 특정 시간마다 어떤 코드를 반복해서 계속 호출하고 싶을 때는 setTimeout() 함수를 한 번만 사용하면 됩니다. (　　　)

(3) 검은 배경에 밝은 사각형을 돋보이게 출력해 주는 것을 라이트박스LightBox라고 합니다. (　　　)

02 [코드 12-17]을 수정해서 3초마다 자동으로 페이지가 넘어가게 하시오.

Hint setInterval() 함수를 활용해서 특정 시간마다 currentPage 값을 변경하며 changePage() 함수를 호출합니다.

블로그에 자바스크립트 적용

프로젝트에서 자바스크립트를 적용할 부분은 풀다운 메뉴입니다. 코드를 실행하고 메뉴에 마우스를 올리면 풀다운 메뉴가 출력됩니다. 종합 예제 2에서 만들었던 CSS.html에 이 장에서 작성하는 내용을 추가하면 다음 그림과 같이 블로그가 완성됩니다.

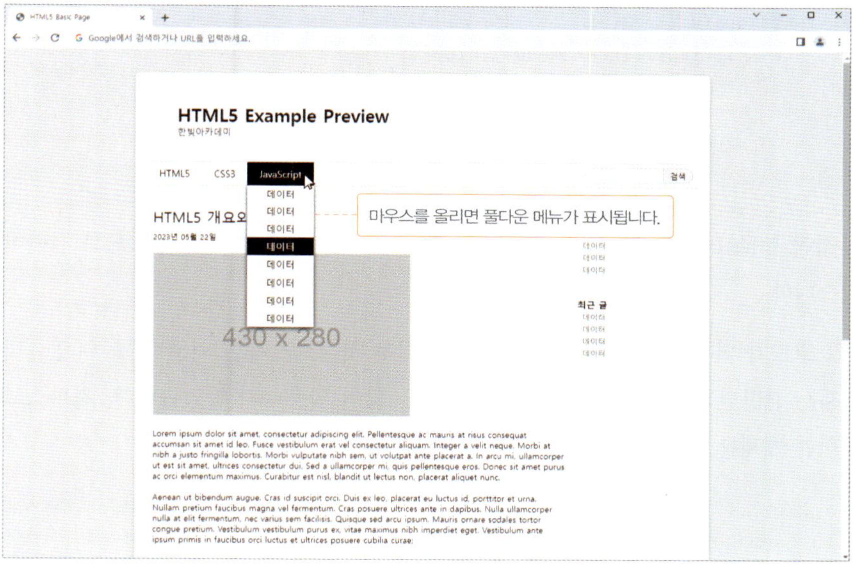

[완성 페이지]

현재까지 만든 예제에 다음 코드와 같이 자바스크립트 태그를 추가합니다.

[풀다운 메뉴 코드(JavaScript.html)]

```
<script src="https://code.jquery.com/jquery-3.6.4.js"></script>
<script>
    $(document).ready(function () {
        $('.outer-menu-item').hover(function () {
            $(this).find('.inner-menu').show();
        }, function () {
            $(this).find('.inner-menu').hide();
        });
    });
</script>
```

이렇게 기본적인 블로그를 완성했습니다. 앞에서 자바스크립트를 많이 활용했으므로 간단하게만 다루었습니다.

자바스크립트 코드가 너무 짧아 '왜 자바스크립트를 배운 것일까?' 하는 의문이 들 수 있습니다. 종합 예제는 간단한 블로그이므로 자바스크립트를 많이 활용하지 않았습니다. 자바스크립트를 활용하는 예제는 14장의 프로젝트에서 다루겠습니다.

CHAPTER 13

프로젝트: 모바일 페이지 제작

학습목표

- 지금까지 배운 HTML과 CSS를 활용해서 웹 페이지를 만들 수 있습니다.
- CSS를 사용해 사용자와 상호 작용하는 방법을 배웁니다.

PREVIEW

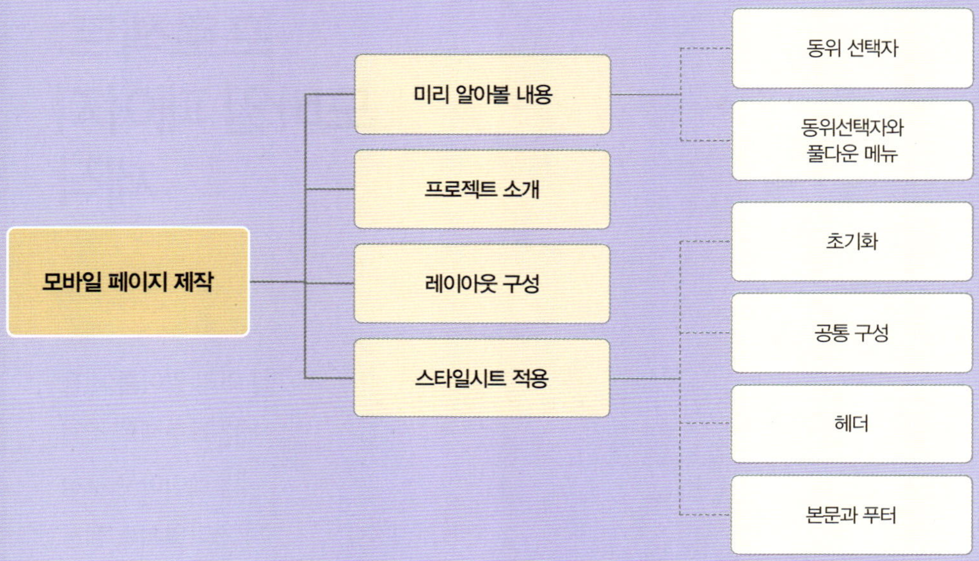
모바일 페이지 제작
미리 알아볼 내용
프로젝트 소개
레이아웃 구성
스타일시트 적용
동위 선택자
동위선택자와
풀다운 메뉴
초기화
공통 구성
헤더
본문과 푸터

01 미리 알아볼 내용

보통 CSS와 자바스크립트를 구분할 때 CSS는 디자인할 때 사용하고, 자바스크립트는 사용자와 상호 작용할 때 사용한다고 말합니다. 그런데 사실 CSS는 사용자와 상호 작용할 때도 사용할 수 있습니다. 프로젝트를 본격적으로 만들기 전에 상호 작용할 때 사용할 수 있는 CSS부터 알아봅니다.

1 동위 선택자

5장에서 CSS 선택자를 배웠습니다. [표 5-1]의 CSS 선택자 중에서 아직 설명하지 않은 선택자가 하나 있는데, 바로 '동위 선택자'입니다. 동위 선택자는 동위 관계(같은 단계에 있는 것)에서 뒤에 위치한 태그를 선택할 때 사용합니다.

표 13-1 동위 선택자

선택자	설명
선택자A + 선택자B	선택자A 바로 뒤에 위치하는 선택자B를 선택
선택자A ~ 선택자B	선택자A 뒤에 위치하는 선택자B를 선택

간단하게 예제를 살펴봅시다.

기본 예제 13-1 동위 선택자

1 첫 번째 형태: + h2 태그는 div.section-a 태그 내부에 있습니다. 그리고 h1, h2, h3, h4 태그는 동위 관계입니다. 동위 선택자는 바로 뒤에 있는 태그를 선택하므로, h3 태그의 header 글자에만 색상이 적용됩니다.

코드 13-1 sibling_adjacent.html

```
<!DOCTYPE html>
<html>
<head>
    <title>동위 선택자</title>
    <style>
        h2 + * {
            color: red;
        }
    </style>
</head>
<body>
    <div class="section-a">
        <h1>header</h1>
        <h2>header</h2>
        <h3>header</h3>
        <h4>header</h4>
    </div>
    <h3>content title</h3>
</body>
</html>
```

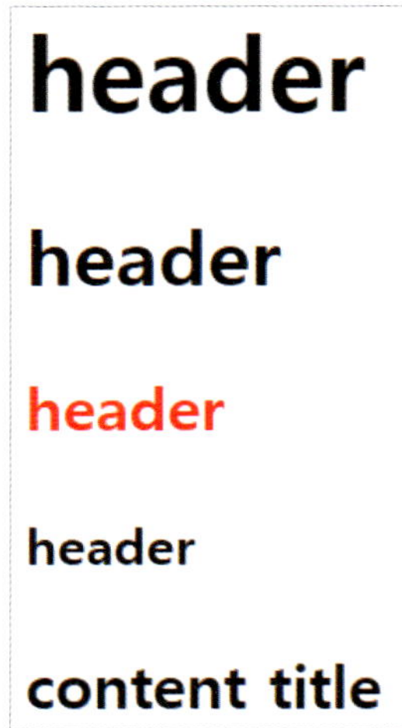

2 두 번째 형태: ~ h2 태그보다 뒤에 있으면서 동위 관계인 태그를 모두 선택하므로, h3 태그와 h4 태그에 입력한 header 글자에만 모두 색상이 적용됩니다.

코드 13-2 ~ 선택자(sibling_general.html)

```
<!DOCTYPE html>
<html>
<head>
    <title>동위 선택자</title>
    <style>
        h2 ~ * {
            color: red;
        }
    </style>
</head>
<body>
    <div class="section-a">
        <h1>header</h1>
        <h2>header</h2>
        <h3>header</h3>
        <h4>header</h4>
    </div>
    <h3>content title</h3>
</body>
</html>
```

2 동위 선택자를 활용한 풀다운 메뉴

동위 선택자를 활용해 풀다운 메뉴를 만들어 보겠습니다. 일일이 설명하는 것보다 실제 코드를 살펴보는 것이 훨씬 이해하기 쉬울 것입니다.

기본 예제 13-2 input 태그를 활용한 풀다운 메뉴

[코드 13-3]을 살펴봅시다. input 태그 뒤에 있는 div 태그를 선택하는 선택자를 사용하고, display 속성을 none으로 변경하는 코드입니다. 이 코드를 실행한 후 input 태그에 체크하면 뒤에 있는 div 태그가 사라집니다. 자바스크립트를 사용하지 않고도 사용자와 상호 작용을 한 것입니다.

코드 13-3 label 태그와 input 태그를 활용한 풀다운 메뉴(sibling_pulldown.html)

```
<!DOCTYPE html>
<html>
<head>
    <title>Checkbox</title>
    <style>
        input:checked + div {
            display: none;
        }
    </style>
</head>
<body>
    <input type="checkbox">
    <div>
        <h1>Lorem ipsum</h1>
        <p>Lorem ipsum dolor sit amet, consectetur adipiscing elit.</p>
    </div>
</body>
</html>
```

4장 103쪽의 NOTE에서 설명한 것처럼 label 태그를 입력하면 for 속성에 적용된 input 태그가 활성화됩니다. 따라서 직접 체크하지 않고 label 태그를 선택해서 체크할 수도 있습니다. 그럼 이러한 내용을 활용해서 간단한 모바일 웹 페이지를 작성해 봅시다.

02 프로젝트 소개

일반적으로 데스크톱은 가로로 넓은 화면을 사용하지만, 스마트폰 등 모바일 장치는 세로로 긴 화면을 사용합니다. 따라서 종합 예제에서 만들었던 웹 페이지처럼 본문과 메뉴를 왼쪽과 오른쪽에 배치하는 형태로 레이아웃을 잡으면 보기가 힘듭니다.

기본적으로 모바일 장치를 대상으로 하는 웹 페이지는 레이아웃을 위쪽에서 아래쪽으로 직선적으로 배치하고, 메뉴는 사용자가 버튼을 눌렀을 때만 보여 주는 것이 좋습니다. 이 장에서는 [그림 13-1]과 같이 간단한 모바일 페이지를 만듭니다. label 태그와 input 태그를 조합해서 버튼을 눌렀을 때 메뉴를 보여 주고 감추는 기능을 구현해 보겠습니다.

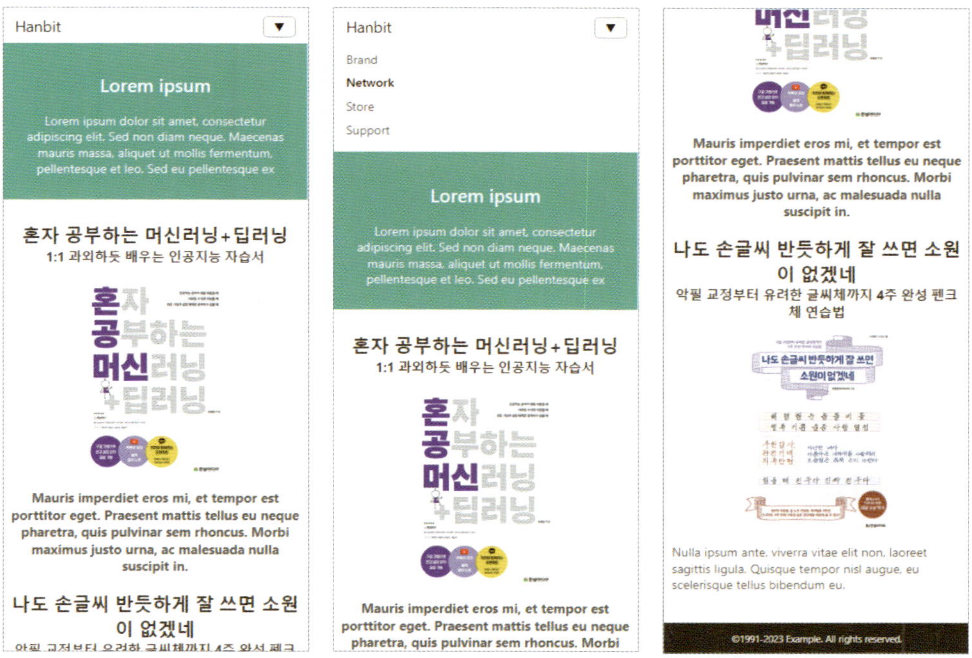

그림 13-1 이 장에서 만들 모바일 페이지

03 레이아웃 구성

시작 페이지 레이아웃을 [그림 13-2]와 같이 구성하는 코드는 [코드 13-4]와 같습니다. 그다지 어려운 구성은 아니므로 설명을 생략합니다. 단 모바일 페이지이므로 viewport meta 태그를 사용했습니다.

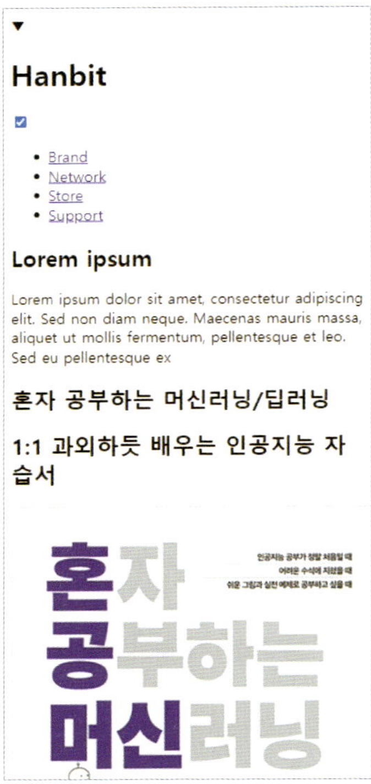

그림 13-2 시작 페이지 레이아웃

코드 13-4 mobile_start.html

```
<!DOCTYPE html>
<html>
<head>
    <title>HTML5 with Hanbit</title>
    <meta name="viewport" content="width=device-width,initial-scale=1.0,
                    minimum-scale=1.0,maximum-scale=1.0,user-scalable=no">
    <!-- 초기화 -- >
    <style>

    </style>
    <!-- 공통 구성 -- >
    <style>

    </style>
    <!-- 헤더 구성 -- >
    <style>

    </style>
    <!-- 본문과 푸터 -- >
    <style>

    </style>
</head>
<body>
    <div id="main-header">
        <header class="container">
            <div>
                <label for="checkbox">▼</label>
                <h1>Hanbit</h1>           둘을 연결합니다.
            </div>
            <input id="checkbox" checked="checked" type="checkbox">
            <nav>
                <ul>
                    <li><a href="#">Brand<a></li>
                    <li class="active"><a href="#">Network</a></li>
                    <li><a href="#">Store</a></li>
                    <li><a href="#">Support</a></li>
                </ul>
            </nav>
```

```
            </header>
        </div>
        <div id="main-content">
            <article class="container">
                <h1>Lorem ipsum</h1>
                <p>Lorem ipsum dolor sit amet, consectetur adipiscing elit.</p>
            </article>
        </div>
        <div id="sub-content">
            <article class="container">
                <h1>혼자 공부하는 머신러닝+딥러닝</h1>
                <h2>1:1 과외하듯 배우는 인공지능 자습서</h2>
                <img src="image_0.jpg">
                <p>Mauris imperdiet eros mi, et tempor est porttitor eget.</p>
                <br>
                <h1>나도 손글씨 반듯하게 잘 쓰면 소원이 없겠네</h1>
                <h2>악필 교정부터 유려한 글씨체까지 4주 완성 펜크체 연습법</h2>
                <img src="image_1.jpg">
                <p>Nulla ipsum ante, viverra vitae elit non.</p>
            </article>
        </div>
        <div id="main-footer">
            <footer class="container">
                <div>©1991-2023 Example. All rights reserved.</div>
            </footer>
        </div>
    </body>
    </html>
```

이 프로젝트는 'chapter_13-시작' 폴더에 있는 이미지 파일과 html 파일로 [그림 13-3]과 같이 폴더를 구성하여 진행합니다.

그림 13-3 폴더 구성

04 스타일시트 적용

기본 레이아웃이 구성된 웹 페이지에 스타일시트를 하나씩 적용해 보겠습니다. 완성된 코드는 'chapter_13-완료' 폴더의 mobile_end.html입니다.

1 초기화

초기화 부분에서는 [코드 13-5]와 같은 요소를 초기화합니다. 종합 예제에서도 언급했듯이, 태그에 적용되는 기본 스타일이 조금씩 다른 문제를 해결하려면 스타일을 강제로 지정해야 합니다.

코드 13-5 초기화

```
<!-- 초기화 -->
<style>
    * {
        margin: 0;
        padding: 0;
        font-family: "Segoe UI", Roboto, "Helvetica Neue", Arial, sans-serif;
    }

    a { text-decoration: none; }
    img { border: 0; }
    li { list-style: none; }
</style>
```

2 공통 구성

공통 구성은 [코드 13-6]과 같이 작성합니다. 이렇게 하면 클래스에 container라고 입력한 태그가 모두 중앙 정렬되며, 위쪽과 아래쪽에 여백이 생깁니다.

코드 13-6 공통 구성

```
<!-- 공통 -->
<style>
    .container {
        margin-left: auto;
        margin-right: auto;
        padding-left: 10px;
        padding-right: 10px;
    }
</style>
```

3 헤더 구성

헤더는 [코드 13-7]과 같이 작성합니다. 이 장의 앞부분에서 살펴본 내용을 바탕으로 간단하게 input 태그로 풀다운 메뉴를 만듭니다. 그리고 label 태그로 input 태그의 체크 상태를 변경할 수 있게 for 속성을 지정한 후 버튼처럼 구성합니다.

코드 13-7 헤더 스타일

```
<!-- 헤더 -->
<style>
    #main-header {
        padding: 10px 5px;
    }

    #main-header h1 {
        font-size: 20px;
        font-weight: normal;
        line-height: 27px;
        color: #222;
    }

    #main-header ul {
        margin-top: 20px;
        margin-bottom: 10px;
    }
```

```
    #main-header li {
        margin-top: 10px;
        margin-bottom: 10px;
    }

    #main-header li a {
        color: #555;
    }

    #main-header li.active a {
        color: black;
        font-weight: 500;
    }

    #main-header label {
        text-align: center;
        float: right;
        width: 40px;
        height: 27px;
        line-height: 27px;
        color: #222;
        border: 1px solid #222;
        border-radius: 5px
    }

    #checkbox {
        display: none;
    }

    #checkbox + nav {
        display: block;
    }

    #checkbox:checked + nav {
        display: none;
    }
</style>
```

label 태그로 체크 상태를 변경할 수 있으므로 input 태그는 보이지 않게 만들어 화면을 구성합니다. 이렇게 label 태그와 input 태그를 사용하면 [그림 13-4]와 같습니다.

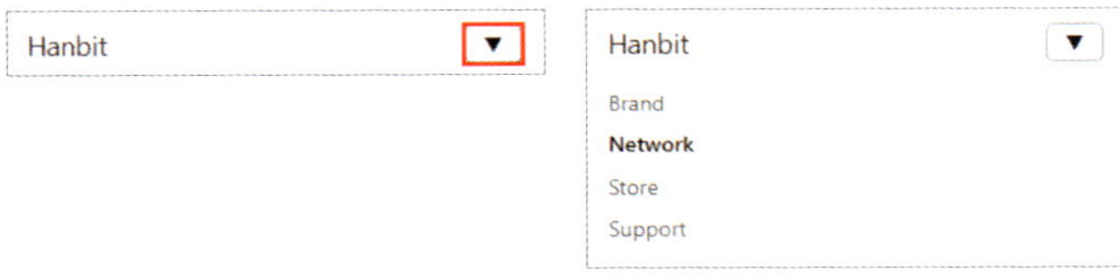

그림 13-4 label 태그와 input 태그를 사용한 풀다운 메뉴

4 본문과 푸터 구성

본문과 푸터는 [코드 13-8]과 같이 작성해 글꼴, 글자색, 정렬을 지정합니다.

코드 13-8 본문과 푸터 스타일

```
<!-- 본문과 푸터 -->
<style>
    #main-content {
        background: #00afa0;
        padding: 40px 15px 30px;
    }

    #main-content h1 {
        text-align: center;
        margin-bottom: 20px;
        color: white;
        font-weight: 500;
    }

    #main-content p {
        color: #222;
        text-align: center;
        color: white;
    }

    #sub-content {
        padding-top: 30px;
    }
```

```
    #sub-content h1 {
        text-align: center;
        color: #333;
    }

    #sub-content h2 {
        text-align: center;
        color: #333;
        font-size: 17px;
    }

    #sub-content p {
        color: #555;
    }

    #sub-content img {
        width: 200px;
        display: block;
        margin: 10px auto;
    }

    #main-footer {
        padding-top: 40px;
    }

    footer {
        background: #323232;
        color: white;
        font-size: 12px;
        text-align: center;
        line-height: 40px;
    }
</style>
```

최종 완성한 페이지는 [그림 13-5]와 같습니다.

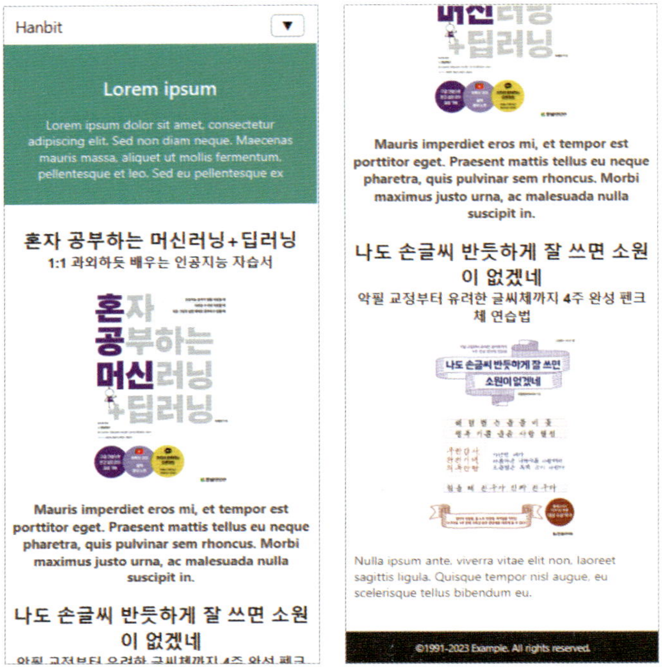

그림 13-5 완성 페이지

간단하지만 특별한 요소를 조합하여 모바일 페이지를 만들어 보았습니다. 자바스크립트도 배웠으므로 이 장에서 만든 풀다운 메뉴를 자바스크립트로 어떻게 구현할 수 있을지 생각해 보세요. 또 단순하게 배치된 본문에 슬라이더를 적용해서 이미지를 움직여 봅니다.

CHAPTER 14

프로젝트: 핀터레스트 스타일의 웹 페이지 제작

01 프로젝트 소개
02 레이아웃 구성
03 스타일시트 적용
04 자바스크립트 적용
05 웹 개발 로드맵

학습목표

- 지금까지 배운 모든 내용을 활용해 웹 페이지를 만들 수 있습니다.

PREVIEW

두 번째 프로젝트는 화면 너비에 따라 레이아웃이 변경되는 반응형 웹을 다룹니다. 그리고 플러그인을 사용하여 <종합 예제>의 블로그보다 완성도를 좀 더 높여보겠습니다.

01 프로젝트 소개

이번 장에서는 [그림 14-1]과 같이 종이를 타일 형식으로 배치한 핀터레스트 스타일의 웹 페이지를 완성합니다.

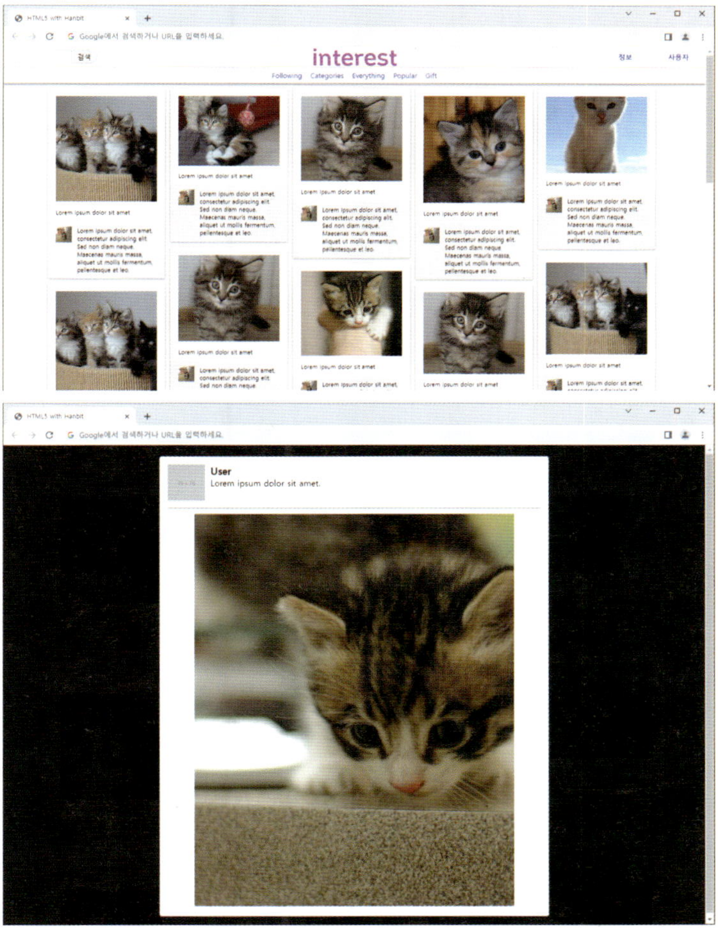

그림 14-1 이 장에서 만들 웹 페이지

다만 본문에서는 이미지를 가져오는 속도를 고려해서 'http://via.placeholer.com/너비x높이'를 사용해 아무것도 없는 이미지를 만듭니다. 그리고 나중에 고양이 이미지를 'http://placekitten.com/너비/높이'를 사용해 가져옵니다.

이 프로젝트는 'chapter_14-시작' 폴더에 있는 파일을 사용해 시작합니다.

그림 14-2 폴더 구성

02 레이아웃 구성

시작 페이지 레이아웃을 [그림 14-3]과 같이 구성해 보겠습니다. 코드는 [코드 14-1]과 같습니다. 어려운 구성은 아니므로 자세한 설명은 생략합니다.

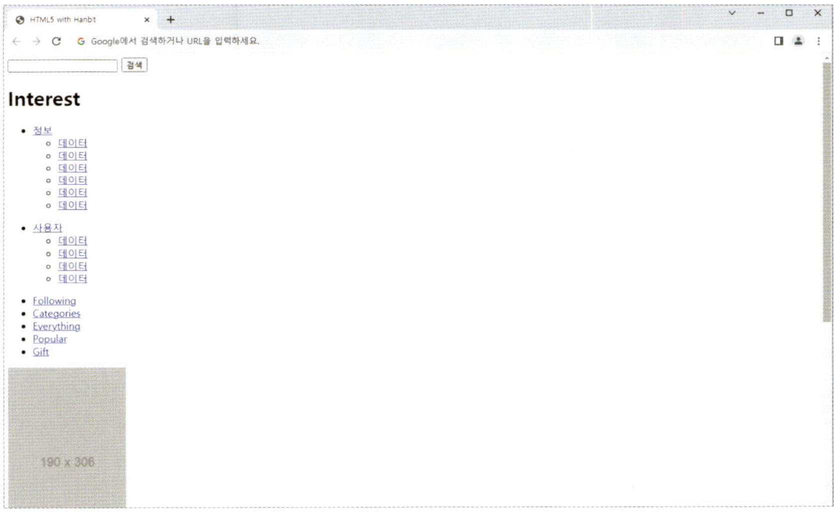

그림 14-3 시작 페이지 레이아웃

코드 14-1 시작 페이지(pinterest_start.html)

```
<!DOCTYPE html>
<html>
<head>
    <title>HTML5 with Hanbit</title>
    <!-- 초기화 -->
    <style>

    </style>
    <!-- 헤더 -->
    <style>
```

```
    </style>
    <!-- 풀다운 -->
    <style>

    </style>
    <!-- 내비게이션 메뉴 -->
    <style>

    </style>
    <!-- 검색 양식 -->
    <style>

    </style>
    <!-- 종이 스타일 -->
    <style>

    </style>
    <!-- 섹션 -->
    <style>

    </style>
    <!-- 라이트박스 -->
    <style>

    </style>

    <script src="https://code.jquery.com/jquery-3.6.4.min.js"></script>
    <script src="jquery.masonry.min.js"></script>
    <script src="jquery.imagesloaded.min.js"></script>
    <script>

    </script>
</head>
<body>
    <!-- 헤더 -->
    <header id="main-header">
        <div class="header-search-form">
            <form>
                <input type="search" class="input-search">
                <input type="submit" class="input-search-submit" value="검색">
            </form>
```

```
    </div>
    <h1 class="header-title">Interest</h1>
    <div class="header-menu">
        <ul class="outer-menu">
            <li>
                <a href="#">정보</a>
                <ul class="inner-menu">
                    <li><a href="#">데이터</a></li>
                    <li><a href="#">데이터</a></li>
                    <li><a href="#">데이터</a></li>
                    <li><a href="#">데이터</a></li>
                    <li><a href="#">데이터</a></li>
                    <li><a href="#">데이터</a></li>
                </ul>
            </li>
        </ul>
        <ul class="outer-menu">
            <li>
                <a href="#">사용자</a>
                <ul class="inner-menu">
                    <li><a href="#">데이터</a></li>
                    <li><a href="#">데이터</a></li>
                    <li><a href="#">데이터</a></li>
                    <li><a href="#">데이터</a></li>
                </ul>
            </li>
        </ul>
    </div>
</header>
<!-- 내비게이션 메뉴 -->
<nav id="main-navigation">
    <ul>
        <li><a href="#">Following</a></li>
        <li><a href="#">Categories</a></li>
        <li><a href="#">Everything</a></li>
        <li><a href="#">Popular</a></li>
        <li><a href="#">Gift</a></li>
    </ul>
</nav>
```

```
    <!-- 본문 영역 -->
    <section id="main-section">
        <div class="paper">
            <div class="paper-holder">
                <a><img width="190" src="http://via.placeholder.com/190x306"></a>
            </div>
            <p class="paper-description">Lorem ipsum dolor sit amet</p>
            <div class="paper-content">
                <a class="paper-link" href="#">
                    <img src="http://placehold.it/190x100">
                </a>
                <p class="paper-text">Lorem ipsum dolor sit amet</p>
            </div>
        </div>
        <!-- 생략 -->
        <div class="paper">
            <!-- 생략(위의 paper 클래스들의 반복) -->
        </div>
    </section>
    <!-- 라이트박스 -->
    <div id="darken-background">
        <div id="lightbox">
            <div class="user-information">
                <a class="user-information-image" href="#">
                    <img src="http://placehold.it/70x70">
                </a>
                <div class="user-information-text">
                    <h3>User</h3>
                    <p>Lorem ipsum dolor sit amet.</p>
                </div>
            </div>
            <hr class="lightbox-splitter">
            <img src="http://placehold.it/600x750">
        </div>
    </div>
</body>
</html>
```

03 스타일시트 적용

기본 레이아웃이 구성된 웹 페이지에 스타일시트를 하나씩 적용해 보겠습니다. 완성된 코드는 완료 폴더의 pinterest_end.html에 있습니다.

1 초기화

초기화 부분에서는 [코드 14-2]와 같은 요소를 초기화합니다. 종합 예제에서도 언급했듯이, 태그에 적용되는 기본 스타일이 웹 브라우저마다 조금씩 다른 문제를 해결하려면 스타일을 강제로 지정해야 합니다.

코드 14-2 초기화

```
<!-- 초기화 -->
<style>
    * {
        margin: 0; padding: 0;
        font-family: 'Malgun Gotic', sans-serif;
    }

    a { text-decoration: none; }
    img { border: 0; }
    li { list-style: none; }
    html { background: #f7f5f5; }
</style>
```

2 헤더 구성

헤더는 [코드 14-3]과 같이 구성합니다. 7장에서 다룬 '절대 위치를 사용해 요소를 중앙에 배치'를 적용해 제목을 중간에 위치시키고, float 속성을 사용해 각 메뉴를 양쪽에 배치합니다. 부모 태그에 height 속성을 강제로 부여했으므로 overflow 속성은 별도로 입력하지 않았습니다. 또 .header-title 태그에 text-indent 속성을 부여해 기존의 내부 글자 Interest를 화면에서 보이지 않도록 처리합니다(그 대신에 그림 Interest가 보입니다).

코드 14-3 헤더 스타일

```
<!-- 헤더 -->
<style>
    #main-header {
        height: 40px;
        background: #faf7f7;
        position: relative;
    }

    .header-search-form { float: left; }
    .header-menu { float: right; }
    .header-title {
        position: absolute;
        width: 200px; height: 40px;
        left: 50%; margin-left: -100px;
        background: url('logo.png');
        background-repeat: no-repeat;
        text-indent: -9999px;
    }
</style>
```

NOTE ❶ 이미지로 로고를 넣고서 ❷ 굳이 글자를 넣고 보이지 않게 만드는 과정이 이상하게 느껴질 수 있습니다. ❶은 사람을 위한 것이고, ❷는 검색 엔진을 위한 것입니다. 검색 엔진이 웹 페이지를 잘 검색할 수 있도록 하는 테크닉이므로 기억해 두면 좋습니다.

3 풀다운 메뉴 구성

이제 풀다운 메뉴를 구성합니다. 풀다운 메뉴는 [코드 14-4]와 같이 작성합니다. 이전 장에서 살펴본 내용이므로 어렵지 않을 것입니다. 스타일시트에서는 스타일만 적용하고, 자바스크립트에서는 보이거나 보이지 않게 동작을 설정합니다.

코드 14-4 풀다운 메뉴 스타일

```
<!-- 풀다운 메뉴 -->
<style>
    .outer-menu {
        float: left;
        width: 100px; height: 20px;
        line-height: 20px;
        padding: 10px 0;
        position: relative;
        text-align: center;

        font-size: 13px;
        font-weight: bold;

        z-index: 9999;
    }

    .outer-menu:hover { background: #E1DFDF; }

    .inner-menu {
        display: none;
        background: #FFFFFF;
        margin-top: 10px;
        width: 100%;
        border-top: 1px solid #cccaca;
        box-shadow: 0 2px 4px rgba(34, 25, 25, 0.5);
    }

    .inner-menu a {
        display: block;
        padding: 5px 10px;
        z-index: 5000;
    }

    .inner-menu a:hover { background: #E1DFDF; }
</style>
```

4 내비게이션 구성

이번 예제의 내비게이션 목록은 굉장히 간단합니다. li 태그를 inline 방식으로 지정하고 text-align 속성을 부여해서 중앙에 정렬합니다.

코드 14-5 내비게이션 메뉴 스타일

```
<!-- 내비게이션 메뉴 -->
<style>
    #main-navigation {
        height: 30px;
        background: #faf7f7;
        border-top: 1px solid #cfcaca;
        box-shadow: 1px 3px 3px rgba(34, 25, 25, 0.4);
    }

    #main-navigation > ul {
        overflow: hidden;
        text-align: center;
    }

    #main-navigation > ul > li {
        display: inline;
        padding: 0 5px;
        line-height: 30px;
        font-size: 13px;
        color: #524D4D;
        text-shadow: 0 1px 1px white;
    }

    #main-navigation > ul > li:hover {
        background: #E1DFDF;
        border-radius: 2px;
    }
</style>
```

이어서 검색 양식은 〈종합 예제〉에서 만들었던 검색 양식을 크기만 바꾸어 활용합니다.

코드 14-6 검색 양식 스타일

```
<!-- 검색 양식 -->
<style>
    .header-search-form {
        height: 26px;
        padding: 7px;
    }

    .input-search {
        display: block;
        float: left;
        background-color: #FFFFFF;
        border: 1px solid #CCCCCC;
        border-radius: 15px 0 0 15px;
        box-shadow: inset 0 1px 1px rgba(0, 0, 0, 0.05);
        width: 120px; height: 24px;
        padding: 0 0 0 10px;
        font-size: 12px;
        color: #555555;
    }

    .input-search:focus {
        border-color: rgba(82, 168, 236, 0.8);
        outline: 0;
        box-shadow: inset 0 1px 1px rgba(0, 0, 0, 0.05);
    }

    .input-search-submit {
        display: block;
        float: left;
        width: 50px; height: 26px;
        border-radius: 0 15px 15px 0;
        border: 1px solid #CCCCCC;
        margin-left: -1px;
        vertical-align: top;
        display: inline-block;
    }
</style>
```

5 웹 페이지 구성

이제 타일 형식으로 배치되는 각 종이 스타일을 구성합니다. masonry 플러그인을 사용하므로 웹 페이지의 너비를 정확하게 입력하는 것이 중요합니다. .paper 태그의 width 속성은 190px로 적용하고, padding 속성은 양쪽으로 각각 15px을 적용합니다. 따라서 .paper 태그의 전체 너비는 220px입니다.

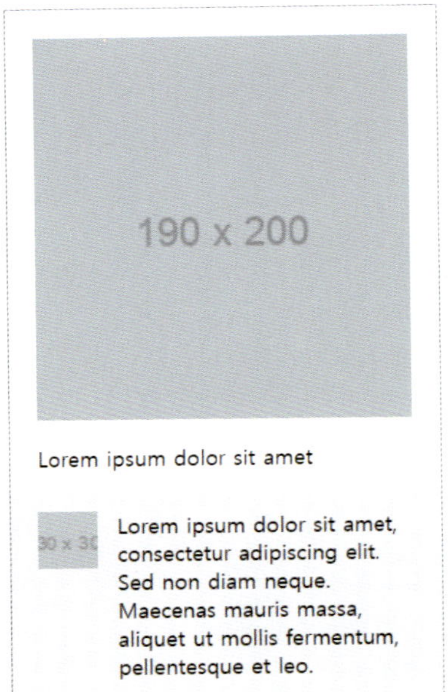

그림 14-4 종이

코드 14-7 종이 스타일

```
<!-- 종이 -->
<style>
    .paper {
        width: 190px;
        margin-top: 10px;
        padding: 15px 15px 0;
        font-size: 11px;
        background: #FFFFFF;
        box-shadow: 0 1px 3px rgba(34, 25, 25, 0.4);
    }
```

```
    .paper-content {
        margin: 0 -15px;
        margin-top: 10px;
        padding: 10px 15px;
        background: #F2F0F0;
        overflow: hidden;
    }

    .paper-description {
        margin: 10px 0;
    }

    .paper-link {
        display: block;
        float: left;
    }

    .paper-text {
        float: left;
        width: 150px;
        margin-left: 10px;
    }
</style>
```

.paper 태그들이 위치하는 #main-section 태그는 [코드 14-8]과 같이 작성합니다. 미디어 쿼리를 지원하지 않는 웹 브라우저는 width 속성을 920px로 지정합니다. 그리고 너비마다 각각의 width 속성을 지정합니다.

코드 14-8 섹션 스타일

```
<!-- 섹션 -->
<style>
    /* 미디어 쿼리를 지원하지 않는 웹 브라우저 */
    #main-section {
        width: 920px;
        margin: 0 auto;
    }
```

```
    /* 세 줄 */
    @media (max-width: 919px) {
        #main-section { width: 690px; }
    }

    /* 네 줄 */
    @media (min-width: 930px) and (max-width: 1149px) {
        #main-section { width: 920px; }
    }

    /* 다섯 줄 */
    @media (min-width: 1150px) and (max-width: 1379px) {
        #main-section { width: 1150px; }
    }

    /* 여섯 줄 */
    @media (min-width: 1380px) {
        #main-section { width: 1380px; }
    }
</style>
```

6 라이트박스 구성

이제 마지막으로 #darken-background 태그와 #lightbox 태그를 설정해 라이트박스를 처리합니다.

코드 14-9 라이트박스 스타일

```
<!-- 라이트박스 -->
<style>
    #darken-background {
        position: absolute;
        top: 0; left: 0; right: 0;
        height: 100%;

        display: none;
        background: rgba(0, 0, 0, 0.9);
        z-index: 10000;
```

```
        overflow-y: scroll;
    }

    #lightbox {
        width: 700px;
        margin: 20px auto; padding: 15px;

        border: 1px solid #333333;
        border-radius: 5px;
        background: white;
        box-shadow: 0 5px 5px rgba(34, 25, 25, 0.4);
        text-align: center;
    }

    .user-information { overflow: hidden; text-align: left; }
    .user-information-image { float: left; width: 70px; }
    .user-information-text { float: right; width: 620px; }
    .lightbox-splitter { margin: 10px 0; }
</style>
```

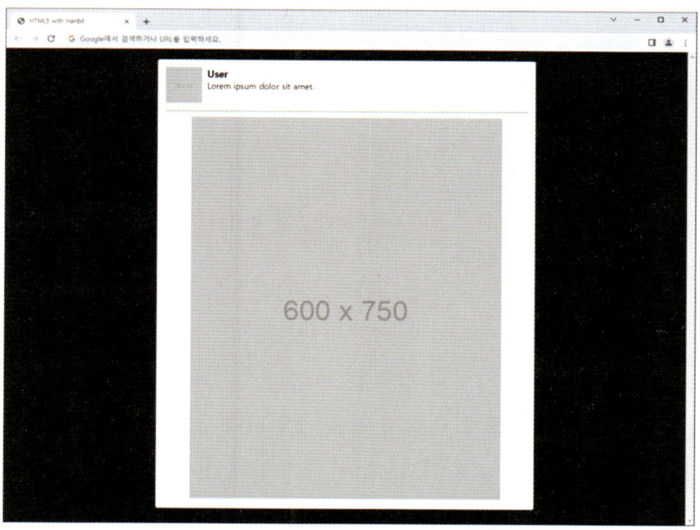

그림 14-5 라이트박스

#darken-background 태그는 전체 화면 크기로 배경색을 검은색으로 지정하고, #lightbox 태그는 width 속성과 margin 속성을 사용해 중앙에 정렬합니다.

04 자바스크립트 적용

이제 마지막으로 웹 페이지에 자바스크립트를 적용하겠습니다. 모듈별로 나누어 설명하려고 [코드 14-10]과 같이 script 태그를 세 부분으로 구성했습니다.

코드 14-10 자바스크립트 태그 기본 구성

```
<script>
    // 풀다운 메뉴
    $(document).ready(function () {

    });

    // 페이지
    $(document).ready(function () {

    });

    // 라이트박스
    $(document).ready(function () {

    });
</script>
```

1 풀다운 메뉴 구성

풀다운 메뉴는 〈종합 예제〉에서 살펴보았으므로 어렵지 않을 것입니다. [코드 14-11]과 같이 .outer-menu 태그에 hover() 메서드를 적용하고, 각 상황에 맞게 display 속성을 변경합니다.

코드 14-11 풀다운 메뉴 구성

```
// 풀다운 메뉴
$(document).ready(function () {
    // 풀다운 메뉴
    $('.outer-menu').hover(function () {
        $(this).find('.inner-menu').css('display', 'block');
    }, function () {
        $(this).find('.inner-menu').css('display', 'none');
    });
});
```

2 페이지 구성

페이지를 핀터레스트처럼 타일 형식으로 적용하려면 masonry 플러그인을 사용합니다. 하지만 이미지가 없는 상태에서는 해당 태그 크기를 알 수 없으므로 masonry 플러그인이 적용되지 않습니다.

jQuery Image Loaded 플러그인을 사용해 이미지를 모두 불러온 후 masonry 플러그인을 실행하도록 코드를 작성합니다.

코드 14-12 페이지 구성

```
// 페이지
$(document).ready(function () {
    // 이미지 로드 확인
    $('#main-section').imagesLoaded(function () {
        // jQuery Masonry 플러그인 적용
        $('#main-section').masonry({
            itemSelector: '.paper',
            columnWidth: 230,
            isAnimated: true
        });
    });
});
```

3 라이트박스 구성

마지막으로 페이지를 클릭했을 때 화면에 나타나는 라이트 박스의 기능을 구현합니다. 라이트박스 부분을 [코드 14-13]과 같이 작성합니다.

코드 14-13 라이트박스 구성

```
// 라이트박스
$(document).ready(function () {
    function showLightBox() {
        // 라이트박스를 보이게 합니다.
        $('#darken-background').show();
        $('#darken-background').css('top', $(window).scrollTop());
        // 스크롤을 못하게 합니다.
        $('body').css('overflow', 'hidden');
    }

    function hideLightBox() {
        // 라이트박스를 보이지 않게 합니다.
        $('#darken-background').hide();

        // 스크롤을 하게 합니다.
        $('body').css('overflow', '');
    }

    // 라이트박스 제거 이벤트
    $('#darken-background').click(function () {
        hideLightBox();
    });

    // 클릭 이벤트 연결
    $('.paper').click(function () { showLightBox(); });

    // 라이트박스 제거 이벤트 보조
    $('#lightbox').click(function (event) {
        event.stopPropagation()
    });
});
```

#darken-background 태그를 클릭하면 라이트박스가 사라집니다. 그런데 #lightbox 태그는 #darken-background 태그 위에 있으므로 #lightbox 태그를 클릭하면 #darken-background 태그도 클릭됩니다. 이러한 이벤트 전파를 막으려면 위쪽에 위치하는 태그의 이벤트 객체에서 stopPropagation( ) 메서드를 호출합니다. 마지막으로 http://via.placeholder.com/너비x높이를 http://placekitten.com/너비/높이로 바꿉니다.

05 웹 개발 로드맵

1 프런트엔드와 백엔드

웹 개발은 크게 프런트엔드front-end 개발과 백엔드back-end 개발로 나뉩니다. 기본적으로 프런트엔드 개발은 사용자가 직접적으로 보는 부분을 개발하며 백엔드 개발은 사용자가 직접적으로 보지 않는 부분을 개발합니다. 웹 개발이 연극이라면 관객이 실제로 볼 수 있는 무대 위가 프런트엔드이고, 무대 뒤에서 소품을 준비하거나 음악과 조명을 관리하는 부분이 백엔드입니다.

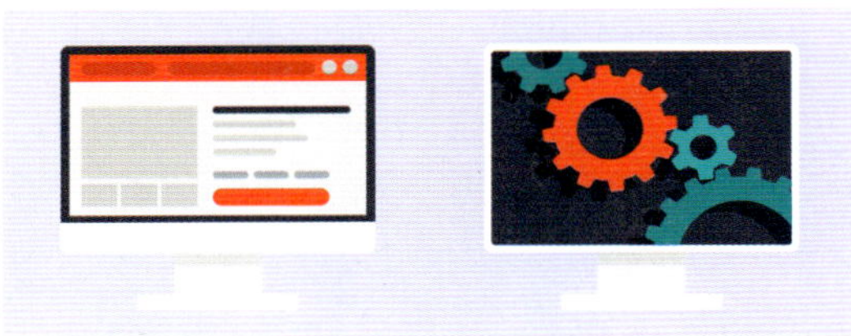

(a) 프런트엔드 (b) 백엔드

그림 14-6 프런트엔드와 백엔드

프런트엔드 개발은 기본적으로 HTML, CSS, 자바스크립트를 활용합니다. 효과적으로 사용자의 눈길을 사로잡기 위해 그래픽 소프트웨어를 활용하기도 합니다. 반면 백엔드 개발은 기본적으로 자바, C#, PHP, 파이썬 등의 다양한 프로그래밍 언어를 활용합니다. 데이터를 관리하는 일이 포함되기 때문에 데이터베이스를 활용하기도 합니다.

2 웹 개발 진로

과거에 기업에서 '풀스택 개발자'를 많이 뽑던 시기가 있었습니다. 풀스택full-stack이란 단 한 명의 개발자가 앞에서 언급한 모든 업무를 처리할 수 있다는 의미입니다. 하지만 한 명이 많은 업무를 도맡으면 전문성이 떨어질 수밖에 없습니다. 그래서 최근에는 기업의 규모에 따라서 조금씩 다르지만, 웹 개발의 특정 부분에 전문적인 개발자를 채용합니다.

예를 들어 프런트엔드 개발자를 세부적으로 웹 페이지를 디자인하는 웹 디자이너, 웹 페이지 디자인을 HTML과 CSS로 구현하거나 웹 페이지에 프로그래밍을 적용하는 웹 퍼블리셔로 구분할 수 있습니다.

백엔드 개발자는 웹 서버를 구축하는 서버 개발자, 데이터를 관리하는 데이터베이스 관리자, 사용자에게 웹 페이지를 제공하는 컴퓨터(서버)를 관리하는 서버 관리자 등으로 구분할 수 있습니다.

프런트엔드 개발자와 백엔드 개발자 직무를 3가지씩만 예로 들었지만, 기업의 규모나 전문성에 따라서 구분하는 기준이 다르니 직무가 더 나누어질 수 있습니다.

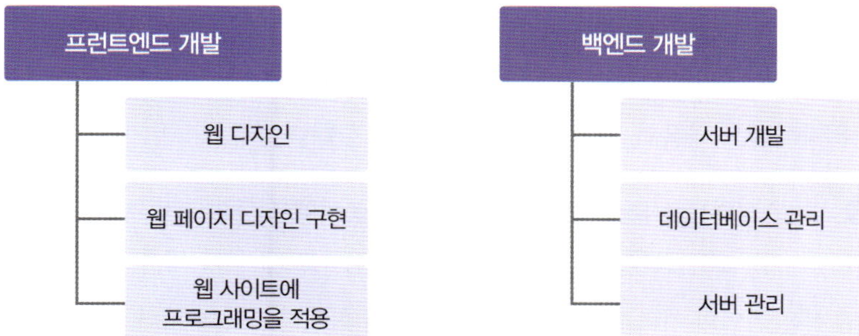

그림 14-7 웹 개발 세부 업무

개발자의 업무가 세분화되면서 전문성이 심화되었고, 개별적인 업무와 관련된 기술이 범람하고 있습니다.

2023년을 기준으로 프런트엔드 개발자는 다음과 같은 기술을 활용해서 사용자에게 보이는 부분을 체계적이고 효율적으로 개발합니다. 효율적으로 개발한다는 것은 같은 시간과 인력을 들였을 때 이전보다 규모가 큰 애플리케이션을 개발할 수 있다는 뜻입니다.

- **타입스크립트 :** 자바스크립트로 대규모 개발을 할 때 불편한 부분을 개선한 프로그래밍 언어입니다.
- **리액트, 뷰 프레임워크 :** 웹 애플리케이션 개발을 효율적으로 할 수 있게 도와주는 일종의 도구입니다.
- NPM(Node.js Package Manager) **:** 라이브러리(다른 사람이 만든 코드)를 효율적으로 관리할 수 있게 도와주는 도구입니다.

백엔드 개발은 다음과 같은 기술을 활용합니다.

- **서버 프레임워크** : 서버 개발을 효율적으로 할 수 있게 도와주는 일종의 도구입니다. 프로그래밍 언어에 따라서 다른 프레임워크를 선택합니다. 자바스크립트(Node.js)는 Express, 자바는 Spring MVC, 파이썬은 Django 등을 활용합니다.
- **RDBMS(관계형 데이터베이스)** : 데이터를 효율적이고 빠르게 관리할 수 있게 해주는 일종의 도구입니다. PostgreSQL, MySQL, Oracle 등이 있습니다.
- **NoSQL** : 관계형 데이터베이스의 단점을 보완하는 일종의 도구입니다. MongoDB, Redis, memcached 등이 있습니다.

한 사람이 모두 공부하기에는 벅찬 양인데다 기술이 발전하는 속도를 따라잡기는 더욱 힘들 것입니다.

이 책을 모두 공부한 독자에게는 다음과 같은 심화 학습을 추천합니다.

- **프런트엔드 개발** : ❶ 자바스크립트를 조금 더 깊게 공부하고, ❷ 리액트 등의 프런트엔드 웹 프레임워크를 접해봅니다. 이후 프런트엔드 안에서 세부 진로를 정하고 나아갑니다.
- **백엔드 개발** : ❶ 가고 싶은 기업의 경력직 채용 정보를 확인합니다(원티드 등의 서비스를 활용합니다). ❷ 해당 기업에서 요구하는 프로그래밍 언어를 공부합니다. ❸ 해당 프로그래밍 언어와 관련된 웹 서버 프레임워크를 공부합니다. 이 과정에서 데이터베이스도 배우게 될 것입니다. 이후 백엔드 안에서 세부 진로를 정하고 나아갑니다.

가고 싶은 기업을 정해서 해당 기업의 경력직 채용 정보를 확인하면 방향을 잡는 데 도움이 될 것입니다. IT 업계는 매우 빠른 속도로 변화하므로 채용 정보가 자주 바뀝니다. 따라서 주기적으로 채용 정보를 확인하기 바랍니다.

NOTE 이후로 무엇을 공부할지 궁금하다면, 개발자 로드맵(http://roadmap.sh)이라는 사이트를 참고해 보세요. 이 사이트에는 프런트엔드, 백엔드, 데브옵스 등 특정한 카테고리의 개발자를 목표로 하는 사람이 공부해야 할 것들이 적혀 있습니다.

다만 로드맵의 모든 것을 배워야 개발자로 취업할 수 있는 것은 아닙니다. 로드맵에는 취업 이후에 현업 개발자로서 공부할 내용도 있으며, 기업 특성에 따라서 덜 중요한 항목도 있으므로 부담 갖지 말고 참고하기 바랍니다.

찾아보기

찾아보기